실생활에서 바로 쓰는

인공지능

실생활에서 바로 쓰는 인공지능을 펴내며

오늘날 우리는 4차 산업혁명이라는 거대한 변화의 물결 속에 살고 있습니다. 인공지능(AI)은 그 중심에 자리 잡고 있으며, 우리의 일상과 산업 전반을 혁신적으로 바꾸고 있습니다. 스마트폰의 음성 비서, 인터넷의 추천 시스템, 의료 영상 진단, 자율주행차 등 다양한 영역에서 인공지능은 단순한 기술을 넘어 삶의 동반자가 되고 있습니다. 이러한 시대적 변화 속에서 많은 사람이 인공지능에 대해 배우고자 하는 열망을 가지고 있지만, 비전공자와 일반인에게는 그 출발점조차 막막하게 느껴질 수 있습니다.

이 책은 바로 이러한 고민에서 출발했습니다. "실생활에서 바로 쓰는 인공지능"은 IT 비전공자와 일반인을 대상으로, 인공지능의 기본 개념부터 실제 생활에서 활용할 수 있는 실용적인 사례에 이르기까지 단계적으로 학습할 수 있도록 설계되었습니다. 이 책은 단순히 이론을 나열하는 것이 아니라, 독자가 인공지능을 보다 친숙하게 이해하고 직접 응용할 수 있도록 돕는 실천적 가이드입니다.

책의 목표와 방향

이 책은 다음의 세 가지 목표를 중심으로 작성되었습니다.

I. 인공지능에 대한 두려움 해소

인공지능은 종종 복잡한 이론과 기술적 용어로 인해 어렵고 접근하기 힘든 분야로 인식됩니다. 그러나 인공지능은 기본적인 원리를 이해하면 누구나 쉽게 활용할 수 있습니다. 이 책에서는 복잡한 수식이나 어려운 전문 용어를 배제하고, 직관적인 설명과 풍부한 사례를 통해 독자들이 인공지능을 친근하게 느낄 수 있도록 구성하였습니다.

II. 실생활에서의 응용

이 책은 이론에만 머물지 않고, 독자들이 실생활에서 인공지능을 어떻게 활용할 수 있을지 구체적으로 보여줍니다. 예를 들어, 스마트폰의 AI 앱 활용법, 비즈니스에서 데이터를 분석해 의사결정을 지원하는 방법, 그리고 개인 프로젝트에서 챗봇이나 이미지 분류 모델을 구현하는 과정 등을 다루며, 독자들이 실제로 응용 가능한 인사이트를 제공합니다.

III. **실습과 문제 해결 능력 배양**

독자는 이 책에서 제공하는 다양한 실습 예제를 통해 인공지능의 기본 원리와 작동 방식을 직접 체험할 수 있습니다. 실습을 통해 AI 기술의 핵심을 이해하고, 데이터를 활용하여 문제를 해결하는 방법을 학습할 수 있습니다. 책의 후반부에는 프로젝트 중심의 학습이 포함되어 있어, 단순한 학습을 넘어 실질적인 기술 구현 능력을 키울 수 있도록 설계되었습니다.

독자 대상과 특징

이 책은 다음과 같은 독자들을 위해 작성되었습니다.

I. **IT 비전공자**: 프로그래밍 경험이 없는 독자라도 이해할 수 있도록 친절하게 설명하였으며, 기본적인 컴퓨터 사용 지식만으로도 학습이 가능하도록 구성했습니다.
II. **일반인과 직장인**: AI 기술을 업무와 생활에 적용하고자 하는 직장인을 위해 비즈니스 사례와 실용적인 예제를 다루었습니다.
III. **학생 및 학습자**: AI 분야에 관심이 있는 고등학생, 대학생, 성인 학습자들에게 기초부터 실습까지 체계적인 학습 경로를 제공합니다.

책의 구성

이 책은 13개의 장으로 구성되어 있으며, 기초적인 개념에서부터 심화된 응용과 실습까지 단계적으로 학습할 수 있도록 설계되었습니다.

I. **기초 개념 학습**: 인공지능의 정의와 역사, 머신러닝과 딥러닝의 기본 원리를 다룹니다.
II. **응용 기술 학습**: 자연어 처리(NLP), 컴퓨터 비전, 생성형 AI와 같은 최신 기술의 원리와 사례를 살펴봅니다.
III. **실습과 프로젝트**: 실질적인 AI 모델을 구현하고, 데이터를 활용한 문제 해결 방법을 학습합니다. 구체적으로 챗봇 구축, 이미지 분류 모델 설계 등 흥미로운 프로젝트를 통해 배운 내용을 응용할 수 있습니다.

각 장의 끝에는 연습문제와 복습 섹션이 포함되어 있어 학습 내용을 점검하고 스스로 복습할 수 있는 기회를 제공합니다. 이 과정은 독자가 책을 읽으며 느낄 수 있는 학습 성취감을 높여줍니다.

책을 쓰며

이 책을 쓰는 과정에서 가장 중요하게 생각한 것은 인공지능의 대중화입니다. 인공지능은 더 이상 특정 분야의 전문가만을 위한 기술이 아닙니다. 모든 사람이 이 기술을 이해하고, 자신의 삶과 업무에 적용할 수 있도록 돕는 것이야말로 이 책의 진정한 목표입니다.

이 책은 저 혼자만의 노력이 아닌, 여러 전문가와 독자들의 피드백을 통해 완성되었습니다. 특히, 어려운 개념을 쉽게 풀어내기 위해 많은 사례를 검토하고, 실습 과정을 친절하게 안내하기 위해 여러 번의 테스트와 검증을 거쳤습니다. 그 결과, 이 책이 독자 여러분에게 유익한 가이드가 되리라 믿습니다.

끝으로

이 책이 여러분에게 인공지능의 세계로 나아가는 첫걸음이 되길 바랍니다. 여러분이 이 책을 통해 인공지능을 이해하고, 이를 활용해 새로운 가능성을 발견하며, 나아가 4차 산업혁명 시대의 변화에 능동적으로 대처할 수 있는 역량을 키우길 진심으로 기대합니다. 앞으로도 독자 여러분의 피드백을 적극 반영하며, 더 나은 책을 만들어 가겠습니다.

2024년 11월
저자 허준

목차

서문 003

01 주차

인류의 진화

1.1 사회의 변화: 혁명 012
1.2 4차 산업혁명 026
1.3 연습문제 037

02 주차

ICT 핵심기술

2.1 IoT(사물 인터넷) 042
2.2 Cloud(클라우드 컴퓨팅) 050
2.3 Bigdata 059
2.4 AI 069
2.5 5G 083
2.6 연습문제 086

03 주차

ICT 융복합

3.1 의료 091
3.2 제조 094
3.3 자동차 097
3.4 로봇 101
3.5 물류 104
3.6 금융 107
3.7 농업 111
3.8 교통 114
3.9 연습문제 118

04 주차

인공지능 개념 및 머신러닝과 딥러닝

4.1 인공지능 개념 123
4.2 인공지능 머신러닝 132
4.3 인공지능 딥러닝 145
4.4 연습문제 169

05 주차

머신러닝의 세부기술 및 활용 사례

5.1 머신러닝(Machine Learning)의 정의 174
5.2 지도 학습 176
5.3 비지도 학습 180
5.4 강화 학습 184
5.5 활용 사례 188
5.6 연습문제 221

06 주차

자연어 처리

6.1 자연어 처리의 기초 226
6.2 언어 모델의 발전 234
6.3 BERT와 GPT의 비교 249
6.4 연습문제 254

07 주차

컴퓨터 비전

7.1 이미지 처리 기초 259
7.2 CNN 모델 269
7.3 딥러닝 기반 영상 분석 277
7.4 연습문제 286

08 주차

자율주행 기술

8.1 자율주행의 개념 291
8.2 센서 기술과 융합 299
8.3 자율주행의 사회적 영향 307
8.4 자율주행을 위한 인공지능 기술 315
8.5 연습문제 319

09 주차

대화형 및 생성형 AI 모델

9.1 대화형 AI 모델 324
9.2 생성형 AI 모델 342
9.3 연습문제 353

10 주차

대화형 AI 모델 실습

10.1 ChatGPT 실습 358
10.2 Claude 실습 366
10.3 Copilot 실습 374
10.4 Gemini 실습 377
10.5 AI 모델의 장점과 단점 384
10.6 연습문제 387

11 주차

여러 가지 생성형 AI 실습 I

11.1 Lilys.ai 활용 389
11.2 Gamma 활용 391
11.3 Deep-L 활용 395
11.4 연습문제 399

12 주차

여러 가지 생성형 AI 실습 II

12.1 Deepfake 내 얼굴 합성하기(Artguru 활용) 401
12.2 가상 아나운서가 되어보자(Face Me, D-ID, Hedra 활용) 405
12.3 연습문제 417

13 주차

AI의 미래 전망 및 윤리적 문제

13.1 AI와 윤리 419
13.2 AI의 사회적 영향 433
13.3 연습문제 443

01주차

인류의 진화

1. 농업혁명, 산업혁명, 4차 산업혁명의 특징과 인류 사회에 미친 영향을 이해한다.
2. 각 혁명의 사회적, 경제적, 기술적 변화와 결과를 분석한다.
3. 잉여 생산물, 정착 생활, 계층 형성 등 문명 발달의 기초를 설명한다.

1.1 사회의 변화: 혁명

1.2 4차 산업혁명

1.3 연습문제

1.1 사회의 변화: 혁명

혁명은 사회의 기본적인 구조를 급격하게 변화시키는 사건을 말한다. 인류의 역사는 여러 가지 혁명적 변화를 겪으며 발전해 왔으며, 각 혁명은 인류가 생존하고 발전하는 방식을 완전히 바꾸어 놓았다.

1.1.1 농업혁명

농업혁명은 약 1만 년 전에 일어난 인류 역사상 가장 중요한 전환점 중 하나로, 신석기 시대를 여는 계기가 되었다. 농업혁명은 인류가 자연 상태에서 식량을 얻는 수렵과 채집 생활을 벗어나, 작물을 재배하고 동물을 길들이기 시작한 사건이다. 이를 통해 인류는 안정적인 식량 공급을 확보하게 되었고, 잉여 생산물을 축적함으로써 인구 증가와 정착 생활이 가능해졌다. 농업혁명은 그동안 유목과 이동 생활을 하던 인류가 정착하여 문명을 이루는 기초가 되었고, 사회적, 경제적 변화를 촉진했다.

1) 정착 생활의 시작

농업혁명 이전 인류는 수렵과 채집을 통해 식량을 얻었다. 이 생활 방식은 일정한 지역에 머물며 생활하는 것이 아닌, 자연에 따라 이동하는 생활이었다. 계절에 따라 이동하며 사냥감이나 채집물을 찾아다녔고, 이는 인류가 유목 생활을 유지하게 만든 중요한 요소였다. 이러한 생활 방식은 불안정한 식량 공급이라는 문제를 동반했으며, 늘 이동해야 한다는 점에서 지속 가능한 정주 생활이 불가능했다. 하지만 농업혁명의 시작은 인류가 정착 생활을 할 수 있는 계기를 마련했다.

농업을 통해 작물을 재배하고 동물을 기르는 생활로 전환되면서 인류는 한곳에 머물며 식량을 지속적으로 확보할 수 있는 안정성을 얻었다. 농작물 재배와 가축 사육은 인간이 자연에 직접 의존하는 대신, 식량 생산을 제어할 수 있게 만들어 인류의 생존 방식에 큰 변화를 가져왔다. 이를 바탕으로 마을과 도시가 형성되었으며, 이는 단순한 생존을 넘어서 문명의 발달을 촉진하는 기초가 되었다.

① 재배 작물

농업혁명의 가장 큰 성과 중 하나는 인간이 스스로 작물을 재배할 수 있게 된 점이다. 초기 인류는 주로 밀, 보리, 옥수수와 같은 곡물을 재배했다. 이러한 곡물은 다음과 같은 특징을 가지고 있었다.

- **저장성**: 곡물은 다른 식량 자원에 비해 쉽게 저장할 수 있었다. 수확한 후 건조하거나 가공하여 장기간 보관할 수 있었기 때문에, 계절에 상관없이 식량을 공급할 수 있었다.
- **생산 효율성**: 곡물은 일정한 농업 기술을 바탕으로 대량 생산이 가능했다. 이는 농업 생산성을 증가시켰으며, 잉여 식량을 축적할 수 있게 만들었다.
- **주요 식량원**: 재배 작물은 인류의 주요 탄수화물 공급원으로 자리잡았다. 곡물에서 얻을 수 있는 열량은 인류의 생존과 활동을 유지하는 데 필수적이었다.

초기 농업 사회에서 재배된 작물은 단순히 생존을 넘어서, 공동체를 유지하고 발전시키는 중요한 역할을 하였다. 인류는 이 곡물들을 저장하고 활용함으로써 안정적인 식량 공급을 유지할 수 있었고, 이는 인구 증가와 문명 발선을 가능하게 만들었다.

② 가축 사육

농업혁명과 더불어 가축 사육도 인류 생활에 큰 변화를 가져왔다. 농업 이전에는 주로 야생 동물을 사냥해 고기를 얻었지만, 동물의 가축화를 통해 인류는 지속적인 동물성 자원을 확보할 수 있게 되었다. 소, 양, 염소, 돼지 등의 동물을 길들이고, 이를 통해 고기, 우유, 가죽과 같은 자원을 얻었다. 가축 사육은 다음과 같은 이점을 제공했다.

- **다양한 자원 공급**: 가축은 식량뿐만 아니라, 옷감, 가죽 등 다양한 자원을 제공했다. 이를 통해 인류는 식량원이 더욱 다양해지고 안정화되었으며, 생활용품 제작에도 활용할 수 있었다.
- **노동력 제공**: 가축은 단순히 자원을 제공하는 역할을 넘어서, 농업 활동에서 노동력을 제공하는 중요한 역할을 했다. 예를 들어, 소나 말은 농작물을 경작하거나 물자를 운반하는 데 도움을 주었으며, 이는 농업 생산성을 획기적으로 향상시켰다.

가축 사육은 농업과 함께 정착 생활을 더욱 안정화시켰으며, 인류가 한 곳에 정착하며 살아가는 데 필요한 중요한 자원 제공을 가능하게 했다.

2) 잉여 생산물의 축적

농업혁명이 이전의 수렵 채집 생활과 달랐던 점 중 하나는, 잉여 생산물을 축적할 수 있었다는 점이다. 농업을 통해 식량 생산량이 증가하면서, 인류는 필요한 양 이상의 식량을 생산할 수 있게 되었고, 이를 저장하고 비축할 수 있게 되었다. 이러한 잉여 식량은 인류의 생활 방식을 근본적으로 변화시켰다.

① 잉여 식량과 인구 증가

잉여 식량은 인류에게 안정적인 생존 기반을 제공했다. 이전에는 즉시 소비해야만 했던 식량이 이제는 장기적으로 비축할 수 있었기 때문에, 기근이나 자연재해로 인한 식량 부족에 대비할 수 있었다. 이러한 안정성은 곧 인구 증가로 이어졌다. 잉여 식량을 기반으로 더 많은 사람들을 부양할 수 있었기 때문에, 정착지의 규모가 점차 확대되었고, 인구 밀집 지역이 형성되기 시작했다.

- **도시 형성**: 잉여 생산물이 증가함에 따라 사람들이 한 곳에 모여 도시가 형성되었으며,

이는 농업 혁명으로 인한 사회적 변화를 더욱 가속화시켰다. 도시의 발전은 문명의 기초를 마련했으며, 이는 인류의 문화적 발전에도 중요한 역할을 하였다.

② 경제적 분업

잉여 생산물은 경제적 측면에서도 중요한 변화를 가져왔다. 식량이 충분히 공급됨에 따라, 인류는 단순한 생존을 넘어서 경제적 활동의 다양화를 추구하게 되었다. 그 결과 직업의 분화가 이루어졌으며, 농업 이외의 분야에서 전문가들이 등장하기 시작했다.

- **농업 외 직업의 등장**: 잉여 식량을 바탕으로 일부 사람들은 상업, 공예, 기술 등 농업 이외의 분야에서 전문화된 직업을 갖기 시작했다. 이는 경제적 분업을 촉진시키며 사회의 전문화를 이끌어냈다.
- **사회적 구조 변화**: 경제적 분업과 함께 사회적 구조도 변화하기 시작했다. 전문 직업을 가진 사람들과 그렇지 않은 사람들 간에 역할 분담이 명확해졌고, 이러한 분화는 점차 사회적 계층의 형성으로 이어졌다.

③ 무역과 교역

잉여 생산물의 축적은 단순한 지역 내 분업을 넘어서, 지역 간 교역을 가능하게 했다. 농업을 통해 더 많은 자원을 축적한 공동체들은 잉여 생산물을 이용해 다른 지역 공동체와 교역을 시작했다. 이는 경제 활동의 범위를 국가 간 교류로 확장시키는 중요한 기초가 되었다.

- **물물교환**: 초기 농업 사회에서는 물물교환이 경제 활동의 주요 형태였다. 농업 생산물은 도구, 옷감, 자원 등과 교환되었으며, 이를 통해 경제적 네트워크가 형성되었다.
- **국제 무역의 기초**: 지역 간 교역이 활성화되면서 국제 무역의 기초가 다져지기 시작했다. 초기 농업 사회에서 시작된 교역은 이후 대륙 간 무역과 문화적 교류로 발전하였다. 이는 경제적뿐만 아니라 문화적 상호작용을 촉진하여 문명의 발전에 중요한 영향을 미쳤다.

3) 사회적 변화와 계층 구조의 형성

농업혁명은 단순한 경제적 변화를 넘어 인류 사회의 사회적 구조와 문화적 체계에 큰 변화를 가져왔다. 농업이 발전하면서 인간의 생산 방식이 달라졌고, 이에 따라 토지 소유와 자원의 분배 방식이 새롭게 정의되었다. 이러한 변화는 계층 사회의 형성으로 이어졌으며, 사회적 불평등을 발생시키는 계기가 되었다.

① 계층 사회의 형성

농업혁명 이전에는 인류가 주로 수렵 채집을 통해 식량을 얻었기 때문에 자원은 공동체 내에서 공유되는 것이 일반적이었다. 그러나 농업혁명을 통해 정착 생활이 가능해지고, 토지와 생산 수단을 소유한 집단이 나타나면서 사회는 급격히 계층화되었다.

- **토지 소유와 권력 집중**: 농업을 통해 식량과 자원이 생산되기 시작하면서, 일부 집단은 생산 자원을 독점하게 되었다. 토지를 소유한 자들은 농업 생산을 통해 부를 축적할 수 있었고, 이들은 공동체 내에서 권력을 가지게 되었다. 이러한 소유권은 곧 사회적 지위와 권력을 결정짓는 중요한 요소로 작용하게 되었다.
- **잉여 생산물의 분배**: 농업혁명 이후 발생한 잉여 생산물은 지배계층이 이를 통제하고 관리하면서 부와 권력을 더 강화했다. 토지를 소유한 자들은 노동 계층을 이용해 자원을 축적하였으며, 이를 통해 계층 간 격차는 더욱 심화되었다. 노동 계층은 생산 활동을 담당하였으나, 잉여 생산물의 대부분은 상위 계층이 차지하게 되었다.

② 권력과 정치의 형성

농업혁명 이후, 잉여 생산물의 축적과 토지 소유가 중요한 요소로 자리 잡으면서 정치적 권력이 형성되었다. 자원을 관리하고 분배할 필요성이 커짐에 따라, 이를 총괄하는 지도자나 지배자가 등장하기 시작했다. 이러한 권력 구조는 국가와 같은 정치적 조직의 기초가 되었다.

- **왕과 지배자의 등장**: 농업을 통해 잉여 생산물을 통제한 지배계층은 정치적 지도자로서의 역할을 맡기 시작했다. 이들은 자원을 관리하고, 공동체 내 법과 질서를 유지하며, 점차 왕권을 확립하게 되었다. 초기 농업 사회에서는 이러한 지배자들이 신성한 권위를 가졌다고 여겨졌고, 그들의 지위는 종교적 신념에 의해 강화되었다.
- **정치적 조직의 형성**: 잉여 생산물의 분배와 관리 과정에서, 농업 공동체는 점차 정치적 조직을 필요로 하게 되었다. 이를 통해 법과 제도가 마련되었고, 군대, 행정 조직 등 국가를 운영하는 기본 틀이 형성되었다. 이러한 국가 체제는 점차 대규모 제국으로 발전하게

되었으며, 인류 문명의 발전을 이끄는 중요한 기반이 되었다.

③ 종교와 문화의 발전

농업혁명은 인류 사회에서 종교와 문화의 발달에도 큰 영향을 미쳤다. 정착 생활이 가능해지면서 인간은 자연 현상을 설명하고, 이를 바탕으로 종교적 체계를 형성하기 시작했다. 농업은 자연의 주기적인 변화에 의존하기 때문에, 자연 현상과 신을 연결하는 종교적 신념이 발전하게 되었다.

- **자연 숭배와 신앙 체계**: 농업을 통해 인류는 자연에 대한 경외심을 가지게 되었고, 태양, 비, 바람 등 자연의 요소를 신으로 숭배하기 시작했다. 이는 농작물의 풍작이나 흉작을 신의 뜻으로 해석하게 만들었고, 제사나 의식을 통해 신의 뜻을 받들어 농업 생산을 보장하려는 문화적 관습이 형성되었다.
- **종교의 제도화**: 농업혁명이 진행됨에 따라 종교는 단순한 신앙 체계를 넘어 정치적이자 사회적 제도로 발전하게 되었다. 사제 계층은 농업과 관련된 제사와 의식을 주관하며 중요한 역할을 맡았고, 신권 정치의 기초를 마련하였다. 또한, 종교는 공동체를 결속하는 중요한 역할을 하며, 공동체 내에서 윤리적 기준과 도덕적 규범을 정립하는 데 기여하였다.
- **미술과 건축의 발전**: 정착 생활과 잉여 생산물의 축적은 문화적 발전을 촉진하였다. 공동체는 잉여 자원을 예술과 건축에 투자할 수 있게 되었고, 종교적 건축물과 예술품을 제작하면서 문명이 발달했다. 신전, 묘지, 벽화 등은 공동체의 종교적 신념을 표현하고, 후대에 전승되었다. 이러한 문화적 발전은 이후 고대 문명의 탄생으로 이어졌다.

4) 문명의 기초

농업혁명은 이후 인류가 형성하게 될 고대 문명의 기초를 마련했다. 농업을 통해 잉여 식량이 확보되자, 인류는 더 이상 단순히 생존을 위한 생활에 머무르지 않고 사회적, 문화적 발전을 이루는 문명을 건설하기 시작했다.

① 도시와 국가의 형성

농업을 통해 안정적인 식량을 확보한 인류는 정착지를 중심으로 도시를 형성했다. 도시는 초기 강가나 비옥한 토지를 중심으로 형성되었으며, 메소포타미아, 이집트, 인더스 문명과 같은 고대 문명의 도시 국가들이 발전하기 시작했다. 이 도시 국가들은 강을 중심으로 농업을 통해 경제적 기반을 형성하였으며, 이를 바탕으로 문화, 정치, 사회적 발전을 이루어냈다.

- **도시 국가의 특징**: 초기 도시 국가는 강 주변에서 형성되었으며, 농업을 통해 생존 기반을 마련하였다. 이들은 중앙 집권적 정치 체제를 갖추고, 법과 제도를 통해 사회를 통제하였다. 도시 국가는 주변 지역과의 무역과 교역을 통해 경제를 확장시켰고, 정복 전쟁을 통해 영토를 넓히기도 하였다.
- **건축물과 예술의 발전**: 도시 국가는 농업을 통해 축적한 자원을 건축물과 예술에 투자하였다. 피라미드, 지구라트, 신전 등 거대한 건축물들은 그 시대의 종교적 신념과 정치적 권위를 상징하며 건설되었으며, 인류의 문화적 성취를 표현하는 중요한 유산으로 남게 되었다.

② 기술의 발전과 사회적 변화

농업혁명은 단순히 식량 생산에서 그치지 않고, 기술의 발전을 이끌어냈다. 초기 농업 사회는 관개 기술을 발전시키면서 더 많은 경작지를 확보하고, 농업 생산성을 향상시켰다. 농기구의 발전은 생산 과정을 더욱 효율적으로 만들었고, 이를 통해 사회적 발전도 가속화되었다.

- **관개 기술**: 초기 농업 사회는 강을 이용한 관개 기술을 발전시켜, 더 넓은 지역을 경작할 수 있게 되었다. 이를 통해 식량 생산이 더욱 증가하였고, 인류의 생활은 안정화되었다.
- **농기구의 발전**: 청동기, 철기의 발달과 함께 인류는 더욱 효율적인 농기구를 사용하기 시작했다. 이는 농업 생산성을 크게 높였으며, 더 많은 인구를 부양할 수 있는 기반을 마련했다. 이러한 기술 발전은 사회의 분업화와 전문화를 촉진하였다.

③ 사회적 제도의 정립

농업혁명 이후 인류 사회는 법과 제도를 통해 사회적 질서를 유지하고, 재산권과 노동력을 규제하기 시작했다. 잉여 생산물의 분배와 토지 소유권을 둘러싼 갈등을 해결하기 위해 법적 제도가 필요해졌으며, 이는 국가 운영의 기본 틀을 제공했다.

- **법과 소유권**: 초기 문명에서는 소유권과 노동권을 규제하는 법이 제정되었다. 이는 공동체 내에서 자원을 공정하게 분배하고, 사회적 불평등을 최소화하기 위한 장치로 작용했다. 또한 재판과 벌칙을 통해 사회적 질서를 유지하였다.
- **노동력과 계층 구조**: 농업을 통해 형성된 계층 구조는 법과 제도를 통해 더욱 명확해졌으며, 이를 바탕으로 사회는 전문화된 직업을 형성하게 되었다. 농업, 공예, 상업 등의 직업들이 분화되었고, 이를 통해 인류 사회는 더욱 복잡한 경제 체제를 갖추게 되었다.

농업혁명은 인류의 삶을 근본적으로 바꿔 놓은 사건이다. 인류는 더 이상 자연에서 식량을 얻는 것에 의존하지 않고, 스스로 식량을 생산하고 관리하는 능력을 갖추게 되었다. 이는 정착 생활, 잉여 생산물의 축적, 사회적 변화 등으로 이어졌으며, 문명의 발전을 가능하게 했다. 농업혁명은 현대 사회의 기초가 되었으며, 이후 인류가 경험하게 될 산업혁명과 4차 산업혁명의 기반이 되었다.

1.1.2 농업혁명에서 산업혁명으로의 전환

농업혁명은 인류에게 정착 생활과 잉여 생산물의 축적을 가능하게 하며, 초기 문명의 기초를 제공하였다. 하지만 18세기 중반부터 시작된 산업혁명은 농업 중심의 경제 구조에서 공업 중심의 경제 구조로 급격한 전환을 이끌었다. 이 시기, 농업 혁명으로 확립된 사회는 산업화와 기계화를 통해 더 높은 생산성을 추구하게 되었으며, 이는 인류의 삶의 방식을 완전히 바꾸어 놓았다. 농업 중심에서 기계화된 대량 생산으로의 변화는 인구 분포, 사회 구조, 경제적 활동에 큰 변화를 가져왔다.

1) 농업 혁명과 산업혁명의 관계

농업 혁명은 인류의 정착 생활과 잉여 식량의 축적을 가능하게 함으로써, 기초 경제적 안정을 이루었다. 하지만 시간이 흐르면서 이러한 안정적인 식량 공급만으로는 늘어나는 인구와 경제적 수요를 충족시키기 어려워졌다. 이에 따라 농업 혁명에서 쌓아온 경제적 기반을 바탕으로 산업혁명이 시작되었다. 산업혁명은 농업 생산에서 얻은 잉여 자원을 활용하여 공업화와 기계화를 발전시키는 과정에서 탄생하였다.

2) 산업혁명의 기초: 농업의 기계화

산업혁명의 도래는 농업 분야에서도 기계화의 도입을 촉진하였다. 전통적으로 인력과 동물을 사용한 농업 방식에서 벗어나, 기계를 활용한 농업은 생산성을 획기적으로 향상시켰다. 대표적인 기계화의 예로는 증기 기관의 발명이 있다. 증기 기관은 농업뿐만 아니라 다양한 산업 분야에 걸쳐 동력을 제공하였으며, 농업에서도 수확, 경작, 운송 등의 작업에 기계적 도움을 주었다.

- **증기 기관과 농업의 혁신**: 증기 기관이 도입되면서 농업의 경작 작업은 훨씬 빠르고 효율적으로 이루어지게 되었다. 기존에는 수작업과 동물의 힘에 의존하던 작업이, 기계를 통해 대규모로 이뤄지게 되었으며, 이는 더 넓은 토지에서 더 많은 농작물을 수확할 수 있게 만들었다.
- **농업 기계화의 예**: 산업혁명 시기에 발명된 농업 기계로는 증기 트랙터, 곡물 수확기 등이 있으며, 이러한 기계는 인간의 노동력을 대체하며 농업 생산성을 크게 높였다.

3) 농업에서 공업으로의 경제 중심 이동

산업혁명은 농업 중심의 경제 구조를 공업 중심의 경제 구조로 전환시켰다. 농업은 여전히 중요한 경제적 활동이었지만, 기계화와 산업화의 발달로 인해 농업 노동력이 점차 공업으로 이동하게 되었다. 많은 사람들이 농업에서 공장 노동자로 전환되었으며, 이에 따라 도시화가 급격히 진행되었다.

- **도시화와 인구 이동**: 산업혁명은 농촌 인구가 도시로 이동하는 대규모 이주 현상을 야기했다. 농업 기계화로 인해 농촌에서는 상대적으로 적은 노동력이 필요해졌고, 이에 따라 남는 인력들이 도시의 공장에서 일자리를 찾게 되었다. 도시에서는 새로운 공업 중심지가 형성되었고, 대규모 공장들이 세워지면서 인구 밀도가 급격히 증가하였다.
- **사회적 변화**: 도시화와 함께 산업혁명은 새로운 사회적 계층을 만들어냈다. 공장주와 산업 자본가는 새로운 경제적 계층으로 부상하였고, 노동자 계급 역시 형성되었다. 이는 기존의 농업 중심 사회에서 나타난 지주 계층과는 다른 형태의 경제적 분화를 가져왔다.

4) 농업과 공업의 상호작용

농업에서 산업으로의 전환이 이루어졌지만, 산업혁명 시기에도 농업은 여전히 중요한 역할을 하였다. 농업은 공업화에 필요한 식량과 원자재를 제공하며, 경제 성장의 밑바탕이 되었다. 또한, 농업 기계의 발전은 산업 혁명 초기 기계 제조업의 중요한 시장 중 하나였다. 농업이 기계화되면서 더 많은 기계가 필요해졌고, 이로 인해 농기계 제조업이 발달하였다.

- **농업 기계의 발달**: 산업혁명 시기에 발달한 농업 기계는 단순한 농업 기계를 넘어서, 다양한 산업 분야에서 사용할 수 있는 기술과 기계를 개발하는 데 기여하였다. 특히, 농기계 생산은 당시 철강 산업과 기계공학의 발전에 중요한 역할을 했다.
- **산업화를 지원하는 농업**: 공업화가 진행됨에 따라 도시 인구가 급증하였고, 이에 따라 식량 수요가 크게 증가하였다. 농업은 공업화된 사회의 식량 공급 기반을 유지하기 위해 더 높은 생산성을 요구받았고, 농업 기계화는 이를 가능하게 만들었다.

5) 산업혁명의 영향

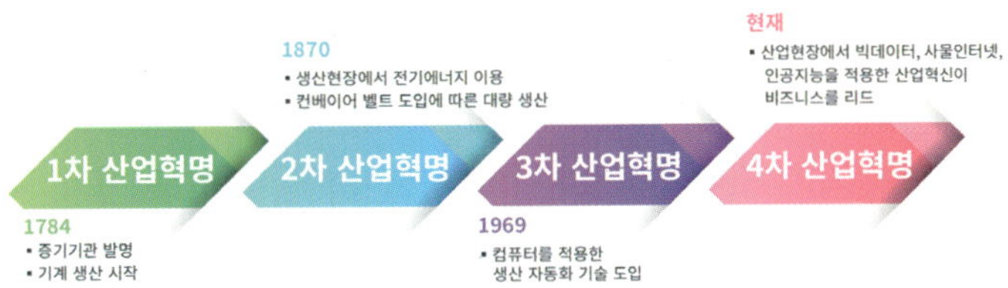

산업혁명은 단순히 농업에서 공업으로의 전환을 의미하는 것이 아니라, 인류의 경제적, 사회적, 문화적 변화를 동반한 거대한 변화였다. 농업 혁명으로부터 발전한 산업 혁명은 인류의 생활 방식, 경제 구조, 인구 분포, 기술 발전 등을 혁신적으로 변화시켰다.

- **경제적 변화**: 농업 사회에서 공업 사회로의 변화는 더 많은 자본과 노동력이 공장으로 집중되는 계기를 마련했다. 이는 대규모 생산과 효율성 증가를 가져왔고, 시장이 확장되면서 자본주의의 발달로 이어졌다.
- **사회적 변화**: 농업 중심의 소규모 공동체는 대도시 중심의 대규모 사회로 전환되었다. 새로운 사회적 계층이 형성되고, 노동 문제와 빈부 격차 등의 문제가 나타나기 시작했다.
- **기술적 변화**: 산업혁명은 기술 혁신의 시대를 열었다. 농업 기계뿐만 아니라, 방직기, 기관차, 증기선 등의 기계들이 개발되었고, 이는 물류와 교통, 생산 공정에서 혁신을 이끌어 냈다.

농업혁명에서 산업혁명으로의 전환은 인류 역사상 가장 중요한 변화 중 하나로, 경제적 기초를 농업에서 공업으로 옮기는 과정이었다. 농업 기계화로 인해 농업 생산성이 높아졌고, 더 적은 노동력으로 더 많은 식량을 생산할 수 있게 되면서, 잉여 인력은 공업 분야로 흡수되었다. 이는 도시화, 경제적 분업, 사회적 변화로 이어졌으며, 인류는 더 복잡하고 고도화된 산업 사회로 나아가게 되었다.

1.1.3 산업혁명

산업혁명은 18세기 후반 영국에서 시작되어 전 세계로 확산된 경제적, 기술적 변혁의 시기로, 인류의 생활 양식과 경제 구조를 근본적으로 변화시켰다. 산업혁명은 기계화와 공장제 대량 생산을 특징으로 하며, 증기 기관과 같은 혁신적인 기술의 발전이 중심이 되었다. 이를 통해 농업 중심의 경제 구조에서 공업 중심의 경제 구조로 전환되었고, 더불어 사회, 정치, 문화적인 큰 변화가 뒤따랐다.

1) 증기 기관의 발명과 발전

증기 기관은 산업혁명의 핵심 동력으로, 제임스 와트에 의해 크게 개선된 이후 산업 전반에 걸쳐 사용되기 시작했다. 기존의 인간과 동물의 노동력 또는 바람과 물을 이용한 동력과는 달리, 증기 기관은 기계에 지속적이고 안정적인 동력을 공급할 수 있었다. 이는 농업, 광업, 제조업 등 다양한 분야에 큰 변화를 불러일으켰다.

- **증기 기관의 원리**: 증기 기관은 물을 가열해 발생한 증기 압력으로 피스톤을 움직여 동력을 생성한다. 이 동력은 다양한 기계를 구동하는 데 사용되었으며, 특히 공장에서의 기계화된 생산 과정을 가능하게 만들었다.
- **제임스 와트의 역할**: 기존의 증기 기관은 효율성이 떨어졌으나, 제임스 와트는 이를 개선하여 보다 효율적이고 경제적인 증기 기관을 개발하였다. 이로 인해 증기 기관은 대규모 생산 현장뿐만 아니라, 교통수단 및 도시 기반 시설에도 널리 활용되었다.
- **산업 전반에 미친 영향**: 증기 기관은 제조업뿐만 아니라 교통과 통신의 혁신에도 기여했다. 예를 들어, 증기 기관차와 증기선의 발달은 상품과 사람의 이동 속도를 비약적으로 향상시켰으며, 상업과 경제 활동의 범위를 전 세계로 확장하는 계기가 되었다.

2) 공장제 대량 생산 시스템의 도입

산업혁명 이전에는 대부분의 생산이 수작업으로 이루어졌으며, 이는 시간이 오래 걸리고 생산량도 제한적이었다. 그러나 산업혁명과 함께 공장제 대량 생산 시스템이 도입되면서 생산 방식이 근본적으로 변화했다. 대규모의 기계를 이용해 많은 인력이 한 장소에서 조직적으로 작업함으로써, 대량 생산이 가능해졌고 이는 경제성장을 크게 촉진시켰다.

- **공장제 시스템**: 공장제 시스템은 노동자가 하나의 작업장에서 기계와 함께 대규모로 생산을 하는 방식이다. 이는 생산 효율성을 극대화시켰으며, 상품의 가격을 낮추고 더 많은 사람들에게 다양한 상품이 공급될 수 있게 만들었다.
- **분업화와 전문화**: 공장제 생산 시스템에서는 분업이 중요한 요소로 작용했다. 각각의 노동자가 특정 작업을 담당함으로써, 생산 과정이 더 빠르고 체계적으로 이루어졌다. 이러한 전문화된 노동은 생산성 향상에 기여하였으며, 이는 곧 경제 성장으로 이어졌다.
- **기계와 노동의 관계 변화**: 산업혁명 이전에는 대부분의 노동이 손작업에 의존했으나, 산업혁명 이후 기계가 노동을 대체하기 시작했다. 이는 한편으로는 생산성 향상을 가져왔으나, 기계에 대한 의존성이 커지면서 노동자의 역할도 변화했다. 많은 수의 숙련 노동자들이 비숙련 노동자로 대체되었고, 이는 노동 운동의 배경이 되기도 했다.

3) 교통과 통신의 발전

산업혁명은 교통과 통신 분야에서도 획기적인 발전을 이끌었다. 증기 기관을 이용한 새로운 교통수단의 등장과, 전신과 같은 통신 기술의 발전은 사회와 경제의 글로벌화를 촉진하는 계기가 되었다.

- **철도의 발전**: 증기 기관차의 발명은 철도의 발전을 이끌었다. 철도는 빠르고 효율적인 대

량 운송 수단으로 자리 잡았으며, 공장에서 생산된 상품을 더 넓은 시장으로 빠르게 운송할 수 있었다. 이는 국내 교역과 국제 무역의 활성화로 이어졌다. 철도는 물자 운송뿐만 아니라, 사람들의 이동도 훨씬 더 편리하고 빠르게 만들어 도시화와 인구 이동에도 큰 영향을 미쳤다.

- **증기선의 발전**: 증기선의 발달로 인해 해상 교통 또한 크게 변화하였다. 증기선은 바람에 의존하지 않고 지속적인 항해가 가능했으며, 이는 해상 운송 시간을 대폭 단축시켰다. 특히, 대서양을 횡단하는 무역과 교역이 활성화되었고, 유럽과 아메리카 대륙을 연결하는 경제적 네트워크가 형성되었다.
- **통신의 혁신**: 전신의 발명은 통신의 속도를 획기적으로 개선하였다. 전신을 통해 먼 거리에서도 즉각적인 정보 교환이 가능해졌으며, 이는 상업과 무역의 활성화에 크게 기여하였다. 정보가 빠르게 전달됨으로써 금융 시장과 정치적 소통에도 큰 변화를 가져왔다.

4) 산업혁명의 사회적 영향

산업혁명은 경제적 변화뿐만 아니라, 사회 구조와 생활 양식에도 큰 변화를 가져왔다. 특히 도시로의 인구 집중과 노동 환경의 변화는 사회적 문제를 야기하기도 하였다.

- **도시화**: 산업혁명은 공장들이 주로 도시에서 설립됨에 따라, 농촌에서 도시로의 인구 이동을 촉발하였다. 이로 인해 도시 인구가 급증하면서 도시화가 급격히 진행되었다. 하지만 이는 동시에 빈곤, 주택 부족, 위생 문제 등 다양한 도시 문제를 발생시키기도 했다.
- **노동 환경의 변화**: 기계화된 공장 노동은 과거 농업 중심의 자영업과는 달리, 장시간 노동과 열악한 노동 환경을 동반했다. 많은 노동자들이 저임금과 비위생적인 환경에서 일해야 했으며, 이는 노동 운동과 노동자 권리 주장의 배경이 되었다. 또한, 여성과 어린이 노동자가 공장에서 노동하는 경우도 많아, 아동 노동과 같은 사회적 문제가 대두되었다.
- **계층 구조의 변화**: 산업혁명은 새로운 경제적 계층을 형성하였다. 공장주나 산업 자본가와 같은 새로운 부유층이 등장하였으며, 이들은 거대한 부를 축적하면서 기존의 귀족 계층과는 다른 경제적, 사회적 영향력을 행사하기 시작했다. 반면, 노동 계층은 경제적 불평등과 열악한 생활 환경 속에서 사회적 약자로 자리 잡았다.

산업혁명은 인류 역사상 가장 중요한 변혁 중 하나로, 증기 기관의 발명과 기계화를 바탕으로 대량 생산과 도시화를 이끌어냈다. 이는 경제적 생산성을 크게 향상시켰을 뿐만 아니라, 교통과 통신의 발달로 글로벌 경제가 형성되는 계기가 되었다. 하지만 동시에 노동 문제, 사회적 불평등, 도시 문제와 같은 새로운 도전 과제들도 함께 가져왔다. 산업혁명은 이후의 기술 혁신과 사회 변화의 기반이 되었으며, 근대 사회를 형성하는 데 중요한 역할을 하였다.

1.2 4차 산업혁명

1.2.1 4차 산업혁명 개념

4차 산업혁명은 새로운 기술들이 결합해 우리 생활과 경제를 바꾸는 큰 변화이다. 이 혁명에서는 인터넷을 통해 많은 기계와 기기들이 연결되고, 인공지능이 데이터를 분석해 사람들을 대신해 결정을 내릴 수 있다. 예를 들어, 자율주행차는 스스로 도로를 달리고, 공장은 자동으로 제품을 만들 수 있다.

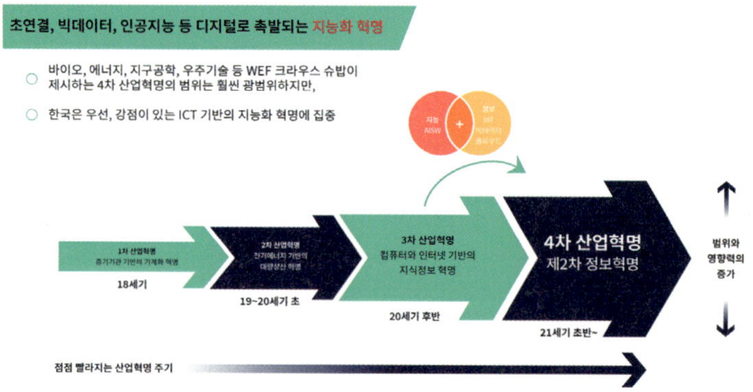

4차 산업혁명의 목표는 단순히 기존 시스템을 개선하는 데 그치지 않고, 새로운 비즈니스 모델, 생산성 향상, 사회적 혁신을 통해 인간의 삶을 풍요롭게 하는 것이다. 디지털화가 촉발하는 이 혁명은 물리적, 디지털, 생물학적 경계를 허물고, 모든 산업 영역에 영향을 미친다. 특히 사이버-물리 시스템(CPS)은 이러한 혁명적 변화를 가능하게 하는 핵심 기술 중 하나다.

1) 사이버-물리 시스템(Cyber-Physical Systems, CPS)

사이버-물리 시스템(CPS)은 물리적 세계와 사이버 세계가 실시간으로 상호작용하며 데이터와 명령을 교환하는 지능형 시스템을 말한다. 이는 센서, 네트워크, 소프트웨어 등의 기술이 물리적 기기와 통합되어 자동화, 자율화를 가능하게 만든다. 예를 들어 스마트 공장에서는 로봇과 기계가 실시간 데이터를 바탕으로 생산 공정을 자동으로 최적화하며, 자율주행차는 주변 환경을 분석하여 스스로 주행 경로를 결정한다.

- **사이버 세계**: 사이버 세계는 데이터 처리, 분석, 제어가 이루어지는 디지털 공간이다. 여기서 데이터는 빅데이터와 인공지능의 도움으로 처리되고, 이는 예측 모델, 의사결정 알고리즘 등에 사용된다. 사이버 세계는 물리적 시스템을 더욱 지능적이고 효율적으로 만드는 데 중요한 역할을 한다.
- **물리적 세계**: 물리적 세계는 우리가 일상적으로 접하는 기계, 장비, 인프라 등을 포함하는 현실 세계이다. 사이버 세계에서 처리된 데이터와 명령은 물리적 세계에서 자동화된 시스템을 통해 실행되며, 이는 생산성과 효율성을 크게 높인다.

2) 초연결성(Hyper-Connectivity)

초연결성은 4차 산업혁명의 중요한 특징 중 하나로, 모든 기기, 시스템, 사람 등이 네트워크를 통해 실시간으로 연결되어 데이터를 주고받고 상호작용할 수 있는 상태를 의미한다. 이를 통해 인류는 사물인터넷(IoT)을 활용하여 지능형 시스템을 구축하고, 실시간 데이터 처리가 가능해진다.

- **사물인터넷(IoT)**: 사물인터넷은 다양한 기기들이 인터넷을 통해 상호 연결되어 데이터를 주고받는 기술을 말한다. 가전제품, 스마트폰, 자동차 등 일상 생활의 모든 사물들이 인터넷에 연결되어 자동화되고, 효율적인 서비스를 제공할 수 있다. 예를 들어 스마트 홈 시스템은 냉장고, 조명, 에어컨 등이 연결되어 사용자의 생활 패턴에 맞춰 자동으로 작동한다.
- **네트워크 기반 상호작용**: 초연결성을 통해 기기들은 서로 실시간으로 데이터를 주고받고, 이를 바탕으로 지능형 의사결정을 내린다. 예를 들어 스마트 시티에서는 교통 신호 시스템이 실시간 교통 데이터를 수집하여 교통 흐름을 최적화하고 혼잡을 줄인다.
- **실시간 데이터 처리**: 초연결 사회에서는 실시간 데이터의 처리와 분석이 중요하다. 이를 이를 통해 시스템은 지능적이고 자율적인 결정을 내릴 수 있으며, 이를 통해 문제를 예방하거나 신속하게 대응할 수 있다. 예를 들어 스마트 공장에서는 기계가 스스로 데이터를 분석하여 고장이 발생하기 전에 미리 경고하거나 수리 작업을 자동으로 지시할 수 있다.

3) 초지능성(Super-Intelligence)

4차 산업혁명의 또 다른 중요한 특징은 초지능성으로, 이는 인공지능(AI)이 인류의 지능을 뛰어넘는 수준으로 발전하는 것을 목표로 한다. 인공지능은 데이터를 학습하고 이를 바탕으로 패턴을 예측하거나 결정을 내리는 능력을 가지고 있으며, 이를 통해 다양한 산업과 서비스에서 자동화와 지능형 서비스를 제공한다.

- **인공지능(AI)의 역할**: 인공지능은 빅데이터를 분석하여 패턴을 파악하고, 그 데이터를 바탕으로 문제를 해결하거나 미래를 예측한다. 예를 들어 자율주행 자동차는 인공지능을 통해 실시간으로 도로 상황을 분석하고, 최적의 주행 경로를 찾아 안전하게 운전할 수 있다.
- **기계 학습(Machine Learning)과 딥러닝(Deep Learning)**: 기계 학습은 데이터를 기반으로 스스로 학습하며, 이를 통해 성능을 향상시키는 기술이다. 딥러닝은 이러한 기계 학습의 한 분야로, 인간의 뇌를 모방한 신경망을 통해 더 복잡한 문제를 해결할 수 있다. 예를 들어 자연어 처리 기술은 딥러닝을 통해 더욱 정교하게 인간의 언어를 이해하고 번역하거나 챗봇 등의 대화형 AI를 구현할 수 있다.
- **자동화와 의사결정**: 인공지능은 단순히 데이터 분석을 넘어, 그 데이터를 바탕으로 자동화된 의사결정을 내리는 데 중요한 역할을 한다. 제조업에서는 로봇이 생산 라인의 데이터를 분석하여 문제가 발생하기 전에 최적화하거나 생산 공정을 자동으로 조정할 수 있다.
- **초지능 사회**: 초지능성은 인간이 해결하지 못하는 문제를 인공지능이 해결하는 초지능 사회로 나아가게 한다. 예를 들어 의료 분야에서는 AI가 의료 데이터를 분석하여 질병을 진단하거나 최적의 치료 방법을 추천하는 역할을 하고 있다. 이는 인간의 능력을 넘어서는 지능을 구현하며, 의료 혁신, 자율주행, 금융 서비스 등 여러 분야에서 새로운 가치를 창출하고 있다.

4차 산업혁명은 사이버-물리 시스템, 초연결성, 초지능성을 기반으로 모든 산업과 사회를 근본적으로 변화시키고 있다. 사물인터넷(IoT), 인공지능(AI), 빅데이터, 클라우드 컴퓨팅 등의 기술들은 서로 융합하여 생산성을 높이고 혁신적인 비즈니스 모델을 만들어내고 있다. 초연결성은 기기와 시스템, 사람을 실시간으로 연결하여 효율적인 상호작용과 의사결정을 가능하게 하며, 초지능성은 인공지능의 발전을 통해 인간의 능력을 뛰어넘는 지능형 시스템을 구현한다.

이러한 기술의 융합과 혁신은 앞으로 더욱 빠르고 효율적인 사회를 만들 것이며, 새로운 경제적 기회와 산업적 혁신을 창출할 것이다. 4차 산업혁명은 단순한 기술 발전을 넘어, 인류의 삶의 방식과 경제 구조를 완전히 바꾸는 혁신적 변화의 시대를 열어가고 있다.

1.2.2 4차 산업혁명 발전과정

4차 산업혁명은 2010년대에 들어 빠르게 발전하기 시작한 기술적, 경제적 변화의 물결로, 전통적인 산업 구조를 혁신하고 다양한 디지털 기술의 융합을 통해 새로운 형태의 경제적, 사회적 변화를 이끌어왔다. 이 혁명은 단순히 기존 기술의 발전에 그치지 않고, 사물인터넷(IoT), 인공지능(AI), 빅데이터(Big Data), 클라우드 컴퓨팅(Cloud Computing)과 같은 디지털 기술들이 결합하여 제조업, 의료, 교통, 금융 등 여러 산업 분야에서 혁신적인 발전을 가능하게 했다. 이러한 기술 발전은 전통적인 산업 구조를 넘어 디지털 경제로의 전환을 가속화시켰으며, 그 과정에서 생산성 향상, 비용 절감, 새로운 비즈니스 모델 창출 등의 성과를 이끌어냈다.

1) ICT(정보통신기술)의 발전

4차 산업혁명의 중심에는 정보통신기술(ICT)의 급속한 발전이 있다. 정보통신기술은 데이터의 실시간 처리, 분석, 저장을 가능하게 만들었으며, 이를 바탕으로 전 산업 분야에서 생산성 극대화, 자동화된 의사결정, 효율성 증대가 이루어졌다. 특히 고속 인터넷과 5G 네트워크, 클라우드 컴퓨팅, 빅데이터는 4차 산업혁명의 핵심 기술로 자리 잡으며 혁신을 촉발하는 중요한 역할을 수행했다.

- **고속 인터넷과 5G 네트워크**: 고속 인터넷과 5G 네트워크의 도입은 4차 산업혁명의 기반을 형성했다. 5G는 기존의 통신 기술보다 데이터 전송 속도가 크게 향상되어 더 많은 기기들이 동시에 연결될 수 있고, 저지연 통신이 가능하게 되었다. 이는 자율주행차, 스마

트 시티, 원격 의료 등에서 필수적인 실시간 상호작용을 지원하며, 초연결 사회의 핵심 인프라로 자리 잡았다. 고속 데이터 전송과 즉각적인 반응성 덕분에 IoT 기기와 인공지능 시스템 간의 실시간 데이터 교환이 가능해지며, 이를 통해 다양한 산업 자동화와 혁신적인 서비스가 제공될 수 있다.

- **클라우드 컴퓨팅(Cloud Computing)**: 클라우드 컴퓨팅은 데이터를 중앙 서버에서 저장하고 처리하는 기술로, 데이터를 효율적으로 관리하고 분석하는 데 필수적인 역할을 한다. 기업들은 클라우드를 활용하여 데이터 접근성을 높이고, 비용 효율성을 극대화할 수 있으며, 이는 특히 데이터 중심 경제에서 중요한 요소로 작용한다. 클라우드를 통해 기업들은 대규모 데이터를 손쉽게 저장하고, 이를 기반으로 빅데이터 분석을 수행하여 의사결정과 비즈니스 전략을 수립할 수 있다. 예를 들어, 원격 근무 환경에서는 클라우드를 통해 언제 어디서나 실시간으로 데이터에 접근할 수 있다.
- **빅데이터(Big Data)**: 빅데이터는 방대한 데이터를 분석하여 유의미한 패턴과 인사이트를 도출하는 기술이다. 이를 통해 기업과 기관은 데이터 기반 의사결정을 할 수 있으며, 이는 산업 효율성을 크게 향상시킨다. 빅데이터 기술을 활용하여 기업들은 소비자 행동을 예측하고, 시장 동향을 분석하며, 생산성을 최적화할 수 있다. 예를 들어, 금융에서는 빅데이터를 활용해 사기 방지 시스템을 구축하고, 의료 분야에서는 환자의 데이터를 분석해 맞춤형 치료를 제공할 수 있다.

2) 스마트 공장(Smart Factory)의 도입

스마트 공장(Smart Factory)은 4차 산업혁명에서 가장 중요한 제조업 혁신 중 하나로, 사물인터넷(IoT), 인공지능(AI), 빅데이터 분석 등의 기술을 활용하여 공장 내 모든 기계와 설비를 실시간으로 연결하고 관리할 수 있다. 이를 통해 공장은 자동화된 방식으로 생산성 최적화와 비용 절감을 달성할 수 있으며, 효율적인 운영이 가능해진다.

- **자동화와 디지털화**: 스마트 공장은 전통적인 수작업 공정에서 벗어나 완전한 자동화와 디지털화를 통해 운영된다. 공장 내 모든 설비는 센서를 통해 데이터를 수집하고, 실시간으로 데이터를 분석하여 기계의 작동을 자동으로 조정하거나 예측 유지보수를 실행한다. 이러한 자율 운영 시스템을 통해 공장은 생산성 극대화를 추구하며, 운영비 절감과 고장 예방을 실현한다.
- **사물인터넷(IoT)의 역할**: 사물인터넷(IoT)은 스마트 공장의 핵심 기술이다. IoT 기술을 통해 공장의 기계들이 실시간으로 연결되고 데이터를 주고받으며, 이를 기반으로 생산 과정을 자동화하고 최적화할 수 있다. 예를 들어, 특정 기계에서 발생하는 고장 가능성을 IoT 센서를 통해 미리 감지하고, 사전 조치를 취해 생산 차질을 예방할 수 있다. 또한 생산 공정이 실시간으로 모니터링되어, 정확한 데이터를 기반으로 한 의사결정이 가능해진다.
- **데이터 기반 의사결정**: 스마트 공장은 데이터 중심의 의사결정 프로세스를 가능하게 한다. 각 기계에서 수집된 데이터를 빅데이터 분석 기술로 처리하여, 공장의 운영 효율성을 높이고 문제 예측을 할 수 있다. 예를 들어, 기계의 상태를 지속적으로 모니터링하여 고장이 발생하기 전에 미리 예방 유지보수 작업을 실시하는 것이 가능하다. 이는 생산 중단을 최소화하고, 비용 절감을 실현하는 중요한 역할을 한다.
- **대량 맞춤형 생산과 디지털 트윈 기술**: 스마트 공장은 대량 맞춤형 생산(Mass Customization)과 유연한 생산을 가능하게 한다. 이는 소비자의 개별 요구에 맞춰 맞춤형 제품을 대량으로 생산하면서도 전체 생산성을 유지하는 방식이다. 또한 디지털 트윈(Digital Twin) 기술을 활용하여, 실제 공장과 동일한 가상 환경에서 실시간으로 생산성 테스트를 하고 미래의 생산 시나리오를 예측할 수 있다. 디지털 트윈은 물리적 공장의 데이터를 실시간으로 시뮬레이션하고 분석하여, 더 나은 생산 전략을 세울 수 있게 한다.

3) 다양한 산업 분야에서의 적용

4차 산업혁명은 제조업뿐만 아니라 의료, 교통, 금융, 교육 등 다양한 산업 분야에서도 빠르게 적용되고 있다. 각 분야에서는 디지털 기술을 활용하여 생산성 향상, 비용 절감, 혁신적인 서비스 제공이 이루어지고 있다.

- **의료 분야**: 의료에서는 빅데이터와 인공지능을 활용하여 질병 진단 및 치료를 최적화할 수 있다. 예를 들어, AI는 환자의 의료 기록과 유전자 데이터를 분석하여 맞춤형 치료를 추천할 수 있으며, 빅데이터는 대규모 환자 데이터를 기반으로 질병 예측 모델을 만들 수 있다. 또한 원격 의료 시스템이 도입되어 원격 진단과 치료가 가능해졌다.
- **교통 및 자율주행**: 교통 분야에서는 자율주행차와 스마트 교통 시스템이 발전하고 있다. 자율주행차는 인공지능과 센서 기술을 이용해 실시간으로 주변 환경을 인식하고, 최적의 경로를 찾아 안전하게 주행할 수 있다. 또한 스마트 교통 시스템은 실시간 교통 데이터를 분석하여 교통 혼잡을 줄이고, 교통 사고를 예방하는 데 기여하고 있다.
- **금융 분야**: 금융에서는 인공지능과 빅데이터를 통해 사기 방지, 신용 평가, 리스크 관리 등을 자동화하고 있다. AI는 금융 거래 패턴을 분석하여 이상 거래를 감지하고, 빅데이터 분석을 통해 고객 맞춤형 금융 서비스를 제공한다. 또한 로보 어드바이저와 같은 자동화된 금융 서비스가 발전하여, 개인 투자자들이 효율적인 투자 전략을 세울 수 있도록 돕고 있다.

4차 산업혁명의 발전 과정은 정보통신기술(ICT)의 급속한 발전을 기반으로 하여, 스마트 공장, 자율주행차, 의료 혁신 등 다양한 산업 분야에서 디지털 혁신을 촉진하고 있다. 5G 네트워크와 클라우드 컴퓨팅, 빅데이터 분석 기술이 결합하여 데이터를 실시간 처리하고, 이를 기반으로 효율적이고 자동화된 시스템이 구축되고 있다. 특히 사물인터넷(IoT)을 통해 기기 간의 실시간 연결이 가능해지며, 스마트 공장에서는 대량 맞춤형 생산과 효율적인 운영이 가능해졌다.

이러한 변화는 전통적인 산업 구조를 넘어, 디지털 경제와 초연결 사회로의 전환을 이끄는 중요한 역할을 하며, 앞으로도 더 빠르고 효율적인 사회로 나아가게 할 것이다. 4차 산업혁명은 산업 혁신과 경제적 기회 창출을 촉진하는 핵심 동력이 될 것이며, 인류의 삶의 방식과 경제 구조를 근본적으로 변화시킬 것이다.

1.2.3 4차 산업혁명 핵심 기술들 간의 상관관계

4차 산업혁명은 첨단 기술들이 단순히 각각의 기술로 존재하는 것이 아니라, 서로 긴밀히 상호작용하며 혁신을 일으키는 특징을 가지고 있다. 이 혁명에서 등장한 주요 기술들, 즉 인공지능(AI), 빅데이터(Big Data), 사물인터넷(IoT), 클라우드 컴퓨팅(Cloud Computing)은 독립적으로 작동하는 것이 아니라, 상호 보완적으로 서로의 장점을 극대화하며 융합을 이루고 있다. 이러한 기술들의 결합은 기존 산업을 혁신할 뿐만 아니라, 새로운 비즈니스 모델을 창출하고 디지털 경제를 이끌어가는 핵심 동력으로 작용하고 있다.

1) 인공지능(AI)과 빅데이터(Big Data)

인공지능과 빅데이터는 4차 산업혁명의 가장 중요한 기술적 상관관계를 보여준다. 빅데이터는 방대한 양의 데이터를 처리하고 분석하는 기술이고, 인공지능은 이 데이터를 활용하여 학습하고, 문제를 예측하며, 자동으로 의사결정을 내리는 기술이다. 이 두 기술은 서로를 보완하며, 함께 작동할 때 혁신적인 솔루션을 제공할 수 있다.

- **빅데이터의 역할**: 빅데이터는 다양한 출처에서 생성되는 엄청난 양의 데이터를 다룬다. 과거에는 데이터를 수집하고 처리하는 것이 한정적이었으나, 4차 산업혁명에서는 IoT 기기와 인터넷을 통해 자동으로 방대한 데이터를 실시간으로 수집할 수 있게 되었다. 예를 들어, 스마트 시티에서 수집되는 교통 데이터나, 금융 시스템에서 발생하는 거래 데이터, 의료 분야에서 수집되는 환자의 진료 기록 등이 빅데이터의 대표적인 사례다. 이 방대한 데이터는 패턴 분석, 추세 파악, 예측 모델 구축에 사용되며, 의사결정의 핵심 자원이 된다.
- **인공지능의 역할**: 인공지능은 빅데이터에서 얻은 데이터를 활용해 자동화된 의사결정을 수행하고, 예측을 통해 문제 해결을 돕는다. 인공지능은 데이터를 학습하고, 시간이 지날수록 기계 학습(Machine Learning)과 딥러닝(Deep Learning) 기술을 통해 스스로

성능을 개선한다. 예를 들어, 자율주행차는 도로에서 수집된 데이터를 실시간으로 분석하여 교통 상황에 맞게 운전하는 것이 가능하다. 이러한 인공지능의 분석 능력은 데이터를 단순히 저장하는 것에서 나아가, 복잡한 문제 해결과 실시간 의사결정을 지원한다.

- **융합의 효과**: 빅데이터와 인공지능이 결합되면, 예측 시스템과 자동화 시스템이 더욱 강력해진다. 예를 들어, 의료 분야에서는 환자의 데이터를 분석하여 맞춤형 치료를 제공하거나, 금융 분야에서는 사기 탐지와 위험 관리 시스템을 구축해 금융 사고를 예방할 수 있다. 인공지능이 빅데이터를 분석하고 예측을 통해 실시간 대응을 가능하게 함으로써, 이들의 결합은 전 산업에 걸쳐 효율성을 극대화하고, 혁신적인 변화를 촉진한다.

2) 사물인터넷(IoT)과 클라우드 컴퓨팅(Cloud Computing)

사물인터넷(IoT)과 클라우드 컴퓨팅은 서로 밀접하게 연결되어 있는 두 가지 기술로, 스마트 기술의 발전에 중요한 역할을 하고 있다. 사물인터넷은 다양한 물리적 기기가 네트워크를 통해 데이터를 주고받는 시스템을 의미하고, 클라우드 컴퓨팅은 이 데이터를 저장하고 실시간으로 처리하는 인프라를 제공한다. 이 두 기술의 결합은 스마트 공장(Smart Factory), 스마트 시티, 스마트 홈 등 다양한 분야에서 혁신을 일으키고 있다.

- **사물인터넷의 역할**: 사물인터넷은 센서와 기기를 통해 물리적 세계의 데이터를 실시간으로 수집한다. 예를 들어, 스마트 공장에서는 모든 기계와 장비가 네트워크에 연결되어, 센서를 통해 실시간으로 데이터를 수집하고 이를 기반으로 공정의 상태를 모니터링하거나, 문제가 발생할 경우 즉각적인 조치를 취할 수 있다. 스마트 홈에서는 가전제품들이 인터넷에 연결되어 사용자에게 맞춤형 서비스를 제공하며, 스마트 시티에서는 교통량이나 에너지 소비 데이터를 모니터링하여 효율적인 관리가 가능하다.

- **클라우드 컴퓨팅의 역할**: 클라우드 컴퓨팅은 IoT 기기에서 수집된 방대한 데이터를 중앙 서버에서 저장하고 실시간으로 처리하는 역할을 한다. 클라우드를 통해 데이터를 물리적 장비에 의존하지 않고 저장 및 분석할 수 있어, 비용 효율적이고 확장 가능하다. 이는 IoT 기기에서 생성된 데이터를 즉시 분석하고, 필요한 조치를 실시간으로 실행하는 데 매우 중요한 인프라로 기능한다. 예를 들어, 자율주행차는 클라우드를 통해 실시간 데이터를 처리하여 교통 상황에 맞는 최적의 주행 경로를 설정할 수 있다.
- **융합의 효과**: IoT와 클라우드 컴퓨팅이 결합되면 실시간 데이터 처리와 자동화가 가능해진다. 스마트 시티에서는 교통 신호가 실시간 교통 데이터를 바탕으로 자동으로 최적화되어 교통 혼잡을 줄이고, 스마트 공장에서는 기계 고장을 미리 예측하고 자동으로 유지보수 작업을 실시할 수 있다. 이러한 기술의 결합은 산업 전반에서 실시간 연결성과 생산성 향상을 가져오며, 지능화된 서비스 제공이 가능해진다.

3) 인공지능과 IoT, 클라우드의 상호작용

인공지능, 사물인터넷, 클라우드 컴퓨팅은 서로 상호작용하며 강력한 시너지 효과를 발휘한다. IoT 기기가 데이터를 실시간으로 수집하면, 클라우드는 이를 처리 및 저장하고, 인공지능은 이를 기반으로 예측과 자동화된 의사결정을 내린다. 이 세 기술이 결합된 시스템은 스마트 시티, 자율주행차, 스마트 공장 등에서 높은 수준의 지능화된 서비스를 제공할 수 있게 한다.

- **스마트 시티와 교통 관리**: 스마트 시티에서는 IoT 센서를 통해 도시 곳곳의 교통 정보를 실시간으로 수집하고, 클라우드를 통해 데이터를 즉시 처리한 후 AI가 교통 혼잡을 예측하고 교통 신호 체계를 최적화한다. 이를 통해 도시 전체의 교통 흐름을 효율적으로 관리할 수 있으며, 도시 인프라의 운영 효율성을 크게 향상시킨다.
- **스마트 팩토리**: 스마트 팩토리에서는 IoT가 기계 상태를 실시간으로 모니터링하고, 클라우드에서 데이터를 처리한 후 인공지능이 문제를 예측하여 기계 고장을 사전에 방지하는 예방 유지보수 시스템을 제공한다. 이를 통해 생산성을 극대화하고, 공장의 자동화 수준을 높일 수 있다.
- **자율주행차**: 자율주행차는 IoT 센서를 통해 도로와 주변 환경의 정보를 수집하고, 클라우드를 통해 실시간으로 데이터를 처리하며, 인공지능이 이 정보를 바탕으로 주행 경로

와 속도를 조정한다. 이를 통해 자율주행차는 도로 상황에 맞춰 스스로 운전하고, 안전하고 효율적인 주행을 가능하게 한다.

4차 산업혁명에서 등장한 핵심 기술들은 독립적으로 작동하는 것이 아니라, 상호 간의 긴밀한 상호작용을 통해 강력한 융합을 이루고 있다. 인공지능, 빅데이터, 사물인터넷, 클라우드 컴퓨팅과 같은 기술들은 상호 보완적인 관계를 맺으며, 이들의 결합은 기존 산업의 효율성, 생산성, 지능화를 극대화하고 있다. 이를 통해 스마트 시티, 스마트 공장, 자율주행 등 다양한 응용 분야에서 혁신적인 변화가 일어나고 있으며, 이러한 기술들의 융합은 미래 산업과 사회 구조의 근본적인 변화를 이끄는 핵심 동력으로 작용할 것이다.

1.3 연습문제

4지선다형 문제 (10문제)

01. 농업혁명의 주요 결과로 가장 적절한 것은 무엇인가?

①. 대규모 도시화

②. 산업혁명의 시작

③. 정착 생활의 시작

④. 정치 권력의 집중

02. 농업혁명 시기 주요 재배 작물로 옳지 않은 것은?

①. 밀

②. 옥수수

③. 보리

④. 감자

03. 사물인터넷(IoT)의 기능으로 적합한 설명은?

①. 데이터 수집을 실시간으로 자동화한다.

②. 빅데이터를 활용해 예측 모델을 구축한다.

③. 디지털 트윈을 통해 가상 시뮬레이션을 실행한다.

④. 클라우드 서버에 데이터를 저장한다.

04. 초지능성(Super-Intelligence)과 관련된 기술은 무엇인가?

①. 기계 학습과 딥러닝

②. 센서 기술과 데이터 수집

③. 사물인터넷과 실시간 모니터링

④. 클라우드 컴퓨팅과 데이터 분석

05. 증기 기관이 가장 크게 기여한 산업 혁명 시기의 변화는 무엇인가?

①. 기계 학습과 딥러닝

②. 센서 기술과 데이터 수집

③. 사물인터넷과 실시간 모니터링

④. 클라우드 컴퓨팅과 데이터 분석

06. 클라우드 컴퓨팅의 가장 중요한 역할은 무엇인가?

①. 데이터를 실시간으로 저장하고 처리한다.

②. 데이터를 직접 물리적 장비에 저장한다.

③. 기계 학습을 통해 자동화된 의사결정을 수행한다.

④. 교통 신호 시스템을 최적화한다.

07. 산업혁명 시기에 등장한 새로운 사회적 계층으로 적합한 것은?

①. 노동자 계층

②. 사제 계층

③. 군사 계층

④. 상류층 농민

08. 4차 산업혁명의 핵심 기술 중, 물리적 세계와 디지털 세계의 상호작용을 촉진하는 기술은?

①. 사물인터넷

②. 클라우드 컴퓨팅

③. 사이버-물리 시스템

④. 인공지능

09. 스마트 팩토리에서 발생하는 주요 변화는?

①. 공정의 자동화와 최적화

②. 교통 흐름의 개선

③. 도시 관리의 혁신

④. 맞춤형 의료 제공

10. 4차 산업혁명의 주요 목표는 무엇인가?

①. 디지털 기술을 바탕으로 기존 시스템을 개선하는 것

②. 인간의 일자리를 모두 대체하는 것

③. 더 많은 물리적 자원을 활용하는 것

④. 산업 혁명을 거부하는 새로운 사회 구조를 형성하는 것

단답형 문제 (10문제)

01. 농업혁명 이전 인류는 주로 어떤 생활 방식으로 식량을 얻었는가?

02. 빅데이터와 인공지능이 상호작용하여 형성되는 예측 시스템의 주요 목적은 무엇인가?

03. 증기 기관의 발명자는 누구인가?

04. 사물인터넷(IoT)에서 센서는 주로 어떤 역할을 하는가?

05. 산업혁명 시기에 발달한 교통수단 중, 바람의 도움 없이 항해할 수 있었던 주요 발명품은 무엇인가?

06. 4차 산업혁명에서 초연결성을 가능하게 하는 핵심 기술은 무엇인가?

07. 클라우드 컴퓨팅은 어떤 형태로 데이터를 관리하고 처리하는가?

08. 스마트 시티에서 교통 혼잡을 줄이는 데 사용되는 주요 기술은 무엇인가?

09. 산업혁명이 촉발한 사회적 문제로 등장한 노동 문제는 주로 어떤 산업 구조에서 발생했는가?

10. 자율주행차가 주행 경로를 설정할 때 사용하는 기술 두 가지를 적으시오.

서술형 문제 (5문제)

01. 농업혁명이 인류 사회에 미친 영향을 구체적으로 설명하고, 농업 혁명 이후 사회적 변화의 특징을 논하시오.

02. 4차 산업혁명에서 사이버-물리 시스템(CPS)이 어떻게 작동하는지, 그리고 이 시스템이 가져올 미래의 변화를 설명하시오.

03. 산업혁명이 인류의 경제적 구조와 사회적 구조에 미친 주요 영향을 서술하시오.

04. 인공지능(AI)과 빅데이터(Big Data)의 상관관계를 설명하고, 이 두 기술의 융합이 사회와 산업에 미치는 효과를 논하시오.

05. 스마트 팩토리가 전통적인 공장과 비교하여 어떤 점에서 혁신적인지 구체적인 사례를 들어 설명하시오.

02주차

ICT 핵심기술

1. IoT(사물 인터넷), 클라우드 컴퓨팅, 빅데이터, AI, 5G의 기본 개념을 이해한다.
2. 각 기술의 상호작용과 실제 활용 사례를 학습한다.
3. ICT 핵심기술이 다양한 산업 분야에서 미친 영향을 분석한다.

2.1 IoT(사물 인터넷)

2.2 Cloud(클라우드 컴퓨팅)

2.3 Bigdata

2.4 AI

2.5 5G

2.6 연습문제

2.1 IoT(사물 인터넷)

IoT는 '사물 인터넷'이라고 하며, 물리적 사물들이 인터넷에 연결되어 데이터를 주고받는 기술을 의미한다. IoT는 센서, 네트워크, 데이터 분석 기술 등을 통해 사물 간에 자동으로 정보를 주고받고 상호작용하게 하여 효율성을 높이고 새로운 가치를 창출한다.

2.1.1 IoT의 주요 구성 요소

1) 센서와 장치

IoT 시스템의 기본 구성 요소 중 하나는 다양한 센서와 장치이다. 센서는 물리적 환경에서 데이터를 수집하는 역할을 하며, 온도, 습도, 조도, 움직임, 소리, 전력 사용량 등과 같은 다양한 정보를 실시간으로 감지한다. 이러한 센서가 내장된 장치는 스마트폰, 스마트 가전, 차량, 산업용 로봇 등 다양한 사물들로 구성된다. 예를 들어, 스마트 냉장고는 내부 온도와 습도를 측정하고, 음식물의 유통기한 정보를 분석하여 사용자에게 알림을 제공할 수 있다. 자동차는 센서를 통해 주행 상황을 모니터링하고, 필요한 유지보수 시기를 알려준다.

2) 네트워크

센서와 장치가 수집한 데이터는 IoT 네트워크를 통해 중앙 서버나 클라우드로 전송된다. 이때 사용하는 네트워크 기술은 IoT의 핵심 요소로서, 빠르고 안정적인 데이터 전송이 이루어지도록 한다. 대표적인 네트워크 기술로는 Wi-Fi, 5G, 블루투스, Zigbee, LoRa 등이 있다. 예를 들어, Wi-Fi와 블루투스는 실내 IoT 기기에서 주로 사용되며, Zigbee는 저전력 소모로 스마트 홈 시스템에서 많이 사용된다. 특히 5G는 높은 데이터 전송 속도와 낮은 지연 시간을 제공하여 IoT의 성능을 크게 향상시키는 역할을 한다.

3) 데이터 처리 및 분석

IoT 시스템의 또 다른 중요한 요소는 데이터 처리 및 분석이다. 센서에서 수집된 데이터는 서버나 클라우드에서 처리되어 유용한 정보로 변환된다. 이 과정에서 인공지능(AI)과 머신러닝 알고리즘이 사용되어 데이터를 분석하고 예측 모델을 수립한다. 예를 들어, 스마트 팩토리에서 기계들이 생산 공정을 모니터링하고 수집된 데이터를 실시간으로 분석해 문제 발생 가능성을 예측하거나, 필요한 유지보수를 자동으로 계획할 수 있다. 클라우드 컴퓨팅 기술을 통해 대규모 데이터를 처리할 수 있어, 효율적으로 데이터 분석이 이루어진다.

4) 사용자 인터페이스

IoT 데이터는 사용자와 상호작용하기 위한 사용자 인터페이스(UI)를 통해 제공된다. 사용자는 스마트폰 애플리케이션, 웹 대시보드, 음성 명령 등의 방법을 통해 IoT 기기와 상호작용할 수 있으며, 데이터를 시각적으로 분석하거나 명령을 내릴 수 있다. 예를 들어, 사용자는 스마트 홈 시스템을 통해 집 안의 조명, 보안 카메라, 난방 장치를 원격으로 제어할 수 있으며, 실시간으로 에너지 사용량을 모니터링할 수 있다. 또한 IoT 시스템은 이상 상황이 발생했을 때 사용자에게 알림을 보내 문제를 즉각적으로 해결할 수 있도록 돕는다.

2.1.2 IoT의 특징

1) 연결성

IoT의 가장 핵심적인 특징 중 하나는 연결성으로, 이는 물리적 사물들이 네트워크를 통해 서로 데이터를 주고받는 능력을 의미한다. IoT는 사물, 기기, 센서 등이 인터넷이나 로컬 네트워크에 연결되어 상호작용할 수 있는 기능을 제공한다. 이 연결성 덕분에 사물들은 데이터 교환과 실시간 의사결정을 가능하게 하며, 인간의 개입 없이도 문제를 해결하거나 성능을 최적화할 수 있다.

예를 들어, 스마트 공장에서는 로봇과 기계가 네트워크를 통해 서로 소통하면서 작업을 자동으로 분배하고 공정 효율을 높일 수 있다. 각 로봇은 실시간 데이터를 바탕으로 생산 라인의 상태를 파악하고, 생산 중단을 최소화하기 위해 협력하여 작업을 조정한다. 또한, IoT 연결성 덕분에 원격으로 공장 전체를 모니터링하고 제어할 수 있어, 공장의 가동 시간과 생산성을 높인다.

또 다른 예로는 스마트 홈 시스템이 있다. 스마트 조명, 온도 조절기, 보안 카메라 등의 가전제품들이 모두 네트워크로 연결되어 사용자는 스마트폰 앱을 통해 집 안의 모든 기기를 원격으로 제어할 수 있다. 이러한 연결성은 전력 소비를 최적화하고, 편리한 생활 환경을 제공한다. 즉, IoT의 연결성은 기기 간의 상호작용을 가능하게 하여 정보 교환 및 협력 작업이 이루어지도록 돕는다.

2) 지능화

IoT는 단순히 데이터를 수집하는 것을 넘어, 지능화를 통해 더 스마트한 결정을 내릴 수 있다. 인공지능(AI)이나 머신러닝 알고리즘을 IoT 시스템에 통합함으로써, 수집된 데이터를 분석하고 그 데이터를 기반으로 자율적으로 의사결정을 내릴 수 있는 능력을 제공한다. 이를 통해 IoT 시스템은 데이터를 학습하여 사용자나 상황에 맞는 최적의 결정을 자동으로 수행할 수 있다.

예를 들어, 스마트 홈 시스템은 사용자의 생활 패턴을 학습하여 집안 환경을 자동으로 최적화할 수 있다. 온도 조절기는 사용자가 집에 있을 때와 없을 때의 온도를 다르게 설정하여 에너지 효율을 극대화하고, 조명 시스템은 실시간으로 방 안의 밝기 상태를 분석하여 자동으로 조명을 켜거나 꺼준다. 이러한 지능화된 시스템은 사용자가 일일이 조작할 필요 없이 생활 환경을 자동으로 조정해 주기 때문에 매우 편리하다.

또한, 헬스케어 분야에서는 웨어러블 디바이스가 사용자의 건강 데이터를 실시간으로 모니터링하고, 이를 기반으로 건강 상태를 분석한 뒤 경고를 보내거나 의료진에게 데이터를 전송할 수 있다. AI가 데이터를 분석하여 위험 신호를 조기에 감지하면, 사용자가 병원에 방문하기 전에 미리 예방 조치를 취할 수 있게 도와준다. 이는 지능화된 IoT 시스템이 단순한 정보 제공을 넘어, 인간의 건강 관리에 실질적인 도움을 줄 수 있음을 보여준다.

3) 자율성

IoT 시스템은 자율성을 통해 인간의 개입 없이도 스스로 작동할 수 있는 능력을 갖추고 있다. IoT 기기는 다양한 센서로부터 수집된 데이터를 바탕으로 스스로 판단하고 자동으로 작업을 수행할 수 있으며, 이는 효율성을 극대화하고 운영비용을 절감하는 데 기여한다. 이러한 자율성 덕분에 IoT 시스템은 복잡한 환경에서도 사용자 개입 없이 최적화된 운영을 유지할 수 있다.

예를 들어, 농업 분야에서 IoT는 스마트 농업 기술을 통해 농작물의 상태를 실시간으로 모니터링하고, 필요한 경우 자동으로 물을 공급하거나 비료를 뿌릴 수 있다. IoT 시스템은 토양의 수분 상태, 기온, 습도, 햇볕의 양 등을 실시간으로 분석하여, 작물의 성장에 필요한 조건을 최적화하는 방식으로 자율적으로 관리한다. 이를 통해 농부는 수작업으로 매번 확인하지 않아도 작물의 건강 상태를 최적화할 수 있다.

또한, 자율주행차는 IoT 기술의 자율성을 잘 보여주는 예이다. 자율주행차는 차량에 부착된 다양한 센서와 카메라를 통해 주변 환경을 인식하고, 실시간 데이터를 분석하여 최적의 경로를 선택하고 안전하게 주행할 수 있다. 교통 상황, 도로 상태, 날씨 등을 분석하여 인간 운전자 없이도 차량을 제어하며, 더 나아가 다른 차량이나 교통 인프라와 데이터를 교환하여 사고를 예방할 수 있다.

이처럼 IoT의 자율성은 사용자가 개입하지 않더라도 기기 간의 협력과 실시간 의사결정이 이루어지게 하여 운영 효율을 극대화할 수 있으며, 다양한 분야에서 혁신적인 변화를 이끌어내고 있다.

이처럼 연결성, 지능화, 자율성은 IoT의 핵심적인 특징으로, 이 세 가지 요소는 IoT가 단순한 정보 제공 시스템이 아니라, 실시간으로 데이터를 처리하고 상호작용하며 스스로 운영을 최적화할 수 있는 강력한 기술임을 보여준다.

2.1.3 IoT의 활용 사례

1) 스마트 홈

IoT는 스마트 홈(Smart Home) 기술에서 널리 사용되며, 이는 집 안의 다양한 기기들이 인터넷을 통해 서로 연결되어 원격으로 제어할 수 있는 환경을 제공한다. 스마트 홈에서는 조명, 난방, 보안 시스템, 가전제품 등이 네트워크로 연결되어 사용자가 스마트폰이나 스마트 스피커 등을 통해 간편하게 제어할 수 있다.

- **조명과 난방 제어**: 예를 들어, 사용자가 집에 도착하기 전에 스마트폰을 통해 난방을 켜서 집을 미리 따뜻하게 만들거나, 외출 중에 스마트폰으로 집 안의 조명을 원격으로 제어할 수 있다. 이러한 기능은 에너지 효율성을 높이는 데도 기여할 수 있으며, 사용자는 집 안의 조명과 난방을 상황에 맞게 자동으로 조절할 수 있다.
- **보안 시스템**: 또한, 보안 카메라와 연동된 IoT 시스템을 통해 외출 중에도 집 안이나 주변을 실시간으로 확인할 수 있다. 만약 보안 카메라가 이상 활동을 감지하면, 사용자는 즉시 알림을 받아 실시간 영상을 확인하고 필요한 조치를 취할 수 있다. 예를 들어, 현관 앞에 낯선 사람이 있을 때 스마트폰으로 확인한 후, 원격으로 집 문을 잠그거나 경보를 울리게 할 수 있다.
- **스마트 스피커와 음성 제어**: 스마트 스피커를 통해 음성 명령으로 집 안의 기기들을 제어할 수 있는 기능도 일반화되고 있다. 예를 들어, 사용자는 음성 명령을 통해 조명을 켜거나 끄고, 음악을 재생하거나 날씨 정보를 확인할 수 있다. 이러한 IoT 기반 스마트 홈 시스템은 편리함과 함께 생활의 질을 향상시키는 데 큰 기여를 하고 있다.

2) 스마트 시티

스마트 시티(Smart City)는 도시 내의 다양한 인프라가 IoT로 연결되어 효율적인 운영이 가능한 도시 환경을 말한다. 교통, 에너지, 공공 안전 등 다양한 분야에서 IoT 기술을 적용하여 도시 생활의 편의성과 안전성을 높인다.

- **교통 관리**: 실시간 교통 정보가 IoT 네트워크를 통해 수집되며, 이를 기반으로 교통 신호가 조절되거나 교통 혼잡 구간이 미리 예측될 수 있다. 예를 들어, IoT 시스템이 교통량을 분석하여 특정 구역에서 차량 흐름을 개선하기 위해 신호등 시간을 자동으로 조정하거나, 차량의 우회 경로를 추천할 수 있다. 이는 교통 혼잡을 줄이고, 도심의 교통 흐름을 최적화하는 데 기여한다.
- **에너지 관리**: IoT는 도시 전체의 에너지 소비를 실시간으로 모니터링하고, 에너지 사용량을 최적화할 수 있게 한다. 예를 들어, 스마트 가로등은 주변 환경의 밝기나 인구 밀집도를 감지하여 자동으로 밝기를 조절하여 에너지를 절약할 수 있다. 도시 전체의 전력 사용량을 관리하고, 전력 소비가 높은 구역에 대한 실시간 분석을 통해 전력 낭비를 줄일 수 있다.
- **공공 안전**: IoT 기반 공공 안전 시스템은 도시 전역에 설치된 센서와 카메라를 통해 실시간으로 데이터를 수집하여, 비상 상황 발생 시 신속하게 대응할 수 있다. 예를 들어, 화재나 범죄가 발생했을 때 센서가 이를 감지하고 자동으로 비상 상황을 알리며, 경찰이나 소방서에 즉각적으로 경고를 보낼 수 있다. 이러한 스마트 시티 기술은 안전하고 효율적인 도시 환경을 조성하는 데 기여하고 있다.

2.1.3.3 헬스케어

헬스케어 분야에서도 IoT는 중요한 역할을 한다. IoT 기반 웨어러블 디바이스는 환자의 건강 상태를 실시간으로 모니터링하고, 의료진에게 자동으로 데이터를 전송하여 신속한 진단과 치료가 가능하게 한다.

- **웨어러블 디바이스**: 예를 들어, 스마트 워치는 사용자의 심박수, 혈압, 혈당 수치 등을 지속적으로 모니터링할 수 있다. 사용자의 건강 상태가 비정상적으로 변하면, 스마트 워치는 이를 감지하고 즉각적으로 알림을 보내 응급 상황에 신속하게 대처할 수 있도록 돕는

다. 사용자는 이러한 장치를 통해 일상적으로 건강 관리를 할 수 있으며, 의료진에게 실시간으로 데이터를 전송하여 정밀한 진단과 치료를 받을 수 있다.

- **원격 진료**: 또한, IoT 기술을 활용하여 원격으로 환자를 진료할 수 있다. 의료 기기는 환자의 상태를 실시간으로 모니터링하고, 환자의 데이터를 의료진에게 실시간으로 전달하여 응급 상황 발생 시 신속하게 대처할 수 있다. 원격 진료는 병원 방문이 어려운 환자에게 유용하며, 의료 서비스의 접근성을 크게 향상시킨다.

2.1.3.4 산업 자동화

산업 자동화 분야에서 IoT는 제조업의 효율성을 크게 향상시킬 수 있다. 제조업에서는 IoT 기술을 통해 기계 간의 연결과 자동화를 가능하게 하여 생산 공정의 효율성을 극대화하고, 비용 절감을 도모한다.

- **기계 상태 모니터링**: IoT 시스템은 공장 내 각 기계의 상태를 실시간으로 모니터링하여, 고장이나 이상 징후를 사전에 감지할 수 있다. 이를 통해 필요한 유지보수를 자동으로 계획하고, 기계가 고장나기 전에 수리나 점검을 실시할 수 있어 생산 라인의 가동 중단을 최소화할 수 있다.
- **생산 공정 최적화**: 또한, IoT를 통해 생산 라인의 모든 데이터를 실시간으로 분석하고, 생산 공정을 자동으로 조정할 수 있다. 예를 들어, IoT 시스템은 생산 속도, 자재 소모량, 제품 품질 등의 데이터를 분석하여 공정 속도를 최적화하고 자원의 낭비를 줄일 수 있다. 공장 내 로봇들이 서로 실시간으로 데이터를 주고받으며 협력 작업을 수행해, 생산성을 높이고 인건비를 절감할 수 있다.
- **물류 자동화**: 물류 분야에서도 IoT는 큰 역할을 한다. IoT 기반의 물류 시스템은 실시간 재고 관리, 배송 추적 등을 가능하게 하여 물류의 흐름을 최적화한다. 예를 들어, 스마트 센서가 제품 위치와 상태를 실시간으로 모니터링하여 재고 관리를 자동화하고, 배송 과정에서 발생할 수 있는 문제를 조기에 파악할 수 있다.

이처럼 IoT는 스마트 홈, 스마트 시티, 헬스케어, 산업 자동화 등 다양한 분야에서 광범위하게 적용되고 있으며, 각 분야에서 IoT의 도입을 통해 혁신적인 변화를 이끌어내고 있다. 이러한 IoT의 활용 사례는 삶의 질을 향상시키고, 산업의 효율성을 극대화하는 데 중요한 역할을 하고 있다.

2.1.4 IoT의 미래 전망

IoT는 계속해서 발전 중이며, 다양한 산업에서 필수적인 기술로 자리 잡고 있다. 특히 5G와 결합함으로써 IoT는 더 빠른 통신 속도와 더 많은 기기 연결을 지원할 수 있게 되어, 실시간으로 데이터를 처리하고 대응하는 능력이 향상될 것이다. 예를 들어, 자율주행차는 5G를 통해 다른 차량 및 교통 인프라와 신속하게 정보를 교환하여 안전한 주행을 보장할 수 있다.

또한 IoT는 인공지능(AI)과 결합하여 더욱 정교하고 자율적인 시스템으로 발전할 전망이다. 예를 들어, 스마트 시티에서는 교통, 에너지, 쓰레기 관리 등의 인프라가 AI 기반으로 최적화되어 시민의 편의성을 극대화하고 도시 운영 효율성을 높일 수 있다.

IoT는 앞으로도 물리적 세계와 디지털 세계를 더욱 긴밀하게 연결하며, 인간의 삶의 질을 향상시키고 산업 전반의 효율성을 극대화하는 중요한 역할을 지속적으로 할 것이다.

2.2 Cloud(클라우드 컴퓨팅)

클라우드 컴퓨팅은 인터넷을 통해 서버, 스토리지, 데이터베이스, 네트워킹, 소프트웨어, 분석 등의 컴퓨팅 자원을 제공하는 기술을 의미한다. 사용자는 필요한 만큼의 자원을 원격으로 제공받아 사용할 수 있으며, 클라우드 서비스 제공자가 인프라의 유지 및 관리를 담당한다. 이러한 방식은 물리적인 하드웨어 구매나 관리의 부담을 줄이고, 유연성과 확장성을 높이는 데 기여한다.

2.2.1 클라우드 컴퓨팅의 주요 구성 요소

- **컴퓨팅 자원**: 클라우드는 컴퓨팅 파워를 원격으로 제공한다. 이는 물리적인 서버를 구축하는 대신 가상 서버에서 애플리케이션을 실행하는 것을 가능하게 한다.
- **스토리지**: 클라우드는 데이터를 안전하게 저장하고 백업할 수 있는 대용량 스토리지를 제공한다. 사용자는 데이터를 로컬 하드웨어 대신 클라우드에 저장하여 언제 어디서든 접근할 수 있다.
- **네트워킹**: 클라우드 네트워크는 여러 지역에 분산된 서버와 데이터 센터를 통해 전 세계적으로 서비스를 제공한다. 이를 통해 사용자는 네트워크 지연 없이 클라우드 자원을 활용할 수 있다.
- **소프트웨어 및 플랫폼**: 클라우드에서는 소프트웨어 및 개발 환경도 제공한다. SaaS(Software as a Service), PaaS(Platform as a Service), IaaS(Infrastructure as a Service) 같은 모델이 대표적이다.

2.2.2 클라우드 서비스의 종류

1) SaaS (Software as a Service)

SaaS는 소프트웨어를 클라우드 환경에서 제공하는 서비스로, 사용자는 소프트웨어를 설치하거나 관리할 필요 없이 인터넷을 통해 즉시 소프트웨어를 이용할 수 있다. SaaS는 대부분 구독형 요금제로 제공되며, 소프트웨어 유지보수나 업그레이드를 클라우드 서비스 제공자가 담당하기 때문에 사용자는 복잡한 기술적인 작업 없이도 최신 소프트웨어를 사용할 수 있다.

- **예시**:
  - **Google Docs**: 문서 편집 도구로, 사용자는 설치 없이 웹 브라우저에서 바로 문서 작업을 수행할 수 있으며, 실시간으로 여러 사용자와 협업할 수 있다.
  - **Microsoft 365**: 클라우드 기반의 오피스 제품군으로, Word, Excel, PowerPoint 등의 소프트웨어를 온라인으로 이용할 수 있다. 자동으로 데이터가 클라우드에 저장되며, 여러 디바이스에서 접근할 수 있다.
  - **장점**: 사용자는 인프라나 소프트웨어 관리에 신경 쓰지 않고, 인터넷만 연결되면 어디서든 서비스에 접속할 수 있으며, 소프트웨어 유지 관리 부담이 줄어든다.

2) PaaS (Platform as a Service)

PaaS는 애플리케이션 개발에 필요한 플랫폼을 제공하는 클라우드 서비스다. 개발자는 서버, 네트워킹, 운영 체제 등 인프라 관리를 신경 쓰지 않고, 애플리케이션 개발에 집중할 수 있다. 플랫폼은 개발 도구, 데이터베이스, 운영 체제, 런타임 환경 등을 포함하며, 개발자는 이 환경에서 애플리케이션을 빌드하고 배포할 수 있다.

- 예시:
  - **Google App Engine**: 개발자가 인프라를 직접 설정하지 않아도 웹 애플리케이션을 빌드하고 배포할 수 있는 클라우드 플랫폼이다. Google App Engine은 스케일링과 배포를 자동으로 처리하여 개발자가 개발에 집중할 수 있도록 한다.

- **Microsoft Azure PaaS**: 개발자에게 웹 애플리케이션, API, 모바일 애플리케이션을 개발, 배포, 관리할 수 있는 플랫폼을 제공하며, Azure Functions 등을 통해 서버리스 환경에서 개발할 수 있다.
- **장점**: 개발 속도를 높이고, 인프라와 관련된 복잡성을 줄여, 애플리케이션 개발 및 배포가 간편해진다. 사용자는 개발에만 집중하고 나머지는 플랫폼 제공자가 관리한다.

2.2.2.3 IaaS (Infrastructure as a Service)

IaaS는 서버, 스토리지, 네트워킹 등의 물리적 또는 가상 인프라를 제공하는 클라우드 서비스다. 사용자는 클라우드에서 가상 머신을 생성하고 원하는 대로 운영 체제, 소프트웨어, 네트워크 구성을 설정할 수 있으며, 필요에 따라 자원을 유연하게 조정할 수 있다. IaaS는 컴퓨팅 자원 관리의 자유도를 높여주지만, 사용자가 인프라 설정과 유지보수에 대한 책임을 진다.

- **예시**:
  - **Amazon Web Services (AWS)**: AWS는 클라우드에서 가상 서버를 제공하는 EC2(Elastic Compute Cloud), 데이터 스토리지를 제공하는 S3(Simple Storage Service), 네트워킹 도구를 제공하는 VPC 등을 통해 IaaS 솔루션을 제공한다.
  - **Google Cloud Platform (GCP)**: GCP는 사용자가 원하는 크기의 가상 머신을 설정하여 애플리케이션을 실행하거나, 데이터 스토리지 및 네트워킹 서비스를 제공받아 대규모 인프라를 운영할 수 있도록 한다.
  - **장점**: 사용자는 필요한 만큼의 자원을 유연하게 추가하거나 제거할 수 있으며, 물리적 하드웨어를 구매할 필요 없이 클라우드 인프라를 저비용으로 이용할 수 있다.

2.2.3 클라우드의 특징

1) 확장성 (Scalability)

클라우드의 가장 큰 특징 중 하나는 확장성이다. 사용자는 필요에 따라 컴퓨팅 자원(서버,

스토리지, 네트워크 등)을 손쉽게 확장하거나 축소할 수 있다. 이는 특정 이벤트나 트래픽 급증 시 자원을 즉각적으로 추가하여 대응할 수 있게 하며, 사용하지 않는 자원은 바로 줄일 수 있어 효율적이다.

- **예시**: 전자상거래 사이트가 할인 이벤트 기간 동안 트래픽이 급증할 경우, 클라우드는 자동으로 서버 자원을 확장하여 웹사이트가 다운되지 않도록 할 수 있다. 이벤트 종료 후에는 자원을 다시 줄여 비용을 절감할 수 있다.

2) 비용 효율성 (Cost Efficiency)

클라우드는 물리적 장비를 구매하고 유지보수하는 비용을 절감할 수 있으며, 자원의 사용량에 따라 요금을 지불하는 방식이 일반적이다. 이를 종량제(Pay-as-you-go) 요금 방식이라고 하며, 사용자가 실제로 사용하는 자원에 대해서만 비용을 지불한다.

- **예시**: 기업이 자체 데이터 센터를 운영할 필요 없이 클라우드 서비스를 이용하면 서버 구매, 유지보수, 전력 비용 등을 줄일 수 있다. 클라우드 사용자는 필요한 만큼만 자원을 사용하고, 사용하지 않는 시간에는 자원을 끌 수 있어 비용이 크게 절감된다.

3) 접근성 (Accessibility)

클라우드는 인터넷만 연결되면 언제 어디서나 접근할 수 있다. 사용자는 별도의 소프트웨어 설치 없이 웹 브라우저를 통해 클라우드 서비스에 접속하여 데이터를 확인하거나 애플리케이션을 실행할 수 있다.

- **예시**: 원격 근무를 하는 직원이 사무실에 있지 않더라도, 클라우드 시스템을 통해 회사의 프로젝트 관리 툴이나 파일 저장소에 접근할 수 있다. 또한, 전 세계에 분산된 팀원들도 동일한 데이터를 실시간으로 공유할 수 있어, 협업이 용이해진다.

2.2.3.4 신뢰성 (Reliability)

클라우드는 데이터 복제와 백업을 통해 데이터 유실을 방지하고, 장애 발생 시 빠른 복구를 지원한다. 클라우드 서비스 제공자는 복수의 데이터 센터를 운영하여 장애가 발생해도 다른 지역의 데이터 센터에서 서비스를 계속 운영할 수 있도록 한다. 이는 데이터 보호와 시스템 가동 시간을 높여준다.

- **예시**: 기업의 중요한 데이터가 클라우드에 백업되어 있어, 로컬 서버에서 장애가 발생하더라도 데이터를 잃지 않고 복구할 수 있다. 또한, 클라우드 제공자는 보안 업데이트와 패치를 자동으로 적용하여 보안성을 높인다.

이처럼 SaaS, PaaS, IaaS는 각각 소프트웨어, 플랫폼, 인프라 제공에 차별화된 방식으로 사용자 요구에 맞춰 클라우드 자원을 제공한다. 클라우드는 확장성, 비용 효율성, 접근성, 신뢰성과 같은 장점을 통해 기업과 개인 모두에게 효율적이고 안정적인 컴퓨팅 환경을 제공한다.

2.2.4 클라우드 컴퓨팅의 활용 사례

1) 데이터 저장 및 백업

클라우드는 대용량 데이터를 저장하고 백업하는 데 매우 효율적이다. 기존의 로컬 서버나 외장 하드 드라이브와 달리 클라우드 스토리지는 안전하고 접근이 용이하다. 클라우드 서비스 제공자는 사용자가 데이터를 손실할 위험을 줄이기 위해 데이터 복제를 수행하며, 데이터를 여러 데이터 센터에 분산 저장하여 재해나 사고로부터 데이터를 보호한다. 또한, 클라우드에 저장된 데이터는 인터넷만 연결되어 있으면 언제 어디서나 접근할 수 있어 데이터의 가용성이 높아진다.

- **예시**: 기업은 중요한 문서, 고객 정보, 트랜잭션 기록 등을 클라우드에 저장하고, 자동 백업 시스템을 설정하여 데이터 손실을 예방할 수 있다. 예를 들어, Dropbox, Google Drive와 같은 클라우드 스토리지 서비스를 통해 파일을 백업하고, 팀원들과 실시간으로 데이터를 공유할 수 있다.

2) 웹 호스팅 및 애플리케이션 배포

클라우드는 웹사이트 호스팅과 애플리케이션 배포에 널리 사용된다. 특히, 클라우드 기반 웹 호스팅은 서버를 자동으로 확장할 수 있어 일시적인 트래픽 증가에도 유연하게 대응할 수 있다. 사용자는 별도의 하드웨어를 구매하거나 유지보수할 필요 없이 클라우드에서 필요한 리소스를 제공받아 손쉽게 애플리케이션을 배포하고 관리할 수 있다. 클라우드 환경에서는 웹 애플리케이션을 전 세계 사용자에게 빠르고 안정적으로 제공할 수 있으며, 자동화된 확장 및 로드 밸런싱 기능을 통해 트래픽 변동에 따라 서버를 즉시 확장하거나 축소할 수 있다.

- **예시**: Netflix는 AWS(Amazon Web Services)를 통해 동영상 스트리밍 서비스를 제공하며, 전 세계의 사용자에게 고품질의 콘텐츠를 실시간으로 전달한다. 트래픽 변화에 유연하게 대응할 수 있어, 사용자 수가 급증하는 시기에도 원활한 서비스를 제공한다.

3) 인공지능 및 머신러닝

클라우드 환경은 인공지능(AI)과 머신러닝 모델을 학습하는 데 필요한 대규모 컴퓨팅 자원을 제공한다. AI 및 머신러닝 알고리즘은 대량의 데이터와 강력한 컴퓨팅 파워가 필요하기 때문에 클라우드 기반 컴퓨팅 자원을 활용하여 분석 속도를 높이고, 효율적인 학습이 가능하다. 클라우드는 데이터의 실시간 처리를 지원하며, 데이터 저장 및 분석 인프라를 별도로 구축할 필요 없이 클라우드를 통해 쉽게 사용할 수 있다.

- **예시**: Google Cloud Platform(GCP)은 텍스트, 이미지, 동영상 등 다양한 데이터를 처리하고 분석하는 데 필요한 머신러닝 툴을 제공한다. 이를 통해 기업은 머신러닝 모델을 훈련시키고, 실시간 예측과 분석을 수행할 수 있다. 예를 들어, 자연어 처리(NLP)나 이미지 인식을 클라우드를 통해 빠르게 처리할 수 있다.

4) 비즈니스 연속성

클라우드 컴퓨팅은 재해 복구 솔루션을 제공하여 비즈니스 연속성을 보장한다. 물리적 재해, 사이버 공격, 시스템 오류 등으로 인해 비즈니스가 중단될 위험을 최소화하기 위해 클라우드는 데이터를 자동으로 백업하고, 장애 발생 시 신속하게 복구할 수 있는 환경을 제공한다. 특히 클라우드 서비스는 여러 지역에 분산된 데이터 센터를 운영하므로 특정 지역에서 장애가 발생해도 다른 데이터 센터를 통해 서비스를 지속할 수 있다.

- **예시**: 예를 들어, 금융 기관이나 헬스케어 산업에서는 실시간 데이터 백업 및 복구가 필수적이다. 클라우드는 데이터 손실 위험을 최소화하고, 비즈니스 중단 시 빠르게 복구할 수 있는 솔루션을 제공한다. 기업은 클라우드의 복제 기능을 통해 중요한 데이터를 보호하고, 재해 발생 시에도 서비스 연속성을 유지할 수 있다.

2.2.5 클라우드의 미래 전망

클라우드 기술은 앞으로도 더욱 발전할 것으로 예상되며, 다양한 산업에서 핵심 인프라로 자리 잡을 것이다. 특히, 다음과 같은 몇 가지 주요 트렌드가 클라우드의 미래를 주도할 것으로 보인다.

1) 하이브리드 클라우드 및 멀티 클라우드 전략

점점 더 많은 기업들이 하이브리드 클라우드 및 멀티 클라우드 전략을 채택하고 있다. 하이브리드 클라우드는 온프레미스 데이터 센터와 퍼블릭 클라우드를 혼합하여 사용함으로써 두 시스템의 장점을 모두 활용할 수 있다. 이를 통해 민감한 데이터를 온프레미스에 안전하게 저장하면서, 대규모 컴퓨팅 자원은 퍼블릭 클라우드에서 처리할 수 있다. 멀티 클라우드 전략은 한 개 이상의 클라우드 제공자를 사용하여, 서비스 제공자에 대한 의존도를 줄이고, 각각의 클라우드 플랫폼이 제공하는 고유한 기능을 활용하는 방식이다.

- **예시**: 대형 금융 기관은 민감한 고객 데이터를 자사의 온프레미스 서버에 저장하고, 분석이나 테스트 용도로는 퍼블릭 클라우드를 사용하는 하이브리드 클라우드 전략을 채택할 수 있다. 이를 통해 데이터 보안성을 높이고, 대규모 분석 작업에는 클라우드 자원을 효과적으로 활용할 수 있다.

2) 클라우드 보안의 발전

클라우드 보안은 클라우드 기술 발전과 함께 중요한 요소로 부상하고 있다. 클라우드 사용이 확대됨에 따라, 데이터 보안, 개인정보 보호, 규제 준수 문제가 더욱 중요한 이슈가

되고 있다. 이에 따라 클라우드 서비스 제공자는 강력한 암호화 기술, 접근 제어, 위협 탐지 시스템 등 보안 기술을 지속적으로 발전시키고 있다. 향후에는 클라우드 보안 기술이 더욱 강화되어, 민감한 데이터를 안전하게 보호하고 규제 요구 사항을 충족할 수 있을 것이다.

- **예시**: AWS와 같은 클라우드 서비스 제공자는 사용자의 데이터를 보호하기 위해 다중 인증, 암호화, 네트워크 모니터링 등의 보안 기능을 제공한다. 특히, 금융 및 의료 산업에서는 엄격한 규제 준수를 위해 강화된 보안 솔루션이 필수적이다.

3) 엣지 컴퓨팅의 부상

엣지 컴퓨팅(Edge Computing)은 클라우드 컴퓨팅의 한계를 보완하는 기술로, 데이터 처리를 중앙 서버 대신 네트워크 가장자리에서 처리하는 방식이다. 이는 IoT(사물 인터넷) 기기와 같이 실시간 데이터 처리가 필요한 환경에서 특히 유용하다. 클라우드와 엣지 컴퓨팅의 결합은 데이터를 보다 빠르게 처리하고, 지연 시간을 최소화할 수 있게 한다. 이는 자율주행차, 스마트 팩토리, 헬스케어 등 다양한 분야에서 중요하게 활용될 것이다.

- **예시**: 자율주행차는 실시간으로 도로 데이터를 분석하고 빠르게 의사결정을 내려야 하기 때문에, 클라우드 데이터 센터 대신 차량 근처에서 데이터를 처리하는 엣지 컴퓨팅이 필수적이다. 또한, 스마트 시티에서 센서가 수집한 데이터를 엣지에서 실시간으로 처리하여 교통 신호를 즉시 제어할 수 있다.

4) AI와 클라우드의 융합

AI 기술과 클라우드 컴퓨팅의 결합은 더욱 정교한 데이터 분석 및 자동화를 가능하게 할 것이다. AI는 클라우드 상에서 대규모 데이터를 처리하고 학습하는 데 이상적인 환경을 제공하며, 클라우드는 AI 기반 애플리케이션의 성능을 극대화할 수 있는 유연한 인프라를 제공한다. 특히, 머신러닝 모델 학습과 예측 분석을 클라우드에서 실행함으로써 기업은 비용 효율적으로 대규모 데이터를 분석하고 의사결정에 활용할 수 있다.

- **예시**: Google Cloud의 AI 서비스는 자연어 처리, 음성 인식, 이미지 분석 등 다양한 AI 기능을 클라우드에서 제공하여 기업이 쉽게 AI 모델을 적용하고 운영할 수 있도록 돕는

다. 이러한 서비스는 제조, 헬스케어, 금융 등 다양한 분야에서 AI 기술을 적용하는 데 활용될 것이다.

이처럼 클라우드 컴퓨팅은 기업의 디지털 전환을 가속화하고, 다양한 산업에서 혁신을 주도하는 핵심 기술로 자리 잡고 있다. 앞으로도 클라우드는 하이브리드 및 멀티 클라우드 전략, 엣지 컴퓨팅, AI 통합 등 새로운 기술과 결합하여 더 강력하고 유연한 인프라를 제공할 것으로 예상된다.

2.3 Bigdata(빅데이터)

빅데이터는 일반적인 데이터 처리 방법으로는 다룰 수 없을 만큼 크고 복잡한 데이터 세트를 의미한다. 이러한 데이터를 효과적으로 수집, 저장, 분석하기 위해서는 고도의 기술과 도구가 필요하다. 빅데이터는 다양한 산업에서 중요한 인사이트를 도출하는 데 사용되며, 그 양과 다양성, 생성 속도가 급격히 증가하는 데이터의 특성에서 기인한다.

2.3.1 빅데이터의 특징 (3V)

1) Volume (데이터 양)

- 빅데이터의 가장 핵심적인 특징은 데이터의 방대한 양이다. 수십 테라바이트(TB)에서 페타바이트(PB) 단위에 이르는 대규모 데이터를 처리해야 하며, 이는 기존의 데이터베이스 관리 시스템으로는 불가능하거나 비효율적이다. 이처럼 막대한 데이터 양을 다루기 위해서는 분산 처리 시스템이 필요하며, 이를 위해 Hadoop이나 Spark와 같은 빅데이터 프레임워크가 주로 사용된다. 이러한 데이터는 전통적인 구조화된 데이터뿐만 아니라, 로그 파일, 소셜 미디어 게시물, IoT 기기에서 생성된 센서 데이터 등 비정형 데이터도 포함된다.

- **예시**: 글로벌 기업들이 다루는 고객 데이터나 소셜 미디어 플랫폼에서 매일 생성되는 수백억 건의 게시물 등은 수백 테라바이트에서 페타바이트 단위에 이른다. 예를 들어, Facebook은 매일 4PB 이상의 데이터를 생성하는 것으로 알려져 있으며, 이러한 데이터는 실시간으로 분석되고 저장된다.

2) Variety (데이터 다양성)

빅데이터는 다양한 형태의 데이터를 포함한다. 전통적인 관계형 데이터베이스에서 처리하는 정형 데이터뿐만 아니라, 텍스트, 이미지, 비디오, 소셜 미디어 활동, 로그 파일, 센서 데이터 등 비정형 데이터까지 포함한다. 데이터의 다양성은 데이터 분석 방법론에 큰 영향을 미치며, 데이터를 저장하고 처리하는 방식도 다르다. 예를 들어, 텍스트 데이터는 자연어 처리(NLP) 기술로, 이미지나 영상 데이터는 딥러닝을 통해 분석된다. 이러한 데이터 다양성을 처리하기 위해서는 여러 가지 데이터 처리 도구와 기술이 필요하다.

- **예시**: 전자상거래 사이트는 구매 기록, 고객 리뷰, 고객의 웹사이트 탐색 경로, 상품 이미지, 동영상 등의 다양한 데이터를 수집하고 분석한다. 이를 통해 고객 맞춤형 추천 시스템을 구축하고, 마케팅 전략을 수립할 수 있다.

3) Velocity (데이터 생성 속도)

빅데이터의 또 다른 중요한 특징은 데이터 생성 속도이다. 현대 사회에서는 데이터가 매우 빠르게 생성되고 있으며, 실시간으로 수집되고 처리되어야 하는 경우가 많다. 소셜 미디어, IoT 장치, 스마트폰 등에서 생성되는 데이터는 초당 수백만 건에 이를 수 있다. 이처럼 빠르게 생성되는 데이터를 실시간으로 처리하고 분석하지 않으면, 그 가치가 사라질 수 있다. 따라서 빅데이터 시스템은 데이터의 실시간 분석을 지원하기 위해 빠른 스트리밍 처리가 가능해야 하며, 이를 위해 Kafka와 같은 스트리밍 플랫폼이 사용된다.

- **예시**: 트위터와 같은 소셜 미디어 플랫폼에서는 초당 수천 건의 트윗이 생성되며, 이러한 데이터를 실시간으로 분석하여 트렌드를 파악하거나 이상 징후를 감지할 수 있다. 또한, IoT 디바이스는 매초 수백만 개의 센서 데이터를 생성하고 이를 즉시 처리하여 실시간 모니터링을 가능하게 한다.

2.3.2 빅데이터의 추가적인 특징

1) Veracity (데이터 신뢰성)

빅데이터는 대규모로 수집되는 만큼, 그 데이터의 신뢰성도 매우 중요하다. 빅데이터는 다양한 출처에서 수집되며, 데이터 자체에 불확실성, 오류, 불완전성이 내재할 수 있다. 따라서 데이터의 품질을 보장하기 위해 데이터 클렌징, 정규화, 중복 제거 등의 작업이 필요하다. 잘못된 데이터는 분석 결과의 왜곡을 초래할 수 있으므로, 데이터 정제와 정확성 보장이 빅데이터 처리에서 필수적인 단계이다.

- **예시**: 의료 데이터의 경우, 환자의 건강 상태나 진단 기록이 부정확할 경우 잘못된 치료 계획이 수립될 수 있다. 따라서 의료 분야에서는 데이터의 신뢰성을 보장하기 위해 데이터의 정확성을 확인하고, 오류를 교정하는 작업이 필수적이다.

2) Value (데이터 가치)

빅데이터에서 가장 중요한 요소는 데이터가 얼마나 유의미한 가치를 도출할 수 있는지에 있다. 방대한 양의 데이터를 처리하는 목적은 단순히 데이터를 보관하는 것이 아니라, 이를 통해 새로운 인사이트를 얻고, 예측 및 의사결정에 활용하는 것이다. 데이터를 효과적으로 분석하면 기업은 고객의 행동 패턴을 예측하거나 시장 트렌드를 분석할 수 있으며, 이를 통해 경쟁력을 확보할 수 있다. 데이터 분석을 통해 얻는 인사이트는 비즈니스 전략, 운영 최적화, 신제품 개발 등에 중요한 역할을 한다.

- **예시**: 대형 리테일 기업은 고객의 구매 데이터를 분석하여 고객의 구매 패턴을 예측하고, 개인화된 마케팅을 제공할 수 있다. 이를 통해 고객 만족도를 높이고, 매출을 증대시킬 수 있다. 또한, 금융기관은 빅데이터 분석을 통해 신용 리스크를 예측하고, 사기 탐지 시스템을 구축할 수 있다.

이처럼 빅데이터는 양(Volume), 다양성(Variety), 속도(Velocity)와 같은 특성을 가지고 있으며, 추가적으로 신뢰성(Veracity)과 가치(Value)가 매우 중요한 요소로 작용한다. 이 5가지 특징은 빅데이터 처리 및 분석에서 반드시 고려되어야 하며, 데이터로부터 의미 있는 정보를 도출하는 핵심적인 요인들이다. 빅데이터의 가치를 극대화하기 위해서는 데이터를 신뢰성 있게 처리하고, 이를 기반으로 예측 가능한 인사이트를 도출하는 것이 중요하다.

2.3.3 빅데이터의 처리 과정

1) 데이터 수집

빅데이터 처리의 첫 번째 단계는 여러 곳에서 데이터를 모으는 것이다. 예를 들어, 웹사이트에서 사람들이 방문한 기록이나 소셜 미디어에서 남긴 댓글, 센서가 기록한 온도와 같은 정보가 있다. 또한, 정해진 형식으로 저장된 데이터뿐만 아니라 사진, 영상처럼 정해진 형식이 없는 데이터도 포함된다.

빅데이터는 정형 데이터(예: 관계형 데이터베이스에 저장된 테이블 형식 데이터)뿐만 아니라 비정형 데이터(예: 텍스트, 이미지, 동영상 등)와 반정형 데이터(예: JSON, XML 등)도 포함되기 때문에, 다양한 형태의 데이터를 수집하기 위한 기술과 도구가 필요하다. 또한, 수집된 데이터는 실시간 데이터(스트리밍 데이터)일 수도 있고, 특정 주기로 발생하는 배치 데이터일 수도 있다.

- **예시**: 전자상거래 플랫폼에서는 고객의 구매 기록, 웹 탐색 경로, 제품 리뷰 데이터를 수집하여 사용자 맞춤형 추천 시스템을 만들 수 있다. 또한, IoT 센서는 실시간으로 온도, 습도, 위치 등의 데이터를 수집하여 클라우드로 전송한다.

2) 데이터 저장

빅데이터는 너무 커서 기존의 방법으로는 저장하기 어렵다. 그래서 데이터를 여러 컴퓨터에 나눠 저장하는 분산 파일 시스템이나, 자유로운 형식으로 데이터를 저장할 수 있는 NoSQL 데이터베이스가 사용된다. 예를 들어, 소셜 미디어 플랫폼에서는 매일 많은 게시물과 이미지를 저장하는 데 NoSQL 데이터베이스가 적합하다.

- **Hadoop Distributed File System (HDFS)**: Hadoop의 분산 파일 시스템은 데이터를 여

러 노드에 분산하여 저장함으로써 대용량 데이터를 효율적으로 처리할 수 있도록 한다. 데이터의 중복 저장과 복구 기능을 통해 안정성을 보장한다.

- **NoSQL 데이터베이스**: MongoDB, Cassandra와 같은 NoSQL 데이터베이스는 데이터의 구조가 고정되지 않거나, 비정형 데이터(텍스트, 이미지 등)를 처리할 때 적합하다. NoSQL은 확장성이 뛰어나고, 대규모 데이터 처리가 가능하기 때문에 빅데이터 저장에 널리 사용된다.
- **예시**: 소셜 미디어 플랫폼은 매일 수백만 건의 포스트, 댓글, 이미지 데이터를 MongoDB와 같은 NoSQL 데이터베이스에 저장하여 빠른 검색과 처리에 활용한다. 또한, HDFS를 이용해 데이터를 분산 저장하고, 대규모 데이터를 병렬로 처리할 수 있다.

3) 데이터 처리 및 분석

빅데이터 처리의 핵심 단계는 수집된 데이터를 처리 및 분석하는 과정이다. 대규모 데이터를 분석하기 위해서는 병렬 처리가 필수적이며, 이를 위해 MapReduce나 Spark와 같은 빅데이터 처리 프레임워크가 사용된다.

- **MapReduce**: MapReduce는 대규모 데이터를 분산 환경에서 병렬로 처리할 수 있는 프로그래밍 모델로, 데이터를 작은 단위로 분리(Map)하고, 이를 다시 합쳐(Reduce) 결과를 도출한다. 분산된 여러 노드에서 동시에 처리할 수 있어 속도와 효율성을 높일 수 있다.
- **Apache Spark**: Spark는 MapReduce보다 더 빠른 데이터 처리를 가능하게 하는 인메모리(in-memory) 프레임워크다. Spark는 데이터를 메모리에 저장하여 처리 속도를 크게 향상시킬 수 있으며, 머신러닝, 데이터 분석, 스트리밍 처리 등 다양한 분석 작업을 지원한다.
- **기계 학습과 데이터 마이닝**: 빅데이터 분석에는 통계적 방법 외에도 기계 학습과 데이터 마이닝 기법이 널리 사용된다. 이를 통해 대량의 데이터를 분석하고, 패턴을 찾아내거나 미래를 예측할 수 있다. 머신러닝 알고리즘을 통해 빅데이터의 패턴을 학습하여 예측 모델을 만들고, 데이터 마이닝 기법을 통해 유용한 인사이트를 도출할 수 있다.
- **예시**: 금융 기관은 Spark를 이용해 대규모 거래 데이터를 실시간으로 분석하고, 이상 거래를 탐지할 수 있다. 또한, 전자상거래 사이트는 기계 학습 알고리즘을 활용하여 고객의 구매 패턴을 분석하고, 사용자 맞춤형 상품 추천을 제공한다.

4) 데이터 시각화

데이터 시각화는 빅데이터 분석의 마지막 단계로, 분석된 결과를 시각적으로 표현하여 사용자나 의사결정자가 쉽게 이해하고, 인사이트를 도출할 수 있도록 돕는 과정이다. 데이터를 효과적으로 시각화하는 것은 매우 중요하며, 이를 위해 다양한 데이터 시각화 도구와 기법이 사용된다.

- **Tableau**: Tableau는 대화형 데이터 시각화 도구로, 대규모 데이터를 시각적으로 분석하고 시각화 대시보드를 생성할 수 있다. 데이터를 드래그 앤 드롭 방식으로 쉽게 시각화할 수 있으며, 사용자는 실시간으로 데이터를 탐색할 수 있다.
- **Power BI**: Microsoft Power BI는 다양한 데이터 소스에서 데이터를 가져와서 대화형 차트와 그래프를 만들고, 실시간으로 데이터를 분석할 수 있는 클라우드 기반 데이터 시각화 도구다.
- **D3.js**: D3.js는 웹 기반 데이터 시각화를 위해 자바스크립트로 작성된 오픈 소스 라이브러리로, 데이터를 HTML, SVG, CSS를 사용해 시각적으로 표현할 수 있다. 복잡한 데이터도 그래프로 시각화하여 사용자에게 직관적으로 전달할 수 있다.
- **예시**: 기업 경영자는 Power BI를 통해 실시간으로 매출, 고객 트래픽, 재고 변동 등을 시각적으로 모니터링할 수 있다. 또한, 금융 기관은 Tableau를 사용해 금융 시장의 변동을 그래프로 시각화하고, 투자 전략을 분석할 수 있다.

이처럼 빅데이터의 처리 과정은 데이터 수집, 저장, 처리 및 분석, 시각화의 단계를 거쳐 이루어진다. 수집된 데이터를 효과적으로 저장하고, 빠르고 정확한 분석을 통해 실질적인 인사이트를 도출하며, 이를 시각적으로 표현하여 데이터 기반의 의사결정을 돕는 것이 빅데이터 처리의 주요 목표이다.

2.3.4 빅데이터의 활용 사례

1) 소셜 미디어 분석

소셜 미디어 플랫폼은 매일 엄청난 양의 데이터를 생성한다. 사용자가 게시물, 댓글, 좋아요, 공유 등의 활동을 통해 남기는 데이터는 빅데이터 분석을 통해 다양한 인사이트를 도출할 수 있다. 이러한 데이터는 고객의 감정, 선호도, 의견을 파악하는 데 매우 유용하며, 이를 기반으로 마케팅 전략을 수립하거나 제품 개발에 반영할 수 있다.

- **감정 분석(Sentiment Analysis)**: 소셜 미디어에서 사용자가 남긴 텍스트 데이터를 분석하여 긍정적, 부정적, 중립적인 감정을 파악할 수 있다. 감정 분석은 제품에 대한 고객의 반응을 모니터링하고, 브랜드 이미지 관리에 도움을 준다.
- **트렌드 분석(Trend Analysis)**: 소셜 미디어 상에서 급격히 증가하는 주제나 해시태그 등을 분석하여 현재의 트렌드를 파악할 수 있다. 이를 통해 기업은 시장의 변화를 실시간으로 반영하고, 소비자의 요구에 맞춘 제품이나 서비스를 제공할 수 있다.
- **예시**: Nike는 소셜 미디어 분석을 통해 사용자들의 운동 패턴과 피드백을 분석하고, 새로운 운동화 디자인이나 마케팅 캠페인을 맞춤형으로 제작한다. 또한, Netflix는 시청자들의 소셜 미디어 반응을 바탕으로 콘텐츠 개발 및 추천 시스템을 개선하고 있다.

2) 의료

빅데이터는 의료 분야에서도 혁신을 가져오고 있다. 의료 기록, 유전자 데이터, IoT 기기를 통해 수집된 건강 데이터를 분석하여 개인 맞춤형 치료 계획을 수립하거나 질병을 예측할 수 있다. 특히, 의료 데이터를 활용하면 질병의 조기 발견과 예방, 치료 과정의 최적화가 가능하다.

- **환자 기록 분석**: 전자 의료 기록(EMR)을 분석하여 환자의 과거 병력, 치료 내역, 검사 결과 등을 종합적으로 파악할 수 있다. 이를 통해 의료진은 더 빠르고 정확한 진단을 내릴 수 있다.
- **유전자 데이터 분석**: 유전체 데이터 분석을 통해 개인의 유전적 특성을 기반으로 질병에 대한 민감도를 예측하고, 개인 맞춤형 치료법을 제공할 수 있다.
- **IoT 기반 건강 모니터링**: 웨어러블 기기에서 수집된 데이터를 분석하여 실시간으로 건강 상태를 모니터링하고, 이상 징후가 발생하면 즉시 경고를 보낼 수 있다. 이를 통해 의료진은 환자의 상태를 지속적으로 관리하고, 적시에 치료를 제공할 수 있다.
- **예시**: IBM Watson Health는 빅데이터 분석을 통해 유전체 데이터와 의료 기록을 조합하여 암 환자에게 맞춤형 치료를 추천하는 서비스를 제공하고 있다. 또한, Fitbit과 같은

웨어러블 디바이스는 사용자의 건강 데이터를 실시간으로 수집하여 심박수, 수면 패턴 등을 모니터링하고 분석한다.

3) 금융

금융 분야에서는 빅데이터를 활용하여 사기 탐지, 신용 평가, 리스크 관리, 시장 예측 등의 작업을 수행한다. 금융 기관은 수백만 건의 금융 거래 데이터를 분석하여 실시간으로 이상 거래를 감지하고, 리스크를 최소화할 수 있다.

- **사기 탐지(Fraud Detection)**: 빅데이터 분석을 통해 금융 거래에서 이상 패턴을 실시간으로 감지할 수 있다. 머신러닝 알고리즘은 과거 사기 사례와 비교하여 비정상적인 거래를 자동으로 차단하거나 경고를 발생시킬 수 있다.
- **신용 평가(Credit Scoring)**: 개인이나 기업의 금융 활동 데이터를 분석하여 신용 위험을 평가할 수 있다. 이를 통해 금융 기관은 대출 승인 여부를 결정하거나 이자율을 설정할 수 있다.
- **리스크 관리(Risk Management)**: 금융 시장의 변동성을 예측하기 위해 과거 데이터와 실시간 데이터를 분석하여 리스크를 사전에 관리할 수 있다.
- **예시**: PayPal은 빅데이터를 활용한 사기 탐지 시스템을 운영하여 의심스러운 거래를 실시간으로 분석하고 차단한다. 또한, FICO는 개인의 금융 기록을 분석하여 신용 점수를 계산하고, 이를 기반으로 대출 조건을 설정하는 데 활용한다.

4) 스마트 시티

스마트 시티에서는 빅데이터를 활용하여 도시 인프라의 효율성을 높이고, 시민의 생활을 개선하는 데 사용된다. 교통, 에너지, 환경, 공공 안전 등 다양한 분야에서 데이터를 수집하고 분석하여 도시 운영을 최적화할 수 있다.

- **교통 관리**: 실시간 교통 데이터를 분석하여 교통 혼잡을 줄이고, 최적의 경로를 제시할 수 있다. 이를 통해 도시 내 교통 흐름을 원활하게 하고, 차량의 대기 시간을 줄일 수 있다.
- **에너지 관리**: 스마트 미터를 통해 에너지 소비 데이터를 실시간으로 모니터링하고, 효율적인 에너지 배분을 가능하게 한다. 또한, 에너지 사용 패턴을 분석하여 전력 공급을 최

적화할 수 있다.

- **환경 모니터링**: 대기 오염, 수질 오염, 온도, 습도 등 환경 데이터를 분석하여 환경 문제를 사전에 감지하고 대응할 수 있다.
- **공공 안전**: CCTV, 센서 데이터를 분석하여 범죄 예방 및 사고 발생 시 신속한 대응이 가능하다.
- **예시**: 런던은 교통 혼잡을 줄이기 위해 빅데이터 분석을 활용한 교통 관리 시스템을 구축했다. 실시간 교통 데이터를 바탕으로 신호등을 자동으로 조정하고, 운전자에게 최적 경로를 안내한다. 또한, 뉴욕시는 스마트 미터 데이터를 분석하여 에너지 소비를 최적화하고, 시민들에게 에너지 절약 방법을 제안하는 스마트 에너지 시스템을 운영하고 있다.

이처럼 빅데이터는 소셜 미디어, 의료, 금융, 스마트 시티 등 다양한 분야에서 혁신적인 변화를 이끌어내고 있으며, 방대한 데이터를 분석하여 더 나은 의사결정과 효율적인 운영을 가능하게 한다. 각 산업에서 빅데이터는 기존의 업무 방식에 혁신을 불러일으키고 있으며, 미래 사회의 중요한 자원으로 자리 잡고 있다.

2.3.5 빅데이터의 도전 과제

- **데이터 프라이버시 및 보안**: 빅데이터에서 개인 정보나 민감한 데이터가 대규모로 포함될 수 있기 때문에, 이를 보호하기 위한 법적 규제 및 보안 기술이 필요하다.
- **데이터 품질 관리**: 빅데이터는 양이 많고 다양한 출처에서 수집되기 때문에 품질이 고르지 않을 수 있다. 불완전하거나 오류가 있는 데이터를 처리하는 방법이 중요하다.
- **데이터 저장 및 처리 비용**: 방대한 데이터를 저장하고 처리하기 위해서는 고가의 인프라가 필요하며, 이를 효율적으로 관리하는 것이 중요한 과제이다.

2.3.6 빅데이터의 미래 전망

빅데이터는 AI, IoT, 클라우드 컴퓨팅과 함께 미래의 핵심 기술로 자리 잡고 있으며, 데이터 분석의 중요성은 더욱 커질 것으로 예상된다. 빅데이터 분석을 통해 비즈니스 인텔리전스(BI)와 예측 분석이 더욱 정교해지며, 실시간 데이터 처리와 맞춤형 서비스가 가능해질 것이다. 또한, 빅데이터의 윤리적 측면과 데이터 프라이버시 보호도 중요하게 다루어질 것으로 보인다.

빅데이터는 그 크기와 복잡성에도 불구하고 이를 잘 활용하면 강력한 경쟁 우위를 제공할 수 있는 중요한 자원이다.

2.4 AI(Artificial Intelligence, 인공지능)

AI는 인간의 지능을 모방하거나 확장할 수 있는 기술로, 기계가 학습, 추론, 문제 해결, 의사결정, 자연어 처리 등을 수행할 수 있도록 하는 컴퓨터 과학 분야다. 인공지능은 다양한 산업과 일상 생활에 적용되며, 데이터 분석, 자동화, 인간과의 상호작용 등 여러 측면에서 효율성을 크게 향상시킨다.

2.4.1 AI의 주요 개념

1) 기계 학습 (Machine Learning)

기계 학습은 인공지능(AI)의 핵심 하위 분야로, 컴퓨터가 데이터를 기반으로 스스로 학습하고 개선할 수 있는 능력을 의미한다. 기계 학습은 명시적으로 프로그래밍되지 않은 작업을 데이터와 알고리즘을 통해 수행하며, 패턴 인식, 예측, 분류, 회귀 등의 문제를 해결할 수 있다. 기계 학습은 크게 지도 학습(Supervised Learning), 비지도 학습(Unsupervised Learning), 강화 학습(Reinforcement Learning)으로 나뉜다.

- **지도 학습**: 라벨이 있는 데이터를 학습하여 미래의 입력값에 대한 예측을 수행한다. 예를

들어, 이메일 스팸 필터는 지도 학습을 통해 스팸 이메일과 정상 이메일을 분류할 수 있다.

- **비지도 학습**: 라벨이 없는 데이터를 학습하여 데이터의 패턴이나 구조를 찾는다. 예를 들어, 고객 데이터를 분석하여 비슷한 성향을 가진 고객군을 자동으로 그룹화하는 클러스터링(군집화) 작업이 비지도 학습에 해당한다.
- **예시**: 기계 학습을 통해 은행은 고객의 거래 패턴을 분석하여 사기 거래를 예측하고 탐지할 수 있다. 또한, 전자상거래 사이트는 기계 학습을 사용해 고객의 구매 기록을 기반으로 맞춤형 상품을 추천한다.

2) 딥러닝 (Deep Learning)

딥러닝(Deep Learning)은 기계 학습의 하위 영역으로, 인공신경망(Artificial Neural Networks)을 기반으로 복잡한 데이터를 학습하는 기술이다. 딥러닝은 인간의 뇌 구조를 모방하여 수많은 층(레이어)으로 이루어진 신경망을 사용하며, 각 레이어는 입력 데이터를 처리하고 패턴을 학습하여 최종 결과를 도출한다. 딥러닝은 특히 이미지 인식, 음성 인식, 자연어 처리 등에서 뛰어난 성능을 발휘한다.

- **합성곱 신경망(CNN, Convolutional Neural Networks)**: 이미지 처리에서 자주 사용되는 딥러닝 모델로, 이미지의 특성을 추출하고 분류하는 데 매우 효과적이다. CNN은 자율주행차의 객체 인식이나 의료 영상 분석에 많이 활용된다.
- **순환 신경망(RNN, Recurrent Neural Networks)**: 시간적 순서를 갖는 데이터, 즉 시계열 데이터 처리에 적합한 모델이다. 주로 음성 인식, 자연어 처리, 주가 예측 등에서 사용된다.
- **예시**: 딥러닝은 구글 포토에서 사진 속 인물이나 사물을 인식하는 데 사용되며, 음성 인식 기술은 스마트 스피커에서 사용자의 음성을 인식하여 명령을 처리한다. 또한, 자율주행차는 딥러닝을 통해 도로 상황을 분석하고, 보행자나 장애물을 실시간으로 인식하여 안전한 주행을 보장한다.

3) 자연어 처리 (Natural Language Processing, NLP)

자연어 처리(NLP)는 컴퓨터가 우리가 사용하는 말이나 글을 이해하고 처리할 수 있게 만드는 기술이다. 예를 들어, 스마트폰에서 우리가 말한 내용을 문자로 바꿔 주는 기능이나, 인터넷 번역기가 텍스트를 번역하는 것들이 자연어 처리 덕분에 가능하다. NLP는 언어 모델을 통해 문장을 이해하고, 번역하거나 질문에 답변할 수 있으며, 음성을 텍스트로 변환하거나 텍스트를 음성으로 변환할 수 있다. 자연어 처리의 핵심 기술로는 문장 분류, 감정 분석, 기계 번역, 질의응답 시스템 등이 있다. 최근에는 BERT나 GPT와 같은 최신 언어 모델이 도입되어 자연어 처리 성능이 크게 향상되었다.

- **예시**: 자연어 처리는 가상 비서(예: Siri, Alexa)에서 사용되어 사용자의 음성을 인식하고 질문에 대답하는 데 활용된다. 또한, 고객 서비스 분야에서 챗봇은 자연어 처리를 통해 고객의 질문을 분석하고, 자동으로 답변을 제공한다. 구글 번역은 기계 번역을 통해 텍스트를 여러 언어로 실시간 번역할 수 있다.

4) 강화 학습 (Reinforcement Learning)

강화 학습(Reinforcement Learning)은 기계 학습의 한 종류로, 에이전트(Agent)가 환경과 상호작용하면서 주어진 목표를 달성하기 위해 보상을 최대화하는 방법을 학습하는 방식이다. 에이전트는 행동을 취하고, 그 행동의 결과에 따라 보상을 받으며, 이 과정을 통해 최적의 행동 전략을 학습하게 된다. 탐험(Exploration)과 활용(Exploitation)의 균형을 맞추며 학습하는 것이 강화 학습의 핵심이다. 강화 학습은 게임 AI, 자율주행, 로봇 제어 등의 분야에서 많이 사용된다.

- **예시**: 강화 학습은 Google DeepMind의 AlphaGo가 바둑 게임에서 스스로 학습하여 세계 최고의 바둑 기사를 이기는 데 사용되었다. 또한, 자율주행차는 강화 학습을 통해 도로 상황에서 최적의 주행 경로를 선택하고, 장애물을 회피하는 전략을 학습한다. 로봇 팔은 강화 학습을 통해 다양한 작업을 효율적으로 수행하는 방법을 학습할 수 있다.

이처럼 기계 학습, 딥러닝, 자연어 처리, 강화 학습은 AI의 주요 개념으로, 각각의 기술은 다양한 산업 분야에서 혁신을 일으키고 있다. AI는 기계가 스스로 학습하고, 인간과 자연스럽게 상호작용하며, 복잡한 문제를 해결할 수 있는 능력을 제공함으로써 우리의 일상과 산업 전반에 큰 변화를 가져오고 있다.

2.4.2 AI의 종류

1) 협의의 AI (Narrow AI)

협의의 AI는 특정한 작업이나 문제를 해결하는 데 특화된 인공지능을 의미한다. Narrow AI는 한 가지 또는 몇 가지 특정 기능을 수행할 수 있도록 설계되며, 인간처럼 다양한 과제를 해결하는 범용적인 능력은 없다. 현재 우리가 일상적으로 사용하는 대부분의 AI 시스템은 협의의 AI에 해당하며, 특정 업무에 대해 매우 높은 수준의 성능을 발휘할 수 있다. 협의의 AI는 사전 학습된 데이터를 기반으로 특정한 규칙에 따라 작동하며, 주로 이미지 인식, 음성 인식, 자연어 처리, 추천 시스템 등에서 사용된다.

- **예시**:
  - **이미지 인식**: Google Photos의 AI는 이미지를 분석하여 인물, 사물, 장소를 자동으로 분류하는 기능을 제공한다. 이 AI는 이미지를 식별하는 데 특화되어 있으며, 이미지 분류 문제를 매우 잘 해결한다.
  - **음성 비서**: Apple의 Siri, Amazon의 Alexa, Google Assistant와 같은 음성 비서는 사용자 음성을 인식하고, 음성 명령을 처리하여 정보를 제공하거나 기기를 제어하는 역할을 한다.
  - **추천 시스템**: 넷플릭스나 유튜브의 추천 시스템은 사용자가 이전에 시청한 콘텐츠를 바탕으로 새로운 콘텐츠를 추천하는 방식으로 작동한다. 이는 협의의 AI가 사용자의 행동 패턴을 분석하여 특정한 예측을 수행하는 것이다.
  - **특징**: Narrow AI는 특정한 작업에 뛰어난 성능을 발휘하지만, 그 외의 작업을 처리하는 데에는 제한적이다. 즉, 이미지 인식 AI는 음성 인식 작업을 수행할 수 없으며, 각 AI는 설계된 목적에 맞게 고도로 최적화되어 있다.

2) 일반 AI (General AI)

일반 AI는 인간과 유사한 수준의 지능을 갖춘 AI로, 다양한 작업을 해결할 수 있는 능력을 의미한다. General AI는 특정한 문제뿐만 아니라, 새로운 환경이나 상황에서도 스스로 학습하고 적응할 수 있는 범용적인 지능을 지닌 AI를 목표로 한다. 현재 우리가 사용하는 협의의 AI는 각기 다른 작업에 특화되어 있지만, 일반 AI는 다양한 작업을 처리할 수 있는 범용적이고 유연한 사고 능력을 갖추고 있어야 한다.

- **예시**: 만약 일반 AI가 구현된다면, 하나의 AI 시스템이 사람처럼 다양한 문제를 해결할 수 있을 것이다. 예를 들어, 한 AI가 동시에 자율주행을 관리하고, 의료 진단을 수행하며, 소셜 미디어 상에서 대화하는 챗봇으로도 기능할 수 있다.
- **현재 상태**: 일반 AI는 아직 연구 단계에 있으며, 실현되지 않았다. 인간처럼 범용적인 사고와 학습 능력을 갖춘 AI를 구현하기 위한 연구가 지속되고 있지만, 기술적 난이도가 매우 높고 여러 문제들이 남아 있다. 인간 지능과 유사한 수준의 지능을 갖춘 AI는 아직 실현되지 않았지만, AI 연구자들은 일반 AI가 실현될 경우, 자율적으로 문제를 해결하고 인간과 협력할 수 있는 고도화된 AI 시스템이 등장할 것으로 기대하고 있다.
- **특징**: General AI는 모든 종류의 작업을 처리할 수 있는 능력을 갖추고 있어야 하며, 새로운 작업이나 환경에서도 스스로 학습하고 적응할 수 있는 유연성을 지녀야 한다. 이는 인간의 지능과 매우 유사한 특성으로, 하나의 AI 시스템이 여러 가지 문제를 동시에 해결할 수 있다는 점에서 협의의 AI와 차별화된다.

3) 초지능 AI (Superintelligence)

초지능 AI(Superintelligence)는 인간의 지능을 훨씬 뛰어넘는 수준의 AI를 의미한다. 이론적으로 초지능 AI는 인간의 모든 지적 능력을 능가하며, 인간이 해결할 수 없는 복잡한 문제를 신속하게 해결하거나 새로운 과학적 발견을 할 수 있는 능력을 갖추고 있다. 초지능 AI는 인지 능력, 학습 능력, 문제 해결 능력에서 인간을 훨씬 능가할 것으로 예상되지만, 아직까지 현실적으로 구현된 사례는 없으며, 미래의 가능성으로 남아 있다.

- **이론적 가능성**: 초지능 AI가 개발되면, 인간의 한계를 넘어서는 지적 활동을 수행할 수 있다. 예를 들어, 초지능 AI는 과학, 의학, 기술 분야에서 새로운 이론이나 혁신적인 기술을 빠르게 발견하고 발전시킬 수 있을 것이다. 또한, 경제, 사회 문제를 해결하는 데도 활용될 수 있다.
- **윤리적 논의**: 초지능 AI가 구현될 가능성에 대해 많은 윤리적 논의가 이뤄지고 있다. AI가 인간의 지능을 초월하면 인간의 통제 밖에 있는 AI가 사회적, 경제적, 정치적으로 어떤 영향을 미칠지에 대한 우려가 있다. 특히, 초지능 AI가 자율성을 가지고 스스로 결정

을 내릴 수 있는 상황에서는 그 결과를 예측하기 어려울 수 있으며, 이는 AI의 안전성 및 윤리적 통제에 대한 중요한 문제로 제기되고 있다.

- **특징**: 초지능 AI는 인간이 상상할 수 있는 모든 지능적 능력을 초월하는 AI로, 현재 기술적으로 실현된 바는 없다. 초지능 AI는 자기 개선을 통해 스스로를 더욱 발전시키며, 인간이 접근할 수 없는 수준의 학습과 분석을 수행할 수 있을 것이다.

요약

- 협의의 AI (Narrow AI): 특정한 과제나 문제를 해결하는 데 특화된 AI로, 현재 우리가 일상에서 사용하는 대부분의 AI 시스템은 협의의 AI이다. 예를 들어, 이미지 인식, 음성 비서, 추천 시스템 등이 이에 해당한다.
- 일반 AI (General AI): 인간과 유사한 수준의 지능을 갖춘 AI로, 다양한 과제를 해결할 수 있는 능력을 가진 AI이다. 현재 연구 단계에 있으며, 실현되지 않았다.
- 초지능 AI (Superintelligence): 인간의 지능을 훨씬 뛰어넘는 AI로, 이론적으로는 가능하지만, 아직 현실적으로 구현되지 않은 상태다. 초지능 AI는 인간의 모든 지적 능력을 초월할 수 있으며, 매우 고도화된 AI 시스템을 의미한다.

이처럼 AI는 현재 협의의 AI가 가장 많이 사용되고 있으며, 일반 AI와 초지능 AI는 아직 실현되지 않았지만, 연구가 활발히 진행 중이다. AI가 발전함에 따라 각 AI 유형의 기능과 역할은 점차 확대될 것으로 예상된다.

2.4.3 AI의 특징

1) 자율성 (Autonomy)

자율성은 AI 시스템의 중요한 특징으로, 외부의 개입 없이 스스로 판단하고 결정을 내릴 수 있는 능력을 의미한다. AI 시스템은 인간의 명령이나 지시 없이도 스스로 환경을 인식하고, 수집된 데이터를 기반으로 최적의 결정을 내릴 수 있다. 자율성을 가진 AI 시스템은 외부의 변화에 따라 적절히 대응할 수 있으며, 반복적인 작업이나 복잡한 문제를 자동으로 처리할 수 있다.

- **예시**: 자율주행차는 운전자의 개입 없이 도로 상황을 인식하고, 장애물을 피하거나 최적의 경로를 찾아 이동할 수 있다. AI가 주변의 차량, 신호등, 보행자를 감지하고, 주어진 규칙에 따라 교통 상황에 맞게 스스로 결정을 내린다.
- **기타 사례**: 산업 로봇은 제조 공정에서 자율적으로 작업을 수행하며, 공장의 환경 변화나 기계 상태에 따라 자동으로 작업을 조정할 수 있다. 예를 들어, 로봇은 부품 조립 시 작업 환경의 변화에 맞게 속도를 조절하거나 결함이 있는 제품을 자동으로 식별하고 제외할 수 있다.
- **장점**: 자율성은 반복적이거나 위험한 작업에서 인간의 개입을 최소화할 수 있어, 효율성과 안전성을 높인다. AI 시스템이 자율적으로 작동하면, 인간은 더 복잡하고 창의적인 작업에 집중할 수 있다.

2) 적응성 (Adaptability)

적응성은 AI가 새로운 데이터나 환경에 맞춰 학습하고 스스로 성능을 개선할 수 있는 능력이다. AI 시스템은 기존의 학습 데이터 외에도 새로운 데이터가 주어지면 이를 기반으로 패턴을 학습하고, 성능을 향상시킬 수 있다. 이를 통해 AI는 예측과 의사결정을 더 정확하게 수행할 수 있으며, 변화하는 환경에도 유연하게 대처할 수 있다.

- **예시**: 온라인 쇼핑몰의 추천 시스템은 사용자가 새로운 제품을 검색하거나 구매할 때마다 그 데이터를 학습하여, 사용자의 선호도를 반영한 개인화된 추천을 제공한다. 새로운 사용자 행동이 반영될수록 AI 시스템은 더 정확한 상품을 추천할 수 있다.
- **기타 사례**: 금융 시장의 AI 시스템은 실시간으로 시장 데이터를 분석하고, 시장 상황에 따라 포트폴리오 조정이나 리스크 관리 전략을 변화시킨다. 이는 기존 데이터를 바탕으로 학습하면서도, 새로운 시장 조건에 맞춰 적응하는 능력을 의미한다.
- **장점**: 적응성은 AI가 변화하는 환경에 대응하며, 시간이 지남에 따라 더 나은 성과를 낼 수 있게 해준다. 특히, 빠르게 변화하는 데이터 환경에서 적응성이 뛰어난 AI는 상황 변화에 민첩하게 반응할 수 있다.

3) 지속성 (Sustainability)

지속성은 AI 시스템이 인간과 달리 지치지 않고, 지속적으로 데이터를 처리하고 분석할 수 있는 능력을 의미한다. AI는 24시간 내내 중단 없이 작동할 수 있으며, 이는 특히 방대한 데이터를 다루거나 실시간으로 처리해야 하는 작업에서 유리하다. 인간의 집중력이나 피로에 영향을 받지 않는 AI는 고정밀 작업에서도 일관된 성능을 유지할 수 있다.

- **예시**: 고객 서비스 분야에서 AI 기반 챗봇은 24시간 내내 고객의 질문에 응답할 수 있다. 인간 상담원이 피로하거나 휴식을 취해야 하는 것과 달리, AI 챗봇은 항상 같은 품질로 대응할 수 있어 고객 만족도를 높인다.
- **기타 사례**: 제조 공장의 AI 시스템은 공정 데이터를 지속적으로 모니터링하고 분석하여, 기계의 이상 여부를 실시간으로 감지하고, 필요할 때 자동으로 유지보수를 계획한다. 이러한 작업은 중단 없이 이루어지며, 생산성 향상에 기여한다.
- **장점**: 지속성 덕분에 AI는 일정한 품질로 작업을 수행할 수 있으며, 이는 데이터 처리, 예측 모델 업데이트, 실시간 모니터링 등에서 중요한 역할을 한다. AI 시스템이 지속적으로 데이터를 분석하면, 더 빠르고 효율적인 결정을 내릴 수 있다.

이처럼 자율성, 적응성, 지속성은 AI 시스템의 핵심 특징으로, 각각의 특징은 AI가 인간을 보조하거나 대체할 수 있는 다양한 역할을 가능하게 한다. 자율성은 외부 개입 없이 스스로 판단하는 능력을 제공하며, 적응성은 AI가 변화하는 환경에 적응하고 성능을 개선하는 능력을 갖추게 한다. 지속성은 AI가 끊임없이 데이터를 처리하고 분석하는 능력으로, 효율적인 작업 수행을 보장한다.

2.4.4 AI의 활용 사례

1) 의료

AI는 의료 분야에서 환자의 의료 데이터를 분석하고 질병을 조기 진단하거나 맞춤형 치료 계획을 수립하는 데 사용된다. AI는 환자의 의료 기록, 유전자 정보, 영상 데이터 등을 분석하여 의료진이 질병을 더 빠르고 정확하게 진단할 수 있도록 돕는다. 특히, AI는 의료 영상 분석에서 탁월한 성능을 발휘하며, X-ray, MRI, CT 스캔 등의 이미지를 분석하여 암, 뇌 질환 등의 질병을 조기에 발견할 수 있다.

- **진단 보조 시스템**: AI 기반 진단 시스템은 환자의 증상 데이터를 분석하여 질병 가능성을 예측하거나, 치료 방안을 제시하는 데 활용된다. 이는 의료진의 결정을 지원하며 진단의 정확도를 높인다.
- **약물 개발**: AI는 약물 설계 및 개발 과정에서 새로운 화합물을 탐색하고, 잠재적인 약물을 빠르게 검증할 수 있도록 돕는다. 이를 통해 약물 개발 시간이 단축되고 비용이 절감된다.
- **예시**: IBM Watson Health는 암 환자의 의료 기록과 연구 데이터를 분석하여 맞춤형 치료법을 제안하는 데 사용된다. 또한, AI는 이미지를 분석하여 초기 단계의 암을 발견하는 데 도움을 줄 수 있다.

2) 금융

금융 기관은 AI를 통해 다양한 금융 업무를 자동화하고 최적화하고 있다. 사기 탐지 시스템은 AI를 이용해 수백만 건의 거래 데이터를 분석하여 이상 거래를 실시간으로 감지하고 차단한다. AI는 또한 신용 평가에 활용되어 개인이나 기업의 신용 위험을 빠르게 평가하고, 금융 상품을 추천하는 역할을 한다.

- **예시**: PayPal은 AI 기반 사기 탐지 시스템을 운영하여, 비정상적인 금융 거래를 실시간으로 감지하고 의심스러운 거래를 차단한다. 또한, FICO는 AI를 통해 개인의 금융 기록을 분석하고 신용 점수를 계산하는 데 활용된다.
- **금융 상품 추천**: AI는 고객의 금융 활동 데이터를 분석하여 고객에게 맞춤형 금융 상품을 추천할 수 있다. 이를 통해 고객의 요구에 맞는 서비스를 제공할 수 있다.

3) 자율주행

AI는 자율주행차의 핵심 기술로 사용된다. 자율주행차는 차량에 장착된 센서와 카메라를 통해 주변 환경을 실시간으로 모니터링하며, AI는 이러한 데이터를 분석하여 도로 상황을 파악하고 주행 경로를 결정한다. AI는 보행자, 신호등, 차량 간의 거리를 인식하여 안전한 운전이 이루어지도록 돕는다.

- **예시**: Tesla는 자율주행 차량에 AI를 탑재하여 차량의 카메라와 레이더 센서에서 수집된

데이터를 분석하고, 도로의 장애물, 차량의 위치, 교통 상황 등을 파악하여 자율적으로 주행할 수 있도록 한다. 또한, AI는 날씨 변화, 도로 상태 등 다양한 환경적 요인에 대응할 수 있다.

4) 제조업

AI는 제조 공정의 자동화와 최적화를 돕는 데 중요한 역할을 한다. 제조 공정에서 수집된 생산 라인의 데이터를 분석하여 장비의 상태를 예측하고, 유지보수가 필요한 시점을 파악할 수 있다. 이를 통해 생산성 향상과 비용 절감이 가능하다. AI는 또한 품질 관리와 검사 과정에서 자동화된 시각 검사를 통해 불량품을 식별하고, 공정 중단을 최소화한다.

- **예시**: General Electric은 AI를 활용하여 터빈, 제트 엔진 등의 장비 상태를 실시간으로 모니터링하고, 고장 발생 가능성을 예측하는 예방 정비 시스템을 운영한다. 이를 통해 고장으로 인한 생산 라인의 가동 중단을 줄이고, 유지보수 비용을 절감한다.

5) 소셜 미디어

소셜 미디어 플랫폼은 AI를 통해 사용자 맞춤형 콘텐츠 추천을 제공하고, 광고 타겟팅을 최적화하며, 부적절한 콘텐츠 검열 등을 수행한다. AI는 사용자의 행동 데이터를 분석하여 개인화된 피드나 광고를 제공하고, 사용자 경험을 개선하는 데 중요한 역할을 한다.

- **예시**: Facebook과 Instagram은 AI를 사용하여 사용자들이 관심을 가질만한 콘텐츠를 추천하고, 부적절한 콘텐츠나 허위 정보를 실시간으로 검열한다. 또한, AI는 사용자에게 가장 관련성 높은 광고를 자동으로 타겟팅하여 노출시킨다.
- **콘텐츠 생성 및 관리**: AI는 소셜 미디어 상에서 콘텐츠의 트렌드를 분석하고, 사용자들에게 가장 적합한 정보를 제공하는 역할을 하기도 한다. 또한, 스팸 메시지나 해로운 게시물을 자동으로 탐지하고 삭제하는 데 사용된다.

AI는 의료, 금융, 자율주행, 제조업, 소셜 미디어 등 다양한 분야에서 활용되어 업무 효율성을 극대화하고, 새로운 혁신을 이끌어내고 있다. AI는 데이터를 기반으로 빠르고 정확한 분석을 제공하여, 각 산업에서 더 나은 의사결정과 자동화를 지원하고 있으며, 앞으로도 더욱 다양한 분야에서 그 활용 범위가 확장될 것으로 기대된다.

2.4.5 AI의 도전 과제

1) 데이터 품질

AI 모델의 성능은 학습 데이터에 매우 크게 의존하므로, 양질의 데이터를 확보하는 것이 AI 시스템 개발에서 가장 중요한 요소 중 하나다. 데이터가 편향되거나 불완전할 경우, AI 모델은 잘못된 결정을 내리거나 왜곡된 결과를 도출할 수 있다. 특히, 데이터가 특정 집단에 편향되어 있으면 AI의 예측이 공정하지 않게 작동할 수 있다. 이러한 데이터 편향성은 AI가 불평등한 결정을 내리거나 특정 집단을 차별하는 결과를 초래할 수 있다.

- **편향된 데이터**: 예를 들어, 채용 시스템에서 사용된 AI가 과거 데이터를 바탕으로 학습할 경우, 데이터에 성별이나 인종에 따른 편견이 반영되어 있을 수 있다. 이러한 편향된 데이터는 AI가 공정하지 못한 결정을 내리게 만들 수 있다.
- **데이터 불균형**: 의료 AI 모델에서 특정 질병에 대한 데이터가 충분하지 않다면, AI는 그 질병을 진단하는 데 있어 부정확하거나 잘못된 예측을 할 수 있다. 따라서 충분하고 균형 잡힌 데이터를 확보하는 것이 필수적이다.
- **해결 방안**: AI 모델의 성능을 극대화하기 위해서는 데이터 전처리 과정에서 편향을 제거하고, 데이터를 정제하여 품질을 높이는 작업이 필수적이다. 또한, 다양한 출처에서 데이터를 수집하고, 충분한 양의 학습 데이터를 제공하여 AI 모델이 공정하게 학습할 수 있도록 해야 한다.

2) 윤리 문제

AI의 자동화된 의사결정은 중요한 윤리적 문제를 동반한다. AI가 자율적으로 결정을 내리는 과정에서 프라이버시 침해, 공정성, 책임성 등의 문제가 대두되고 있다. 예를 들어, AI가 대량의 개인 데이터를 처리하면서 사생활 침해의 위험이 커질 수 있으며, AI의 결정이 특정 집단에 불리한 영향을 미칠 수 있다.

- **프라이버시 침해**: AI는 개인의 데이터를 분석하고 예측하는 데 활용되지만, 이러한 데이터 처리 과정에서 개인 정보 보호가 충분히 이루어지지 않을 경우 사생활 침해의 위험이

있다. 예를 들어, 안면 인식 기술은 개인의 동의 없이 대중의 얼굴을 인식하고 추적할 수 있으며, 이는 사생활 보호와 관련된 문제를 일으킬 수 있다.

- **공정성 문제**: AI가 결정을 내리는 과정에서 데이터 편향이나 알고리즘의 공정성 부족으로 인해 특정 그룹이나 개인에게 불이익을 줄 수 있다. 예를 들어, 금융기관의 대출 승인 시스템에서 AI가 특정 인종이나 성별에 대한 편향된 결정을 내린다면, 이는 사회적 불평등을 심화시킬 수 있다.
- **해결 방안**: AI의 윤리적 문제를 해결하기 위해서는 투명한 알고리즘과 공정한 데이터 사용이 필요하다. AI 시스템이 의사결정을 내릴 때 어떤 데이터를 기반으로 하는지, 그 과정이 어떻게 이루어지는지에 대한 명확한 설명과 책임성이 요구된다. 또한, 윤리적 AI 가이드라인을 마련하고, 데이터 수집과 처리 과정에서 개인 정보 보호법과 같은 법적 규제를 준수해야 한다.

2.4.5.3 설명 가능성 (Explainability)

AI 모델, 특히 딥러닝과 같은 복잡한 알고리즘은 결과를 도출하는 과정이 불투명할 수 있다. 이러한 블랙박스 문제는 AI가 특정 결과를 도출했을 때, 그 과정이 명확하게 이해되지 않는 문제를 일으킨다. 예를 들어, AI가 어떤 사람에게 대출을 승인하지 않았을 때, 그 이유를 설명하기 어려울 수 있다. 이는 AI 시스템에 대한 신뢰성을 저하시킬 수 있으며, 특히 의사결정 과정이 투명하게 설명되어야 하는 분야에서 문제가 된다.

- **설명 가능한 AI(XAI)**: 설명 가능한 AI는 결정 과정의 투명성을 높이고, AI가 내린 결정을 이해할 수 있도록 하는 기술이다. XAI는 AI가 왜 특정 결정을 내렸는지 설명할 수 있으며, 이를 통해 의사결정에 대한 신뢰를 높인다.
- **해결 방안**: 설명 가능한 AI 기술이 발전하면서 AI 모델이 의사결정을 내린 과정에 대해 인간이 이해할 수 있는 형태로 설명할 수 있는 방법들이 연구되고 있다. 예를 들어, 특정 의사결정에 영향을 미친 주요 요인들을 시각화하여 제공하거나, 알고리즘의 각 단계에서 어떻게 결론에 도달했는지 명확히 설명하는 방법이 포함된다.

2.4.6 AI의 미래 전망

AI는 앞으로 우리 생활 곳곳에서 더 큰 역할을 할 것이다. 예를 들어, 병원에서는 환자 맞춤형 치료가 가능해지고, 자율주행차는 우리가 운전할 필요 없이 스스로 주행하게 될 것이다. 또, AI가 빅데이터와 연결되면 더 똑똑한 기술들이 나올 것이고, 우리의 삶은 더 편리해질 것이다.

- **자율주행**: 자율주행차는 AI의 대표적인 응용 분야로, AI는 자율적으로 차량을 제어하고 도로 상황을 실시간으로 분석하며, 안전하게 주행할 수 있다. 미래에는 AI가 발전하여 완전 자율주행(레벨 5)이 가능해질 것이며, 교통 사고를 크게 줄이고, 도로 교통 시스템의 효율성을 높일 수 있을 것이다. AI 기반 자율주행차는 교통 흐름을 최적화하고, 승객의 안전을 강화할 수 있는 기술로 자리 잡을 것이다.
- **의료 혁신**: AI는 환자의 의료 데이터를 분석하여 정밀한 맞춤형 치료를 가능하게 할 것이다. 예를 들어, 유전자 데이터와 의료 기록을 분석하여 개개인에 최적화된 치료 방법을 제안하거나, 질병을 조기에 발견할 수 있을 것이다. AI는 또한 신약 개발 과정에서 새로운 약물을 신속하게 탐색하고, 임상 시험의 효율성을 높이는 데 기여할 수 있다. 이를 통해 의료 비용 절감과 환자 치료의 질이 향상될 것이다.
- **금융 혁신**: AI는 금융 산업에서도 리스크 관리, 신용 평가, 사기 탐지 등의 분야에서 큰 변화를 가져올 것이다. AI는 실시간 금융 데이터 분석을 통해 시장의 변화를 예측하고, 리스크를 최소화할 수 있으며, 고객 맞춤형 금융 서비스를 제공하는 데 기여할 것이다. 또한, AI 기반 자동화 시스템은 금융 거래를 더욱 안전하고 신속하게 처리할 수 있도록 도울 것이다.
- **교육**: AI는 교육 분야에서도 큰 변화를 일으킬 것이다. 개인 맞춤형 학습 시스템을 통해 학생들의 학습 데이터를 분석하여 각자의 학습 수준에 맞는 맞춤형 교육을 제공할 수 있다. AI는 학생의 학습 패턴을 분석하고, 부족한 부분을 보완할 수 있는 학습 계획을 자동으로 수립하여 학습 효율성을 높일 수 있다.
- **AI와 기타 기술의 결합**: AI는 IoT, 빅데이터, 클라우드 컴퓨팅과 결합되어 더 강력한 시스템을 구축할 수 있다. 예를 들어, IoT 기기에서 수집된 데이터를 AI가 실시간으로 분석하여 빠른 의사결정을 내리거나, 클라우드 환경에서 대규모 데이터 처리를 통해 AI 모델을 학습시키는 방식으로 다양한 분야에서 효율성을 극대화할 수 있다.

AI의 발전과 영향은 앞으로도 인간의 일상 생활과 산업의 효율성을 크게 높이는 방향으로 이어질 것이며, 인간 중심적인 AI 시스템으로 발전할 것으로 기대된다. 그러나 AI가 더욱 강력해질수록 윤리적 문제, 데이터 품질 확보, 인간의 역할에 대한 논의가 중요한 과제로 남아 있으며, 이를 해결하기 위한 지속적인 연구와 사회적 논의가 필요하다.

2.5 5G(Fifth Generation Mobile Network)

5G는 다섯 번째 세대의 이동통신 기술로, 이전 세대인 4G LTE와 비교해 더 빠른 속도, 낮은 지연 시간, 더 많은 기기 연결을 제공하는 기술이다. 5G는 초고속 데이터 전송과 함께 자율주행, 스마트 시티, IoT와 같은 다양한 혁신 기술을 뒷받침하는 핵심 인프라로 여겨진다.

2.5.1 5G의 주요 특징

- **초고속 데이터 전송 속도**: 5G는 이론적으로 최대 20Gbps의 전송 속도를 제공할 수 있다. 이는 4G LTE보다 약 100배 빠른 속도로, 고해상도 동영상 스트리밍, 실시간 가상현실(VR) 콘텐츠 등을 원활하게 처리할 수 있다.
- **초저지연 (Low Latency)**: 5G는 지연 시간을 1ms 이하로 줄일 수 있어, 실시간 응답이 중요한 자율주행차, 원격 의료, 실시간 게임 등에 적합하다. 4G의 평균 지연 시간이 50ms 내외인 것과 비교해 5G는 매우 빠른 반응을 제공한다.
- **대규모 기기 연결 (Massive IoT)**: 5G는 기지국당 최대 100만 대의 기기를 동시에 연결할 수 있어 IoT와 같은 많은 디바이스가 연결된 환경에서 효율적으로 작동한다. 이를 통해 스마트 시티, 스마트 팩토리 등 다양한 산업에서 기기 간의 원활한 통신이 가능해진다.
- **고신뢰성**: 5G는 높은 신뢰성과 안정성을 제공하여 산업 자동화, 원격 제어, 긴급 상황 대응 등 신뢰성 있는 네트워크가 필요한 분야에 사용된다.

2.5.2 5G의 기술적 구성 요소

- **밀리미터파 (mmWave)**: 5G는 고주파 대역인 밀리미터파를 사용하여 더 많은 데이터 전송을 가능하게 한다. 밀리미터파는 더 빠른 전송 속도를 제공하지만, 범위가 짧고 벽 등 장애물을 통과하기 어려운 단점이 있다.
- **스몰셀 (Small Cell)**: 5G는 스몰셀 네트워크를 통해 밀리미터파의 단점을 보완한다. 스몰셀은 짧은 거리에서 신호를 전달하는 소형 기지국으로, 주로 밀집된 도시 지역에서 네트워크 커버리지를 확장하고 신호 품질을 높인다.
- **빔포밍 (Beamforming)**: 5G는 빔포밍 기술을 통해 특정 사용자나 기기로 신호를 집중시켜 데이터를 더 효율적으로 전송할 수 있다. 이를 통해 신호 간섭을 최소화하고 네트워크 용량을 최적화한다.
- **네트워크 슬라이싱 (Network Slicing)**: 5G 네트워크는 가상화 기술을 활용해 하나의 물리적 네트워크를 여러 개의 가상 네트워크로 분할할 수 있다. 이를 통해 다양한 서비스(예: IoT, 자율주행, 스트리밍)별로 최적화된 네트워크를 제공할 수 있다.

2.5.3 5G의 활용 사례

- **자율주행차**: 5G는 자율주행차가 실시간으로 교통 상황을 파악하고 다른 차량 및 인프라와 빠르게 통신할 수 있도록 한다. 초저지연의 5G는 자율주행차의 안전성을 크게 높일 수 있다.
- **스마트 시티**: 5G는 도시 전체의 인프라를 연결하여 교통, 에너지, 보안, 환경 모니터링 등의 서비스를 효율적으로 관리할 수 있게 한다. IoT 기기를 통해 수집된 데이터를 실시간으로 분석하고 반응함으로써, 도시 운영의 효율성을 높인다.
- **원격 의료**: 5G는 원격 의료 서비스를 혁신할 수 있다. 실시간 고화질 비디오를 통해 원격 진료를 제공하거나, 로봇 수술을 원격으로 제어하는 데 활용할 수 있다. 특히, 지연 시간이 거의 없는 5G는 수술과 같은 정밀 작업에도 적용이 가능하다.
- **가상현실(VR)과 증강현실(AR)**: 5G의 고속 데이터 전송과 낮은 지연 시간은 몰입형 가상현실(VR) 및 증강현실(AR) 콘텐츠의 실시간 스트리밍을 가능하게 한다. 교육, 게임, 엔터테인먼트 분야에서의 새로운 경험을 제공할 수 있다.

- **산업 자동화**: 5G는 스마트 팩토리에서의 기계 간 통신을 강화하여 생산 공정의 자동화와 효율성을 높인다. 공장의 모든 장비와 센서가 실시간으로 데이터를 주고받아 최적의 생산 환경을 유지할 수 있게 한다.

2.5.4 5G의 도전 과제

- **네트워크 인프라 구축 비용**: 5G 네트워크를 구축하기 위해서는 새로운 기지국 설치, 밀리미터파 수신 장치 등 대규모 인프라 투자가 필요하다. 특히, 스몰셀 기지국을 촘촘히 배치해야 하는 문제로 인해 비용이 증가할 수 있다.
- **보안 문제**: 5G의 광범위한 연결성은 더 많은 보안 취약점을 제공할 수 있다. IoT 기기와 같은 다양한 디바이스가 연결되면서 해킹 등의 사이버 보안 위험이 커질 수 있다.
- **밀리미터파 한계**: 밀리미터파의 짧은 전파 범위와 장애물 통과의 어려움은 5G 네트워크의 범위를 제한할 수 있다. 이를 해결하기 위한 기술적 보완책이 필요하다.

2.5.5 5G의 미래 전망

5G는 자율주행차, 스마트 시티, 원격 의료 등 다양한 산업에 혁신적인 변화를 가져올 것이다. 특히, 6G와 같은 차세대 네트워크로의 발전과 함께 더 높은 속도와 더 넓은 적용 범위를 기대할 수 있다. 또한, 5G는 AI와 결합하여 데이터를 실시간으로 분석하고 처리하는 지능형 네트워크로 발전할 가능성이 크다.

5G는 단순한 통신 기술을 넘어, 인간의 생활과 산업 전반을 연결하고 혁신하는 핵심 기술로 자리 잡고 있으며, 앞으로의 디지털 전환을 가속화할 중요한 기반이 될 것이다.

2.6 연습문제

4지선다형 문제 (10문제)

01. 다음 중 IoT(Internet of Things)의 핵심 요소가 아닌 것은 무엇인가?

①. 센서와 장치

②. 데이터 분석

③. 인터넷 연결

④. 무선 주파수 제어

02. 클라우드 컴퓨팅의 가장 큰 특징 중 하나로, 필요한 자원을 자유롭게 추가하거나 줄일 수 있는 능력을 무엇이라고 하는가?

①. 보안성

②. 확장성

③. 비용 효율성

④. 접근성

03. 다음 중 클라우드 컴퓨팅 서비스 중 SaaS(Software as a Service)에 해당하는 서비스는 무엇인가?

①. Google Docs

②. Amazon EC2

③. Microsoft Azure

④. Google Kubernetes Engine

04. 초지능성(Super-Intelligence)과 관련된 기술은 무엇인가?

①. Volume

②. Velocity

③. Variety

④. Validation

05. IoT 기술의 특징 중 사물 간에 상호작용하고 데이터를 주고받는 능력을 무엇이라고 하는가?

①. 자율성

②. 연결성

③. 지속성

④. 지능화

06. 다음 중 클라우드 서비스의 유형에 포함되지 않는 것은?

①. SaaS

②. PaaS

③. CaaS

④. IaaS

07. 5G 통신 기술에서 기대되는 가장 큰 변화는 무엇인가?

①. 더 많은 에너지 소비

②. 더 빠른 데이터 전송 속도

③. 더 느린 데이터 처리 시간

④. 인터넷 연결성 감소

08. 빅데이터 분석에서 데이터의 다양한 형태를 분석하는 데 가장 적합한 기술은 무엇인가?

①. 정형 데이터 분석

②. 비정형 데이터 분석

③. 정규화 기술

④. 로그 데이터 처리

09. 클라우드 컴퓨팅의 장점 중 하나는 사용자들이 특정 장소에 구애받지 않고 언제든지 접근할 수 있는 점이다. 이 특징을 무엇이라고 하는가?

①. 확장성

②. 접근성

③. 보안성

④. 유연성

10. IoT 기술이 다양한 분야에서 활용되는 이유는 무엇인가?

①. 데이터 수집이 불가능하기 때문

②. 기기 간 연결을 통해 실시간 데이터 분석이 가능하기 때문

③. 사용이 어려워서

④. 특정 분야에만 적용되기 때문

단답형 문제 (10문제)

01. IoT는 무엇의 약자인가?

02. 클라우드 컴퓨팅에서 서버나 스토리지와 같은 인프라를 제공하는 서비스를 무엇이라고 하는가?

03. 5G는 몇 번째 세대의 이동통신 기술인가?

04. 빅데이터의 3V 중 데이터의 속도를 의미하는 용어는 무엇인가?

05. 클라우드 서비스 유형 중 플랫폼을 제공하여 애플리케이션 개발을 지원하는 서비스는 무엇인가?

06. IoT 기술에서 데이터를 분석하여 정보를 추출하는 단계에서 사용되는 기술은 무엇인가?

07. 빅데이터의 핵심 특징 중 데이터의 방대한 양을 표현하는 용어는 무엇인가?

08. 5G에서 제공되는 핵심 기능 중 하나로 매우 짧은 시간 내에 데이터를 전송하는 것을 무엇이라고 하는가?

09. 클라우드 서비스에서 소프트웨어를 제공하는 방식은 무엇인가?

10. IoT는 다양한 장치들이 어떤 네트워크에 연결되는 기술인가?

서술형 문제 (5문제)

01. IoT 기술이 산업 분야에서 어떻게 활용되고 있는지 예시를 들어 설명하시오.

02. 빅데이터 기술이 기업의 의사결정에 어떤 영향을 미치는지 설명하시오.

03. 5G 통신 기술이 자율주행차 기술 발전에 기여하는 방식에 대해 서술하시오.

04. 클라우드 컴퓨팅이 중소기업의 IT 인프라 비용 절감에 미치는 영향에 대해 설명하시오.

05. 클라우드 서비스의 종류(SaaS, PaaS, IaaS)의 차이점과 각각의 장단점에 대해 서술하시오.

03주차

ICT 융복합

1. ICT 기술이 의료, 제조, 농업 등 다양한 분야에 융합된 사례를 분석한다.
2. 각 산업에서의 ICT 활용을 통해 생산성과 효율성의 변화를 설명한다.
3. ICT 융합을 통해 미래의 사회적, 경제적 혁신 가능성을 학습한다.

3.1 의료

3.2 제조

3.3 자동차

3.4 로봇

3.5 물류

3.6 금융

3.7 농업

3.8 교통

3.9 연습문제

3.1 의료 (Healthcare)

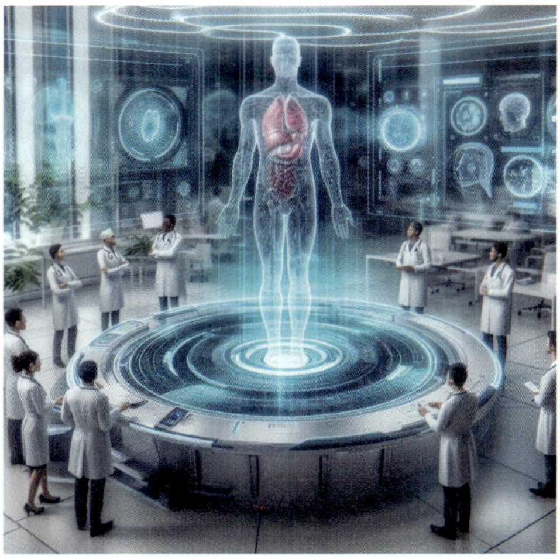

의료 분야에서의 ICT(정보통신기술) 융복합은 기존 의료 시스템의 한계를 극복하고, 환자 중심의 개인화된 치료와 예방적 건강 관리로의 전환을 가속화하고 있다. 특히, 인공지능(AI), 사물인터넷(IoT), 5G 통신 기술, 빅데이터, 로봇 기술 등 다양한 ICT 기술이 결합하여 의료의 혁신을 이끌고 있다.

3.1.1 인공지능 기반 진단 시스템

AI 기반 진단 시스템은 의료 분야에서 급격한 변화를 일으키고 있는 핵심 요소 중 하나이다. AI는 대규모 의료 데이터를 처리하고 패턴을 분석하여 질병을 예측하거나 진단할 수 있다. 예를 들어, 영상의학 분야에서 AI는 방대한 양의 MRI, CT, 초음파 이미지 등을 딥러닝 모델로 학습하여 암, 심장병, 뇌졸중과 같은 중증 질환을 높은 정확도로 조기에 진단할 수 있다. 이러한 AI 기반 영상 분석 기술은 의료진이 미처 발견하지 못한 미세한 이상 징후도 감지할 수 있어, 진단 정확도를 크게 향상시키고 있다.

또한, AI는 병리학적 데이터 분석에도 활용되고 있다. 병리 슬라이드 이미지에서 AI는 세포의 비정상적인 변화를 감지하고, 이를 통해 암을 포함한 여러 질병을 자동으로 진단할 수 있다. 이러한 자동화된 진단 시스템은 진단 속도를 빠르게 하고, 의료진의 업무 부담을 경감시켜 의료 서비스의 질을 향상시킨다.

3.1.2 원격 진료와 IoT 기반 스마트 헬스케어

원격 진료는 5G와 IoT 기술의 발전으로 인해 빠르게 확산되고 있다. 5G 통신 기술은 고속, 저지연, 대용량 데이터 전송을 가능하게 하여, 원격지에 있는 환자와 의료진이 실시간으로 의료 정보를 주고받을 수 있도록 한다. 원격 진료는 특히 지리적 여건이 어려운 지역이나 이동이 제한된 환자에게 매우 유용하다.

IoT 기반의 스마트 헬스케어 기기는 환자의 상태를 24시간 실시간으로 모니터링할 수 있도록 돕는다. 예를 들어, 웨어러블 기기는 환자의 심박수, 혈압, 체온, 혈당 수치 등 중요한 생체 신호를 실시간으로 측정하고, 이러한 데이터를 의료진에게 전달한다. 이렇게 수집된 데이터는 AI를 통해 분석되어, 환자의 건강 상태에 이상 징후가 발견될 경우 즉각적인 경고를 발송한다. 이를 통해 의료진은 더 빠르고 정확한 의사결정을 내릴 수 있으며, 환자는 조기 치료를 받을 수 있다.

3.1.3 정밀 의료와 맞춤형 치료

정밀 의료는 환자의 유전 정보, 생활 습관, 환경 요인 등을 종합적으로 고려하여 맞춤형 치료를 제공하는 접근 방식이다. AI와 빅데이터 분석은 이러한 정밀 의료의 핵심 요소로 작용한다. 예를 들어, 환자의 유전체 데이터를 AI가 분석하여 특정 질병에 대한 유전적 소인을 파악하고, 이에 맞는 치료 방법을 제안할 수 있다. 이는 기존의 표준화된 치료 방법에서 벗어나, 환자 개인의 특성을 고려한 맞춤형 치료를 가능하게 하여, 치료 효과를 극대화할 수 있다.

또한, AI는 신약 개발에서도 중요한 역할을 하고 있다. 전통적으로 신약 개발에는 막대한 비용과 시간이 소요되었으나, AI는 이를 획기적으로 단축시킬 수 있다. AI는 기존의 의료 데이터를 학습하여 신약 후보 물질을 빠르게 탐색하고, 이들이 인간에 미치는 영향을 시뮬레이션할 수 있다. 이를 통해 보다 안전하고 효과적인 신약을 빠르게 개발할 수 있으며, 치료 옵션을 확대할 수 있다.

3.1.4 로봇 기술의 의료 분야 적용

의료 로봇 기술은 수술, 재활, 간호 등 다양한 의료 분야에서 사용되고 있으며, 특히 정밀한 작업이 요구되는 외과 수술에서 두각을 나타내고 있다. 다빈치 수술 로봇 시스템은 외과 의사가 로봇을 원격으로 제어하여 정밀한 수술을 수행할 수 있도록 돕는다. 이 시스템은 최소 침습 수술을 가능하게 하여, 환자의 회복 시간을 단축시키고 수술 후 합병증 발생을 줄일 수 있다.

또한, 재활 로봇은 환자의 재활 과정을 지원하며, 간호 로봇은 병원에서의 반복적인 업무를 대신하여 의료진의 업무 부담을 줄여준다. 이외에도, AI 기반의 로봇은 사람과 상호작용하는 소셜 로봇으로 발전하여, 특히 고령화 사회에서 노인 환자의 간병이나 정서적 지지를 제공하는 데 사용될 수 있다.

3.1.5 데이터 보안과 프라이버시 문제

의료 데이터는 매우 민감한 정보이기 때문에, ICT 융복합이 확대됨에 따라 데이터 보안과 프라이버시 보호의 중요성이 더욱 커지고 있다. 의료 정보의 디지털화는 의료 서비스의 효율성을 높이지만, 동시에 사이버 공격의 표적이 될 가능성도 높아진다. 따라서 병원과 의료 기관은 강화된 보안 프로토콜과 암호화 기술을 도입하여 환자의 데이터를 보호하고, 데이터 유출이나 해킹으로 인한 위험을 최소화해야 한다.

또한, 개인정보보호법 및 관련 규제에 따라 환자의 동의 없이 데이터를 수집하거나 활용할 수 없으며, 데이터 활용 시에도 익명화 또는 가명화 기술을 적용하여 개인을 식별할 수 없도록 해야 한다. 이는 ICT 융복합 기술의 안전한 적용을 위한 필수적인 요소로 간주된다.

이와 같이 의료 분야에서의 ICT 융복합 기술은 질병의 조기 진단과 예방, 맞춤형 치료, 원격 진료 및 건강 관리의 효율성을 극대화하며, 의료 서비스의 패러다임을 변화시키고 있다. 앞으로도 이러한 기술의 발전은 더욱 가속화될 것이며, 환자 중심의 의료 시스템 구축에 중요한 역할을 할 것이다.

3.2 제조 (Manufacturing)

제조업에서 ICT 융복합은 기존의 제조 방식을 혁신적으로 변화시키고 있으며, 이를 '스마트 제조' 또는 '스마트 팩토리'라고 부른다. 스마트 제조는 인공지능(AI), 사물인터넷(IoT), 빅데이터, 클라우드 컴퓨팅, 로봇 기술 등이 결합된 시스템으로, 제조 공정의 자동화와 최적화를 통해 생산성 향상, 품질 관리 강화, 비용 절감 등을 목표로 한다.

3.2.1 AI와 IoT 기반의 공정 자동화

스마트 제조의 핵심은 AI와 IoT 기술을 기반으로 한 공정 자동화이다. IoT 기술을 통해 제조 공정에서 발생하는 데이터를 실시간으로 수집하고, 이 데이터를 AI 시스템이 분석하여 최적의 공정 조건을 설정하거나 예기치 않은 문제를 예측하여 대응한다. 이러한 공정 자동화는 인력의 개입을 최소화하고, 오류를 줄이며, 생산 효율성을 극대화할 수 있다.

예를 들어, 생산 라인에서 IoT 센서가 기계의 온도, 압력, 진동 등을 실시간으로 모니터링하고, AI가 이를 분석하여 기계의 상태를 지속적으로 평가한다. 이를 통해 고장이 발생하기 전에 미리 경고를 발송하고, 필요 시 예비 부품을 자동으로 주문하거나 유지보수 일정을 조정할 수 있다. 이러한 예측 유지보수(Predictive Maintenance) 시스템은 기계의 가동 중단 시간을 최소화하고, 유지보수 비용을 절감하는 데 큰 기여를 한다.

3.2.2 로봇 공학과 AI의 융합

제조업에서 로봇 공학과 AI의 융합은 공정의 자동화를 한층 더 발전시키고 있다. AI가 탑재된 로봇은 제조 현장에서 자율적으로 작업을 수행하며, 기존의 단순 반복 작업을 넘어 복잡한 의사결정과 문제 해결 능력을 갖추고 있다. 이러한 로봇 시스템은 조립, 용접, 페인팅, 검사 등 다양한 제조 작업에 적용되고 있으며, 특히 사람과 협력하여 작업을 수행하는 협동 로봇(Cobot)이 주목받고 있다.

협동 로봇은 작업자와 같은 공간에서 안전하게 작업할 수 있도록 설계되었으며, AI를 통해 작업자의 움직임을 인식하고 이에 맞춰 작업 속도나 동작을 조정할 수 있다. 이는 기존의 로봇보다 유연성과 적응력이 뛰어나며, 다양한 생산 환경에 쉽게 적용할 수 있다. 로봇과 AI의 융합은 생산 속도를 높이고, 인력의 작업 부담을 줄이며, 생산 품질을 향상시키는 데 기여하고 있다.

3.2.3 빅데이터와 품질 관리 자동화

제조 공정에서 발생하는 방대한 데이터를 처리하고 분석하는 데 빅데이터 기술이 필수적으로 활용된다. 생산 라인에서 생성되는 데이터는 제품의 품질을 평가하는 데 중요한 역할을 한다. 빅데이터 분석을 통해 제품의 불량률을 사전에 예측하고, 품질 관리를 자동화할 수 있다.

예를 들어, AI는 생산 중 발생하는 데이터를 실시간으로 분석하여 제품의 결함 여부를 감지하고, 이상이 발견되면 즉시 경고를 보내거나 생산 공정을 조정한다. 이러한 품질 관리 자동화 시스템은 제품의 일관성을 유지하고, 불량품 생산을 최소화하여 소비자 만족도를 높이는 데 기여한다. 또한, 빅데이터 분석을 통해 고객의 요구에 맞는 맞춤형 생산도 가능해져, 대량 생산과 대량 소비 중심의 전통적인 제조 방식에서 탈피하여 유연한 생산 체계를 구축할 수 있다.

3.2.4 클라우드 컴퓨팅과 협업 플랫폼

스마트 제조 환경에서 클라우드 컴퓨팅은 기업의 데이터를 중앙에서 관리하고, 전 세계 어느 곳에서든 접근할 수 있도록 지원한다. 클라우드를 통해 제조 공정 데이터를 실시간으로 분석하고, 이를 바탕으로 생산 계획을 조정할 수 있다. 또한, 제조 기업 간 협업 플랫폼을 제공하여 다양한 기업들이 생산 정보를 공유하고, 공급망을 최적화하는 데 도움을 준다.

예를 들어, 제조 공정에서 발생한 데이터를 클라우드에 저장하고, 이를 협력 업체와 실시간으로 공유함으로써 원자재 공급과 생산 일정 조율을 효율적으로 관리할 수 있다. 이는 공급망의 가시성을 높이고, 불필요한 재고를 줄이며, 생산 비용을 절감하는 효과를 가져온다.

3.2.5 스마트 제조의 사회적 영향

스마트 제조는 단순히 생산성 향상에 그치지 않고, 사회 전반에 걸쳐 다양한 영향을 미친다. 첫째, 자동화된 공정과 로봇 도입으로 인해 인력이 불필요해지는 영역이 확대될 수 있으며, 이에 따라 일부 일자리가 사라질 위험이 있다. 그러나 반대로, 새로운 기술을 관리하고 유지하는 고급 기술 인력의 수요가 증가할 것으로 예상된다. 둘째, 제조 공정의 효율성 증가는 에너지 소비 절감과 탄소 배출 감소로 이어져, 환경 보호에도 긍정적인 영향을 미칠 수 있다.

이와 같이 제조업에서의 ICT 융복합은 공정의 자동화와 효율성 증대를 통해 생산성 향상뿐만 아니라, 품질 관리, 비용 절감, 환경 보호 등 다양한 측면에서 혁신을 이루고 있다. 앞으로도 스마트 제조 기술은 지속적으로 발전하며, 제조업의 경쟁력을 강화할 것이다.

3.3 자동차 (Automotive)

자동차 산업에서의 ICT 융복합은 자율주행차, 스마트 차량 관리 시스템, 인포테인먼트 시스템 등으로 대표된다. 이 기술들은 운전자의 편의성을 높이고, 교통사고를 예방하며, 자동차 산업 전반에 혁신적인 변화를 일으키고 있다. 자율주행차는 이러한 ICT 융합 기술의 중심에 있으며, 인공지능(AI), 센서, 카메라, LIDAR 등의 기술이 결합되어 차량이 스스로 주행할 수 있는 환경을 만들어준다.

3.3.1 자율주행 기술

자율주행차는 AI를 중심으로 센서, 카메라, LIDAR(레이저 레이더) 등을 활용하여 주변 환경을 인식하고 주행 경로를 결정한다. 자율주행 시스템은 여러 단계로 나눌 수 있는데, 초기 단계에서는 운전 보조 기능을 제공하는 시스템이 주로 사용되었고, 현재는 완전한 자율주행을 목표로 기술이 발전하고 있다.

AI는 수집된 센서 데이터를 실시간으로 분석하여 차량 주변의 보행자, 차량, 도로 표지판 등을 인식하고 이에 맞게 주행 경로를 조정한다. 예를 들어, AI는 도로 상황을 분석하여 장애물 회피, 차선 유지, 속도 조절 등을 자율적으로 수행할 수 있다. 이러한 기술은 운전자의 개입 없이도 차량이 안전하게 주행할 수 있는 기반을 제공하며, 특히 고속도로 주행이나 교통 혼잡 구간에서 큰 효과를 발휘한다.

3.3.2 차량 안전 시스템

AI 기반의 차량 안전 시스템은 자율주행차의 핵심 기능 중 하나이다. 이 시스템은 도로 위의 위험 요소를 실시간으로 감지하고, 충돌을 예방하는 역할을 한다. 예를 들어, 전방 카메라와 레이더가 보행자나 다른 차량을 감지하면 AI가 자동으로 차량의 속도를 줄이거나 브레이크를 작동시켜 충돌을 방지한다. 또한, 사각지대 감지 시스템, 차선 이탈 경고 시스템, 자동 비상 제동 시스템 등이 AI와 결합하여 운전 중 발생할 수 있는 다양한 사고를 미리 예방할 수 있다.

특히, 자율주행 차량은 V2X(Vehicle-to-Everything) 기술을 통해 다른 차량이나 교통 인프라와 정보를 주고받아 교통 상황을 미리 파악하고, 이에 맞게 주행 계획을 조정할 수 있다. 예를 들어, 교차로에서 다른 차량의 위치 정보를 미리 받아 충돌을 방지하거나, 신호등 정보를 통해 적절한 속도를 유지하여 정차 없이 주행할 수 있게 한다. 이러한 기술들은 차량의 안전성을 크게 향상시키며, 교통사고 발생률을 줄이는 데 기여한다.

3.3.3 자율주행의 센서 기술

자율주행차의 정확한 주행을 위해서는 다양한 센서 기술이 필요하다. 대표적으로 LIDAR, 레이더, 초음파 센서, 카메라 등이 사용된다. LIDAR는 레이저를 사용하여 주변 환경의 3D 지도를 그리며, 물체의 거리와 형태를 정확하게 측정할 수 있다. 레이더는 기상 조건에 상관없이 차량 주변의 물체를 감지할 수 있어, 악천후나 어두운 환경에서도 안정적인 주행을 돕는다.

카메라는 도로의 표지판, 신호등, 차선 등을 인식하는 역할을 하며, 초음파 센서는 차량 주위의 가까운 물체를 감지하여 주차 보조 등의 기능에 활용된다. 이러한 다양한 센서들이 결합되어 차량은 주변 상황을 실시간으로 인식하고, 주행 경로를 안전하게 조정할 수 있다.

3.3.4 인포테인먼트 시스템

차량 내 인포테인먼트 시스템도 AI 기술과 결합되어 사용자 경험을 혁신적으로 변화시키고 있다. 인포테인먼트 시스템은 운전 중 운전자와 승객에게 다양한 정보를 제공하고, 엔터테인먼트를 즐길 수 있도록 지원하는 시스템이다. AI는 음성 인식 기술을 통해 운전자의 음성 명령을 이해하고, 이를 바탕으로 음악 재생, 내비게이션 설정, 전화 통화 등을 수행할 수 있다.

예를 들어, 운전자가 "가장 가까운 주유소로 안내해줘"라고 말하면, AI는 음성 명령을 분석하여 해당 명령을 수행하고, 내비게이션을 통해 주유소로 안내한다. 또한, AI는 사용자의 주행 패턴과 선호도를 학습하여, 최적의 주행 경로를 제시하거나, 차량 유지보수 시기를 예측할 수도 있다. 이로 인해 운전자는 더 편리하고 효율적인 차량 사용 경험을 제공받을 수 있다.

3.3.5 차량 유지보수 시스템

AI는 차량 유지보수 시스템에도 적용되어, 차량의 상태를 실시간으로 모니터링하고 예측 유지보수를 가능하게 한다. IoT 센서가 차량의 엔진, 브레이크, 타이어 상태 등을 지속적으로 감지하고, AI가 이를 분석하여 차량의 성능 저하나 부품 마모 등을 사전에 감지할 수 있다. 이를 통해 운전자는 고장이 발생하기 전에 미리 부품을 교체하거나 정비를 받을 수 있어, 차량의 수명을 연장하고 불필요한 수리 비용을 줄일 수 있다.

또한, AI는 차량의 운행 데이터를 분석하여 연비를 최적화하거나, 주행 습관을 개선할 수 있도록 돕는다. 예를 들어, 급가속이나 급제동이 잦은 운전자는 AI의 분석을 통해 연료 효율을 높이기 위한 주행 조언을 받을 수 있다. 이러한 차량 유지보수 시스템은 차량의 관리 효율성을 극대화하며, 차량 소유자의 편의성을 높여준다.

3.3.6 자율주행의 사회적 영향

자율주행차가 상용화되면 사회 전반에 큰 변화가 예상된다. 첫째, 자율주행 기술은 교통 사고의 발생률을 크게 줄일 수 있어 교통 안전에 긍정적인 영향을 미칠 것이다. 둘째, 자율주행차가 대중화되면 차량 공유 서비스가 확대될 가능성이 있으며, 이를 통해 개인 차량 소유의 필요성이 줄어들 수 있다. 셋째, 자율주행차는 노인, 장애인 등 이동이 불편한 사람들에게도 더 많은 이동 자유를 제공할 수 있어, 교통 약자의 이동성을 향상시키는 데 기여할 것이다.

이와 같이 자동차 산업에서의 ICT 융복합은 자율주행 기술을 중심으로 차량의 안전성과 편의성을 향상시키고 있으며, 미래의 교통 시스템을 혁신적으로 변화시킬 것으로 예상된다.

3.4 로봇 (Robotics)

로봇 공학 분야는 인공지능(AI)과 머신러닝 기술이 결합되어 빠르게 발전하고 있으며, 로봇의 자율성과 학습 능력을 크게 향상시키고 있다. 이 기술들은 의료, 교육, 제조, 물류 등 다양한 산업에 걸쳐 로봇을 적용하는 데 기여하고 있다. AI 기반 로봇은 단순한 반복 작업뿐만 아니라 복잡한 작업 환경에서의 문제 해결, 인간과의 상호작용까지 가능하게 하여, 로봇의 활용 범위를 확장시키고 있다.

3.4.1 로봇의 자율성과 학습 능력

AI와 머신러닝 기술이 도입되면서 로봇의 자율성은 눈에 띄게 향상되었다. 이전의 로봇은 사람이 프로그래밍한 대로만 동작할 수 있었지만, 이제는 AI를 통해 스스로 환경을 분석하고 그에 맞는 결정을 내릴 수 있게 되었다. 머신러닝은 로봇이 데이터를 통해 학습할 수 있도록 하여, 반복적인 경험을 통해 작업 성능을 향상시키고 예기치 않은 상황에 적응할 수 있는 능력을 부여한다.

예를 들어, 제조업에서 로봇은 작업 환경의 변화를 감지하고, 생산 라인의 조건에 맞춰 자동으로 조정할 수 있다. 이는 로봇이 다양한 제품을 생산하거나 여러 작업을 수행할 때 유연하게 대처할 수 있게 하여, 생산성을 높이고 작업 품질을 유지하는 데 도움을 준다.

3.4.2 서비스 로봇의 활용

AI와 결합된 서비스 로봇은 여러 산업에서 활용되고 있다. 의료 분야에서는 수술용 로봇, 간호 로봇, 재활 보조 로봇 등이 사용되어 의료진의 부담을 줄이고 환자들에게 더 나은 의료 서비스를 제공하고 있다. 예를 들어, 수술용 로봇은 매우 정밀한 작업을 수행할 수 있어, 외과 의사가 기존보다 더 작은 절개로 수술을 진행할 수 있도록 돕는다. 이는 환자의 회복 시간을 단축하고 수술 후 합병증 발생을 줄여준다.

교육 분야에서는 AI 기반 로봇이 학생들과 상호작용하며 학습을 지원하는 역할을 한다. 특히 유아 교육에서 로봇은 놀이를 통해 아이들이 자연스럽게 학습할 수 있도록 도와주며, 개인 맞춤형 교육을 제공한다. 제조업에서는 산업용 로봇이 생산 공정을 자동화하고, 위험한 작업 환경에서 사람을 대신하여 작업을 수행한다. 물류 분야에서는 자율 이동 로봇이 창고에서 상품을 분류하고 배송을 준비하는 등 물류 효율성을 크게 향상시키고 있다.

3.4.3 협동 로봇(Cobot)의 등장

협동 로봇(Cobot)은 사람과 협력하여 작업을 수행할 수 있도록 설계된 로봇으로, 기존의 산업용 로봇과는 차별화된다. 기존 산업용 로봇은 주로 독립된 공간에서 작업해야 했지만, 협동 로봇은 사람과 같은 공간에서 안전하게 작업할 수 있다. AI를 통해 로봇은 사람의 움직임을 실시간으로 감지하고, 충돌을 방지하기 위해 동작을 조정한다.

이러한 협동 로봇은 제조업, 의료, 서비스 산업 등 다양한 분야에서 활용되고 있으며, 특히 중소기업에서 비용 효율적으로 자동화 시스템을 도입하는 데 유용하다. 예를 들어, 협동 로봇은 간단한 조립 작업이나 포장 작업에서 사람과 함께 작업을 수행하며, 생산성을 높이고 작업자의 피로를 줄여준다.

3.4.4 소셜 로봇의 발전

로봇 공학과 AI의 발전으로 인간의 감정과 행동을 인식하고 이에 반응하는 소셜 로봇이 등장하고 있다. 소셜 로봇은 사람과 상호작용할 수 있는 능력을 갖추고 있으며, 특히 노인 돌봄, 어린이 교육, 고객 서비스 등에서 활발히 사용되고 있다. 예를 들어, 노인 돌봄 로봇은 노인의 건강 상태를 모니터링하고, 정서적 지지를 제공하며, 일정한 간격으로 약물 복용을 상기시키는 등 다양한 역할을 수행한다.

AI는 소셜 로봇에게 음성 인식, 얼굴 인식, 감정 분석 능력을 부여하여 사람과 자연스러운 대화를 나누고 적절한 반응을 보이도록 한다. 이러한 로봇들은 사용자와 장기적으로 상호작용하면서 사용자의 성향과 필요에 맞춰 행동을 조정할 수 있다. 이는 특히 고령화 사회에서 노인 돌봄 서비스의 질을 높이고, 사람들의 생활 편의성을 향상시키는 데 큰 역할을 하고 있다.

3.4.5 로봇 기술의 사회적 영향

로봇 공학의 발전은 여러 긍정적인 사회적 영향을 미칠 수 있다. 첫째, 위험하거나 반복적인 작업에서 사람을 대신할 수 있어 노동자의 안전을 보장하고, 작업 효율을 극대화할 수 있다. 예를 들어, 고층 건물 외벽 청소, 원전 내부 점검 등 위험한 환경에서 로봇이 작업을 수행함으로써 인력의 위험을 줄일 수 있다. 둘째, 고령화 사회에서 로봇은 노인 돌봄이나 재활 치료와 같은 사회적 돌봄 서비스에서 중요한 역할을 할 수 있으며, 이를 통해 사회적 부담을 줄일 수 있다.

그러나 로봇의 대중화는 새로운 윤리적 문제를 제기할 수 있다. 로봇이 인간의 역할을 대체함으로써 일자리에 미치는 영향을 고려해야 하며, AI와 로봇의 의사결정 과정에서 발생할 수 있는 윤리적, 법적 문제에 대한 대비가 필요하다. 따라서 로봇 기술의 발전과 함께 사회적, 윤리적 문제를 해결하기 위한 규제와 논의가 함께 진행되어야 한다.

이와 같이 로봇 공학 분야에서의 AI와 머신러닝 기술의 발전은 로봇의 자율성과 상호작용 능력을 향상시키고 있으며, 이를 통해 다양한 산업에서 로봇이 적극적으로 활용되고 있다. 앞으로도 로봇 기술은 더욱 발전하여 사람들의 삶의 질을 향상시키고, 산업 전반에 걸쳐 혁신을 지속적으로 이끌어 나갈 것이다.

3.5 물류 (Logistics)

물류 산업에서의 ICT 융복합은 4차 산업혁명의 핵심 요소로 자리 잡고 있으며, 스마트 물류 시스템으로 진화하고 있다. 인공지능(AI), 사물인터넷(IoT), 빅데이터 분석, 자율주행 기술 등은 물류 전반에 걸쳐 혁신을 일으키고 있으며, 물류 효율성을 극대화하고 비용을 절감하는 데 중요한 역할을 하고 있다. 이러한 기술들은 물류 네트워크의 실시간 관리, 재고 최적화, 배송 경로 설정 등을 가능하게 하며, 전통적인 물류 방식의 한계를 극복하는 데 기여하고 있다.

3.5.1 AI 기반 물류 최적화

AI는 물류 최적화에 있어서 필수적인 역할을 하고 있다. AI는 방대한 물류 데이터를 분석하여, 제품의 이동 경로, 창고 내 위치, 재고 수준 등을 실시간으로 파악하고, 이를 바탕으로 최적의 물류 전략을 제시한다. 예를 들어, AI는 과거의 판매 데이터를 분석하여 향후 수요를 예측하고, 이에 따라 재고를 적정 수준으로 유지하는 데 도움을 준다. 이는 재고 과잉으로 인한 비용 손실을 줄이고, 재고 부족으로 인한 판매 손실을 방지할 수 있게 한다.

또한, AI는 배송 경로를 최적화하는 데도 사용된다. AI는 교통 데이터, 날씨 정보, 도로 상태 등을 실시간으로 분석하여 가장 빠르고 비용 효율적인 배송 경로를 추천한다. 이를 통해 배송 시간을 단축하고, 연료 소비를 줄이는 등 물류 비용 절감에 기여할 수 있다. 특히, 대규모 물류 네트워크를 운영하는 기업들은 AI 기반의 물류 최적화 시스템을 통해 복잡한 물류 과정을 자동화하고, 관리 효율성을 높일 수 있다.

3.5.2 IoT 기반 실시간 물류 관리

IoT 기술은 물류 산업에서 실시간 모니터링과 관리 기능을 강화하는 데 중요한 역할을 한다. IoT 센서는 제품이 이동하는 과정에서 발생하는 데이터를 실시간으로 수집하고, 이를 중앙 시스템으로 전달하여 물류 상태를 지속적으로 모니터링할 수 있게 한다. 예를 들어, 화물차량에 설치된 IoT 센서는 현재 위치, 속도, 연료 상태 등을 실시간으로 파악하여 중앙 서버에 전송하며, 이러한 데이터를 바탕으로 물류 관리자들은 배송 현황을 실시간으로 관리할 수 있다.

이러한 IoT 기술을 통해 창고 내 재고 관리도 자동화할 수 있다. 각 제품에 부착된 RFID 태그나 바코드를 IoT 센서가 인식하여, 제품이 입고될 때부터 출고될 때까지의 전 과정을 추적할 수 있다. 이를 통해 물류 관리자들은 재고 상태를 실시간으로 확인하고, 재고 부족이나 과잉을 예방할 수 있다. 또한, IoT 기술은 물류 과정에서 발생할 수 있는 문제를 사전에 감지하고, 이를 해결하는 데도 도움을 준다. 예를 들어, 냉동 식품을 운반하는 차량에 설치된 온도 센서는 실시간으로 온도 변화를 모니터링하고, 이상 징후가 발견되면 즉시 경고를 발송하여 제품 손상을 방지할 수 있다.

3.5.3 자율주행 트럭과 드론 배송

물류 산업에서 자율주행 트럭과 드론 배송은 혁신적인 기술로 주목받고 있다. 자율주행 트럭은 AI와 센서 기술을 결합하여 도로 위에서 스스로 주행할 수 있으며, 장시간 운전이나 야간 운전에서 발생하는 인력의 피로를 줄이고 안전성을 높일 수 있다. 자율주행 트럭은 물류의 대형화와 장거리 운송에서 중요한 역할을 할 수 있으며, 운송 비용을 절감하고 물류 효율성을 크게 향상시킬 수 있다.

드론 배송은 도심지 내 빠른 배송을 가능하게 하며, 특히 긴급 배송이 필요한 경우에 큰 효과를 발휘한다. 드론은 지상 교통 체증에 영향을 받지 않기 때문에 짧은 시간 안에 물품을 목적지까지 전달할 수 있다. 예를 들어, 응급 의료 물품이나 소형 전자 제품과 같은 긴급한 물품을 드론을 통해 빠르게 배송할 수 있다. 이러한 기술은 물류 비용을 절감하는 동시에 소비자에게 더 빠르고 편리한 서비스를 제공할 수 있게 한다.

3.5.4 빅데이터와 예측 분석

빅데이터와 AI 기반의 예측 분석은 물류 자원의 효율적인 배분을 가능하게 한다. 물류 과정에서 발생하는 방대한 데이터를 AI가 분석하여 소비자 수요, 재고 변동, 배송 패턴 등을 예측하고, 이를 바탕으로 물류 자원을 최적화할 수 있다. 예를 들어, 특정 제품의 판매량이 증가할 시기에 맞춰 재고를 미리 준비하거나, 특정 지역의 배송 수요가 많을 경우 그 지역에 물류 차량을 추가 배치하는 등 예측 분석은 물류 효율성을 극대화하는 데 기여한다.

또한, 예측 분석은 물류 관리자가 미리 발생할 수 있는 문제를 예측하고 대비할 수 있게 한다. 예를 들어, 날씨 변동이나 교통 혼잡으로 인해 배송 지연이 발생할 가능성이 있는 경우, AI는 이를 사전에 예측하여 대체 경로를 제시하거나 추가 자원을 투입하는 등의 대응책을 마련할 수 있다. 이는 물류 시스템의 안정성을 높이고, 소비자 만족도를 향상시키는 데 기여한다.

3.5.5 스마트 물류의 사회적 영향

스마트 물류 시스템은 물류 산업뿐만 아니라 사회 전반에 걸쳐 긍정적인 영향을 미치고 있다. 첫째, 물류의 자동화와 최적화는 인력의 노동 부담을 줄이고, 작업 환경의 안전성을 높이는 데 기여한다. 자율주행 트럭이나 드론 배송은 사람이 수행하기 어려운 장거리 운송이나 위험한 환경에서의 배송을 대신할 수 있어, 물류 인력의 안전을 보장할 수 있다.

둘째, 물류 과정에서 발생하는 에너지 소비와 탄소 배출을 줄이는 데 기여한다. AI와 IoT를 활용한 최적화된 물류 시스템은 불필요한 이동을 줄이고, 연료 소비를 최소화함으로써 환경 보호에도 긍정적인 영향을 미친다. 셋째, 스마트 물류 시스템은 소비자에게 더 빠르고 정확한 배송 서비스를 제공할 수 있어, 물류 서비스의 질을 높이는 데 기여한다. 이는 물류 서비스의 혁신을 통해 전자상거래와 같은 산업의 성장에도 중요한 역할을 한다.

이와 같이 물류 산업에서의 ICT 융복합은 물류 과정을 자동화하고, 효율성을 극대화하는 데 필수적인 요소로 자리 잡고 있다. 앞으로도 자율주행, 드론 배송, 예측 분석 등 혁신적인 기술의 발전은 물류 산업을 더욱 발전시키고, 다양한 산업 분야에 걸쳐 긍정적인 영향을 미칠 것이다.

3.6 금융 (Finance)

금융 산업은 ICT 융복합을 통해 급격히 디지털화되고 있으며, 핀테크(FinTech)라는 용어로 대표되는 혁신적인 기술들이 금융 서비스 전반에 적용되고 있다. 인공지능(AI), 블록체인, 빅데이터, 사물인터넷(IoT) 등 첨단 기술들은 금융 서비스의 효율성을 높이고, 고객에게 더 맞춤화된 서비스를 제공하는 데 핵심적인 역할을 하고 있다. 이와 같은 기술들은 금융 산업의 운영 방식을 혁신하고, 금융의 안전성, 접근성, 투명성을 강화하는 데 기여하고 있다.

3.6.1 AI 기반 개인 맞춤형 금융 서비스

AI는 금융 산업에서 고객의 데이터를 분석하여 개인 맞춤형 금융 서비스를 제공하는 데 중요한 역할을 하고 있다. 은행과 금융 기관은 고객의 거래 내역, 소비 패턴, 신용 정보 등을 AI로 분석하여 각 고객에게 최적화된 금융 상품을 추천할 수 있다. 이러한 맞춤형 서비스는 고객 만족도를 높이고, 고객이 필요로 하는 금융 상품을 적시에 제공함으로써 금융 기관의 경쟁력을 강화한다.

예를 들어, AI는 고객의 금융 상황을 분석하여 적합한 대출 상품을 추천하거나, 투자 성향에 맞는 금융 상품을 제안할 수 있다. 또한, AI 기반 챗봇은 고객의 금융 상담을 자동으로 처리하며, 24시간 실시간으로 고객 문의에 응답할 수 있어 금융 서비스의 접근성을 크게 향상시킨다. 이러한 챗봇은 자주 묻는 질문에 대한 답변을 제공하거나, 계좌 잔액 확인, 송금 등의 기본적인 서비스를 자동으로 처리하여 고객 편의성을 높인다.

3.6.2 리스크 관리와 이상 거래 탐지

AI는 금융 산업에서 리스크 관리와 이상 거래 탐지 시스템을 개선하는 데 중요한 역할을 하고 있다. 금융 거래는 대량의 데이터가 발생하는데, AI는 이러한 데이터를 실시간으로 분석하여 거래 패턴을 파악하고, 이상 징후를 감지할 수 있다. 예를 들어, AI는 고객의 평소 거래 패턴과 다른 비정상적인 거래가 발생할 경우, 이를 즉시 감지하여 경고를 발송하거나 거래를 일시 중지할 수 있다. 이러한 이상 거래 탐지 시스템은 금융 범죄를 예방하고, 고객의 자산을 보호하는 데 필수적이다.

또한, AI는 금융 기관의 리스크 관리에도 활용된다. AI는 시장의 변동성, 금리 변화, 신용 위험 등을 실시간으로 분석하여 리스크를 최소화할 수 있는 전략을 제시한다. 이를 통해 금융 기관은 대출 리스크나 투자 리스크를 사전에 예측하고, 적절한 대응책을 마련할 수 있다. 특히, AI 기반 신용 평가 시스템은 기존의 정형화된 신용 평가 방식에서 벗어나, 더 많은 데이터를 분석하여 대출 심사를 더욱 정확하고 신속하게 수행할 수 있게 한다.

3.6.3 블록체인과 AI의 융합

블록체인 기술은 금융 거래의 안전성과 투명성을 획기적으로 높이는 기술로 주목받고 있으며, AI와 결합하여 더욱 강력한 금융 시스템을 구축하는 데 기여하고 있다. 블록체인은 분산 원장 기술을 기반으로 하여 금융 거래를 기록하고 관리하며, 거래 내역을 변경할 수 없도록 보장함으로써 거래의 무결성과 투명성을 보장한다. AI는 이러한 블록체인 데이터를 분석하여 실시간으로 금융 거래를 모니터링하고, 이상 거래를 감지할 수 있다.

예를 들어, 암호화폐 거래소에서는 AI가 블록체인 상의 거래 내역을 분석하여 비정상적인 거래를 감지하고, 이를 바탕으로 거래소 운영의 안정성을 높일 수 있다. 또한, 블록체인 기반 스마트 계약 기술은 계약 조건이 충족되면 자동으로 거래가 실행되도록 하여, 거래의 신속성과 효율성을 높일 수 있다. 이러한 기술은 특히 금융 계약, 보험, 자산 거래 등에서 활용 가능성이 크며, 금융 시스템의 신뢰성을 강화하는 데 기여한다.

3.6.4 핀테크와 디지털 금융의 발전

ICT 융복합을 통해 핀테크가 빠르게 발전하면서, 전통적인 금융 서비스는 디지털 금융으로 전환되고 있다. 핀테크 기업들은 모바일 결제, P2P 대출, 크라우드 펀딩, 로보 어드바이저 등의 서비스를 제공하여 고객의 금융 서비스 접근성을 대폭 확대하고 있다. 특히, 모바일 결제 시스템은 고객이 스마트폰을 통해 언제 어디서나 간편하게 결제할 수 있도록 지원하며, 이러한 서비스는 빠르게 대중화되고 있다.

또한, 로보 어드바이저는 AI를 기반으로 투자 전략을 제안하는 서비스로, 고객의 투자 성향과 목표를 분석하여 맞춤형 투자 포트폴리오를 제공한다. 이는 특히 소액 투자자들이 전문적인 금융 자문 없이도 효율적인 투자 결정을 내릴 수 있도록 도와주며, 금융 시장에 대한 접근성을 크게 높여준다.

3.6.5 금융 산업의 보안과 규제 문제

금융 산업에서 ICT 기술이 발전하면서 보안과 규제 문제도 중요한 이슈로 부각되고 있다. 금융 데이터는 매우 민감한 정보이기 때문에, 이를 보호하기 위한 보안 기술의 중요성은 나날이 커지고 있다. 특히, AI와 블록체인 기술이 결합된 보안 시스템은 금융 거래의 신뢰성을 강화하는 데 기여하지만, 동시에 사이버 공격에 대한 새로운 위협도 등장하고 있다.

이에 따라 금융 기관들은 강화된 보안 프로토콜을 도입하여 고객 데이터를 보호하고, 금융 범죄에 대응하기 위한 기술을 지속적으로 개발하고 있다. 또한, 각국 정부는 핀테크의 발전에 맞춰 관련 규제를 마련하고 있으며, 금융 데이터 보호와 프라이버시 문제를 해결하기 위한 법적 장치를 강화하고 있다. 이는 디지털 금융의 지속 가능한 성장을 위해 필수적인 요소로 작용하고 있다.

3.6.6 금융의 사회적 영향

디지털 금융과 핀테크의 발전은 금융 서비스의 접근성을 높이고, 고객의 편의성을 극대화하는 동시에, 금융의 포용성을 확장하고 있다. ICT 기술을 통해 누구나 스마트폰만 있으면 금융 서비스를 이용할 수 있게 되면서, 기존에 금융 서비스에서 소외되었던 계층도 혜택을 받을 수 있게 되었다. 이는 금융의 민주화로 이어져, 금융 서비스의 평등성을 높이는 데 기여하고 있다.

또한, 디지털 금융은 금융 시장의 투명성을 강화하고, 금융 범죄를 예방하는 데 중요한 역할을 하고 있다. 특히, 블록체인과 AI를 결합한 금융 시스템은 거래 내역의 추적성을 보장하며, 금융 기관 간의 신뢰를 구축하는 데 기여한다. 이는 금융 시스템의 안정성을 높이는 동시에, 글로벌 금융 시장의 신뢰도를 향상시키는 데 도움을 준다.

이와 같이 금융 산업에서의 ICT 융복합은 디지털 금융과 핀테크를 통해 금융 서비스를 혁신하고 있으며, AI와 블록체인 등의 기술이 금융의 안전성과 투명성을 크게 향상시키고 있다. 앞으로도 이러한 기술의 발전은 금융 산업의 변화를 가속화하고, 금융 서비스의 질을 높이는 데 중요한 역할을 할 것이다.

3.7 농업 (Agriculture)

농업 분야에서도 ICT 융복합 기술의 도입으로 '스마트 농업'이 주목받고 있다. 기존의 농업 방식이 주로 노동력과 경험에 의존했다면, 스마트 농업은 인공지능(AI), 사물인터넷(IoT), 빅데이터, 드론, 자율주행 트랙터 등의 첨단 기술을 활용하여 농업 생산성을 높이고 자원을 효율적으로 관리하는 데 초점을 맞추고 있다. 이러한 기술은 농작물의 재배 과정에서 발생하는 데이터를 실시간으로 수집하고 분석하여, 보다 과학적이고 정밀한 농업을 가능하게 한다.

3.7.1 IoT 기반 실시간 모니터링

스마트 농업에서 IoT 기술은 매우 중요한 역할을 한다. IoT 센서는 농지에 설치되어 토양의 습도, 온도, 영양 상태, 기상 조건, 작물 성장 상태 등을 실시간으로 모니터링한다. 예를 들어, 토양 센서는 땅 속의 수분 함량을 측정하여 작물이 필요로 하는 물의 양을 파악하고, 자동으로 관수 시스템을 제어하여 적정량의 물을 공급할 수 있다. 이는 물 사용을 최적화하여 자원의 낭비를 줄이는 동시에, 작물의 건강한 성장을 도모한다.

또한, 기상 센서를 통해 농지 주변의 날씨 정보를 실시간으로 수집하여 농작물 재배에 적합한 환경을 유지할 수 있도록 돕는다. 갑작스러운 기후 변화나 자연재해가 발생할 경우, 이러한 데이터는 농업 종사자들에게 즉각적인 경고를 발송하고, 대응 방안을 마련할 수 있게 해준다. 이와 같은 IoT 기반의 실시간 모니터링은 농작물의 재배 효율성을 높이고, 농업 환경의 변동성을 줄이는 데 기여한다.

3.7.2 AI 기반 데이터 분석과 농작물 재배 최적화

농업에서 인공지능(AI)은 IoT 센서로부터 수집된 데이터를 분석하여 최적의 농작물 재배 방법을 제안하는 데 활용된다. AI는 과거의 재배 데이터를 학습하고 기상 정보, 토양 상태, 작물의 성장 단계 등을 종합적으로 분석하여, 언제 씨를 뿌리고 언제 수확해야 하는지에 대한 최적의 시기를 제안할 수 있다. 이러한 분석 결과는 농업 종사자들이 보다 과학적이고 효율적인 의사 결정을 내리는 데 도움을 준다.

또한, AI는 병해충 예측 시스템에도 활용된다. AI는 기후 조건과 농작물의 상태를 분석하여 병해충이 발생할 가능성을 사전에 예측하고, 이를 바탕으로 방제 계획을 수립할 수 있다. 예를 들어, 특정 기후 조건에서 해충의 번식 가능성이 높아질 경우, AI는 사전에 이를 예측하여 농업 종사자에게 알리고, 적절한 방제 조치를 취할 수 있게 돕는다. 이는 농작물 피해를 최소화하고, 생산성을 극대화하는 데 기여한다.

3.7.3 자율주행 트랙터와 드론을 통한 농작업 자동화

스마트 농업의 또 다른 중요한 요소는 자율주행 트랙터와 드론을 활용한 농작업 자동화이다. 자율주행 트랙터는 AI와 GPS 기술을 결합하여 농업 종사자의 개입 없이 스스로 농지에서 작업을 수행할 수 있다. 예를 들어, 자율주행 트랙터는 정확한 경로를 따라 씨를 뿌리거나, 비료를 살포하며, 작물의 수확도 자동으로 처리할 수 있다. 이는 노동력 부족 문제를 해결하는 동시에, 작업 효율성을 크게 높일 수 있다.

드론은 농업에서 주로 작물 상태를 모니터링하고, 농약이나 비료를 살포하는 데 활용된다. 드론에 장착된 카메라는 농지 전역을 고해상도로 촬영하여 작물의 건강 상태를 시각적으로 분석할 수 있게 해준다. 이를 통해 농업 종사자들은 작물에 문제가 발생한 구역을 신속하게 확인하고, 필요한 조치를 취할 수 있다. 또한, 드론은 넓은 농지를 짧은 시간 안에 효율적으로 관리할 수 있어, 대규모 농업에도 적합하다.

3.7.4 AI 기반 예측 분석과 농업 시장 대응

AI는 농업 생산량과 시장 변동을 예측하는 데도 활용되고 있다. AI는 과거의 생산 데이터와 시장 데이터를 분석하여 향후 농작물 생산량을 예측하고, 이에 따라 적절한 생산 계획을 수립할 수 있도록 돕는다. 예를 들어, 특정 작물의 수요가 증가할 것으로 예상되면, AI는 이에 맞춰 재배 면적을 조정하거나 생산량을 늘릴 수 있는 최적의 시기를 제안할 수 있다.

또한, AI 기반 예측 분석은 농업 시장에서 발생할 수 있는 가격 변동을 예측하는 데도 유용하다. 농업 종사자들은 이러한 분석을 통해 시장 가격 변동에 대비하고, 수익성을 극대화할 수 있는 전략을 수립할 수 있다. 이는 농업의 불확실성을 줄이고, 안정적인 생산과 판매를 도모하는 데 중요한 역할을 한다.

3.7.5 스마트 농업의 사회적 영향

스마트 농업은 농업 생산성 향상뿐만 아니라 환경 보호와 지속 가능한 농업에도 기여하고 있다. 첫째, 자원을 효율적으로 사용함으로써 물과 비료의 낭비를 줄이고, 환경에 미치는 영향을 최소화할 수 있다. IoT 센서를 통해 정확한 자원 사용이 가능해지면서, 과도한 비료나 농약 사용으로 인한 토양 오염과 수질 오염을 예방할 수 있다.

둘째, 노동력 부족 문제를 해결하는 데 기여하고 있다. 농촌 지역에서는 인구 감소와 고령화로 인해 노동력이 부족한 상황이지만, 자율주행 트랙터와 드론 등의 자동화 기술을 통해 이러한 문제를 해결할 수 있다. 또한, 스마트 농업은 기술에 대한 접근성을 높여 농업 종사자들이 보다 효율적으로 작업을 수행할 수 있게 돕는다.

셋째, 스마트 농업은 농업 종사자들의 삶의 질을 향상시키는 데 기여한다. 자동화 기술과 데이터 분석 도구의 도입으로 인해 농업 작업이 보다 수월해지고, 농업 종사자들은 더 나은 작업 환경에서 일할 수 있게 된다. 이로 인해 농업에 대한 부정적인 인식이 개선되고, 젊은 세대의 농업 참여도 증가할 것으로 기대된다.

이와 같이 농업 분야에서의 ICT 융복합은 생산성을 높이고, 자원의 효율적인 관리와 환경 보호를 가능하게 하는 '스마트 농업'을 구현하고 있다. 앞으로도 이러한 기술의 발전은 농업 산업을 지속적으로 혁신하고, 더 나은 농업 환경을 구축하는 데 중요한 역할을 할 것이다.

3.8 교통 (Transportation)

교통 시스템에서의 ICT 융복합은 스마트 교통 시스템을 구현하는 데 필수적인 역할을 하고 있으며, 교통 흐름을 최적화하고 도시 내 교통 혼잡을 줄이는 데 큰 기여를 하고 있다. 인공지능(AI), 사물인터넷(IoT), 자율주행 기술, 빅데이터 등 다양한 ICT 기술이 결합되어 교통 관리와 운영의 효율성을 높이고, 안전한 교통 환경을 제공하는 데 중추적인 역할을 한다. 스마트 교통 시스템은 교통 데이터를 실시간으로 분석하고, 이를 통해 교통 문제를 예측하거나 해결함으로써 도시 교통 시스템을 혁신적으로 변화시키고 있다.

3.8.1 AI 기반 교통 관리 시스템

AI는 교통 관리 시스템에서 핵심적인 역할을 한다. AI 기반 교통 관리 시스템은 교통 데이터를 실시간으로 분석하여 교통 흐름을 모니터링하고, 혼잡 구간을 예측하거나 발생하는 문제를 신속하게 해결할 수 있다. 예를 들어, 도로에 설치된 카메라나 센서가 차량의 움직임을 실시간으로 감지하고, 이를 AI가 분석하여 혼잡이 예상되는 구간에 대해 교통 신호를 조정하거나 우회 경로를 제안할 수 있다. 이러한 교통 관리 시스템은 특히 출퇴근 시간과 같은 교통량이 많은 시간대에 혼잡을 줄이고, 이동 시간을 단축시키는 데 도움을 준다.

또한, AI는 다양한 교통 수단 간의 연계를 최적화하는 데도 활용된다. 예를 들어, 버스나 지하철 등의 공공 교통 수단의 스케줄을 AI가 실시간으로 조정하여 환승 시간을 최소화하고,

이용자들이 더 편리하게 교통 수단을 이용할 수 있도록 돕는다. 이러한 시스템은 도시의 교통 흐름을 더욱 원활하게 만들며, 공공 교통 시스템의 효율성을 극대화한다.

3.8.2 자율주행 기술의 적용

자율주행차는 교통 시스템에서의 ICT 융복합의 대표적인 기술로, 교통 흐름을 자동화하고 안전성을 향상시키는 데 중요한 역할을 한다. 자율주행차는 AI와 센서 기술을 결합하여 주변 환경을 실시간으로 인식하고, 스스로 주행 경로를 설정하며 장애물을 피하는 등의 자율적인 운전을 가능하게 한다. 자율주행차는 인간 운전자의 개입 없이도 교통 규칙을 준수하며, 교통 흐름을 원활하게 유지할 수 있다.

특히, 자율주행차는 교통 사고를 줄이는 데 큰 기여를 할 수 있다. 자율주행차는 인간 운전자의 실수로 인한 사고를 방지하고, 위험한 상황을 실시간으로 감지하여 즉각적인 대응이 가능하다. 예를 들어, 전방에 갑작스럽게 보행자가 나타나면 자율주행차는 이를 감지하고 자동으로 브레이크를 작동시켜 사고를 예방한다. 이러한 기술은 도로 안전성을 크게 향상시키며, 장기적으로는 교통 사고로 인한 사회적 비용을 줄이는 데 기여할 것이다.

3.8.3 IoT와 스마트 교통 인프라

IoT는 스마트 교통 인프라를 구현하는 데 중요한 기술로, 도로, 교차로, 신호등 등 교통 시설에 설치된 IoT 센서는 실시간으로 데이터를 수집하고, 이를 중앙 시스템에 전달하여 교통 흐름을 자동으로 조정할 수 있다. 예를 들어, 교차로에 설치된 IoT 센서가 차량의 흐름을 실시간으로 감지하고, 이를 바탕으로 신호등을 자동으로 조정하여 혼잡을 줄이거나 우선 순위 차량(구급차, 소방차 등)이 원활히 통과할 수 있도록 돕는다.

또한, IoT는 교통사고 발생 시 신속한 대응을 가능하게 한다. 차량에 설치된 IoT 장치가 사고 정보를 실시간으로 전달하여, 사고 현장에 신속히 구조대나 경찰을 출동시킬 수 있다. 이는 사고로 인한 피해를 최소화하고, 교통 정체를 빠르게 해소하는 데 기여할 수 있다. 또한, IoT 기술은 공공 교통 수단의 운영을 실시간으로 모니터링하고, 노선이나 운행 시간을 최적화하는 데 활용된다.

3.8.4 빅데이터와 교통 예측 분석

빅데이터는 교통 예측 분석에 중요한 역할을 한다. 교통 시스템에서 발생하는 방대한 데이터를 AI가 분석하여 향후 교통 상황을 예측하고, 이에 맞춘 대응책을 마련할 수 있다. 예를 들어, 특정 시간대나 기후 조건에서 교통량이 증가하는 패턴을 분석하여, 혼잡이 예상되는 구간에 대한 사전 대응이 가능하다. 이는 교통 문제를 미리 예측하고 해결할 수 있는 능력을 제공하며, 도시 전체의 교통 흐름을 더욱 효율적으로 관리할 수 있게 한다.

또한, 빅데이터 분석은 도로 건설이나 교통 정책 수립에도 활용된다. 과거의 교통 데이터를 분석하여 어느 지역에 교통 인프라가 부족한지, 어떤 정책이 효과적인지에 대한 정보를 제공할 수 있다. 이를 통해 도시 계획자들은 보다 과학적이고 효율적인 교통 정책을 수립할 수 있으며, 장기적으로 도시 내 교통 문제를 해결하는 데 기여할 수 있다.

3.8.5 공공 교통 시스템의 효율화

ICT 기술의 도입으로 공공 교통 시스템도 더욱 효율적으로 운영될 수 있다. AI와 빅데이터는 공공 교통 수단의 스케줄을 실시간으로 조정하고, 교통량에 따라 운행 횟수나 노선을 최적화할 수 있다. 예를 들어, 특정 노선에서 이용자가 많을 경우, AI는 자동으로 버스나 지하철의 운행 횟수를 늘리거나, 혼잡이 예상되는 구간에 차량을 추가 배치하는 등의 조치를 취할 수 있다.

또한, IoT 기술을 통해 공공 교통 수단의 상태를 실시간으로 모니터링하고, 차량의 고장이나 문제가 발생하기 전에 사전에 이를 감지하고 대응할 수 있다. 이는 공공 교통 시스템의 안정성을 높이고, 이용자들의 편리함을 극대화하는 데 기여한다.

3.8.6 스마트 교통의 사회적 영향

스마트 교통 시스템의 도입은 사회 전반에 걸쳐 긍정적인 영향을 미칠 수 있다.

첫째, 교통 혼잡을 줄이고, 이동 시간을 단축함으로써 사람들의 삶의 질을 향상시킬 수 있다. 특히, 출퇴근 시간의 교통 혼잡이 줄어들면 개인의 스트레스도 줄어들고, 경제적 생산성도 증가할 것이다.

둘째, 자율주행차와 같은 첨단 기술은 도로 안전성을 높이고, 교통 사고로 인한 인명 피해와 사회적 비용을 줄이는 데 기여할 것이다.

셋째, 스마트 교통 시스템은 환경 보호에도 긍정적인 영향을 미칠 수 있다. 교통 흐름이 원활해지면 차량의 정체로 인한 연료 소비가 줄어들고, 이로 인해 탄소 배출량도 감소하게 된다. 이는 도시의 환경 오염 문제를 해결하는 데 중요한 역할을 할 수 있으며, 지속 가능한 교통 시스템을 구축하는 데 기여할 것이다.

이와 같이 교통 시스템에서의 ICT 융복합은 교통 관리와 공공 교통 시스템의 효율성을 높이는 동시에, 안전하고 친환경적인 교통 시스템을 구현하는 데 중요한 역할을 하고 있다. 앞으로도 이러한 기술의 발전은 교통 시스템의 혁신을 가속화할 것이며, 더욱 스마트하고 안전한 교통 환경을 조성하는 데 기여할 것이다.

3.9 연습문제

4지선다형 문제 (10문제)

01. 스마트 농업에서 IoT 센서를 통해 실시간으로 모니터링할 수 있는 것은 무엇인가?

①. 작물의 생장 속도

②. 토양 상태

③. 기상 변화

④. 위의 모든 것

02. 자율주행차의 주요 기술 중 AI와 결합하여 주변 환경을 인식하고 주행 경로를 결정하는 데 사용되는 기술은?

①. GPS

②. IoT

③. LIDAR

④. RFID

03. 스마트 교통 시스템에서 AI 기반의 교통 관리 시스템이 교통 혼잡을 줄이는 방법은 무엇인가?

①. 실시간 교통 데이터 분석

②. 도로 확장

③. 차량 운행 제한

④. 연료 사용 감소

04. AI를 이용해 농업에서 병해충 예측에 활용되는 것은?

①. GPS 분석

②. 기후 조건과 작물 상태 분석

③. 수동 감시

④. 단순 경험치 활용

05. AI 기반 예측 분석을 통해 농업에서 얻을 수 있는 이점은?

①. 생산비 증가

②. 시장 수요 예측

③. 작물 재배 자동화

④. 수확 시기 지연

06. 스마트 교통 시스템에서 IoT 기술이 교통 사고 발생 시 도움을 주는 방법은?

①. 사고를 무시하고 차량을 우회시킴

②. 사고 정보를 실시간으로 전달

③. 사고 지역에 경찰을 자동 배치

④. 사고 발생 전 미리 신호를 차단

07. 금융 산업에서 AI가 신용 평가 시스템에 도입되었을 때의 주요 이점은?

①. 대출 신청서 자동 승인

②. 대출 심사 신속성과 정확성 증가

③. 대출 거부율 감소

④. 대출 금리 자동 설정

08. 스마트 농업에서 자율주행 트랙터의 역할은 무엇인가?

①. 기후 변화를 예측함

②. 농업 데이터를 분석함

③. 농지에서 자동으로 작업 수행

④. 농작물 가격 예측

09. 블록체인과 AI가 결합된 금융 시스템의 주요 기능은?

①. 금융 데이터의 자동 삭제

②. 거래 내역의 투명성과 무결성 보장

③. 대출 이자율 자동 조정

④. 암호화폐 가격 고정

10. 교통 시스템에서 AI 기반 기술이 제공할 수 없는 것은?

①. 교통 신호 자동 조정

②. 실시간 교통 흐름 분석

③. 미래 교통 예측

④. 도로 확장

단답형 문제 (10문제)

01. 스마트 농업에서 작물의 건강 상태를 모니터링하는 데 사용되는 장치는?

02. 자율주행차에서 도로 위 장애물을 감지하는 데 사용하는 센서는?

03. AI는 교통 시스템에서 주로 무엇을 분석하여 최적의 경로를 제안하는가?

04. 스마트 농업에서 IoT를 통해 실시간으로 관리할 수 있는 농업 요소는 무엇인가?

05. 자율주행차에서 충돌을 예방하는 데 사용되는 AI 기술은 무엇인가?

06. 금융 산업에서 AI가 대출 심사에 사용될 때의 주요 이점은 무엇인가?

07. 스마트 농업에서 드론이 주로 사용하는 작업은 무엇인가?

08. 스마트 교통 시스템에서 사고 발생 시 구조대가 신속히 출동할 수 있도록 돕는 기술은?

09. 교통 관리 시스템에서 AI가 교통 신호를 자동으로 조정하는 기준은 무엇인가?

10. AI 기반 예측 분석은 농업에서 무엇을 예측하는 데 사용되는가?

서술형 문제 (5문제)

01. 스마트 농업에서 AI와 IoT 기술이 농업 생산성을 어떻게 향상시키는지 설명하시오.

02. AI 기반의 교통 관리 시스템이 도입된 스마트 교통 시스템이 기존 교통 시스템과 비교하여 가지는 장점에 대해 논하시오.

03. 자율주행 기술이 교통 안전성과 교통 효율성에 미치는 영향에 대해 설명하시오.

04. 금융 산업에서 AI와 블록체인이 결합된 시스템이 금융 서비스의 신뢰성과 투명성에 어떻게 기여하는지 서술하시오.

05. 스마트 교통 시스템에서 IoT와 AI가 교통 사고 대응을 어떻게 개선하는지에 대해 설명하시오.

04주차

인공지능 개념 및 머신러닝과 딥러닝

1. 인공지능(AI), 머신러닝(ML), 딥러닝(DL)의 정의와 기본 개념을 이해한다.
2. 머신러닝과 딥러닝의 차이점 및 관련 사례를 학습한다.
3. AI 발전이 가져올 산업적, 사회적 영향을 분석한다.

4.1 인공지능 개념

4.2 인공지능 머신러닝

4.3 인공지능 딥러닝

4.4 연습문제

4.1 인공지능 개념

4.1.1 인공지능 개념

인공지능(AI, Artificial Intelligence)은 인간의 지능적 활동을 모방하거나 이를 능가할 수 있는 컴퓨터 시스템, 소프트웨어, 알고리즘 등을 설계하고 구현하는 기술을 의미한다. 이는 인간이 수행하는 지적 작업, 예를 들어 사고, 학습, 추론, 문제 해결, 의사 결정 등을 자동으로 처리할 수 있도록 기계를 프로그래밍하여 다양한 작업을 효율적으로 수행하게 하는 기술이다. 인공지능은 인간의 두뇌 활동을 기계가 모방할 수 있도록 만들며, 방대한 데이터를 기반으로 한 학습과정을 통해 스스로 개선되거나 발전할 수 있는 능력을 지니고 있다.

4.1.2 AI의 주요 구분

인공지능(AI)은 그 기능과 범위에 따라 좁은 인공지능(Narrow AI)과 일반 인공지능(General AI)으로 구분할 수 있다. 이 두 가지 유형은 AI가 해결할 수 있는 문제의 범위와 그 능력의 차이에서 비롯된 것이다. 좁은 인공지능은 특정 작업을 전문적으로 처리하는 AI를 말하며, 일반 인공지능은 인간과 비슷한 수준의 범용 지능을 목표로 한다. 아래에서 각각의 개념에 대해 더 자세히 살펴보겠다.

1) 좁은 인공지능 (Narrow AI)

좁은 인공지능은 한 가지 작업에만 집중하는 AI다. 예를 들어, 스마트폰의 음성 인식 기능이나, 인터넷 쇼핑몰에서 네가 좋아할 만한 제품을 추천해주는 AI가 바로 좁은 인공지능이다. 이 AI는 주어진 작업을 매우 잘하지만, 다른 복잡한 작업은 처리하지 못한다.

① 좁은 인공지능의 특징

- **특정 작업에 한정됨**: 좁은 인공지능은 하나의 작업이나 분야에만 초점을 맞춘다. 예를 들어, 음성 인식, 이미지 분류, 자율주행 기술 등이 대표적인 사례이다. 이들 AI는 그 특정 영역에서 탁월한 성능을 발휘하지만, 해당 영역을 벗어난 문제에서는 전혀 작동하지 않거나 매우 제한적인 능력을 보여준다.
- **미리 학습된 데이터에 의존**: 좁은 인공지능은 대규모 데이터를 바탕으로 학습되어 주어진 문제를 해결한다. 학습된 데이터가 고도화될수록 해당 문제를 해결하는 능력도 높아지지만, 새로운 문제나 학습되지 않은 데이터에는 적응하지 못한다.
- **자동화된 반복 작업**: 좁은 AI는 주로 반복적인 작업을 자동화하는 데 뛰어나며, 인류의 생산성을 크게 높이는 데 기여하고 있다. 예를 들어, AI 기반 추천 시스템은 수백만 명의 소비자 데이터를 처리하여 개별화된 추천을 제공한다.

② 좁은 인공지능의 대표적인 사례

- **음성 인식**: 스마트폰에서 사용하는 음성 인식 시스템(예: 애플의 Siri, 구글 어시스턴트)은 좁은 인공지능의 대표적인 사례이다. 이 시스템들은 사용자 명령을 이해하고 답변할 수 있지만, 범용적인 대화나 인간 수준의 지능을 갖춘 것은 아니다.
- **이미지 분류**: 딥러닝 알고리즘을 이용한 이미지 분류 시스템은 사진이나 비디오 데이터를 분석하여 특정 물체를 인식한다. 예를 들어, 의료 분야에서는 AI가 X-ray나 MRI 스캔을 분석해 질병을 진단하는 데 도움을 준다. 이 역시 한정된 작업에 특화된 좁은 인공지능이다.
- **자율주행 기술**: 자율주행차는 매우 복잡한 센서와 인공지능 알고리즘을 사용해 도로 상황을 분석하고 주행을 제어한다. 이 AI는 주행이라는 특정 작업에 특화되어 있으며, 교통 상황을 인식하고 적절한 결정을 내리는 것에 초점을 맞추고 있다.

좁은 인공지능은 그 작업의 범위는 제한적이지만, 해당 분야에서 고도로 발전한 기능을 가지고 있다. 그러나 이러한 AI는 자신이 담당하는 영역 외의 작업에 대한 이해나 문제 해결 능력을 가지지 못한다는 한계를 지닌다.

2) 일반 인공지능 (General AI)

일반 인공지능은 인간의 지능에 가까운 범용적 지능을 가진 AI를 의미하며, 특정 작업에 국한되지 않고 다양한 상황에서 자율적으로 학습하고 적응할 수 있는 능력을 목표로 한다. 일반 인공지능이 실현된다면, AI는 인간처럼 여러 작업을 자유롭게 수행하고, 새로운 상황에서도 문제를 해결할 수 있는 능력을 가지게 될 것이다.

① 일반 인공지능의 특징

- **범용적 지능**: 일반 인공지능은 특정 문제에만 한정되지 않고, 여러 가지 작업을 자유롭게 수행할 수 있는 능력을 가진다. 이는 인간의 지능과 비슷한 수준으로, 인간이 하는 다양한 인지적 작업을 수행할 수 있는 AI를 목표로 한다.
- **자율 학습과 적응**: 일반 인공지능은 새로운 정보를 스스로 학습하고, 그 학습을 바탕으로 새로운 상황에 적응할 수 있는 능력을 지닌다. 이는 특정한 문제 해결에만 국한되지 않고, 다양한 상황에서 스스로 적응하며 복잡한 문제를 해결할 수 있다는 점에서 매우 혁신적이다.
- **감정 및 창의력 모방 가능성**: 이론적으로 일반 인공지능은 인간의 감정, 직관, 창의력과 같은 복잡한 인지적 능력을 모방할 수 있다. 예를 들어, 감정 인식, 창의적인 문제 해결, 윤리적 판단 등 인간만이 할 수 있는 것으로 여겨졌던 작업을 AI가 수행하게 될 가능성도 있다.

② 일반 인공지능의 목표

일반 인공지능은 다양한 분야에서 인간과 비슷한 능력을 발휘할 수 있는 것을 목표로 하며, AI가 인간을 보조하는 단계를 넘어 인간의 파트너로서 더 복잡하고 창의적인 작업을 함께 수행하는 것이 목표이다. 이는 기존의 좁은 인공지능의 제한된 특성에서 벗어나, 인간과 같은 범용적 지능을 실현하는 것을 의미한다.

③ 일반 인공지능의 실현 단계

현재 일반 인공지능은 연구 단계에 있으며, 완전한 실현에는 상당한 시간이 소요될 것으로 예상된다. 이는 다음과 같은 이유에서 어렵다.

- **복잡한 인간 지능의 모방**: 인간의 지능은 매우 복잡하고 다양한 요소를 포함한다. 단순히 데이터를 처리하는 것 외에도 감정, 직관, 사회적 상호작용 등의 능력까지 포괄해야 한다.
- **윤리적 문제**: 일반 인공지능이 실현된다면, 인간과 같은 지능을 가진 AI가 도덕적, 윤리적 문제를 어떻게 해결할 것인지에 대한 고민이 필요하다. 또한, AI가 과도하게 발전할 경우, 인간의 역할이 어디까지 확장될 수 있을지에 대한 논의도 중요하다.

④ 일반 인공지능의 잠재적 영향

일반 인공지능이 실현될 경우, 이는 사회 전반에 걸쳐 엄청난 영향을 미칠 것으로 예상된다. 인간이 수행하는 거의 모든 작업에서 AI가 인간을 도울 수 있으며, 새로운 혁신과 문제 해결 방식이 등장할 수 있다. 그러나 동시에 윤리적, 법적 문제도 함께 고려되어야 하며, AI의 자율성과 인간의 통제권 사이에서 균형을 찾아야 한다.

결론

- 좁은 인공지능은 현재 널리 사용되고 있는 기술로, 특정 작업에서 매우 효율적이고 정밀한 성능을 보인다. 반면, 일반 인공지능은 인간 수준의 지능을 목표로 하는 범용 AI로, 아직은 연구 단계에 있으며 실현 가능성에 대한 논의가 계속되고 있다. 두 유형의 인공지능은 각기 다른 목적과 특성을 가지고 있으며, AI 기술이 발전함에 따라 좁은 인공지능의 역할은 더욱 확장되고, 일반 인공지능의 실현 가능성도 점차 높아질 것으로 기대된다.

4.1.3 AI의 발전과 학습 방식

인공지능(AI)은 그 발전 과정에서 크게 두 가지 학습 방식으로 나눌 수 있다: 규칙 기반 시스템(Rule-based System)과 학습 기반 시스템(Learning-based System). 초기의 인공지능은 사람이 명시적으로 정의한 규칙을 따르는 규칙 기반 시스템에 의해 작동되었으나, 최근의 AI는 데이터를 분석하고 학습하는 기계 학습(Machine Learning)과 더 깊고 복잡한 신경망을 사용하는 딥러닝(Deep Learning) 기반으로 발전해왔다. 이러한 학습 기반 시스템은 AI를 보다 정교하게 만들어 주며, 다양한 산업 분야에서 혁신적인 변화를 일으키고 있다.

1) 규칙 기반 시스템 (Rule-based System)

규칙 기반 시스템은 프로그래머가 사전에 정의한 규칙과 논리에 따라 작동하는 초기 AI 방식이다. 이 시스템은 명확하게 정의된 규칙에 의존하여 특정한 상황에 따라 작업을 수행하거나 결정을 내린다.

① 규칙 기반 시스템의 특징

- **명시적 규칙**: 시스템은 사람이 정해준 규칙에 따라 행동한다. 예를 들어, '이 상황에서는 A를 하고, 저 상황에서는 B를 하라'는 명령이 미리 정해져 있는 것이다. 이러한 방식은 예측 가능하고 제어가 용이하다.
- **제한된 유연성**: 규칙 기반 시스템은 새로운 상황에 적응하거나 학습할 능력이 없다. 프로그래머가 정의하지 않은 규칙이나 상황에 직면하면, 시스템은 더 이상 작동하지 않거나 잘못된 결과를 도출할 수 있다. 이로 인해 이 시스템은 복잡하거나 예측하기 어려운 문제를 처리하는 데 한계가 있다.

② 규칙 기반 시스템의 대표적인 사례

- **전문가 시스템**: 의료나 법률과 같은 특정 분야에서 규칙을 사용하여 진단하거나 결정을 내리는 시스템이 대표적인 규칙 기반 시스템의 사례다. 이러한 시스템은 인간 전문가가 규칙을 설정하고, 그에 따라 문제를 해결하는 방식이다.

규칙 기반 시스템은 특정한 작업에 대해서는 매우 효율적일 수 있지만, 제한된 데이터를 처리하거나 예외적인 상황에 적응하는 능력이 부족하다. 이러한 단점 때문에 학습 기반 시스템의 필요성이 대두되었다.

2) 학습 기반 시스템 (Learning-based System)

학습 기반 시스템은 AI가 데이터를 바탕으로 스스로 학습하고, 그 학습을 통해 새로운 상황에 대응하는 방식으로 발전한 시스템이다. 이는 사람이 모든 규칙을 미리 정의하지 않아도 AI가 데이터를 분석해 스스로 패턴을 찾아내고, 그 패턴을 바탕으로 새로운 문제를 해결할 수 있다. 이러한 시스템은 기계 학습(Machine Learning)과 딥러닝(Deep Learning)을 포함한다.

① 기계 학습 (Machine Learning)

기계 학습은 인공지능이 주어진 데이터를 통해 학습하는 방법을 의미한다. 사람이 명시적으로 규칙을 제공하지 않더라도, 데이터에서 패턴을 찾아 학습하고, 이를 바탕으로 새로운 데이터를 예측하거나 분류할 수 있다. 기계 학습은 다양한 알고리즘과 모델을 사용하여 데이터를 분석하고 패턴을 학습한다.

- **기계 학습의 과정**:
  - i. **데이터 수집**: AI는 대규모의 데이터를 수집하여 학습에 사용한다. 이 데이터는 이미지, 텍스트, 숫자 데이터 등 다양한 형식일 수 있으며, 학습 알고리즘에 따라 분류되거나 예측하는 데 사용된다.
  - ii. **훈련(Training)**: AI는 주어진 데이터를 사용해 학습한다. 이 과정에서 모델은 데이터 내에서 패턴을 찾아내고, 이를 통해 어떤 특징이 중요한지 스스로 인식한다.
  - iii. **예측(Prediction)**: 훈련이 끝난 후, AI는 새로운 데이터에 대해 예측을 수행할 수 있다. 기계 학습 모델은 학습된 패턴을 바탕으로 새로운 입력에 대해 적절한 출력(예측 결과)을 제공한다.

- **기계 학습의 유형**:
  - **지도 학습(Supervised Learning)**: 지도 학습은 데이터에 대한 정답(라벨)이 제공된 상태에서 AI가 학습하는 방식이다. AI는 입력 데이터와 그에 대응하는 정답을 학습하고, 이를 바탕으로 새로운 입력에 대한 정답을 예측한다. 예를 들어, 고양이와 개의 이미지가 라벨링된 데이터를 제공하면, AI는 새로운 이미지에서 고양이와 개를 구분하는 방법을 학습할 수 있다.
  - **비지도 학습(Unsupervised Learning)**: 비지도 학습은 라벨이 없는 데이터를 사용하여 AI가 스스로 패턴을 찾아내는 방식이다. AI는 데이터 내에서 유사한 항목끼리 군집을 만들거나 숨겨진 구조를 탐지하는 데 사용된다. 예를 들어, 소비자의 구매 데이터를 바탕으로 유사한 소비자 그룹을 자동으로 분류하는 방식이 비지도 학습의 예이다.
  - **강화 학습(Reinforcement Learning)**: 강화 학습은 AI가 환경과 상호작용하면서 보상을 얻기 위해 최적의 행동을 학습하는 방식이다. AI는 행동에 따른 보상을 바탕으로 자신의 전략을 수정하며, 점점 더 좋은 결정을 내릴 수 있게 된다. 이 방식은 게임 플레이, 자율주행 등에서 주로 활용된다.

- **기계 학습의 활용 사례**:
  - **스팸 필터링**: 이메일 시스템에서 기계 학습을 사용해 스팸 메일과 정상 메일을 자동으로 분류하는 기술.
  - **추천 시스템**: 기계 학습을 사용해 소비자의 선호도를 분석하고, 영화, 음악, 제품 등을 추천하는 서비스.

② 딥러닝 (Deep Learning)

딥러닝(Deep Learning)은 컴퓨터가 여러 층으로 이루어진 신경망을 사용해 복잡한 문제를 푸는 기술이다. 특히 많은 데이터를 처리하는 데 유리하며, 사진이나 음성, 글과 같은 복잡한 정보에서 잘 작동한다. 예를 들어, 스마트폰의 얼굴 인식 기능이나 음성 인식 기술은 딥러닝 덕분에 가능하다.

- **딥러닝의 주요 특징**:
  - **다층 신경망(Deep Neural Networks)**: 딥러닝은 인간의 뇌 구조에서 영감을 받아 만들어진 다층 신경망(Neural Networks)을 사용한다. 각 층은 입력 데이터를 처리하고, 이 데이터를 다음 층으로 전달하여 더 높은 수준의 특징을 추출한다. 예를 들어, 첫 번째 층에서는 간단한 특징(선, 모서리)을 인식하고, 이후 층에서는 점점 더 복잡한 패턴을 인식하는 방식이다.
  - **비정형 데이터 처리**: 딥러닝은 특히 이미지, 음성, 자연어 등 구조화되지 않은 비정형 데이터를 처리하는 데 강력한 성능을 발휘한다. CNN(Convolutional Neural Networks)과 같은 딥러닝 모델은 이미지 분류에서 혁신적인 성과를 보여주었고, RNN(Recurrent Neural Networks)은 언어 데이터를 처리하는 데 주로 사용된다.

- **딥러닝의 학습 과정**: 딥러닝 모델은 데이터를 입력받아 신경망을 통과시키며 학습을 진행한다. 각 층은 이전 층의 출력에 기반하여 새로운 정보를 학습하고, 마지막 층에서 최종 결과를 도출하게 된다. 딥러닝은 대규모 데이터를 통해 학습하며, 이를 통해 매우 복잡한 패턴이나 구조를 파악할 수 있다.

- **딥러닝의 활용 사례**:
  - **이미지 및 영상 분석**: 딥러닝을 사용해 사진이나 비디오에서 객체를 인식하거나 얼굴

을 인식하는 기술. 자율주행차에서는 딥러닝을 통해 도로 상황을 실시간으로 분석하여 적절한 주행 결정을 내린다.

- **자연어 처리(Natural Language Processing)**: 딥러닝은 텍스트 데이터를 분석하고, 문장을 이해하며, 번역하거나 질문에 답변하는 데 사용된다. 예를 들어, 번역 서비스와 챗봇 시스템은 딥러닝을 기반으로 자연어를 처리한다.
- **음성 인식**: 음성 데이터를 분석하고 텍스트로 변환하는 기술은 딥러닝을 통해 더욱 정교해졌으며, 스마트폰의 음성 비서나 자동 통역 시스템에 널리 활용되고 있다.

4.1.4 AI의 발전과 다양한 산업에서의 활용

AI는 학습 기반 시스템을 통해 더욱 정교해지고 있으며, 그 응용 범위는 날로 확장되고 있다. AI는 다음과 같은 여러 산업에서 혁신적인 변화를 이끌고 있다.

- **의료**: AI는 의료 영상 분석, 질병 예측, 진단 자동화 등을 통해 의료진의 진료 과정을 지원한다. 딥러닝 기반의 의료 AI는 암 진단, 뇌 영상 분석 등에서 인간 전문가보다 높은 정확도를 보이기도 한다.
- **제조업**: 제조업에서 AI는 생산 공정 최적화, 품질 관리, 예측 유지보수 등에 사용된다. 기계 학습 모델은 기계의 작동 상태를 분석하여 고장 가능성을 예측하고, 문제 발생 전에 미리 조치를 취할 수 있다.
- **금융**: 금융 산업에서 AI는 알고리즘 트레이딩, 신용 평가, 부정 행위 탐지 등에 사용된다. AI는 대규모의 금융 데이터를 실시간으로 분석하고, 위험 요소를 식별하여 금융 결정을 내리는 데 도움을 준다.
- **자율주행**: 자율주행차는 딥러닝 기반의 이미지 인식 기술과 강화 학습을 통해 도로 환경을 분석하고, 주행 상황에 맞는 결정을 내릴 수 있다.

결론

- AI는 규칙 기반 시스템에서 학습 기반 시스템으로 발전하면서, 인간의 명시적 개입 없이도 데이터를 통해 스스로 학습하고 문제를 해결할 수 있는 능력을 갖추게 되었다. 기계 학습과 딥러닝은 AI 발전의 핵심 기술로, 복잡한 패턴 인식과 데이터 분석을 통해 다양한 산업에서 혁신을 일으키고 있다. AI는 이러한 기술을 바탕으로 점점 더 정교하고 자율적인 시스템으로 발전해 나가고 있으며, 그 응용 범위는 계속해서 확대되고 있다.

4.2 인공지능 머신러닝

기계 학습(Machine Learning)은 인공지능(AI)의 중요한 하위 분야로, 명시적인 규칙을 프로그래밍하지 않고도 데이터를 분석하고 그로부터 패턴을 학습하여 미래의 행동이나 결과를 예측하는 기술이다. 기계 학습의 핵심은 데이터로부터 패턴을 추출해 예측 모델을 만들어내는 것이며, 이를 통해 다양한 문제를 자동으로 해결할 수 있다. 기계 학습은 그 학습 방식에 따라 크게 세 가지 유형으로 구분된다: 지도 학습(Supervised Learning), 비지도 학습(Unsupervised Learning), 그리고 강화 학습(Reinforcement Learning)이다.

4.2.1 지도 학습 (Supervised Learning)

지도 학습(Supervised Learning)은 입력 데이터와 그에 상응하는 정답(레이블)을 가진 데이터셋을 사용하여 기계 학습 모델을 학습시키는 방식이다. 이 방법에서는 알고리즘이 입력 데이터와 출력 데이터 간의 관계를 학습하여, 새로운 입력이 주어졌을 때 적절한 출력을 예측할 수 있도록 한다. 지도 학습의 목표는 모델이 보지 못한 새로운 데이터에 대해서도 정확하게 예측을 수행할 수 있도록 훈련하는 것이다.

1) 지도 학습의 특징

- **입력과 출력(레이블)이 모두 제공됨**: 지도 학습의 가장 큰 특징은 학습할 때 입력 데이터뿐만 아니라 그에 대한 정답 데이터도 함께 제공된다는 점이다. 입력 데이터는 문제의 원인이 되는 값(예: 주택의 면적, 날씨 정보 등)이고, 출력 데이터(레이블)는 알고리즘이 예측하려는 목표 값(예: 주택 가격, 질병 여부 등)이다. 이를 통해 알고리즘은 입력과 출력 간의 관계를 명확히 학습할 수 있다.
- **훈련 후 예측 가능**: 학습이 끝난 지도 학습 모델은 새로운 입력 데이터를 받아 이전에 학

습한 관계를 바탕으로 예측을 수행한다. 모델은 데이터에서 패턴을 학습해, 입력과 출력 간의 규칙을 파악하고, 이를 바탕으로 새로운 상황에서도 정답을 예측하게 된다.

- **모델 성능 평가**: 지도 학습에서는 학습 후, 테스트 데이터(모델이 학습 중에 보지 않은 데이터)를 사용하여 모델이 얼마나 정확하게 예측할 수 있는지를 평가한다. 정확도, 정밀도, 재현율과 같은 다양한 성능 지표를 통해 모델의 성능을 측정하며, 과적합(Overfitting)이나 과소적합(Underfitting) 문제가 없는지 확인한다.

2) 지도 학습의 주요 알고리즘

- **선형 회귀(Linear Regression)**: 선형 회귀는 연속형 데이터를 예측하는 데 사용되는 지도 학습 알고리즘이다. 입력 데이터와 출력 데이터 간의 관계가 선형일 때 유용하다. 선형 회귀는 데이터를 학습해 입력 변수(독립 변수)와 출력 변수(종속 변수) 사이의 관계를 모델링하는데, 이를 통해 모델은 새로운 입력 값에 대해 예측을 수행한다. 예를 들어, 주택 가격을 예측할 때, 주택의 면적, 위치, 층수 등의 특성을 입력으로 받아 이를 선형 모델을 사용해 주택 가격을 예측할 수 있다.
  - **예시**: "주택의 면적"이 입력 데이터라면, 선형 회귀는 "주택 가격"을 출력 값으로 예측하는 역할을 한다. 회귀 모델은 두 변수 간의 선형 관계(예: 가격 = a * 면적 + b)를 학습한다.
- **로지스틱 회귀(Logistic Regression)**: 로지스틱 회귀는 이진 분류 문제를 해결하는 데 사용되는 알고리즘이다. 이름에 '회귀'가 포함되어 있지만, 사실 이는 분류 문제에 주로 사용된다. 예를 들어, 이메일이 스팸인지 아닌지, 환자가 질병에 걸렸는지 여부를 예측하는 문제에 로지스틱 회귀가 사용된다. 로지스틱 회귀는 입력 데이터와 출력 간의 관계를 학습한 후, 0과 1 사이의 확률을 예측하고, 그 확률을 기준으로 분류를 수행한다.
  - **예시**: 스팸 필터에서 로지스틱 회귀는 이메일이 스팸일 확률을 예측하며, 특정 임계값(예: 0.5) 이상이면 스팸으로, 그렇지 않으면 정상 메일로 분류한다.
- **서포트 벡터 머신(SVM, Support Vector Machine)**: 서포트 벡터 머신(SVM)은 분류 및 회귀 문제에 모두 사용될 수 있지만, 주로 분류 문제에서 사용된다. SVM은 데이터를 고차원 공간으로 변환하여 두 클래스 간의 최적의 경계(결정 경계)를 찾는 알고리즘이다. 특히 데이터가 선형적으로 구분되지 않을 때, 커널 함수(Kernel Function)를 사용해 데이터를 고차원 공간으로 변환한 후 분류 작업을 수행한다. SVM은 높은 정확도를 자랑하

며, 특히 비선형 문제에서도 좋은 성능을 발휘한다.

- **예시**: 이미지 인식에서 고양이와 개의 사진을 분류하는 문제에서, SVM은 두 클래스 간의 최적 경계를 찾아 새로운 이미지를 분류한다.

- **의사결정나무(Decision Tree)**: 의사결정나무는 데이터를 트리 형태로 분류하거나 회귀하는 알고리즘이다. 트리는 특정 특징을 기준으로 데이터를 분할하여 각 노드에서 질문을 하고, 이를 바탕으로 데이터를 분류한다. 각 분기점에서는 특정 특징에 대한 조건이 적용되며, 이를 통해 데이터를 계속해서 나누어 예측을 수행한다. 의사결정나무는 직관적이고 해석이 쉬운 것이 큰 장점이다. 그러나 트리의 깊이가 너무 깊어지면 과적합의 위험이 있어 이를 방지하는 기법(예: 가지치기)이 사용되기도 한다.
  - **예시**: 신용 카드 사기 탐지에서, 의사결정나무는 여러 특성을 기준으로 데이터를 분할하여, 최종적으로 거래가 사기인지 여부를 예측할 수 있다.
- **랜덤 포레스트(Random Forest)**: 랜덤 포레스트는 여러 개의 의사결정나무를 조합하여 예측 성능을 향상시키는 알고리즘이다. 단일 의사결정나무는 과적합의 위험이 있지만, 랜덤 포레스트는 다수의 트리를 결합하여 각 트리의 결과를 종합해 더 안정적이고 정확한 예측을 한다. 이는 예측의 다양성을 통해 과적합을 방지하고, 일반화 성능을 향상시킨다.
  - **예시**: 랜덤 포레스트는 금융 기관에서 고객의 신용 점수를 예측하거나, 의료 분야에서 질병 진단에 활용될 수 있다.

3) 지도 학습의 적용 사례

- **스팸 필터링**: 지도 학습은 이메일을 스팸 또는 정상 메일로 분류하는 필터 시스템에 많이 사용된다. 과거의 이메일 데이터에서 스팸과 정상 메일을 구분하는 다양한 특징(예: 특정 단어 사용 빈도, 발신자 정보 등)을 학습한 후, 새로운 이메일이 도착하면 그 특징을 바탕으로 해당 이메일이 스팸인지 여부를 예측한다.
- **질병 예측**: 의료 분야에서는 지도 학습을 통해 환자의 건강 데이터를 분석하고, 특정 질병의 발병 가능성을 예측할 수 있다. 예를 들어, 환자의 혈압, 콜레스테롤 수치, 나이 등의 데이터를 입력받아 심혈관 질환 발생 여부를 예측할 수 있다. 지도 학습은 이러한 예측을 통해 조기 진단 및 치료 계획 수립에 도움을 준다.
  - **예시**: 지도 학습 알고리즘이 환자의 건강 데이터(입력)를 학습하여, 심장병 발병 여

부(출력)를 예측한다. 데이터를 기반으로 학습된 모델은 이후 새로운 환자의 데이터를 바탕으로 발병 가능성을 평가한다.

- **이미지 분류**: 지도 학습은 이미지 분류에서 매우 중요한 역할을 한다. 예를 들어, 수천 개의 고양이와 개 이미지가 있는 데이터셋을 사용해 모델을 학습시킨 후, 새로운 이미지를 보고 해당 이미지가 고양이인지 개인지 예측할 수 있다. 이런 방식으로 자율주행차에서 도로 표지판 인식, 의료 영상에서 암세포 탐지 등 다양한 분야에서 이미지 분류 모델이 활용되고 있다.
  - **예시**: 의료 영상에서 지도 학습을 통해 X-ray나 MRI 이미지에서 암세포를 인식하는 모델을 학습할 수 있다. 이를 통해 새로운 환자의 이미지를 보고 암 여부를 진단하는 데 도움을 줄 수 있다.
- **주식 예측**: 지도 학습은 과거의 주식 데이터(입력)를 학습하여, 주가의 변동을 예측하는 데 사용할 수 있다. 주식 예측 모델은 거래량, 회사 재무 정보, 경제 지표 등을 사용하여 미래의 주가를 예측할 수 있다. 이를 통해 투자 전략을 수립하는 데 중요한 정보를 제공한다.
- **추천 시스템**: 지도 학습은 추천 시스템에서도 광범위하게 사용된다. 예를 들어, 전자 상거래 웹사이트에서는 사용자들이 과거에 구매한 상품 데이터와 그 상품의 특성을 학습하여, 사용자가 좋아할 만한 상품을 추천할 수 있다. 지도 학습 알고리즘은 사용자의 구매 이력을 바탕으로 그가 어떤 상품을 좋아할지 예측하고 추천하는 역할을 한다.
  - **예시**: 넷플릭스와 같은 스트리밍 서비스에서는 사용자가 과거에 시청한 콘텐츠 데이터를 학습해, 사용자에게 새로운 영화나 시리즈를 추천한다.

결론

- 지도 학습은 기계 학습의 핵심적인 방법 중 하나로, 입력 데이터와 정답 데이터(레이블) 간의 관계를 학습하여 새로운 데이터를 예측하는 데 사용된다. 다양한 알고리즘들이 지도 학습에 활용되며, 각 알고리즘은 해결하고자 하는 문제의 특성에 따라 선택된다. 지도 학습은 스팸 필터링, 이미지 분류, 질병 예측, 주식 예측 등 다양한 분야에서 강력한 성능을 발휘하며, 오늘날 여러 산업에서 광범위하게 적용되고 있다.

4.2.2 비지도 학습 (Unsupervised Learning)

비지도 학습(Unsupervised Learning)은 정답(레이블)이 주어지지 않은 데이터를 사용해 학습하는 방식이다. 비지도 학습은 주어진 데이터에 대한 사전 정보가 없는 상태에서, 데이터를 분석하여 그 안에 내재된 구조나 패턴을 자동으로 찾아낸다. 이를 통해, 비슷한 특성을 가진 데이터끼리 그룹화하거나, 데이터를 효율적으로 요약하고 표현하는 방법을 학습한다. 비지도 학습은 데이터의 특성을 탐구하는 데 주로 사용되며, 레이블이 없는 대규모 데이터셋을 분석하고 처리하는 데 유리하다.

1) 비지도 학습의 특징

- **정답 없이 학습**: 지도 학습과는 달리 비지도 학습에서는 데이터에 대한 레이블(정답)이 주어지지 않는다. 따라서, 알고리즘은 입력 데이터의 숨겨진 구조를 파악하기 위해 스스로 데이터를 분석하고, 데이터 간의 유사성이나 패턴을 기반으로 그룹화하거나 특징을 추출한다.
- **군집화 및 차원 축소**: 비지도 학습의 주요 목표는 군집화(Clustering)와 차원 축소(Dimensionality Reduction)이다. 군집화는 유사한 데이터끼리 묶어 그룹을 형성하는 방법이며, 차원 축소는 데이터의 복잡도를 줄이면서 중요한 정보를 보존하는 기법이다. 이를 통해 데이터의 특징을 효과적으로 파악하고, 데이터 분석 및 시각화 작업을 더욱 용이하게 할 수 있다.

2) 비지도 학습의 주요 알고리즘

① 클러스터링 (Clustering)

클러스터링은 데이터를 유사성에 따라 여러 그룹으로 나누는 알고리즘이다. 클러스터링 알고리즘은 데이터의 유사성을 측정하여 비슷한 데이터끼리 묶어 그룹을 형성하는 방식으로 작동한다. 이때 형성된 각 그룹을 클러스터(cluster)라고 한다. 클러스터링은 데이터를 분류하는 데 있어 레이블이 필요하지 않기 때문에, 비지도 학습의 대표적인 방법으로 사용된다.

- **K-평균(K-means)**: K-평균은 가장 널리 사용되는 클러스터링 알고리즘 중 하나다. 이 알고리즘은 데이터를 미리 정의된 K개의 클러스터로 나눈다. 알고리즘은 먼저 K개의 클러스터 중심을 설정한 후, 각 데이터 포인트를 가장 가까운 클러스터 중심에 할당한다. 그다음 각 클러스터의 중심을 재계산하고, 이 과정을 반복하여 클러스터 간의 거리를 최소화한다. 최종적으로 데이터는 K개의 그룹으로 나뉘며, 각 클러스터는 유사한 특성을 가진 데이터로 구성된다.
- **K-평균 알고리즘의 과정**:
  i. 초기 클러스터 중심(K)을 임의로 선택한다.
  ii. 각 데이터 포인트를 가장 가까운 클러스터 중심에 할당한다.
  iii. 각 클러스터의 중심을 재계산한다.
  iv. 데이터 포인트의 할당이 더 이상 변화하지 않을 때까지 이 과정을 반복한다.
- **예시**: 마케팅에서 K-평균 클러스터링을 사용하여 고객 데이터를 분석하고, 구매 패턴에 따라 유사한 소비자 그룹을 나눌 수 있다. 이를 통해 기업은 각 그룹에 맞는 맞춤형 마케팅 전략을 수립할 수 있다.

- **DBSCAN (Density-Based Spatial Clustering of Applications with Noise)**: DBSCAN은 밀도 기반 클러스터링 알고리즘으로, 데이터 포인트의 밀도를 기반으로 클러스터를 형성한다. DBSCAN은 밀도가 높은 영역을 하나의 클러스터로 묶으며, 노이즈나 밀도가 낮은 데이터는 클러스터에서 제외한다. 이 알고리즘은 클러스터의 모양이 불규칙한 경우에도 효과적으로 작동하며, K-평균과 달리 클러스터의 수를 미리 정의할 필요가 없다.
- **예시**: DBSCAN은 이상치 탐지에 적합한 알고리즘으로, 금융 사기 탐지나 기계 이상 탐지와 같은 분야에서 사용할 수 있다.

② 차원 축소 (Dimensionality Reduction)

차원 축소는 고차원 데이터를 더 낮은 차원으로 변환하는 방법이다. 데이터를 보다 효율적으로 표현하면서도 중요한 정보를 유지하는 것을 목표로 한다. 차원 축소는 고차원의 복잡한 데이터를 시각화하거나, 계산 비용을 줄이기 위해 사용되며, 기계 학습 모델의 성능을 높이는 데도 기여할 수 있다.

- **주성분 분석(PCA, Principal Component Analysis)**: PCA는 가장 널리 사용되는 차원 축

소 기법 중 하나다. PCA는 데이터 내에서 가장 많은 분산을 설명하는 축(주성분)을 찾아 데이터를 해당 축에 따라 변환함으로써 차원을 축소한다. 즉, 데이터를 가장 잘 설명하는 주요 축을 선택해 데이터의 차원을 줄이는 방식이다. PCA는 데이터의 분산을 최대화하는 방향으로 축을 선택하기 때문에, 정보 손실을 최소화하면서 차원을 축소할 수 있다.

- **PCA 알고리즘의 과정**:
  i. 데이터를 중심화하고 공분산 행렬을 계산한다.
  ii. 공분산 행렬의 고유벡터를 계산하여 주성분을 찾는다.
  iii. 주성분을 사용해 데이터를 변환하고, 중요하지 않은 차원을 제거하여 차원을 축소한다.
- **예시**: 이미지 데이터 처리에서 PCA를 사용해 고차원 픽셀 데이터를 적은 수의 주요 성분으로 축소하여, 계산 복잡도를 줄이고 더 간결한 이미지 분석을 수행할 수 있다.

- **t-SNE (t-distributed Stochastic Neighbor Embedding)**: t-SNE는 고차원 데이터를 2차원 또는 3차원으로 축소하여 시각화하는 기법이다. 데이터 포인트 사이의 거리를 보존하면서 차원을 축소하여, 고차원의 복잡한 구조를 시각적으로 분석할 수 있게 해준다. t-SNE는 특히 클러스터 간의 관계를 명확하게 시각화하는 데 유용하다.
- **예시**: 대규모 텍스트 데이터의 주제를 시각적으로 분석하거나, 유전자 데이터를 시각화하여 군집의 분포를 분석하는 데 사용된다.

3) 비지도 학습의 적용 사례

- **고객 세분화**: 비지도 학습은 마케팅에서 고객 데이터를 분석하고, 유사한 행동 패턴을 가진 고객들을 자동으로 그룹화하는 데 사용된다. 고객 세분화는 각 그룹에 맞춘 맞춤형 마케팅 전략을 수립하거나, 특정 그룹에 대한 타겟 마케팅을 실행하는 데 유용하다. 예를 들어, K-평균 클러스터링을 통해 고객의 구매 패턴을 기반으로 여러 소비자 그룹을 나눌 수 있다.
  - **예시**: 대형 전자 상거래 플랫폼에서 고객의 과거 구매 이력을 분석하고, 구매 행동이 유사한 그룹으로 나눈 후, 각 그룹에 맞춘 상품 추천이나 마케팅 캠페인을 제공한다.
- **이상 탐지(Anomaly Detection)**: 비지도 학습은 정상적인 데이터로부터 벗어난 이상치(Outlier)를 탐지하는 데 매우 유용하다. 이는 정상적인 데이터 패턴에서 크게 벗어난 데이터를 찾아내는 작업으로, 금융 사기 탐지나 제조업에서 기계 고장 예측에 활용될 수

있다. 클러스터링 알고리즘을 사용해 정상적인 데이터 군집과 벗어난 데이터를 식별할 수 있다.

  - **예시**: 금융 기관에서 비지도 학습을 사용해 거래 데이터를 분석하고, 정상적인 거래 패턴과 크게 벗어나는 이상치를 찾아 사기 행위를 예방할 수 있다.

- **데이터 시각화**: 차원 축소 기법을 사용해 고차원의 데이터를 저차원으로 축소하여 시각적으로 표현할 수 있다. 특히 PCA나 t-SNE와 같은 알고리즘을 사용해 데이터를 2차원 또는 3차원으로 축소한 후 시각화하면, 데이터 간의 관계를 직관적으로 파악할 수 있다.
  - **예시**: 생물학에서 유전자 데이터를 시각화하여, 유사한 유전자를 그룹화하고 그들의 관계를 분석할 수 있다.
- **문서 군집화**: 비지도 학습은 텍스트 데이터를 분석하고 유사한 주제의 문서들을 자동으로 그룹화하는 데도 사용된다. 예를 들어, 뉴스 기사 데이터를 분석해 각 기사를 주제별로 클러스터링하여, 유사한 주제의 문서들이 함께 그룹화되도록 할 수 있다.
  - **예시**: 뉴스 웹사이트에서 비지도 학습을 사용해 정치, 경제, 스포츠와 같은 주제별로 기사를 자동으로 분류하고, 사용자에게 관련된 주제의 기사를 추천할 수 있다.

결론

- 비지도 학습은 정답(레이블) 없이 데이터를 학습하여, 내재된 패턴이나 구조를 발견하는 기법이다. 이를 통해 데이터 간의 유사성을 기반으로 그룹화하거나, 데이터를 효율적으로 표현하는 차원 축소 작업을 수행할 수 있다. 비지도 학습은 고객 세분화, 이상 탐지, 데이터 시각화, 문서 군집화와 같은 다양한 분야에서 사용되며, 레이블이 없는 대규모 데이터의 구조를 탐색하는 데 매우 유용하다.

4.2.3 강화 학습 (Reinforcement Learning)

강화 학습(Reinforcement Learning)은 에이전트(Agent)가 환경(Environment)과 상호작용하며, 특정 목표를 달성하기 위해 보상(Reward)을 극대화하는 행동을 학습하는 방법이다. 에이전트는 환경에서 다양한 행동을 시도하고, 각 행동에 대한 결과(보상 또는 벌점)를 받아 이를 학습하며, 장기적으로 가장 높은 보상을 얻기 위한 최적의 행동 전략(정책)을 개발한다.

강화 학습은 지도 학습이나 비지도 학습과 달리, 데이터셋이 아닌 경험(Experience)을 통해 학습한다. 즉, 에이전트는 환경에서의 행동 결과에 따라 학습하며, 직접적인 레이블을 제공받지 않고도 최적의 전략을 찾아낼 수 있다. 이 방식은 자율주행차, 로봇 제어, 게임 AI와 같은 복잡한 문제 해결에 매우 적합하다.

1) 강화 학습의 특징

- **에이전트와 환경의 상호작용**: 강화 학습에서 에이전트는 환경과 지속적으로 상호작용하며, 다양한 행동을 수행한다. 환경은 각 행동에 대한 보상을 제공하며, 에이전트는 이 보상 신호를 통해 학습한다. 에이전트의 목표는 장기적으로 누적 보상을 최대화할 수 있는 행동 전략을 학습하는 것이다. 이때, 에이전트는 행동이 즉각적인 보상뿐만 아니라 미래의 보상에 미치는 영향까지 고려해야 한다.
- **탐험(Exploration)과 활용(Exploitation)**: 강화 학습에서 에이전트는 두 가지 중요한 전략을 고려해야 한다
  - **탐험(Exploration)**: 에이전트는 아직 학습되지 않은 새로운 행동을 시도하여 더 나은 보상을 얻을 수 있는 가능성을 탐색한다.
  - **활용(Exploitation)**: 이미 학습한 정보를 기반으로, 에이전트는 현재 상황에서 가장 높은 보상을 제공할 것으로 기대되는 행동을 선택한다.

탐험과 활용 사이의 균형이 강화 학습에서 매우 중요하다. 지나치게 탐험만 하면 학습 속도가 느려지고, 과도하게 활용에 집중하면 최적의 전략을 발견하지 못할 수 있기 때문이다. 이를 탐험-활용 딜레마라고 부른다.

2) 강화 학습의 구성 요소

- **에이전트(Agent)**: 학습을 수행하는 주체로, 환경 내에서 행동을 선택하고, 그 결과에 따라 학습한다.
- **환경(Environment)**: 에이전트가 상호작용하는 공간으로, 에이전트의 행동에 대해 보상 또는 벌점을 제공하는 역할을 한다.
- **상태(State)**: 에이전트가 현재 위치한 환경의 상태를 나타내며, 에이전트는 이 상태를 기반으로 다음 행동을 선택한다.

- **행동(Action)**: 에이전트가 현재 상태에서 선택할 수 있는 행동이다. 각 행동은 에이전트를 다른 상태로 이동시키며, 그에 따른 보상이 주어진다.
- **보상(Reward)**: 에이전트가 특정 행동을 수행한 후 환경으로부터 받는 피드백이다. 보상은 행동의 결과가 목표 달성에 얼마나 기여했는지를 평가하는 기준이다.
- **정책(Policy)**: 에이전트가 주어진 상태에서 어떤 행동을 선택할지 결정하는 전략이다. 에이전트는 최적의 정책을 학습하여 보상을 극대화하려고 한다.
- **가치 함수(Value Function)**: 에이전트가 특정 상태에서 기대할 수 있는 장기적인 보상을 나타내는 함수이다. 가치는 미래의 보상까지 고려한 장기적인 기대 수익을 의미한다.
- **모델(Model)**: 환경을 예측하거나 시뮬레이션하는 방법이다. 에이전트는 모델을 사용해 환경에서 어떤 행동이 어떤 결과를 가져올지 예측할 수 있다. 모델을 사용하는 방법은 모델 기반 강화 학습(Model-based RL)이라고 한다.

3) 강화 학습의 구성 요소

- **Markov 결정 과정(MDP, Markov Decision Process)**: 강화 학습 문제는 일반적으로 Markov 결정 과정(MDP)으로 모델링된다. MDP는 다음과 같은 요소로 구성된다.
  - **상태 공간(S)**: 에이전트가 처할 수 있는 모든 상태.
  - **행동 공간(A)**: 에이전트가 선택할 수 있는 모든 행동.
  - **보상 함수(R)**: 특정 상태에서 특정 행동을 했을 때 받는 보상.
  - **전이 함수(P)**: 현재 상태에서 행동을 수행했을 때 다음 상태로 전이되는 확률.
- **탐험-활용 딜레마**: 에이전트는 학습 과정에서 탐험(Exploration)과 활용(Exploitation) 사이의 균형을 맞춰야 한다. 탐험을 통해 새로운 행동을 시도하면 더 나은 보상을 발견할 수 있지만, 이미 학습된 행동을 활용하면 현재 상태에서 보상을 최적화할 수 있다. 최적의 전략은 이 두 요소 간의 균형을 찾는 것이다.
- **할인율(Discount Factor)**: 강화 학습에서 에이전트는 현재의 보상뿐만 아니라 미래의 보상도 고려해야 한다. 이를 위해 할인율(Discount Factor, γ)이 사용된다. 할인율은 에이전트가 미래의 보상을 현재 가치로 얼마나 중요하게 여기는지를 나타낸다. γ 값이 1에 가까우면 장기적인 보상에 더 큰 가중치를 두고, 0에 가까우면 즉각적인 보상에 더 큰 가중치를 둔다.

4) 강화 학습의 주요 알고리즘

① Q-러닝(Q-learning)

Q-러닝은 상태와 행동의 조합을 통해 최적의 행동을 학습하는 강화 학습 알고리즘이다. Q 테이블이라는 데이터를 사용해 각 상태-행동 쌍에 대한 보상 값을 저장하고, 이를 바탕으로 최적의 행동을 선택한다. Q-러닝의 목표는 에이전트가 모든 상태에서 최적의 행동을 선택할 수 있는 Q 값을 학습하는 것이다.

- **Q-러닝 알고리즘의 과정**
  i. 초기 상태에서 가능한 행동 중 하나를 선택한다.
  ii. 행동을 수행하고, 그에 대한 보상을 받는다.
  iii. 보상과 미래의 Q 값을 사용해 Q 테이블을 업데이트한다.
  iv. 상태가 변할 때마다 이 과정을 반복하여, 최종적으로 모든 상태에서 최적의 행동을 선택할 수 있도록 학습한다.
- **예시**: Q-러닝은 비디오 게임의 캐릭터가 최적의 전략을 학습하는 데 사용할 수 있다. 게임에서 다양한 행동을 시도하고, 그 결과를 바탕으로 보상을 받아 최적의 게임 전략을 개발할 수 있다.

2) 딥 Q-네트워크(DQN, Deep Q-Network)

DQN은 Q-러닝을 딥러닝과 결합한 알고리즘으로, 복잡한 환경에서도 최적의 행동을 학습할 수 있게 한다. Q-러닝에서는 상태-행동 쌍의 Q 값을 저장하는 반면, DQN은 신경망을 사용해 Q 값을 예측한다. 이는 상태 공간이 매우 클 때 유리하다.

- **DQN 알고리즘의 과정**
  i. 딥러닝을 사용해 상태-행동 쌍의 Q 값을 예측한다.
  ii. 예측된 Q 값을 기반으로 최적의 행동을 선택한다.
  iii. 새로운 데이터를 학습하고, 신경망의 가중치를 업데이트하여 Q 값을 점차 개선해 나간다.
- **예시**: DQN은 자율주행차가 도로에서 주행하는 법을 학습하는 데 사용될 수 있다. 자율

주행차는 도로 상황에 따라 다양한 행동을 시도하고, 그 결과를 학습하여 최적의 주행 전략을 개발한다.

5) 강화 학습의 적용 사례

- **게임 AI**: 강화 학습은 게임 플레이에서 최적의 전략을 학습하는 AI 시스템을 개발하는 데 많이 사용된다. 예를 들어, 바둑 AI 알파고(AlphaGo)는 강화 학습을 통해 인간의 바둑 실력을 능가하는 수준의 플레이를 학습했다. 강화 학습은 게임 환경에서 다양한 전략을 시도하고, 그 결과를 통해 더 나은 전략을 학습한다.
  - **예시**: 바둑, 체스와 같은 보드게임이나 비디오 게임에서 AI 에이전트가 최적의 게임 플레이를 학습하는 데 활용된다.
- **로봇 제어**: 로봇은 강화 학습을 통해 환경에서 효율적으로 움직이거나 작업을 수행하는 방법을 학습할 수 있다. 예를 들어, 로봇이 물체를 집는 작업을 강화 학습을 통해 스스로 학습하여, 다양한 형태의 물체를 효율적으로 다룰 수 있다.
  - **예시**: 로봇이 물체를 집고 나르는 작업을 학습하거나, 장애물을 피하면서 이동하는 방법을 학습할 수 있다.
- **자율주행**: 자율주행차는 도로 환경에서 최적의 주행 전략을 학습하기 위해 강화 학습을 사용한다. 차량은 다양한 도로 상황에서 행동을 시도하고, 각 행동의 결과를 보상으로 받아 학습한다. 강화 학습을 통해 자율주행차는 최적의 경로 선택, 속도 조절, 장애물 회피와 같은 주행 기술을 학습할 수 있다.
  - **예시**: 자율주행차는 도로에서의 주행 데이터를 수집하여, 강화 학습을 통해 교통 상황에 맞는 최적의 주행 전략을 학습한다. 이를 통해 안전하고 효율적인 자율주행이 가능해진다.

6) 기계 학습의 종합적 이해

기계 학습은 다양한 학습 방법을 통해 데이터를 분석하고, 그 결과를 바탕으로 문제를 해결하는 기술이다. 지도 학습(Supervised Learning)은 정답(레이블)이 주어진 데이터를 학습하여 미래의 예측을 수행하고, 비지도 학습(Unsupervised Learning)은 정답 없이 데이터의 패턴을 발견하는 데 중점을 둔다. 반면, 강화 학습(Reinforcement Learning)은 에이전트가 환경과 상호작용하며 보상을 극대화하는 행동을 학습하는 방식이다.

이러한 기계 학습 기술들은 각각 다른 유형의 문제를 해결하는 데 적합하며, 의료, 금융, 자율주행, 게임 AI, 로봇 제어 등 다양한 산업 분야에서 폭넓게 사용되고 있다.

4.3 인공지능 딥러닝

딥러닝(Deep Learning)은 기계 학습(Machine Learning)의 한 분야로, 인공 신경망(Artificial Neural Networks)을 기반으로 한 학습 기법이다. 딥러닝의 특징은 여러 층의 신경망을 쌓아 올린 심층 신경망(Deep Neural Networks, DNN)을 활용해 복잡한 데이터의 패턴을 자동으로 학습하고, 이를 통해 고차원적인 문제 해결을 가능하게 한다는 점이다. 딥러닝은 인간의 신경망 구조를 모방한 알고리즘으로, 대규모 데이터에서 스스로 의미 있는 특징을 추출하고 학습하는 능력을 가지고 있다.

4.3.1 딥러닝의 주요 개념

1) 인공 신경망 (ANN, Artificial Neural Networks)

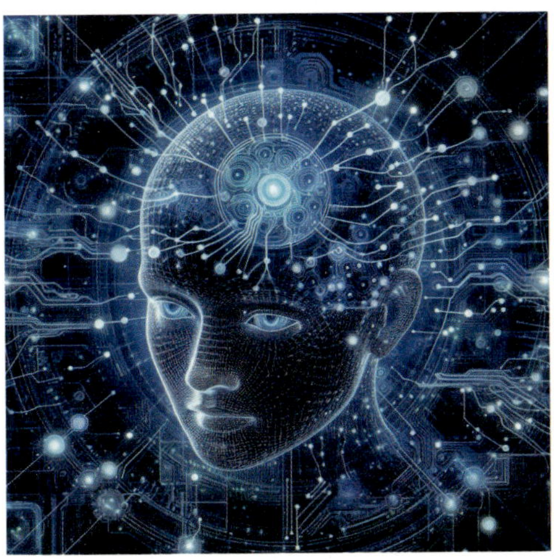

인공 신경망(Artificial Neural Networks, ANN)은 인간의 뇌에서 영감을 받아 설계된 알고리즘으로, 복잡한 데이터 처리와 학습을 위해 사용되는 기계 학습 모델이다. ANN은 여러 층(layer)의 뉴런(Neuron)으로 구성된 다층 구조를 가지고 있으며, 이를 통해 데이터를 점진적으로 처리하고 추상화하는 능력을 갖춘다. 각 뉴런은 입력 값을 받아 가중치와 편향을 곱한 후 비선형 활성화 함수를 통과하여 다음 층으로 전달된다. 이러한 과정이 반복되면서 ANN은 점점 더 복잡한 패턴을 학습하고, 이를 바탕으로 예측이나 분류와 같은 작업을 수행한다.

① 인공 신경망의 구성 요소

- **입력층 (Input Layer)**:
    - 입력층은 원시 데이터를 신경망에 전달하는 첫 번째 층으로, 데이터의 각 특징(feature)이 각각 하나의 뉴런에 할당된다.
    - 예를 들어, 28x28 픽셀 크기의 흑백 이미지가 입력 데이터라면, 입력층은 784개의 뉴런으로 구성되며, 각 뉴런은 한 픽셀의 값을 처리한다.
    - 입력층은 데이터에 직접적인 연산을 수행하지 않고, 데이터의 각 특성을 은닉층으로 전달하는 역할만 수행한다.
- **은닉층 (Hidden Layers)**:
    - 은닉층은 입력 데이터를 처리하는 층으로, 각 층의 뉴런은 가중치(weight)와 편향(bias)을 적용하여 데이터를 변환하고, 활성화 함수(Activation Function)를 통해 비선형 변환을 수행한다.
    - 여러 개의 은닉층이 존재할 수 있으며, 은닉층이 많을수록 신경망은 더 복잡한 패턴을 학습할 수 있다. 이러한 다층 구조를 심층 신경망(Deep Neural Network, DNN)이라고 부른다.
    - 은닉층에서 각 뉴런은 이전 층의 뉴런들로부터 신호를 입력받고, 그 신호에 가중치를 곱해 합산한 후 활성화 함수를 적용해 출력 값을 계산한다. 이 계산된 값은 다음 층의 뉴런으로 전달된다.
- **출력층 (Output Layer)**:
    - 출력층은 신경망의 최종 결과를 출력하는 층으로, 문제의 유형에 따라 분류 결과나 회귀 값을 반환한다.
    - **분류 문제**: 출력층의 각 뉴런은 데이터가 특정 클래스에 속할 확률을 나타낸다. 예를 들어, 이미지 분류 문제에서 10개의 클래스로 분류하려면 출력층에는 10개의 뉴런이 필요하다.
    - **회귀 문제**: 출력층은 하나의 연속적인 값을 반환한다. 예를 들어, 주택 가격 예측과 같은 문제에서는 출력층에서 예측된 주택 가격을 반환한다.

- 출력층의 활성화 함수는 문제에 따라 다르게 선택된다. 분류 문제에서는 소프트맥스(Softmax) 함수가 주로 사용되며, 회귀 문제에서는 활성화 함수 없이 실수 값을 출력한다.

② 인공 신경망의 학습 과정

인공 신경망은 주어진 데이터에서 패턴을 학습하기 위해 지도 학습(Supervised Learning)을 주로 사용하며, 다음과 같은 절차를 거친다.

- **순전파(Forward Propagation)**: 입력층에서 데이터를 받아 은닉층을 거쳐 출력층까지 신호가 전달되는 과정이다. 이 과정에서 각 뉴런은 가중치와 편향을 적용한 후 활성화 함수를 통해 데이터를 변환하고, 출력층에서는 최종 예측 결과를 반환한다.
- **손실 함수(Loss Function)**:
  - 신경망이 예측한 결과와 실제 정답(레이블) 사이의 오차를 계산하는 함수다. 대표적인 손실 함수로는 교차 엔트로피(Cross Entropy)와 평균 제곱 오차(MSE)가 있다.
  - 교차 엔트로피(Cross Entropy): 분류 문제에서 주로 사용되며, 실제 정답과 예측 확률 간의 차이를 나타낸다.
  - 평균 제곱 오차(MSE): 회귀 문제에서 사용되며, 예측 값과 실제 값 사이의 제곱 차이의 평균을 나타낸다.
- **역전파(Backpropagation)**: 손실 함수를 통해 계산된 오차를 출력층에서부터 입력층 방향으로 전파하면서, 각 층의 가중치와 편향을 업데이트하는 과정이다. 이 과정에서 체인룰(Chain Rule)을 사용하여 오차의 기울기(Gradient)를 계산하고, 이를 바탕으로 가중치를 조정하여 신경망의 성능을 향상시킨다.
- 최적화 알고리즘(Optimizer):
  - 가중치를 업데이트할 때 손실 함수의 기울기를 최소화하기 위한 알고리즘이다. 가장 많이 사용되는 최적화 알고리즘은 경사 하강법(Gradient Descent)이며, 변형된 방법으로 Adam(Adaptive Moment Estimation), RMSProp 등이 사용된다.
  - 경사 하강법은 손실 함수의 기울기를 따라 가중치를 반복적으로 조정해, 손실을 최소화하는 방향으로 학습을 진행한다.
- **에포크(Epoch)**: 학습 데이터 전체를 한 번 처리하는 과정을 에포크(Epoch)라고 한다. 신

경망은 여러 번의 에포크를 거치면서 가중치가 점차적으로 업데이트되고, 학습이 진행된다.

③ 인공 신경망의 활용 사례

- **이미지 인식**: 인공 신경망은 컴퓨터 비전(Computer Vision) 분야에서 매우 성공적으로 사용되고 있다. 예를 들어, 손글씨 숫자 이미지(MNIST 데이터셋)에서 각 숫자를 정확하게 인식하고 분류하는 작업에 사용된다. 더 나아가 컨볼루션 신경망(CNN)을 통해 복잡한 이미지 분석 작업에서도 뛰어난 성능을 발휘한다.
- **음성 인식**: 음성 데이터를 입력으로 받아 음성을 텍스트로 변환하는 작업에도 인공 신경망이 사용된다. 음성 인식 모델은 원시 음향 데이터를 처리하고, 이를 통해 발음의 패턴을 학습하여 정확하게 음성을 인식할 수 있다.
- **자연어 처리(NLP)**: 인공 신경망은 텍스트 데이터를 분석하여 언어 모델을 구축하는 데에도 사용된다. 예를 들어, 문장을 분석하여 감정을 분류하거나, 문맥을 이해해 번역하는 작업에 활용된다. 최근에는 순환 신경망(RNN), LSTM, Transformer 모델이 자연어 처리에서 더 발전된 성능을 보여주고 있다.
- **의료 진단**: 인공 신경망은 의료 영상 데이터를 분석하여 질병을 진단하는 데 활용된다. 예를 들어, CT 스캔이나 MRI 이미지를 분석하여 암을 조기에 발견하거나, 질병의 진행을 예측하는 데 사용된다.

④ 인공 신경망의 장점과 한계

- **장점**:
  - **자율 학습**: 인공 신경망은 주어진 데이터를 기반으로 스스로 특징을 학습할 수 있어, 복잡한 문제 해결에 매우 효과적이다.
  - **다양한 분야에 적용 가능**: 인공 신경망은 이미지, 음성, 텍스트 등 다양한 형태의 데이터를 처리할 수 있어, 여러 분야에서 활용할 수 있다.
  - **성능 향상**: 대규모 데이터를 처리하면서 성능이 점차 향상되며, 특히 심층 신경망(DNN)은 복잡한 패턴을 매우 효과적으로 학습한다.
- **한계**:
  - **많은 데이터 요구**: 인공 신경망은 정확한 예측을 위해 대규모의 데이터를 요구하며,

데이터가 부족할 경우 과적합(overfitting) 문제에 직면할 수 있다.

- **계산 비용**: 심층 신경망의 경우, 학습 과정에서 매우 많은 계산 자원이 필요하며, 학습 시간이 오래 걸릴 수 있다.
- **해석 가능성**: 신경망이 학습한 결과를 해석하는 것이 어렵다. 즉, 모델이 어떤 이유로 특정 결정을 내렸는지 설명하기 어려운 경우가 있다.

결론

- 인공 신경망(ANN)은 기계 학습의 핵심 기술로, 복잡한 데이터를 처리하고 패턴을 학습하는 데 매우 강력한 도구이다. ANN은 입력층, 은닉층, 출력층으로 구성된 다층 구조를 통해 데이터를 점진적으로 추상화하며, 이미지 인식, 음성 인식, 자연어 처리 등 다양한 분야에서 응용되고 있다. ANN은 복잡한 문제 해결에 매우 효과적이지만, 대규모 데이터와 계산 자원을 필요로 한다는 한계도 존재한다.

2) 컨볼루션 신경망(CNN, Convolutional Neural Networks)

컨볼루션 신경망(CNN, Convolutional Neural Networks)은 이미지 분석에 특화된 딥러닝 모델로, 이미지 데이터의 공간적 구조를 효과적으로 처리할 수 있도록 설계된 신경망이다. CNN은 주로 컨볼루션 연산과 풀링 연산을 활용해 데이터를 압축하고 중요한 패턴을 학습한다. CNN은 이미지 분류, 객체 탐지, 얼굴 인식 등에서 뛰어난 성능을 발휘하며, 이미지와 같은 고차원 데이터를 다룰 때 필수적인 기술로 자리 잡고 있다.

CNN은 2D 데이터(주로 이미지)의 공간적 특징을 인식하고 학습하는 데 탁월한 성능을 보인다. 특히, 지역적인 패턴을 학습할 수 있어, 이미지에서 특정 부분의 패턴(예: 가장자리, 텍스처 등)을 탐지하고, 이를 통해 복잡한 이미지 인식 문제를 해결한다.

① CNN의 주요 구성 요소

- **컨볼루션 층 (Convolutional Layer)**: 컨볼루션(Convolution)은 CNN의 핵심 연산으로, 입력 이미지에 필터(Filter) 또는 커널(Kernel)을 적용하여 중요한 특징을 추출하는 과정이다. CNN은 필터를 사용해 이미지의 특정 영역에서 유용한 정보를 추출하는 방식으로 학습을 진행한다. 필터는 이미지의 작은 부분을 반복적으로 훑으면서 가장자리, 윤곽선, 질감 등 다양한 특징을 감지한다.
  - **필터(Filter) 또는 커널(Kernel)**: 필터는 작은 크기의 행렬(예: 3x3, 5x5 등)로 이루어져 있으며, 입력 이미지에 적용해 특정 패턴(예: 경계선, 텍스처 등)을 감지한다. 필터는 가중치로 이루어져 있으며, 학습 과정에서 이 가중치가 최적화된다.
  - **스트라이드(Stride)**: 필터가 이미지를 훑는 간격을 뜻한다. 스트라이드가 클수록 필터가 한 번에 더 많은 픽셀을 이동하며, 출력 크기가 줄어든다.
  - **패딩(Padding)**: 필터가 이미지 가장자리를 처리할 수 있도록 입력 이미지의 테두리에 0을 채워 크기를 확장하는 방식이다. 패딩은 출력 이미지의 크기를 조절하고, 가장자리 정보를 보존하는 데 사용된다.
  - **활성화 맵(Activation Map)**: 필터를 통해 생성된 출력으로, 이미지에서 감지된 패턴이 반영된 결과이다. 각 필터는 서로 다른 특징을 학습하며, 여러 필터를 사용해 다양한 패턴을 탐지할 수 있다.
- **컨볼루션 과정**
  i. 입력 이미지에 필터를 적용해 특징 맵(Feature Map)을 생성한다.
  ii. 필터가 이미지 내에서 패턴(예: 가장자리, 선)을 감지하며, 이 과정에서 합성곱 연산(Convolution Operation)이 이루어진다.
  iii. 이미지의 지역적 패턴이 필터를 통해 추출되며, 각 필터는 서로 다른 특징을 학습한다.
- **컨볼루션 층의 역할**
  - 저수준 컨볼루션 층에서는 기본적인 패턴(예: 선, 모서리 등)을 학습하고, 더 깊은 층에서는 점점 복잡한 패턴(예: 형태, 물체)을 학습한다.
  - CNN의 여러 컨볼루션 층을 거치면서 이미지 내에서 점점 더 높은 수준의 특징을 추출할 수 있다.

- **활성화 함수 (Activation Function)**: 컨볼루션 연산을 거친 후에는 비선형성을 부여하기

위해 활성화 함수가 적용된다. 비선형 활성화 함수를 사용하여 뉴런이 학습할 수 있는 복잡한 패턴을 만들어내며, 주로 ReLU(Rectified Linear Unit)가 사용된다.

- **ReLU**: ReLU 함수는 입력 값이 0보다 크면 그대로 출력하고, 0 이하이면 0으로 출력하는 비선형 함수이다. ReLU는 계산 효율이 높고, 학습이 빠르게 진행되는 장점이 있어 CNN에서 많이 사용된다.

- **풀링 층 (Pooling Layer)**: 풀링(Pooling)은 컨볼루션 층에서 생성된 활성화 맵의 크기를 줄이는 역할을 한다. 이를 통해 데이터의 차원을 줄이고 계산 비용을 절감할 수 있으며, 과적합을 방지하는 데도 기여한다. 풀링은 데이터의 공간 정보를 요약하는 역할을 하며, 가장 많이 사용되는 방식은 최대 풀링(Max Pooling)이다.
  - **최대 풀링(Max Pooling)**: 각 영역에서 가장 큰 값만 남기고 나머지 값은 버리는 방식으로, 이미지의 중요한 특징을 남기고 불필요한 정보를 제거한다.
  - **평균 풀링(Average Pooling)**: 각 영역에서 평균 값을 계산하여 공간 정보를 축소하는 방식으로, 주로 평균적으로 중요한 특징을 남기고자 할 때 사용된다.
- **풀링의 역할**
  - 풀링은 데이터의 크기를 줄임으로써 모델의 연산을 줄이고 메모리 사용량을 감소시킨다.
  - 이미지의 공간적 불변성을 유지하며, 약간의 위치 변화에도 모델이 강건하게 반응할 수 있도록 한다.

- **완전 연결층 (Fully Connected Layer)**: CNN의 마지막 부분에는 완전 연결층(Fully Connected Layer)이 존재한다. 이 층은 컨볼루션 층과 풀링 층을 거쳐 추출된 특징을 기반으로 분류나 회귀 작업을 수행하는 곳이다. 모든 뉴런이 서로 연결되어 있어, 이전 층에서 추출된 특징을 바탕으로 최종 결론을 도출한다.
  - **출력층**: 문제의 유형에 따라 분류 작업일 경우 소프트맥스(Softmax) 활성화 함수가 사용되어 각 클래스에 속할 확률을 출력한다. 회귀 문제일 경우에는 선형 활성화 함수를 사용하여 실수 값을 예측한다.

② CNN의 학습 과정

CNN은 지도 학습(Supervised Learning) 방식으로 학습되며, 다음과 같은 과정을 통해 학습을 진행한다.

I. **순전파(Forward Propagation)**: 입력 이미지가 컨볼루션 층을 통해 처리되고, 각 필터는 이미지의 다양한 특징을 학습한다. 풀링 층은 크기를 줄이며, 완전 연결층에서는 최종적으로 예측 결과가 도출된다.

II. **손실 함수(Loss Function)**: CNN의 예측 결과와 실제 정답 사이의 오차를 계산하는 함수이다. 분류 문제에서는 주로 교차 엔트로피(Cross Entropy)가 사용된다. 손실 함수는 모델이 얼마나 잘 예측하고 있는지를 평가하는 기준이다.

III. **역전파(Backpropagation)**: 손실 함수의 값을 최소화하기 위해, 가중치를 업데이트하는 과정이다. 역전파는 출력층에서 입력층 방향으로 오차를 전달하며, 각 층의 가중치가 학습된다.

IV. **최적화(Optimizer)**: 가중치를 조정하기 위해 경사 하강법(Gradient Descent)이나 Adam Optimizer가 사용된다. 이 과정에서 신경망의 가중치가 점진적으로 업데이트되어, 예측 정확도가 향상된다.

③ CNN의 주요 특징

- **지역적인 학습(Local Receptive Fields)**: CNN은 지역적인 패턴을 학습하는 방식으로, 각 뉴런이 입력 이미지의 일부만을 처리한다. 이는 이미지에서 특정 영역의 특징(예: 가장자리, 모서리 등)을 효율적으로 학습할 수 있도록 해준다.
- **파라미터 공유(Parameter Sharing)**: CNN의 필터는 이미지 전체에서 동일하게 적용되기 때문에, 모든 위치에서 동일한 패턴을 학습할 수 있다. 이는 파라미터 수를 크게 줄이고, 모델이 더 적은 메모리로도 학습할 수 있도록 한다.
- **공간 불변성(Spatial Invariance)**: CNN은 풀링 연산을 통해 이미지 내 객체의 위치 변화에 대해 강건한 성능을 보여준다. 예를 들어, 물체가 이미지의 다른 위치에 있어도 CNN은 그 물체를 인식할 수 있다.

④ CNN의 활용 사례

- **이미지 분류(Image Classification)**:
  - CNN은 이미지에서 중요한 특징을 학습해, 이미지가 어떤 클래스에 속하는지 예측하는 문제에 사용된다. 예를 들어, 고양이와 개 이미지를 분류하는 문제에서 CNN은 각각의 동물에 대한 특징을 학습하고, 새로운 이미지에 대해 올바르게 분류할 수 있다.
  - ImageNet과 같은 대규모 이미지 데이터셋에서 CNN은 VGGNet, ResNet, Inception과 같은 모델을 통해 높은 정확도를 기록하고 있다.
- **객체 탐지(Object Detection)**:
  - CNN은 이미지 내에서 특정 객체를 탐지하는 데 사용된다. 예를 들어, 자율주행차에서 CNN은 도로의 차량, 신호등, 보행자 등의 객체를 탐지하고, 이를 바탕으로 주행 경로를 결정하는 데 도움을 준다.
  - YOLO(You Only Look Once), SSD(Single Shot Multibox Detector)와 같은 CNN 기반 객체 탐지 알고리즘은 실시간 탐지에서도 높은 성능을 보여준다.
- **얼굴 인식(Face Recognition)**: CNN은 얼굴 이미지에서 특징을 학습하여, 사람의 얼굴을 인식하는 데 매우 효과적이다. 예를 들어, 안면 인식 시스템에서 CNN은 여러 각도에서 찍힌 얼굴 이미지를 학습하고, 사용자를 정확하게 식별할 수 있다.
- **의료 영상 분석(Medical Image Analysis)**:
  - CNN은 X-ray, MRI, CT 등 의료 이미지를 분석하여 질병을 진단하는 데 사용된다. 예를 들어, 암 진단에서 CNN은 이미지를 분석해 종양을 자동으로 탐지하거나, 병리학적 이미지를 분석해 병의 유무를 판별할 수 있다.
  - CNN을 통해 방대한 의료 데이터를 신속하게 분석할 수 있으며, 정확도가 높아 의료 전문가의 진단을 보조하는 역할을 한다.

결론

- 컨볼루션 신경망(CNN)은 이미지와 같은 고차원 데이터를 다룰 때 매우 효과적인 딥러닝 모델로, 컨볼루션 연산과 풀링 연산을 통해 이미지의 중요한 특징을 추출하고 학습한다. CNN은 이미지 분류, 객체 탐지, 의료 영상 분석 등 다양한 분야에서 성공적으로 사용되고 있으며, 특히 공간적 불변성과 지역적 학습을 통해 복잡한 데이터에서 뛰어난 성능을 보여준다. CNN은 계속해서 발전하며, 더 복잡하고 다양한 응용 사례에서 활용될 가능성이 크다.

3) 순환 신경망 (RNN, Recurrent Neural Networks)

순환 신경망(RNN, Recurrent Neural Networks)은 연속된 데이터를 처리하는 데 특화된 딥러닝 모델로, 입력 데이터의 시간적 의존성을 고려하여 학습하는 구조를 가지고 있다. RNN의 가장 큰 특징은 순환 구조로, 현재 입력 데이터뿐만 아니라 이전 상태의 정보가 다음 상태로 전달되어 과거 데이터를 기억하며 학습할 수 있다는 점이다. 이를 통해 RNN은 시계열 데이터나 연속적인 데이터에서 데이터 간의 시간적 상관관계를 파악하는 데 강점을 가진다. RNN은 주로 자연어 처리(NLP), 음성 인식, 시계열 분석 등의 분야에서 자주 사용된다.

① RNN의 구조와 작동 방식

- **순환 구조**:
  - 일반적인 신경망과 달리, RNN은 현재 상태의 출력이 다시 피드백 루프를 통해 입력으로 연결된다. 이 구조를 통해 RNN은 이전 시간의 상태 정보를 현재 상태로 전달받으며, 시계열적인 의존성을 학습한다.
  - RNN의 각 시간 단계는 현재 입력과 이전 단계의 상태를 함께 고려하여 출력을 생성하므로, 이전의 맥락이 다음 단계의 계산에 영향을 미친다. 이를 통해 RNN은 순차적으로 연결된 데이터를 처리할 수 있다.
- **순전파(Forward Propagation)**:
  - RNN의 순전파는 각 시점의 입력 데이터가 뉴런을 통과하며, 이전 시간의 상태 정보와 함께 다음 시점으로 전달된다.
  - 각 시간 단계에서 출력은 입력과 상태가 결합된 값을 바탕으로 계산된다. 이 구조를 통해 RNN은 시계열 데이터를 순차적으로 처리하며, 입력 간의 의존성을 파악할 수 있다.
- **역전파(Backpropagation Through Time, BPTT)**:
  - RNN의 학습 과정에서 역전파(Backpropagation)는 시간 축을 따라 이루어진다.

이 과정을 시간을 통한 역전파(BPTT)라고 하며, 출력과 실제 값 사이의 오차를 역으로 전파해 각 시간 단계에서의 가중치를 업데이트한다.
- BPTT는 시계열 데이터의 여러 시간 단계에 걸쳐 손실을 전파하여, 모든 시점에서의 학습을 가능하게 한다.

- **장기 의존성 문제(Long-Term Dependency Problem)**: RNN의 순환 구조는 짧은 시계열에서는 효과적으로 작동하지만, 장기적인 의존성을 가진 데이터에서는 성능이 저하되는 문제를 겪는다. 이는 기울기 소실(Vanishing Gradient) 문제로, 시간에 따라 이전 정보가 점차 소실되어 초기 상태의 정보를 잃어버리기 때문이다.

② 장단기 기억 네트워크(LSTM, Long Short-Term Memory)

LSTM(Long Short-Term Memory)은 RNN의 장기 의존성 문제를 해결하기 위해 고안된 확장형 모델이다. LSTM은 데이터를 처리하는 동안 중요한 정보는 장기적으로 기억하고, 필요 없는 정보는 잊을 수 있는 능력을 가진다. 이는 LSTM의 게이트 구조 덕분이다.

- **LSTM의 게이트 구조**:
  - **입력 게이트(Input Gate)**: 입력 데이터를 선택적으로 기억할지 여부를 결정하는 게이트. 새로운 정보가 들어왔을 때, 이 게이트는 그 정보를 얼마나 기억할지 조정한다.
  - **망각 게이트(Forget Gate)**: 이전 상태에서 전달된 정보 중 어느 부분을 잊을지 결정하는 게이트. 필요하지 않은 정보는 제거하고, 중요한 정보만 유지한다.
  - **출력 게이트(Output Gate)**: 현재 상태의 출력을 결정하는 게이트로, 최종적으로 출력할 정보를 결정한다.

이들 게이트는 LSTM이 데이터를 처리하는 동안 필요한 정보는 유지하고, 불필요한 정보는 버리는 기능을 수행하여 장기 의존성 문제를 해결한다. 이를 통해 LSTM은 긴 시계열 데이터에서도 안정적인 학습을 할 수 있다.

- **LSTM의 특성**:
  - LSTM은 RNN보다 더 많은 메모리 셀을 활용하여 데이터를 처리하며, 중요한 정보를 장기적으로 기억할 수 있는 능력을 갖추고 있다.
  - LSTM은 시계열 데이터에서 과거 데이터와 미래 데이터를 효과적으로 연결하여 예

측하는 데 탁월한 성능을 보인다.

③ 변환기(Transformer)

Transformer는 RNN이나 LSTM 모델의 순차 처리 방식을 대체하는 모델로, 병렬 처리가 가능하고 문맥 정보를 더 잘 처리할 수 있는 딥러닝 모델이다. Transformer는 RNN과 달리 데이터를 순차적으로 처리하지 않고, 모든 위치의 데이터를 동시에 처리할 수 있어 처리 속도에서 큰 이점을 가진다. 특히, Transformer는 자연어 처리(NLP) 분야에서 뛰어난 성능을 보이며, BERT와 GPT 같은 모델이 Transformer 기반으로 만들어졌다.

- **Self-Attention Mechanism**:
  - Transformer의 핵심 개념은 Self-Attention Mechanism으로, 이 메커니즘은 각 입력 데이터가 다른 입력 데이터와의 연관성을 계산하고, 이를 통해 중요한 정보를 추출하는 방식이다.
  - Self-Attention을 통해 Transformer는 각 단어 간의 관계를 파악하고, 문장의 전체 문맥을 이해할 수 있다.
- **병렬 처리**: RNN은 데이터를 순차적으로 처리하기 때문에 병렬 처리가 어려운 반면, Transformer는 병렬 처리를 통해 데이터를 빠르게 학습할 수 있다. 이를 통해 대규모 데이터 처리에서도 효율적인 학습이 가능하다.
- **BERT와 GPT**:
  - **BERT(Bidirectional Encoder Representations from Transformers)**: BERT는 텍스트의 앞뒤 문맥을 동시에 고려하여 학습하는 모델로, 문장 내 단어 간의 상관관계를 깊이 있게 이해할 수 있다.
  - **GPT(Generative Pre-trained Transformer)**: GPT는 언어 생성 모델로, 주어진 문맥을 기반으로 새로운 텍스트를 생성하는 데 강점을 가진다. GPT는 텍스트 생성, 요약, 번역 등 다양한 NLP 작업에 활용된다.

④ RNN, LSTM, Transformer의 차이점

- **RNN**:
  - 순차적으로 데이터를 처리하며, 과거 상태가 다음 상태에 영향을 미친다.

- 짧은 시계열 데이터에서 효과적이나, 장기 의존성 문제로 인해 긴 시계열에서는 성능 저하가 발생할 수 있다.

- **LSTM**:
  - RNN의 단점을 극복한 모델로, 중요한 정보는 기억하고 불필요한 정보는 잊는 능력을 갖춘 게이트 구조를 사용한다.
  - 장기 의존성 문제를 해결하여 긴 시계열 데이터를 효과적으로 처리할 수 있다.
- **Transformer**:
  - RNN이나 LSTM과 달리 데이터를 순차적으로 처리하지 않으며, 병렬 처리를 통해 효율성을 높인다.
  - Self-Attention Mechanism을 사용해 텍스트 내의 문맥을 깊이 있게 이해하고, 매우 큰 텍스트 데이터에서도 빠르게 학습할 수 있다.

⑤ RNN의 활용 사례

- **자연어 처리(NLP)**:
  - RNN과 LSTM은 자연어 처리에서 주로 사용되며, 문장을 순차적으로 처리해 단어 간의 관계를 학습한다. 이를 통해 텍스트 데이터를 분류하거나 번역할 수 있다.
  - **번역 모델**: 입력 언어를 순차적으로 처리한 후, 다른 언어로 번역할 수 있다. 이때 RNN과 LSTM은 문장의 앞뒤 맥락을 이해하는 데 강점을 발휘한다.
  - **챗봇**: 사용자의 질문에 대한 응답을 순차적으로 생성하는 데 RNN 기반 모델이 사용된다.
- **시계열 데이터 분석**:
  - **금융 시장 예측**: RNN과 LSTM은 주식 시장의 변동성, 환율 변동 등을 예측하는 데 사용되며, 시간에 따라 변화하는 데이터를 분석하여 패턴을 학습한다.
  - **기후 데이터 분석**: 기후 데이터와 같은 시계열 데이터를 처리하여 기후 변화 패턴을 분석하고, 이를 바탕으로 날씨를 예측하는 데 사용된다.
- **음성 인식(Speech Recognition)**: RNN과 LSTM은 음성 데이터를 처리해 발음의 패턴을 학습하고, 이를 통해 텍스트로 변환하는 작업에 사용된다. 음성 데이터는 시간에 따라 변화하는 특성이 있기 때문에, 시계열 데이터를 처리할 수 있는 RNN이 적합하다.
- **음악 생성**: RNN과 LSTM은 시간에 따라 변화하는 음악 데이터를 학습하여, 새로운 음악

을 생성할 수 있다. 이는 음악의 패턴을 이해하고, 이전에 학습한 음악을 바탕으로 새로운 멜로디를 만들어내는 데 사용된다.

결론

- 순환 신경망(RNN)은 시간적 의존성을 가진 데이터를 처리하는 데 매우 적합한 딥러닝 모델로, 시계열 데이터, 자연어 처리, 음성 인식 등 다양한 분야에서 널리 사용된다. 그러나 RNN은 장기 의존성 문제를 가지고 있어, 이를 해결하기 위해 LSTM과 같은 모델이 개발되었다. LSTM은 중요한 정보를 장기적으로 기억할 수 있는 능력을 갖추고 있어 긴 시계열 데이터에서도 효과적으로 학습할 수 있다. 또한, 최근 등장한 Transformer는 RNN보다 더 빠르고 효율적인 병렬 처리 구조를 제공하며, 자연어 처리 분야에서 매우 뛰어난 성능을 보여준다.

4) 생성적 적대 신경망 (GAN, Generative Adversarial Networks)

생성적 적대 신경망(GAN, Generative Adversarial Networks)은 두 개의 신경망인 생성자(Generator)와 판별자(Discriminator)가 서로 경쟁하며 학습하는 구조를 가진 생성적 모델이다. GAN은 주로 새로운 데이터를 생성하는 작업에 사용되며, 특히 이미지 생성, 음성 합성, 영상 생성 등의 분야에서 큰 성공을 거두었다.

GAN의 독창적인 구조는 생성자와 판별자가 게임 이론적 대립을 통해 학습을 진행한다는 점이다. 생성자는 점점 더 실제 데이터와 유사한 데이터를 생성하려고 하고, 판별자는 그 데이터가 실제인지 가짜인지를 판단하여 학습한다. 이 두 네트워크는 경쟁적 관계에 있으면서 서로 성능을 향상시켜 나간다.

① GAN의 구성 요소

- **생성자 (Generator)**:
  - 생성자는 무작위로 생성된 잠재 공간(Latent Space)의 입력을 받아 실제와 유사한 데이터를 생성하는 역할을 한다. 생성자의 목표는 판별자를 속여서 생성된 데이터가 진짜인 것처럼 보이게 하는 것이다.
  - 생성자는 랜덤한 입력 벡터(잡음)를 실제 데이터와 유사한 데이터로 변환하는 신경망으로, 역전파를 통해 자신의 가중치를 계속해서 조정하면서 점점 더 진짜와 유사한 데이터를 생성하는 능력을 학습한다.
  - **학습 목표**: 생성자의 학습 목표는 판별자를 속여서, 가짜 데이터를 실제 데이터처럼 보이게 만들어 판별자가 제대로 구분하지 못하게 하는 것이다. 생성자는 판별자가 틀릴 확률이 높아지도록 가중치를 조정해 나간다.
- **생성자의 입력**
  - **잠재 공간(Latent Space)**: 무작위로 생성된 벡터(일반적으로 가우시안 분포나 균등 분포에서 샘플링한 값)를 입력으로 사용한다. 이 입력 벡터는 실제 데이터를 나타내지 않지만, 생성자는 이를 변환하여 실제 데이터와 유사한 데이터를 만들어낸다.

- **판별자 (Discriminator)**:
  - 판별자는 주어진 데이터가 실제 데이터인지, 생성된 가짜 데이터인지를 구분하는 역할을 한다. 판별자는 진짜 데이터와 생성자의 가짜 데이터를 모두 입력받고, 이 중 어떤 것이 진짜이고 어떤 것이 가짜인지를 학습한다.
  - 판별자는 이진 분류 문제를 해결하는 신경망으로, 가짜 데이터를 정확하게 식별할 수 있어야 한다.
  - **학습 목표**: 판별자의 학습 목표는 생성자가 만든 가짜 데이터를 정확하게 구별하고, 실제 데이터와 구별할 수 있는 능력을 키우는 것이다. 판별자는 생성자가 만든 데이터와 실제 데이터를 비교하면서 가중치를 조정하여 학습한다.
- **판별자의 입력**:
  - 실제 데이터와 생성된 가짜 데이터 모두 판별자에 입력으로 들어가며, 판별자는 이 두 가지 데이터 간의 차이를 학습해 진짜와 가짜를 구분한다.

- **적대적 학습 (Adversarial Training)**:
  - 생성자와 판별자는 서로 적대적 관계에 놓여 있으며, 동시에 학습을 진행한다. 생성자는 점점 더 진짜와 유사한 데이터를 생성하려고 하고, 판별자는 그 데이터를 가짜로 구별하려고 한다.
  - 이 과정은 제로섬 게임으로 비유될 수 있다. 생성자가 판별자를 속이는 데 성공하면, 판별자는 학습하여 더 정확하게 가짜를 구별하려고 한다. 반대로, 판별자가 가짜를 잘 구별하게 되면, 생성자는 더 정교한 데이터를 만들어 판별자를 속이려 한다.

- **손실 함수 (Loss Function)**:
  - GAN의 손실 함수는 게임 이론의 개념을 기반으로 하며, 미니맥스(minimax) 손실 함수를 사용한다. 생성자는 판별자가 자신이 만든 데이터를 실제 데이터로 오인하게 만들고, 판별자는 그것을 정확하게 구분하려고 한다.
  - 생성자와 판별자는 서로의 성능을 최대화 또는 최소화하는 과정에서 학습을 진행한다. 즉, 생성자는 판별자가 가짜 데이터를 실제로 인식할 확률을 최대화하려고 하고, 판별자는 가짜 데이터를 진짜로 잘못 인식할 확률을 최소화하려고 한다.
- **수학적 표현**:
  - **생성자 손실**: 생성자가 판별자를 속일 확률을 최대화하는 것이 목표이다.
  - **판별자 손실**: 판별자가 진짜 데이터를 진짜로, 가짜 데이터를 가짜로 잘 구별할 확률을 최대화하는 것이 목표이다.

- **학습 과정**:
  i. 판별자 학습: 먼저 판별자는 생성자가 만든 가짜 데이터와 실제 데이터를 입력받아, 이 둘을 구분하는 법을 학습한다. 판별자는 진짜 데이터에 대해 1을 출력하고, 가짜 데이터에 대해 0을 출력하도록 학습된다.
  ii. 생성자 학습: 생성자는 랜덤한 벡터를 입력으로 받아 가짜 데이터를 생성하며, 생성된 데이터를 판별자에 입력하여 판별자를 속이려고 한다. 생성자는 판별자가 가짜 데이터를 실제 데이터로 잘못 판단하게 만드는 방향으로 학습한다.
  iii. 이 과정은 생성자와 판별자가 서로 번갈아가며 학습을 진행하며, 생성자는 점점 더 진짜와 유사한 데이터를 생성할 수 있게 되고, 판별자는 더 정교하게 데이터를 구별할 수 있게 된다.

② GAN의 특징

- **경쟁적 학습 (Competitive Learning)**: GAN의 독특한 점은 두 네트워크가 서로 경쟁하면서 성능을 개선해나간다는 것이다. 생성자는 가짜 데이터를 더 진짜같이 만들고, 판별자는 그 가짜 데이터를 더 잘 구분하려는 경쟁적 학습이 이루어진다.
- **무감독 학습 (Unsupervised Learning)**: GAN은 라벨링된 데이터가 필요하지 않다는 점에서 비지도 학습(Unsupervised Learning)과 비슷한 특성을 지닌다. GAN은 실제 데이터의 분포를 학습하며, 라벨이 없는 상태에서도 실제 데이터와 유사한 데이터를 생성할 수 있다.
- **고품질 데이터 생성**: GAN은 다양한 분야에서 고품질의 데이터를 생성하는 데 사용되며, 기존 데이터의 특징을 학습하여 새로운 이미지를 만들거나, 음성 합성, 동영상 생성과 같은 작업을 수행한다.
- **데이터 증강(Data Augmentation)**: GAN은 훈련 데이터가 부족한 경우에도 사용할 수 있으며, 훈련 데이터를 증강하는 데 매우 유용하다. 예를 들어, 의료 영상에서 질병 데이터가 적은 경우, GAN을 통해 새로운 데이터를 생성하여 학습에 사용함으로써 모델의 성능을 높일 수 있다.

③ GAN의 활용 사례

- **이미지 생성 (Image Generation)**: GAN은 실제와 유사한 이미지를 생성하는 데 매우 강력한 성능을 발휘한다. 예를 들어, 사람의 얼굴을 생성하거나, 가상의 풍경 이미지를 만드는 데 사용될 수 있다. StyleGAN과 같은 모델은 고해상도 이미지를 생성하는 데 사용되며, 가상 인물이나 예술 작품을 창작하는 데 활용된다.
  - **딥페이크(Deepfake)**: GAN을 활용하여 사람의 얼굴을 합성하거나, 동영상에서 특정 인물의 얼굴을 다른 인물로 바꾸는 기술이다.
- **스타일 변환 (Style Transfer)**: GAN은 이미지를 특정 예술적 스타일로 변환하는 데 사용될 수 있다. 예를 들어, 일반 사진을 고흐의 그림처럼 변환하거나, 특정 스타일을 다른 이미지에 적용하는 것이 가능하다. 이를 통해 사진의 스타일 변화나 예술적 표현을 적용할 수 있다.
  - **CycleGAN**: 한 도메인의 이미지를 다른 도메인의 이미지로 변환하는 모델로, 말을 얼룩말처럼 바꾸거나, 여름 사진을 겨울 사진으로 변환할 수 있다.
- **음성 합성 (Speech Synthesis)**: GAN은 음성을 자연스럽게 생성하는 데 사용될 수 있다.

예를 들어, 사람의 목소리를 학습하여 새로운 음성 데이터를 생성하거나, 음성 변환 작업을 수행할 수 있다.

- **동영상 생성 (Video Generation)**: GAN은 정적인 이미지뿐만 아니라 동영상을 생성하는 데에도 사용될 수 있다. GAN 기반 동영상 생성 모델은 사람의 동작을 학습하여, 사람의 행동을 영상으로 만들거나, 가상 캐릭터의 움직임을 창작하는 데 활용될 수 있다.
- **데이터 증강 (Data Augmentation)**: GAN은 의료 데이터나 산업 데이터와 같이 제한된 데이터셋에서 새로운 데이터를 생성해 학습에 사용할 수 있다. 이를 통해 모델이 더 다양한 데이터에서 학습할 수 있게 하여 성능을 높인다. 예를 들어, 의료 영상 데이터가 적을 때, GAN을 사용하여 암 조직과 같은 의료 이미지를 새로 생성하여 데이터를 보완할 수 있다.
- **슈퍼 해상도 (Super Resolution)**: GAN은 저해상도 이미지를 고해상도 이미지로 변환하는 데 사용될 수 있다. SRGAN(Super-Resolution GAN)과 같은 모델은 저해상도 사진을 고해상도로 변환하는 데 강력한 성능을 발휘한다.

④ GAN의 한계와 문제점

- **훈련 불안정성 (Training Instability)**: GAN의 훈련 과정은 매우 불안정할 수 있으며, 생성자와 판별자의 학습 속도가 균형을 이루지 못하면 모델이 제대로 학습되지 않을 수 있다. 특히, 판별자가 너무 강력하면 생성자가 제대로 학습할 기회를 얻지 못할 수 있다.
- **모드 붕괴 (Mode Collapse)**: 생성자가 다양한 데이터를 생성하지 못하고, 몇 가지 특정한 패턴의 데이터만 생성하는 현상이 발생할 수 있다. 이를 모드 붕괴라고 하며, GAN의 중요한 문제 중 하나이다.
- **훈련 데이터 의존성**: GAN은 훈련 데이터의 분포를 학습하기 때문에, 훈련 데이터의 질과 양이 매우 중요하다. 데이터가 충분하지 않거나 편향된 경우, 생성된 데이터의 품질도 저하될 수 있다.

결론

- 생성적 적대 신경망(GAN)은 데이터 생성에 특화된 딥러닝 모델로, 생성자와 판별자가 서로 경쟁하며 학습을 진행하는 구조를 가진다. GAN은 이미지 생성, 스타일 변환, 데이터 증강 등의 다양한 분야에서 뛰어난 성능을 발휘하며, 특히 고품질의 데이터를 생성하는 데 유용하다. 하지만 훈련 과정의 불안정성과 모드 붕괴와 같은 문제도 존재한다. GAN은 비디오 생성, 음성 합성, 슈퍼 해상도 등 다양한 응용 분야에서 활용되고 있으며, 앞으로도 발전 가능성이 큰 모델이다.

4.3.2 딥러닝의 학습 방식

- **지도 학습(Supervised Learning)**: 지도 학습은 입력 데이터와 해당 출력(레이블)이 함께 제공되는 방식으로, 딥러닝 모델이 주어진 데이터를 학습하여 새로운 데이터를 예측할 수 있게 된다. 예를 들어, 이미지 분류 작업에서 딥러닝 모델은 입력 이미지(고양이, 개)와 그에 대한 라벨을 학습하여, 새로운 이미지에 대해 어떤 클래스에 속하는지 예측할 수 있다.
- **비지도 학습(Unsupervised Learning)**: 비지도 학습은 정답(레이블)이 주어지지 않은 데이터를 학습하는 방식이다. 딥러닝 모델은 입력 데이터의 패턴이나 구조를 스스로 학습하여 데이터를 그룹화하거나 변환할 수 있다. 예를 들어, GAN은 비지도 학습을 통해 데이터를 생성하고 변형하는 작업을 수행한다.
- **강화 학습(Reinforcement Learning)**: 강화 학습은 에이전트(Agent)가 환경(Environment)과 상호작용하며, 보상을 극대화하는 방향으로 학습하는 방식이다. 딥러닝은 강화 학습의 에이전트로 사용되며, 자율주행차, 게임 AI 등 복잡한 상황에서 최적의 행동을 학습하는 데 활용된다.

4.3.3 딥러닝의 응용 사례

딥러닝은 다양한 산업 분야에서 복잡한 문제를 해결하는 데 매우 강력한 도구로 자리 잡았다. 컴퓨터 비전, 자연어 처리(NLP), 의료 분야 등의 핵심 분야에서 딥러닝은 인상적인 성과를 내고 있으며, 특히 생성적 모델링을 통해 예술과 창작의 새로운 영역을 개척하고 있다.

다음은 딥러닝의 주요 응용 분야와 그 사례들에 대한 자세한 설명이다.

4.3.3.1 컴퓨터 비전 (Computer Vision)

컴퓨터 비전은 딥러닝을 통해 이미지와 동영상 데이터를 분석하고 이해하는 분야로, 이미지 분류, 객체 탐지, 얼굴 인식 등에서 탁월한 성과를 거두고 있다. 컴퓨터 비전은 자율주행, 보안, 의료 진단 등 다양한 산업에서 활용된다.

- **이미지 분류 (Image Classification)**:
  - 딥러닝 기반 컨볼루션 신경망(CNN)은 이미지 분류 작업에서 매우 높은 정확도를 보인다. CNN은 이미지에서 주요 특징을 추출하고, 이미지를 특정 카테고리로 분류하는 데 사용된다.
  - mageNet과 같은 대규모 이미지 데이터셋에서 딥러닝 모델은 뛰어난 성능을 보이며, 여러 이미지 분류 대회에서 인간의 정확도를 능가하는 결과를 보여준다.
  - **실제 사례**: 스마트폰의 사진 갤러리에서 자동 태깅 기능은 딥러닝을 사용하여 이미지 내의 객체를 인식하고, 그에 따라 자동으로 태그를 추가하는 기능을 제공한다.
- **객체 탐지 (Object Detection)**:
  - 객체 탐지는 이미지나 동영상 내에서 특정 객체(예: 자동차, 보행자, 동물 등)를 식별하고 그 위치를 추정하는 작업이다. 딥러닝 기반 모델, 특히 YOLO(You Only Look Once), SSD(Single Shot Multibox Detector) 등은 실시간 객체 탐지에서도 우수한 성능을 보인다.
  - **자율주행**: 자율주행차는 컴퓨터 비전 기술을 사용해 도로 상황을 분석하고, 차량의 주행 경로를 실시간으로 제어한다. 딥러닝 모델은 차량 주변의 신호등, 보행자, 차량 등을 인식하고, 그에 따른 주행 결정을 내리는 데 중요한 역할을 한다.
- **얼굴 인식 (Facial Recognition)**:
  - 딥러닝은 얼굴 인식 시스템에서도 중요한 역할을 한다. CNN을 기반으로 한 얼굴 인식 시스템은 사람의 얼굴을 정확하게 식별할 수 있으며, 보안 시스템, 출입 관리, 사용자 인증 등에서 널리 사용된다.
  - **실제 사례**: 스마트폰의 Face ID 기능은 딥러닝 모델을 통해 사용자의 얼굴을 인식하여 잠금을 해제하는 기술을 제공한다.

- **의료 영상 분석**:
  - CNN 기반 딥러닝 모델은 의료 영상 분석에서 질병 진단과 조기 발견에 큰 기여를 하고 있다. X-ray, CT 스캔, MRI 등의 의료 영상을 분석하여 암과 같은 질병을 조기에 발견하는 데 사용되며, 이로 인해 정확도가 높아지고, 의료 전문가의 진단을 보조하는 역할을 한다.
  - **실제 사례**: 폐암 진단에서, 딥러닝 모델은 CT 영상을 분석하여 폐암을 조기에 발견하거나, 암 조직을 자동으로 분류하는 데 도움을 준다.

2) 자연어 처리 (NLP, Natural Language Processing)

자연어 처리(NLP)는 텍스트와 음성을 기반으로 언어를 이해하고 생성하는 기술로, 딥러닝의 발전으로 텍스트 분류, 번역, 챗봇, 음성 인식 등 다양한 분야에서 놀라운 성과를 보이고 있다.

- **텍스트 분류 (Text Classification)**:
  - 딥러닝 모델은 방대한 양의 텍스트 데이터를 분석하고, 이를 분류하는 작업에서 매우 뛰어난 성능을 보인다. 감정 분석, 스팸 필터링, 주제 분류와 같은 작업에서 딥러닝 모델이 사용된다.
  - **실제 사례**: 소셜 미디어 감정 분석 시스템은 게시글의 텍스트를 분석하여 감정을 분류하고, 이를 기반으로 기업의 마케팅 전략을 조정하는 데 사용된다.
- **번역 (Machine Translation)**:
  - 딥러닝 기반 기계 번역은 자연어 처리에서 중요한 응용 분야다. RNN, LSTM, 그리고 최근의 Transformer 모델은 언어 간 번역 작업에서 매우 높은 성능을 보인다.
  - Transformer 기반의 BERT(Bidirectional Encoder Representations from Transformers)와 GPT 시리즈(Generative Pretrained Transformer)는 언어의 문맥을 깊이 이해하고, 이를 바탕으로 더 정확한 번역을 제공한다.
  - **실제 사례**: Google 번역은 딥러닝 기반 Transformer 모델을 통해 실시간으로 다양한 언어 간의 번역을 제공한다.
- **챗봇 (Chatbot)**:
- - 딥러닝은 사용자와 대화할 수 있는 챗봇을 만드는데도 널리 사용된다. 자연어 이해

(NLU)와 자연어 생성(NLG) 기술을 결합하여, 딥러닝 기반 챗봇은 사용자와의 상호작용을 통해 자연스러운 대화를 할 수 있다.

  - **실제 사례**: 고객 서비스 시스템에서 딥러닝 챗봇은 실시간으로 고객의 질문에 응답하고, 문제를 해결할 수 있다.

- **음성 인식 (Speech Recognition)**:
  - 음성 인식은 음성 데이터를 텍스트로 변환하는 기술로, RNN과 LSTM 모델이 주로 사용된다. 딥러닝 기반 음성 인식 모델은 사용자 음성을 정확하게 분석하고, 텍스트로 변환하여 음성 명령을 이해한다.
  - **실제 사례**: 가상 비서(예: Siri, Google Assistant)는 사용자의 음성을 인식하고, 그 명령을 처리하여 다양한 작업을 수행한다.

3) 의료 분야

딥러닝은 의료 분야에서 데이터 분석, 질병 진단, 약물 발견, 유전자 분석 등 다양한 작업에 널리 사용되고 있다. 특히, 의료 영상 분석에서는 딥러닝이 전문가의 정확한 진단을 보조하는 중요한 도구로 자리 잡고 있다.

- **질병 진단 (Disease Diagnosis)**:
  - 딥러닝 모델은 의료 영상(X-ray, MRI, CT 등)을 분석하여 암을 비롯한 여러 질병을 조기에 발견하는 데 큰 기여를 하고 있다. 딥러닝은 의사와 의료 전문가의 판단을 보조하고, 질병 진단 정확도를 높이는 데 도움을 준다.
  - **실제 사례**: 피부암 진단에서는 딥러닝을 사용해 피부 병변 이미지를 분석하고, 병변의 악성 여부를 자동으로 판별한다.
- **약물 발견 (Drug Discovery)**:
  - 딥러닝은 신약 개발 과정에서 분자 구조와 화학적 특성을 분석하여 새로운 약물을 발견하는 데 사용된다. 딥러닝은 기존의 실험적 방법보다 훨씬 빠르고 효율적으로 신약 후보 물질을 도출할 수 있다.
  - **실제 사례**: AI 기반 신약 개발 기업들은 딥러닝 모델을 사용해 특정 질병을 치료할 수 있는 약물을 빠르게 탐색하고 검증하는 연구를 진행하고 있다.
- **유전자 분석 (Genomic Analysis)**:

- 딥러닝은 대량의 유전자 데이터를 분석하여 유전적 질병을 예측하거나 정밀 의학을 지원하는 데도 활용된다. 유전체 데이터는 매우 방대하고 복잡하기 때문에, 딥러닝을 통해 유전자 변형을 효과적으로 분석할 수 있다.
- **실제 사례**: 암 유전자 분석에서는 딥러닝을 통해 특정 유전자 변이를 감지하고, 이에 따른 맞춤형 치료 방법을 제시할 수 있다.

4) 생성적 모델링 (Generative Modeling)

생성적 모델링은 새로운 데이터를 생성하는 딥러닝 기술로, 특히 GAN(Generative Adversarial Networks)을 통해 놀라운 성과를 내고 있다. GAN은 예술, 디자인, 영화 등에서 창작의 새로운 가능성을 열어주고 있다.

- **이미지 생성 (Image Generation)**:
  - GAN은 새로운 이미지를 생성하는 데 사용되며, 사람의 얼굴, 가상 환경, 예술 작품 등을 만들어낸다. GAN은 훈련 데이터를 기반으로 새로운 이미지나 예술 작품을 창작할 수 있는 능력을 가지고 있다.
  - **실제 사례**: StyleGAN은 매우 사실적인 얼굴 이미지를 생성하는 데 성공했으며, 가상 인물을 만들거나 영화나 광고에서 가상 캐릭터를 창작하는 데 활용되고 있다.
- **스타일 변환 (Style Transfer)**:
  - GAN을 사용하여 이미지를 다른 스타일로 변환하는 작업이 가능하다. 예를 들어, 일반 사진을 예술가의 스타일(예: 고흐의 화풍)로 변환하거나, 그림을 사진처럼 바꿀 수 있다.
  - CycleGAN은 두 개의 도메인 간의 변환을 학습하여 여름 사진을 겨울 풍경으로 변환하거나, 말을 얼룩말처럼 변환하는 작업을 수행할 수 있다.
- **데이터 증강 (Data Augmentation)**:
  - GAN은 훈련 데이터를 증강하는 데도 유용하게 사용된다. 예를 들어, 의료 분야에서 질병 관련 데이터가 부족한 경우, GAN을 통해 더 많은 데이터를 생성하여 딥러닝 모델의 성능을 향상시킬 수 있다.
  - **실제 사례**: 의료 데이터 증강에서는 GAN을 사용해 희귀 질환의 의료 이미지를 생성하여, 모델이 학습할 수 있는 데이터를 늘리는 데 사용된다.

- **음성 및 동영상 생성 (Speech and Video Generation)**:
- GAN은 음성 데이터를 합성하거나, 짧은 동영상을 생성하는 데도 활용된다. GAN 기반 음성 합성 모델은 특정 사람의 목소리로 가짜 음성을 생성하거나, 동영상 속 인물의 행동을 조작하는 데 사용할 수 있다.
- **실제 사례**: 딥페이크(Deepfake) 기술은 GAN을 사용해 실시간으로 인물의 얼굴을 변환하거나, 음성을 합성하는 기술로, 영화나 게임에서 가상 캐릭터를 만들어내는 데 사용된다.

결론

- 딥러닝은 이미지 분석, 자연어 처리, 의료, 생성적 모델링 등 다양한 분야에서 중요한 기술로 자리 잡았으며, 특히 컴퓨터 비전, 자연어 처리(NLP), 의료 영상 분석과 같은 영역에서 매우 뛰어난 성능을 발휘하고 있다. GAN을 통한 창의적 작업은 예술과 과학의 경계를 넘어서, 새로운 방식의 데이터 생성 및 창작 활동을 가능하게 했다. 딥러닝 기술은 계속해서 발전하고 있으며, 앞으로도 더 많은 산업과 응용 분야에서 혁신을 이끌어낼 것이다.

4.4 연습문제

4지선다형 문제 (10문제)

01. 인공지능의 정의로 적절한 것은?

①. 컴퓨터가 스스로 데이터를 입력하는 기술

②. 컴퓨터가 인간의 지능을 모방하여 학습, 추론, 문제 해결을 수행하는 기술

③. 컴퓨터가 게임을 실행하는 기술

④. 컴퓨터가 모든 데이터를 완벽하게 처리하는 기술

02. 다음 중 기계 학습의 유형에 해당하지 않는 것은?

①. 지도 학습

②. 비지도 학습

③. 강화 학습

④. 선형 회귀 학습

03. 딥러닝의 핵심 기술로 사용되는 모델은 무엇인가?

①. 의사결정나무

②. 컨볼루션 신경망(CNN)

③. 서포트 벡터 머신(SVM)

④. 군집화(K-means)

04. RNN이 주로 사용되는 분야는 무엇인가?

①. 이미지 분류

②. 자연어 처리

③. 클러스터링

④. 데이터 증강

05. GAN에서 데이터를 생성하는 역할을 하는 신경망은 무엇인가?

①. 판별자(Discriminator)

②. 생성자(Generator)

③. 인코더(Encoder)

④. 디코더(Decoder)

06. 강화 학습에서 에이전트가 학습하는 방식으로 적절한 것은?

①. 데이터를 외부에서 받는다

②. 환경과 상호작용하여 보상을 최대화하는 행동을 학습한다

③. 주어진 데이터를 그대로 기억한다

④. 과거 데이터를 모두 버린다

07. 딥러닝의 학습 과정에서 사용하는 손실 함수로 적절한 것은?

①. 교차 엔트로피

②. 주성분 분석

③. 평균 필터링

④. 무작위 초기화

08. 다음 중 딥러닝의 학습 방식에 대한 설명으로 옳은 것은?

①. 딥러닝은 규칙 기반 시스템이다

②. 딥러닝은 대규모 데이터를 학습하여 스스로 특징을 추출한다

③. 딥러닝은 모든 학습이 비지도 학습으로 이루어진다

④. 딥러닝은 뉴런 없이 동작한다

09. CNN에서 필터의 역할로 적절한 것은?

①. 데이터 압축

②. 이미지에서 특정 패턴이나 특징을 추출

③. 결과값을 무작위로 초기화

④. 최종 출력을 결정

10. 강화 학습의 목표는 무엇인가?

①. 데이터를 무작위로 추출하여 학습

②. 입력값을 직접 주는 대신 환경과 상호작용하며 최적의 행동을 학습

③. 기존 데이터를 그대로 적용

④. 모든 데이터를 같은 방식으로 처리

단답형 문제 (10문제)

01. 인공지능의 두 가지 주요 범주를 쓰시오.

02. 기계 학습에서 지도 학습과 비지도 학습의 차이를 설명하시오.

03. 딥러닝에서 자주 사용하는 활성화 함수 2가지를 쓰시오.

04. CNN에서 사용하는 두 가지 주요 연산은 무엇인가?

05. LSTM의 주요 기능 중 하나인 '게이트'를 설명하시오.

06. 강화 학습에서 사용하는 보상의 역할은 무엇인가?

07. GAN의 두 가지 주요 구성 요소를 쓰시오.

08. RNN이 처리할 수 있는 데이터의 특성은 무엇인가?

09. 딥러닝과 일반적인 기계 학습의 차이점을 설명하시오.

10. Transformer 모델에서 사용하는 핵심 메커니즘을 쓰시오.

서술형 문제 (5문제)

01. 인공지능(AI)의 발전과 그 주요 기술적 변천 과정을 설명하시오.

02. 딥러닝과 기계 학습의 차이점을 설명하고, 각각의 장점과 단점을 서술하시오.

03. CNN(컨볼루션 신경망)이 이미지 처리에서 중요한 이유와 그 구조를 설명하시오.

04. LSTM이 RNN의 한계를 어떻게 극복하는지 설명하고, 구체적인 적용 사례를 들어 보시오.

05. GAN(Generative Adversarial Network)의 작동 원리를 설명하고, GAN이 현재 활용되고 있는 응용 분야를 서술하시오.

05주차

머신러닝의 세부기술 및 활용 사례

1. 지도 학습, 비지도 학습, 강화 학습의 개념과 차이점을 학습한다.
2. 머신러닝의 주요 알고리즘과 실제 활용 사례를 이해한다.
3. 머신러닝 모델의 실생활 응용 가능성을 탐구한다.

5.1 머신러닝의 정의

5.2 지도 학습

5.3 비지도 학습

5.4 강화 학습

5.5 활용 사례

5.6 연습문제

5.1 머신러닝의 정의

머신러닝(Machine Learning)은 컴컴퓨터가 사람처럼 데이터를 보고 스스로 배우는 기술이다. 우리가 일일이 규칙을 정해주지 않아도, 컴퓨터는 데이터를 분석하고 그 안에서 규칙을 찾는다. 예를 들어, 이메일에서 스팸을 걸러내는 시스템도 머신러닝 덕분이다. 컴퓨터는 많은 이메일을 분석해 어떤 이메일이 스팸인지 스스로 배우고, 점점 더 정확하게 스팸을 구분할 수 있게 된다.

머신러닝의 핵심은 데이터와 알고리즘이다. 대량의 데이터를 입력받은 머신러닝 알고리즘은 데이터 속에 숨어 있는 패턴을 학습하며, 이를 통해 예측이나 분류와 같은 작업을 수행한다. 이러한 학습 과정에서 모델은 반복적인 학습을 통해 성능을 점진적으로 개선한다.

5.1.1 머신러닝의 주요 유형

- **지도 학습(Supervised Learning)**: 지도 학습은 레이블이 포함된 데이터를 사용하여 학습하는 방식으로, 주어진 입력에 대해 모델이 올바른 출력을 예측할 수 있도록 학습한다. 대표적인 문제로는 분류(Classification)와 회귀(Regression)가 있다.
- **비지도 학습(Unsupervised Learning)**: 비지도 학습은 레이블이 없는 데이터를 사용하여 학습하며, 데이터 내에서 구조적 패턴을 파악하거나 분류하는 데 중점을 둔다. 주요 응용 분야로는 클러스터링(Clustering)과 차원 축소(Dimensionality Reduction)가 있다.
- **강화 학습(Reinforcement Learning)**: 강화 학습은 에이전트가 환경과 상호작용하면서 보상을 극대화하기 위한 행동을 학습하는 방식으로, 주로 게임 AI나 로봇 공학에서 활용된다.
- **준지도 학습(Semi-Supervised Learning)**: 준지도 학습은 소량의 레이블이 있는 데이터와 대량의 레이블이 없는 데이터를 함께 사용하여 학습하는 방식으로, 지도 학습과 비지

도 학습의 중간 형태이다. 이는 주로 학습 데이터가 부족한 상황에서 유용하다.

5.1.2 머신러닝의 주요 활용 분야

머신러닝은 다양한 산업 분야에서 널리 활용되고 있으며, 대표적인 예시는 다음과 같다.

- **의료**: 질병 예측, 의료 영상 분석, 환자 맞춤형 치료 추천
- **금융**: 사기 탐지, 주가 예측, 리스크 관리
- **자율주행**: 물체 인식, 경로 최적화, 주변 환경 인식
- **추천 시스템**: 개인화된 제품 추천, 영화나 음악 추천
- **자연어 처리**: 번역 시스템, 챗봇, 음성 인식

결론

- 머신러닝은 데이터를 기반으로 컴퓨터가 스스로 학습하고 예측하는 능력을 제공하여 다양한 산업 및 연구 분야에서 혁신적인 해결책을 제시한다. 데이터가 풍부한 현대 사회에서 머신러닝의 역할은 더욱 커지고 있으며, 그 발전 가능성 또한 매우 크다.

5.2 지도 학습

지도 학습(Supervised Learning)은 주어진 데이터에 포함된 레이블(정답)을 바탕으로 모델을 학습시키는 머신러닝의 대표적인 방법이다. 지도 학습의 목적은 주어진 데이터에서 입력과 출력 간의 관계를 학습하여, 새로운 데이터가 주어졌을 때 올바른 출력을 예측하는 것이다.

5.2.1 지도 학습의 기본 개념

지도 학습에서는 입력 데이터(Input)와 그에 해당하는 출력 데이터(Output, 레이블)가 쌍으로 주어지며, 모델은 이를 학습하여 입력과 출력 간의 관계를 분석한다. 이를 통해 학습된 모델은 과거 데이터를 기반으로 새로운 데이터를 예측하거나 분류할 수 있다. 지도 학습은 주로 분류(Classification) 및 회귀(Regression) 문제를 해결하는 데 사용된다.

1) 분류(Classification)

분류(Classification)는 입력 데이터를 여러 범주(Category) 중 하나로 분류하는 문제를 다룬다. 모델은 학습을 통해 각 범주의 특성을 학습한 후, 주어진 입력이 속할 범주를 예측한다.

- **예시**
  - 이메일 스팸 필터링
  - 이미지 내에서 객체 분류
  - 암 환자와 정상 환자를 구분하는 질병 진단 시스템
- **알고리즘**
  - 로지스틱 회귀(Logistic Regression)
  - 서포트 벡터 머신(Support Vector Machines, SVM)

- 결정 트리(Decision Tree)
- 랜덤 포레스트(Random Forest)
- 인공 신경망(Artificial Neural Networks)

2) 회귀(Regression)

회귀(Regression)는 연속적인 숫자 값을 예측하는 문제로, 주어진 입력 변수에 따라 출력 값이 연속적으로 변화하는 상황에서 사용된다.

- **예시**
  - 주택 가격 예측
  - 주식 시장 변동 예측
  - 기후 데이터 기반 기온 예측
- **알고리즘**
  - 선형 회귀(Linear Regression)
  - 다항 회귀(Polynomial Regression)
  - 회귀 결정 트리(Regression Tree)
  - 랜덤 포레스트 회귀(Random Forest Regression)
  - 서포트 벡터 회귀(Support Vector Regression, SVR)

5.2.2 지도 학습의 작동 방식

- **데이터 수집**: 지도 학습은 입력 데이터와 출력(레이블)이 쌍으로 제공된 레이블된 데이터(Labelled Data)를 필요로 한다. 예를 들어, 이미지 분류 문제에서는 각 이미지에 대한 설명(레이블)이 함께 주어진다.
- **데이터 전처리**: 수집된 데이터를 학습에 적합하게 처리하는 과정이 필요하다. 여기에는 결측치 처리, 정규화(Normalization), 표준화(Standardization) 등의 작업이 포함된다.
- **모델 선택 및 학습**: 분류 또는 회귀 문제에 적합한 알고리즘을 선택한 후, 해당 모델을 학습시킨다. 학습 과정에서 모델은 입력과 출력 간의 관계를 분석하여 패턴을 찾아낸다.
- **모델 평가**: 학습된 모델의 성능은 테스트 데이터(학습에 사용되지 않은 데이터)를 사용

하여 평가된다. 분류 문제에서는 정확도(Accuracy), 정밀도(Precision), 재현율(Recall) 등의 지표가 사용되며, 회귀 문제에서는 평균 제곱 오차(Mean Squared Error, MSE), 평균 절대 오차(Mean Absolute Error, MAE) 등이 활용된다.

- **모델 튜닝**: 모델 성능을 향상시키기 위해 하이퍼파라미터 튜닝(Hyperparameter Tuning) 또는 데이터 증강(Data Augmentation) 등의 작업을 진행할 수 있다.

5.2.3 지도 학습의 장단점

- **장점**:
  - **높은 정확도**: 충분한 양의 레이블된 데이터가 주어지면 높은 정확도의 예측이 가능하다.
  - **다양한 문제 해결**: 분류와 회귀 문제 모두에 적용 가능하며, 실생활의 다양한 문제를 해결할 수 있다.
  - **해석 가능성**: 일부 알고리즘(예: 결정 트리)은 결과를 해석하기 용이하다.
- **단점**:
  - **데이터 의존성**: 지도 학습에는 많은 양의 레이블된 데이터가 필요하며, 이를 수집하고 레이블을 지정하는 데 많은 비용과 시간이 소요된다.
  - **과적합(Overfitting)**: 모델이 학습 데이터에 과도하게 적합하면, 새로운 데이터에 대한 일반화 성능이 저하될 수 있다.
  - **시간 소모**: 데이터 전처리 및 모델 학습 과정이 복잡하고 시간이 많이 소요될 수 있다.

5.2.4 지도 학습의 대표 알고리즘

- **로지스틱 회귀(Logistic Regression)**: 이진 분류 문제에서 자주 사용되며, 입력 데이터를 바탕으로 특정 범주에 속할 확률을 예측한다.
- **결정 트리(Decision Tree)**: 트리 구조를 통해 입력 데이터를 분류하며, 직관적이고 시각적으로 이해하기 쉽다. 하지만 과적합 문제가 발생할 수 있다.
- **서포트 벡터 머신(Support Vector Machines, SVM)**: 데이터를 고차원 공간으로 변환하여 최적의 분류 경계를 찾는다. 복잡한 데이터에서도 높은 분류 성능을 발휘한다.
- **랜덤 포레스트(Random Forest)**: 다수의 결정 트리를 학습시켜 앙상블 기법을 적용하며,

안정적인 예측을 제공하고 과적합을 방지한다.

- **인공 신경망(Artificial Neural Networks)**: 복잡한 비선형 패턴을 학습하는 데 매우 효과적이며, 대규모 데이터에 적합하다.

결론

- 지도 학습(Supervised Learning)은 입력과 출력이 명시된 데이터셋을 바탕으로 학습하는 머신러닝의 대표적인 방법으로, 분류와 회귀 문제에서 널리 활용된다. 이 방법은 다양한 산업 분야에서 혁신적인 문제 해결을 가능하게 한다. 그러나 성공적인 지도 학습을 위해서는 데이터 수집 및 레이블링 과정이 중요하며, 이를 적절히 준비하는 것이 필수적이다.

5.3 비지도 학습

비지도 학습(Unsupervised Learning)은 머신러닝의 한 방법으로, 주어진 데이터에 대해 레이블(정답)이 없는 상태에서 데이터를 학습하는 방식이다. 지도 학습과 달리, 비지도 학습에서는 입력 데이터에 대한 출력 값이 제공되지 않으며, 모델은 데이터 내에서 숨겨진 패턴이나 구조를 스스로 분석하고 발견한다. 이는 레이블링된 데이터를 구하기 어려운 상황에서 유용하며, 데이터 탐색 및 군집화를 통해 새로운 인사이트를 도출하는 데 적합하다.

비지도 학습은 주로 클러스터링(Clustering), 차원 축소(Dimensionality Reduction), 연관 규칙 학습(Association Rule Learning) 등의 문제를 해결하는 데 활용된다.

5.3.1 클러스터링(Clustering)

클러스터링은 데이터를 유사한 특성을 가진 여러 개의 그룹으로 나누는 과정이다. 이 과정에서 동일한 그룹(클러스터)에 속하는 데이터는 서로 유사한 특성을 가지며, 다른 그룹에 속한 데이터와는 큰 차이를 보인다. 클러스터링은 데이터의 직관적 이해를 돕고, 군집별 특성을 분석하는 데 유용하다.

- **주요 알고리즘**
  - **K-평균(K-Means)**: 데이터를 미리 정해진 k개의 클러스터로 나누며, 각 클러스터의 중심점을 기준으로 데이터를 분할하는 방식이다.
  - **계층적 클러스터링(Hierarchical Clustering)**: 데이터를 트리 구조로 표현하여 상위 계층에서 하위 계층으로 세분화하는 방식이다.
  - **DBSCAN(Density-Based Spatial Clustering of Applications with Noise)**: 데이터의 밀집도를 기반으로 클러스터를 형성하며, 밀도가 낮은 데이터는 잡음으로 간주한다.

- **활용 사례**
  - **고객 세분화**: 구매 패턴을 기반으로 유사한 고객 그룹을 형성하여 마케팅 전략을 수립하는 데 활용된다.
  - **문서 군집화**: 비슷한 주제를 가진 문서를 자동으로 분류하여 정보 검색 및 분석에 사용된다.
  - **이미지 분류**: 유사한 특성을 가진 이미지를 클러스터로 나누어 패턴을 분석한다.

5.3.2 차원 축소(Dimensionality Reduction)

차원 축소는 고차원의 데이터를 저차원으로 변환하여 데이터의 복잡성을 줄이는 동시에, 핵심 정보를 유지하는 기법이다. 차원 축소는 데이터의 노이즈를 제거하고, 시각화 및 계산 성능을 향상시키는 데 효과적이다.

- 주요 알고리즘
  - **주성분 분석(Principal Component Analysis, PCA)**: 데이터의 분산이 큰 방향을 따라 새로운 축을 정의하고, 이를 바탕으로 차원을 축소하는 방법이다.
  - **독립 성분 분석(Independent Component Analysis, ICA)**: 통계적으로 독립적인 성분을 찾아내어 데이터를 변환하고, 이를 통해 차원을 축소하는 방식이다.
  - **t-SNE(T-distributed Stochastic Neighbor Embedding)**: 고차원 데이터를 저차원으로 시각화할 때 유용한 알고리즘으로, 데이터 간의 유사성을 잘 보존한다.
- 활용 사례
  - **데이터 시각화**: 차원을 축소하여 고차원 데이터를 2D 또는 3D로 시각화함으로써 데이터를 직관적으로 이해할 수 있다.
  - **노이즈 제거**: 불필요한 차원을 줄임으로써 핵심 정보를 더욱 명확하게 표현한다.
  - **추천 시스템**: 차원을 축소한 후 사용자의 선호도를 분석하여 적합한 제품을 추천하는 데 사용된다.

5.3.3 연관 규칙 학습(Association Rule Learning)

연관 규칙 학습은 대규모 데이터에서 변수 간의 관계를 찾아내는 방법이다. 이는 주로 장바구니 분석(Market Basket Analysis)에서 사용되며, 함께 구매될 가능성이 높은 상품을 찾아내는 데 활용된다.

- **주요 알고리즘**
  - **Apriori 알고리즘**: 자주 발생하는 항목 집합을 찾아내고, 이를 바탕으로 연관 규칙을 도출하는 방법이다.
  - **Eclat 알고리즘**: 항목 간의 빈도를 계산하여 연관성을 도출하는 방법으로, Apriori 알고리즘보다 계산 성능이 뛰어나다.
- **활용 사례**
  - **장바구니 분석**: 고객이 자주 함께 구매하는 상품을 분석하여 관련 상품을 추천하는 데 활용된다.
  - **의료 데이터 분석**: 특정 질병이나 증상이 자주 함께 발생하는 패턴을 분석하여 진단과 치료에 도움이 된다.

5.3.4 비지도 학습의 장단점

- **장점**:
  - **레이블 데이터 불필요**: 비지도 학습은 레이블이 없는 데이터에서도 적용 가능하므로, 데이터 수집이 용이하고 대규모 데이터를 분석하는 데 적합하다.
  - **새로운 패턴 발견**: 기존에 알려지지 않았던 데이터 간의 숨겨진 패턴을 발견할 수 있다.
  - **자동화된 데이터 분석**: 레이블 없이도 데이터 그룹화를 통해 데이터 분석이 가능하다.
- **단점**:
  - **결과 해석의 어려움**: 명확한 정답이 없기 때문에, 결과 해석이 지도 학습보다 어렵다.
  - **정확성 부족**: 지도 학습에 비해 예측 성능이 낮을 수 있으며, 도출된 패턴이 실질적으로 유용하지 않을 가능성도 있다.
  - **모델 평가의 어려움**: 비지도 학습은 명확한 평가 지표가 부족하므로, 모델의 성능을 객관적으로 평가하기 어렵다.

5.3.5 비지도 학습의 활용 사례

- **고객 세분화**: 고객 데이터를 클러스터링하여 유사한 소비 패턴을 가진 그룹을 찾고, 마케팅 전략 수립에 활용한다.
- 제조업에서 불량품을 감지하거나 금융 거래에서 이상 징후를 탐지하는 데 사용된다.
- **데이터 시각화**: 고차원 데이터를 저차원으로 축소하여 인간이 이해할 수 있는 형태로 시각화하는 데 사용된다.
- **추천 시스템**: 유사한 소비 패턴을 분석하여 개인화된 추천 시스템에 적용된다.

결론

- 비지도 학습은 레이블이 없는 데이터를 분석하여 데이터 간의 패턴이나 구조를 발견하는 데 매우 유용한 기법이다. 특히 대규모 데이터 또는 레이블링이 어려운 상황에서 효과적으로 적용되며, 데이터를 탐색하고 새로운 인사이트를 얻는 데 기여한다. 다만, 해석의 어려움과 성능의 제한으로 인해 실질적 적용 시 추가적인 분석과 검증이 요구된다.

5.4 강화 학습

강화 학습(Reinforcement Learning)은 컴퓨터가 주어진 환경에서 여러 가지 행동을 해 보고, 그 행동에 따른 결과를 학습하는 방법이다. 예를 들어, 게임에서 AI 캐릭터가 다양한 움직임을 시도하고, 그 중에서 가장 좋은 결과를 얻을 수 있는 방법을 스스로 배우는 것이다. 이렇게 학습한 AI는 다음번에 더 나은 선택을 할 수 있게 된다. 에이전트는 환경에 대한 정보를 관찰하여, 주어진 상태(State)에서 최적의 행동을 선택하고, 그 결과로 얻게 되는 보상에 따라 학습한다. 강화 학습은 주로 자율적인 의사결정을 필요로 하는 문제, 특히 게임 AI, 자율주행차, 로봇 제어 등에서 사용된다.

5.4.1 강화 학습의 기본 개념

강화 학습은 지도 학습(Supervised Learning) 및 비지도 학습(Unsupervised Learning)과는 다른 방식으로 학습을 진행한다. 에이전트는 직접 정답(레이블)이 주어지지 않고, 주어진 환경 내에서 다양한 행동을 수행하며 스스로 학습한다. 목표는 장기적인 보상을 최대화하는 것이다.

- **주요 개념**
  - **에이전트(Agent)**: 환경과 상호작용하는 주체로, 주어진 상태에서 행동을 선택하고 보상을 받는다.
  - **환경(Environment)**: 에이전트가 상호작용하는 외부 세계로, 에이전트가 상태를 관찰하고, 그에 따른 결과를 반환한다.
  - **상태(State)**: 에이전트가 현재 처한 환경의 상황을 나타낸다. 상태는 에이전트의 행동 선택에 필요한 정보를 제공한다.
  - **행동(Action)**: 에이전트가 현재 상태에서 취할 수 있는 선택지로, 행동에 따라 환경

의 상태가 변화한다.

- **보상(Reward)**: 에이전트가 행동을 수행한 후 환경으로부터 받는 피드백으로, 보상을 극대화하는 방향으로 에이전트는 학습한다.
- **정책(Policy)**: 에이전트가 특정 상태에서 어떤 행동을 선택할지 결정하는 전략이다. 정책은 학습을 통해 최적화된다.
- **가치 함수(Value Function)**: 에이전트가 특정 상태에서 기대할 수 있는 총 보상의 크기를 나타낸다. 가치 함수는 학습의 핵심 목표로, 주어진 상태에서 장기적으로 받을 수 있는 보상을 예측하는 데 사용된다.

5.4.2 강화 학습의 작동 방식

I. **초기 상태에서 시작**: 에이전트는 주어진 환경에서 초기 상태로 시작한다.

II. **행동 선택**: 에이전트는 현재 상태를 관찰하고, 정책에 따라 특정 행동을 선택한다.

III. **환경의 반응**: 에이전트가 행동을 선택하면, 환경은 그에 따라 변하며 새로운 상태를 반환하고, 보상을 부여한다.

IV. **보상에 따른 학습**: 에이전트는 보상에 따라 정책을 업데이트하여, 다음 상태에서 더 나은 행동을 선택할 수 있도록 학습한다.

V. **최적 정책 찾기**: 에이전트는 이 과정을 반복하면서, 장기적으로 최대의 보상을 받을 수 있는 최적의 정책을 찾아간다.

5.4.3 강화 학습의 주요 알고리즘

- **Q-러닝(Q-Learning)**: Q-러닝은 가치 기반 강화 학습의 대표적인 알고리즘으로, 상태와 행동의 쌍에 대해 Q-값을 계산하여 학습을 진행한다. 에이전트는 주어진 상태에서 가능한 행동 중 가장 높은 Q-값을 가진 행동을 선택하며, 학습 과정에서 Q-값을 업데이트하여 최적 정책을 찾아간다.
  - **Q-값**: 주어진 상태에서 특정 행동을 선택했을 때 기대되는 장기적인 보상이다.
  - **업데이트 규칙**: Q-값은 행동 후 얻게 되는 즉각적인 보상과 이후 상태에서 기대되는 보상을 결합하여 업데이트된다.

- **심층 Q-네트워크(Deep Q-Network, DQN)**: DQN은 Q-러닝의 확장 버전으로, 딥러닝을 결합하여 복잡한 상태 공간을 처리할 수 있도록 만든 알고리즘이다. DQN은 신경망을 사용하여 Q-값을 근사화하고, 복잡한 문제에서도 강화 학습을 적용할 수 있게 한다. 특히 게임 환경에서 매우 성공적으로 사용되었다.
- **정책 경사(Policy Gradient)**: 정책 경사 알고리즘은 에이전트가 직접 정책 함수를 학습하는 방식이다. 가치 함수 대신, 상태에서 취할 행동의 확률 분포를 최적화하여 직접적으로 정책을 개선한다. 이 방식은 연속적인 행동 공간에서 특히 유용하다.
- **액터-크리틱(Actor-Critic)**: 액터-크리틱은 정책 기반과 가치 기반 방법을 결합한 알고리즘이다. 에이전트는 두 가지 구성 요소로 나뉘어 학습한다.
  - **액터(Actor)**: 정책을 학습하여 최적의 행동을 선택하는 역할을 한다.
  - **크리틱(Critic)**: 현재 상태에서 액터가 선택한 행동의 가치를 평가하는 역할을 하여, 액터가 더 나은 방향으로 학습할 수 있도록 피드백을 제공한다.

5.4.4 강화 학습의 활용 분야

강화 학습은 주로 자율적인 의사결정을 요구하는 문제에 적용되며, 다음과 같은 분야에서 활발하게 활용된다.

- **자율주행차**: 자율주행차가 도로 환경에서 적절한 경로를 찾고, 안전하게 운전할 수 있도록 학습한다.
- **게임 AI**: 알파고(AlphaGo)와 같은 게임 AI는 강화 학습을 통해 높은 수준의 전략을 학습하여 인간과 대결한다.
- **로봇 공학**: 로봇이 환경에서 주어진 작업을 수행하는 데 필요한 최적의 행동을 학습하고, 복잡한 제어 문제를 해결한다.
- **금융**: 주식 시장에서 강화 학습을 활용하여 최적의 투자 전략을 개발하고, 포트폴리오 관리를 자동화한다.
- **물류 및 공급망 관리**: 최적의 자원 배분 및 물류 경로 최적화를 위해 강화 학습을 적용하여 비용 절감과 효율성 향상을 도모한다.

5.4.5 강화 학습의 장단점

- **장점**:
  - **자율 학습**: 에이전트는 환경과 상호작용하며 스스로 학습하므로, 주어진 환경에 대해 사전 지식이 필요하지 않다.
  - **복잡한 문제 해결**: 강화 학습은 순차적인 의사결정 문제를 해결하는 데 탁월하며, 장기적인 목표 달성을 위한 최적의 정책을 학습할 수 있다.
  - **적응력**: 환경이 변화하더라도, 에이전트는 새로운 상황에 적응하여 최적의 정책을 다시 학습할 수 있다.
- **단점**:
  - **시간 및 계산 자원 소모**: 강화 학습은 환경과 상호작용하며 학습해야 하므로, 학습에 많은 시간과 계산 자원이 필요할 수 있다.
  - **보상 설계의 어려움**: 적절한 보상 함수를 설계하는 것이 어렵다. 잘못된 보상 설계는 비효율적인 정책을 학습하게 만들 수 있다.
  - **탐색과 활용의 균형**: 에이전트가 새로운 행동을 탐색해야 할지, 이미 학습한 최적의 행동을 활용해야 할지 결정하는 것이 강화 학습의 큰 과제 중 하나이다.

결론

- 강화 학습은 에이전트가 환경과 상호작용하며, 스스로 최적의 행동을 학습하는 강력한 머신러닝 기법이다. 이 방법은 특히 자율주행, 게임 AI, 로봇 제어 등 복잡한 의사결정 문제에 효과적으로 적용될 수 있다. 비록 학습 과정에서 많은 계산 자원과 시간이 필요하지만, 강화 학습은 장기적인 보상을 최적화하기 위한 전략을 학습하는 데 매우 유용하며, 다양한 산업과 연구 분야에서 중요한 역할을 수행하고 있다.

5.5 활용 사례

머신러닝(Machine Learning)은 데이터를 기반으로 컴퓨터가 스스로 학습하여 예측, 분류, 최적화 등의 작업을 수행하는 기술이다. 이는 다양한 산업과 분야에서 문제를 해결하고 효율성을 높이는 데 크게 기여하고 있다. 특히 빅데이터(Big Data)와 결합하여, 많은 양의 데이터를 분석하고 의미 있는 패턴을 추출하여 의사결정 과정에 활용된다. 아래에서는 주요 산업 및 분야에서 머신러닝의 구체적인 활용 사례를 상세히 설명한다.

5.5.1 의료 분야

의료 분야에서 머신러닝의 활용 사례는 매우 다양하며, 이 기술은 진단, 치료, 예측, 연구 등 다양한 영역에서 의료 혁신을 주도하고 있다. 아래에 몇 가지 대표적인 사례를 상세히 설명한다.

1) 질병 진단 및 예측

- **암 진단**: 머신러닝 알고리즘은 방사선 이미지(MRI, CT 스캔, 엑스레이 등)에서 암을 조기에 발견하는 데 매우 효과적이다. 특히 딥러닝 기반의 이미지 분석 기술은 의료 전문가가 미처 발견하지 못할 수 있는 미세한 병변도 감지할 수 있다. 예를 들어, 구글의 딥마인드는 머신러닝을 통해 유방암 진단의 정확도를 높였으며, 기존 의사들의 진단 정확도를 뛰어넘는 성과를 보였습니다.
- **심장 질환 예측**: 머신러닝은 환자의 전자 건강 기록(EHR)이나 유전자 데이터를 분석하여 심장병 발병 가능성을 예측한다. 이를 통해 고위험 환자에게 조기 치료나 맞춤형 예방 계획을 제공할 수 있다. 예를 들어, 프래밍엄 심장 연구(Framingham Heart Study) 데

이터를 바탕으로 머신러닝 모델이 심장마비 발생 확률을 예측하는 데 활용되고 있다.

- **뇌졸중 및 알츠하이머**: 환자의 의료 데이터와 뇌 영상 데이터를 분석하여 뇌졸중 발생 가능성을 예측하거나, 알츠하이머와 같은 퇴행성 질환의 진행을 조기에 감지할 수 있다. 머신러닝을 통해 질병의 초기 징후를 미리 파악함으로써 치료 효과를 극대화할 수 있다.

2) 약물 개발 및 맞춤형 치료

- **약물 재창출(Drug Repurposing)**: 머신러닝은 기존 약물을 새로운 질병 치료에 사용할 수 있도록 약물 재창출 과정을 가속화한다. 이 방법은 임상 시험 비용을 줄이고, 더 빠른 시간 내에 효과적인 치료법을 발견하는 데 기여한다. 예를 들어, IBM Watson은 수많은 논문과 연구 데이터를 분석하여 암 치료에 사용할 수 있는 새로운 약물을 제안하기도 했다.
- **맞춤형 치료(Precision Medicine)**: 환자의 유전자 데이터, 생활 습관, 병력 등을 분석하여 개인 맞춤형 치료법을 제안하는 데 머신러닝이 활용된다. 이를 통해 같은 질병을 가진 환자라 할지라도 각자의 특성에 맞는 치료법을 제공할 수 있게 된다. 예를 들어, 특정 환자에게 효과적인 약물이나 치료법을 머신러닝 모델이 예측하여 제안하는 방식이다.

3) 의료 영상 분석

- **의료 이미지 분류 및 분석**: 머신러닝 알고리즘은 방사선 사진, CT, MRI와 같은 의료 영상을 분석하여 질병을 진단하거나 치료 효과를 평가한다. 이러한 알고리즘은 의사들이 더 빠르고 정확하게 영상을 해석할 수 있도록 도와준다. 예를 들어, 패스메드(PathAI)라는 회사는 병리학적 이미지 분석에 머신러닝을 적용하여 암 진단의 정확도를 향상시키는 기술을 개발했다.
- **망막 질환 진단**: 머신러닝 모델은 망막 스캔 이미지를 분석하여 당뇨성 망막병증과 같은 눈 질환을 조기에 발견할 수 있다. 이는 환자가 실명을 피할 수 있도록 조기 치료를 가능하게 한다.

4) 임상 시험 가속화

- **임상 시험 대상자 선별**: 머신러닝은 환자의 유전자 데이터, 병력, 생활 습관 등을 분석하여 임상 시험에 적합한 후보자를 찾는 데 활용된다. 이를 통해 임상 시험에 필요한 시간

을 단축하고, 맞춤형 치료의 효과를 빠르게 검증할 수 있다.

- **치료 효과 예측**: 머신러닝 모델은 임상 시험 데이터와 환자 데이터를 분석하여 치료 효과를 예측할 수 있다. 이는 새로운 치료법의 성공 가능성을 높이고, 환자에게 더 안전하고 효과적인 치료를 제공하는 데 도움이 된다.

5) 환자 모니터링 및 헬스케어

- **웨어러블 기기를 통한 실시간 모니터링**: 스마트워치, 피트니스 트래커와 같은 웨어러블 기기는 심박수, 혈압, 혈당 등의 데이터를 실시간으로 수집하고, 머신러닝 모델을 통해 이를 분석하여 환자의 건강 상태를 모니터링한다. 이를 통해 심장 마비, 당뇨 합병증, 호흡기 문제 등 긴급 상황이 발생할 가능성을 예측하고, 실시간 경고를 제공할 수 있다. 예를 들어, 애플의 애플 워치는 심박수 데이터를 분석하여 심방세동과 같은 심장 질환을 감지할 수 있다.
- **원격 진료**: 머신러닝은 원격 진료 시스템에서 사용되어 환자의 건강 데이터를 분석하고, 의사에게 실시간으로 진단 보조 정보를 제공한다. 이를 통해 의사는 원격으로 환자의 상태를 모니터링하고 적절한 처방을 내릴 수 있다.

6) 의료 기록 관리 및 자연어 처리(NLP)

- **전자 건강 기록(EHR) 분석**: 의료 기관은 환자의 대량의 EHR 데이터를 분석하기 위해 머신러닝을 사용한다. 이 과정에서 자연어 처리(NLP) 기술이 활용되어 의사 소견서, 진료 기록 등을 분석하고 중요한 정보를 추출한다. 이를 통해 질병 발생 가능성을 예측하고 치료 계획을 개선할 수 있다. 예를 들어, ICD 코딩 자동화는 NLP 기반의 머신러닝 모델을 통해 이루어지며, 이는 의료 서비스 효율성을 크게 향상시킵니다.
- **임상 노트 분석**: 의사들이 작성한 임상 노트를 분석해 중요한 정보를 추출하고, 이를 통해 환자의 상태를 정확히 파악하여 더 나은 진료 계획을 세울 수 있다.

7) 기타 사례

- **유전체 데이터 분석**: 머신러닝은 인간 유전체 데이터를 분석하여 특정 유전자 변이가 질병과 연관이 있는지를 밝혀내는 데 사용된다. 이를 통해 유전자 맞춤형 치료가 가능해지

며, 특정 질병에 대한 민감성이나 저항성을 예측할 수 있다.

- **의료 로봇**: 머신러닝이 적용된 로봇은 수술을 보조하거나, 정밀한 수술을 수행하는 데 활용된다. 다빈치 로봇은 대표적인 예로, 머신러닝을 통해 로봇이 수술 중에 더 정교한 동작을 수행할 수 있도록 돕는다.

결론

- 머신러닝은 의료 분야에서 질병 진단, 맞춤형 치료, 의료 영상 분석, 임상 시험 가속화, 환자 모니터링 등 다양한 방면에서 혁신을 이끌고 있다. 이를 통해 의료진은 더욱 정확한 진단과 치료를 제공할 수 있으며, 환자는 조기 발견 및 맞춤형 의료 혜택을 받을 수 있다. 머신러닝은 의료의 미래를 재정의하고 있으며, 그 잠재력은 앞으로도 계속 확장될 것이다.

5.5.2 제조업 분야

제조업에서 머신러닝의 활용은 생산성 향상, 품질 개선, 비용 절감 등 다양한 방식으로 공정 전반에 혁신을 가져오고 있다. 머신러닝은 제조 공정에서 발생하는 방대한 데이터를 분석해 더 나은 의사결정과 예측을 가능하게 하며, 자율적인 시스템 운영을 가능하게 한다. 다음은 제조업에서 머신러닝이 활용되는 몇 가지 주요 사례이다.

1) 예방 유지보수

- **설비 고장 예측**: 머신러닝 모델은 센서 데이터를 실시간으로 분석하여 기계 설비의 상태를 모니터링하고, 고장 발생 가능성을 미리 예측할 수 있다. 예를 들어, 설비의 진동, 온도, 소음, 전류 등의 데이터를 분석해 특정 패턴이 감지되면 고장이나 이상 동작이 발생할 가능성을 경고한다. 이는 고장으로 인한 생산 중단을 줄이고, 수리 비용을 절감하는 데 큰 기여를 한다.
- **정비 주기 최적화**: 기존의 정비 주기는 일반적으로 일정한 기간마다 수동으로 계획되었지만, 머신러닝을 통해 실제 설비 상태에 맞춘 최적의 정비 시기를 파악할 수 있다. GE Aviation은 항공기 엔진의 성능 데이터를 분석하여 엔진 고장을 미리 예측하고 정비 일정을 최적화하는 시스템을 구축했다.

2) 품질 관리 및 결함 감지

- **생산 라인 결함 감지**: 머신러닝은 이미지 처리 기술과 결합해 생산 라인에서 발생하는 제품 결함을 실시간으로 감지할 수 있다. 예를 들어, 컴퓨터 비전 기술을 사용하여 생산된 부품의 표면 결함이나 불량품을 자동으로 판별하는 시스템이 운영되고 있다. 이는 수작업으로 결함을 확인하는 것보다 빠르고 정확하며, 불량률을 줄이는 데 기여한다.
- **자동 품질 검사**: 제조업에서 생산되는 제품은 크기, 모양, 색상, 표면 상태 등 다양한 특성을 가진데, 머신러닝 모델은 이를 학습해 최종 제품의 품질을 평가한다. BMW는 머신러닝을 활용해 자동차 부품의 조립 상태와 결함 여부를 자동으로 검사하여 생산 라인의 품질을 높이고 있다.

3) 공정 최적화

- **제조 공정의 최적화**: 머신러닝은 복잡한 제조 공정에서 발생하는 다양한 변수들(온도, 압력, 속도 등)을 실시간으로 분석하여 공정을 자동으로 최적화할 수 있다. 이 기술은 특히 화학, 철강, 반도체 산업과 같은 복잡한 제조 공정에서 유용한다. 예를 들어, 알고리즘이 공정 조건에 따라 최적의 작업 매개변수를 자동으로 조정하여 에너지 소비를 줄이고, 생산 속도를 최적화한다.
- **생산 스케줄링**: 머신러닝은 생산 과정의 일정 관리에서도 활용된다. 기존의 수동 스케줄링 방식은 시간이 많이 걸리고 비효율적일 수 있지만, 머신러닝 알고리즘을 통해 최적의 생산 스케줄을 자동으로 생성할 수 있다. 이는 생산 효율성을 높이고, 재고 관리와 납기일 준수에 도움을 준다.

4) 수요 예측 및 재고 관리

- **정확한 수요 예측**: 머신러닝 모델은 과거의 판매 데이터, 시장 트렌드, 시즌별 패턴 등을 분석하여 미래의 제품 수요를 예측할 수 있다. 이를 통해 기업은 적정 생산량을 유지하고, 과잉 재고나 재고 부족 문제를 해결할 수 있다. 아마존은 머신러닝을 활용해 고객의 구매 패턴을 분석하고, 물류 창고에 필요한 재고를 미리 준비함으로써 물류 비용을 절감하고 있다.
- **자동 재고 관리**: 제조업체는 머신러닝을 통해 재고 회전율, 보유 기간, 최적 재고 수준 등

을 실시간으로 분석하여 재고를 자동으로 관리할 수 있다. 이는 제조업체가 원재료와 부품을 효율적으로 관리할 수 있게 해주며, 불필요한 비용을 줄일 수 있다.

5) 공급망 최적화

- **효율적인 공급망 관리**: 머신러닝은 공급망의 데이터를 분석하여 운송 경로 최적화, 물류 비용 절감, 납기일 준수율 개선 등의 효과를 가져올 수 있다. 공급망 관리에서 다양한 변수를 고려하여 최적의 경로를 추천하거나, 공급망의 병목 현상을 사전에 예측해 문제를 해결할 수 있다. 지멘스(Siemens)는 머신러닝을 통해 글로벌 공급망에서 발생하는 데이터를 실시간으로 분석해 물류와 공급 관리를 최적화하고 있다.
- **위험 예측 및 관리**: 공급망 내에서 발생할 수 있는 리스크(자재 부족, 공급 지연, 자연 재해 등)를 머신러닝을 통해 사전에 예측하고 관리할 수 있다. 이 예측 모델은 공급망의 중단을 방지하거나 최소화하기 위한 의사결정을 지원한다.

6) 로봇 프로세스 자동화

- **스마트 공장(Smart Factory)**: 제조업체는 머신러닝과 로봇 프로세스 자동화(RPA)를 결합하여 스마트 공장을 구축하고 있다. 로봇이 단순 반복 작업을 수행하고, 머신러닝이 실시간 데이터를 바탕으로 자동으로 의사결정을 내리는 공정이다. 이를 통해 자율적인 제조 시스템을 구현할 수 있다. ABB, FANUC과 같은 기업들이 스마트 공장 기술을 선도하고 있다.
- **협동 로봇(Cobot)**: 머신러닝을 탑재한 협동 로봇은 작업자와 함께 안전하게 작업을 수행할 수 있으며, 공정 중에 실시간으로 데이터를 분석하여 작업 효율성을 높이다. 이러한 로봇은 제조 현장에서 사람과 협력하여 작업을 더 빠르고 정밀하게 처리할 수 있다.

7) 신제품 개발 및 설계 최적화

- **신제품 개발 과정의 혁신**: 머신러닝을 사용하여 제품 설계 데이터를 분석하고, 제품의 성능을 최적화하거나 새로운 설계 방안을 제안할 수 있다. 특히 3D 프린팅과 결합하여 새로운 설계 방식과 제조 방식이 도입되고 있으며, 이로 인해 제품 개발 시간이 단축되고 비용이 절감된다.

- **디지털 트윈(Digital Twin)**: 디지털 트윈은 실제 제품이나 공정을 디지털 환경에서 시뮬레이션하는 기술로, 머신러닝을 통해 가상 모델의 성능을 예측하고 최적화할 수 있다. 제조 공정에서 발생할 수 있는 문제를 미리 예측해 문제를 해결하고, 신제품 개발 시 다양한 시나리오를 테스트할 수 있다.

8) 에너지 효율성 및 지속 가능성 개선

- **에너지 소비 최적화**: 머신러닝은 제조 공장에서 에너지 사용 패턴을 분석하여 에너지 소비를 줄이고, 생산성은 유지하면서도 더 효율적인 운영을 가능하게 한다. 예를 들어, 기계가 사용되지 않을 때 자동으로 꺼지거나 에너지 효율이 높은 시간대에 작업을 자동으로 배치할 수 있다. 테슬라는 에너지 효율성을 높이기 위해 머신러닝을 활용하여 배터리 생산 공정을 최적화하고 있다.
- **탄소 배출 감소**: 머신러닝은 제조 공정에서 발생하는 탄소 배출을 모니터링하고, 이를 줄이기 위한 최적의 공정 조건을 제안한다. 이는 제조업체들이 환경 규제를 준수하고 지속 가능한 운영을 달성하는 데 기여한다.

결론

- 제조업에서 머신러닝의 활용은 공정 최적화, 품질 관리, 설비 유지보수, 공급망 관리 등 다양한 영역에서 큰 성과를 내고 있다. 이러한 기술을 통해 제조업체들은 더 빠르고, 저렴하고, 효율적인 생산 시스템을 구축할 수 있게 되었으며, 더 나은 품질의 제품을 제공할 수 있게 되었습니다. 머신러닝을 적용한 스마트 제조 공정은 앞으로도 지속적으로 발전하여 제조업의 미래를 선도할 것이다.

5.5.3 자동차 분야

자동차 산업에서 머신러닝(Machine Learning)은 자율주행 기술, 제조 공정 최적화, 예측 유지보수, 사용자 경험 향상 등 여러 방면에서 핵심 역할을 하고 있다. 머신러닝을 통해 자동차 산업은 스마트하고 효율적인 방향으로 발전하고 있으며, 자동차 제조업체와 관련 기술 기업들이 이를 적극적으로 채택하고 있다. 주요 활용 사례를 다음과 같이 상세히 설명한다.

1) 자율주행차

- **자율주행 기술의 핵심**: 자율주행차는 차량이 주변 환경을 인식하고, 실시간으로 주행 결정을 내리기 위해 머신러닝을 광범위하게 활용한다. 카메라, 라이다(LIDAR), 레이더 등 여러 센서에서 수집된 데이터를 분석하여 보행자, 도로 상황, 차량, 신호등 등의 물체를 인식하고, 실시간으로 주행 경로를 결정한다. 머신러닝 알고리즘은 이러한 데이터들을 학습하고, 최적의 주행 방법을 찾아낸다. 예를 들어, 테슬라(Tesla)의 자율주행 시스템은 머신러닝을 통해 차량이 스스로 차선을 변경하거나 교차로를 통과하도록 설계되어 있다.
- **컴퓨터 비전과 객체 인식**: 자율주행차는 머신러닝 기반의 컴퓨터 비전을 통해 도로 표지판, 교통 신호등, 보행자 등의 객체를 인식하고 분석한다. 이는 자율주행차가 안전하게 주행하고, 돌발 상황을 처리하는 데 중요한 역할을 한다. Waymo와 Cruise 같은 자율주행 기술 기업은 컴퓨터 비전을 통해 고정밀 객체 인식을 구현하여 안전한 주행 환경을 제공한다.

2) 운전자 보조 시스템

- **차선 이탈 경고 시스템**: 머신러닝은 카메라 및 센서 데이터를 분석해 차량이 주행 중 차선을 벗어나지 않도록 돕는 차선 이탈 경고 시스템(Lane Departure Warning, LDW)에 사용된다. 이 시스템은 도로의 차선을 실시간으로 인식하고, 차량이 차선을 넘어설 경우 경고음이나 진동으로 운전자에게 알립니다.
- **충돌 회피 시스템**: 충돌 방지 및 회피 시스템(Collision Avoidance Systems)은 머신러닝을 통해 주변 차량과 물체의 움직임을 예측하고, 잠재적인 충돌 위험이 있는 상황에서 브레이크를 자동으로 작동시킵니다. 이러한 시스템은 운전자가 대응할 수 없는 상황에서도 안전을 보장하는 데 기여한다. 예를 들어, Volvo의 City Safety 시스템은 저속 주행 중 발생할 수 있는 충돌을 예방하기 위해 머신러닝 기반의 객체 인식 기술을 사용한다.
- **적응형 크루즈 컨트롤(Adaptive Cruise Control)**: 머신러닝은 적응형 크루즈 컨트롤(Adaptive Cruise Control, ACC) 시스템에서도 사용된다. 이 시스템은 앞 차량과의 거리를 분석하여 자동으로 속도를 조정하고, 차량이 일정한 안전 거리를 유지할 수 있도록 한다. 머신러닝 알고리즘은 실시간 도로 상황을 학습하여 속도와 차간 거리 조절을 최적화한다.

3) 차량 유지보수 및 예측 유지보수

- **설비 고장 예측**: 머신러닝 모델은 자동차의 다양한 센서 데이터를 분석하여 특정 부품이 고장나기 전에 미리 감지할 수 있다. 예를 들어, 엔진, 배터리, 타이어, 브레이크 등의 성능 변화를 분석하고, 고장 징후를 조기에 파악하여 예방 정비를 추천하는 방식이다. 이를 통해 운전자는 차량이 고장 나기 전에 미리 수리를 할 수 있어, 큰 사고나 비용 발생을 방지할 수 있다. BMW는 차량 데이터를 분석하여 차량이 언제 점검이 필요한지 알려주는 Condition Based Maintenance 시스템을 구현하고 있다.
- **배터리 관리 및 최적화**: 전기차의 경우 배터리 수명 예측 및 관리가 중요한데, 머신러닝은 배터리의 상태를 실시간으로 모니터링하고, 충전 및 방전 주기를 최적화하여 배터리 성능을 최대로 끌어올립니다. 테슬라는 머신러닝을 활용해 배터리의 효율성을 극대화하고, 운전자의 주행 패턴에 맞춘 충전 주기를 추천하는 시스템을 제공하고 있다.

4) 자동차 제조 공정 최적화

- **스마트 제조(Smart Manufacturing)**: 자동차 제조 공정에서 머신러닝은 생산 공정 최적화와 품질 관리에 사용된다. 예를 들어, 조립 라인에서 발생하는 데이터를 분석하여 생산 속도를 최적화하고, 불량률을 줄이는 데 도움을 준다. 머신러닝 모델은 공정 중 발생하는 데이터를 실시간으로 분석하여 이상 상황을 조기에 감지하고, 자동으로 공정을 조정할 수 있다. 포드(Ford)와 GM(General Motors)는 스마트 공장 운영에 머신러닝을 도입하여 공정 효율성을 극대화하고 있다.
- **품질 검사 자동화**: 컴퓨터 비전과 머신러닝을 결합해 자동화된 품질 검사 시스템을 구축할 수 있다. 예를 들어, 자동차 부품의 미세한 결함을 실시간으로 감지하고, 불량품을 자동으로 분류하는 시스템이 있다. 이 방식은 수작업으로 검수하는 것보다 더 정확하고 빠르며, 대량 생산 공정에서도 효율적으로 작동한다. BMW는 머신러닝을 통해 생산 중 부품의 품질을 검사하여 결함을 실시간으로 감지하는 시스템을 운영 중이다.

5) 사용자 경험 개선 및 개인화

- **맞춤형 인포테인먼트 시스템**: 자동차의 인포테인먼트 시스템에 머신러닝을 적용하면 운전자의 음악, 경로, 온도 설정 등의 선호도를 학습하고, 맞춤형 추천을 제공한다. 예를

들어, 운전자가 자주 가는 경로와 음악 취향을 학습한 후, 특정 시간대에 맞는 경로를 추천하거나 선호하는 음악을 재생한다. 테슬라의 인포테인먼트 시스템은 이러한 개인 맞춤형 경험을 제공하는 데 중점을 두고 있다.

- **음성 인식 시스템**: 머신러닝 기반의 자연어 처리(NLP) 기술을 사용하여 운전자의 음성 명령을 인식하고, 차량 내에서 다양한 기능을 제어할 수 있다. 예를 들어, 음성으로 내비게이션 목적지를 설정하거나, 차량의 온도를 조절하는 등 다양한 명령을 수행할 수 있다. 메르세데스-벤츠(Mercedes-Benz)의 MBUX 시스템은 음성 인식 기능을 통해 운전자의 요구를 빠르고 정확하게 처리할 수 있도록 설계되었습니다.

6) 자율주행 시뮬레이션 및 학습

- **가상 시뮬레이션**: 자율주행차의 실제 도로 주행 테스트는 시간과 비용이 많이 소모되므로, 머신러닝은 가상 시뮬레이션 환경에서 차량을 학습시킬 수 있다. 디지털 트윈(Digital Twin) 기술과 결합된 머신러닝은 실제 도로 환경을 가상으로 구현하고, 자율주행차가 다양한 주행 상황을 학습하고 시뮬레이션할 수 있게 한다. Waymo와 Nvidia는 가상 환경에서 자율주행차를 학습시키기 위한 시뮬레이션 시스템을 개발해 자율주행 알고리즘을 개선하고 있다.
- **강화학습(Reinforcement Learning)**: 자율주행 차량이 복잡한 주행 환경에서 더 나은 결정을 내릴 수 있도록 머신러닝의 강화학습을 적용할 수 있다. 강화학습은 차량이 다양한 주행 상황에서 경험을 통해 학습하고, 최적의 주행 결정을 내릴 수 있도록 한다. 이는 차량이 실제 도로에서의 주행 경험을 가상 환경에서 반복하여 학습할 수 있게 해준다.

7) 교통 흐름 최적화 및 스마트 도시 구현

- **교통 신호 제어**: 스마트 도시의 교통 흐름을 최적화하기 위해 머신러닝은 실시간 교통 데이터를 분석하여 교통 신호 시스템을 동적으로 제어할 수 있다. 이는 교차로에서 교통 혼잡을 줄이고, 대중교통 및 자율주행차가 원활하게 이동할 수 있도록 도와준다. 런던과 싱가포르는 머신러닝 기반의 교통 신호 제어 시스템을 도입해 교통 체증을 줄이고 있다.
- **차량 공유 서비스 최적화**: 차량 공유 서비스 기업은 머신러닝을 사용하여 수요 예측, 최적의 차량 배치, 경로 추천 등을 개선하고 있다. 이를 통해 차량의 가동률을 높이고, 승객

의 대기 시간을 줄일 수 있다. 우버(Uber)와 리프트(Lyft)는 머신러닝 알고리즘을 통해 차량 배치와 운행 경로를 최적화하여 서비스 효율성을 극대화하고 있다.

결론

- 자동차 산업에서 머신러닝의 활용은 자율주행, 예측 유지보수, 사용자 맞춤형 경험, 제조 공정 최적화, 교통 흐름 관리 등 다양한 분야에서 혁신을 주도하고 있다. 이러한 기술은 자동차의 안전성, 효율성, 편의성을 크게 향상시켜 미래 자동차의 발전을 가속화할 것이다. 앞으로도 머신러닝은 자동차 산업 전반에 걸쳐 핵심적인 기술로 자리잡을 것이며, 자율주행차와 스마트 도시를 구현하는 데 필수적인 요소가 될 것이다.

5.5.4 로봇 분야

로봇 분야에서 머신러닝(Machine Learning)은 로봇의 자율성, 지능적인 의사결정, 환경 인식, 상호작용 능력을 크게 향상시키고 있다. 머신러닝을 통해 로봇은 복잡한 환경에서 자율적으로 행동하고, 다양한 작업을 학습하며, 사람과의 상호작용을 개선할 수 있게 되었습니다. 주요 활용 사례를 다음과 같이 상세히 설명한다.

1) 로봇의 자율적 이동 및 내비게이션

- **SLAM (Simultaneous Localization and Mapping)**: SLAM은 로봇이 자신이 위치한 환경을 동시에 인식하고 지도를 생성하며, 그 안에서 자신의 위치를 추적하는 기술이다. 머신러닝을 활용한 SLAM 알고리즘은 로봇이 미지의 공간에서도 자율적으로 이동할 수 있도록 돕는다. 머신러닝은 센서 데이터를 분석하여 로봇이 이동 경로를 계획하고 장애물을 피할 수 있게 한다. 예를 들어, 자율주행 로봇(AGV, Autonomous Guided Vehicles)은 머신러닝 기반 SLAM 기술을 사용하여 복잡한 창고나 제조 공장에서 자율적으로 물품을 운반한다.
- **강화학습을 통한 경로 최적화**: 로봇이 목표 지점에 도달하기 위해 스스로 최적의 경로를 학습하는 데 강화학습(Reinforcement Learning)을 적용할 수 있다. 강화학습은 로봇이 주어진 환경에서 다양한 시도를 통해 성공적인 행동을 학습하고, 그 결과로부터 보상

을 받아 더 나은 경로를 선택하게 한다. 예를 들어, Boston Dynamics의 로봇들은 강화 학습을 통해 복잡한 지형을 자율적으로 탐색할 수 있다.

2) 로봇팔을 이용한 자동화 및 작업 수행

- **산업용 로봇팔의 자율적 조작**: 제조업에서 사용되는 산업용 로봇팔은 머신러닝을 활용해 보다 정교하고 효율적으로 작업을 수행할 수 있다. 머신러닝 알고리즘은 로봇팔이 물체를 집거나 조립하는 작업을 학습하고, 실시간으로 작업 경로를 최적화한다. 예를 들어, FANUC은 머신러닝을 적용하여 로봇팔이 작업 환경에 적응하고, 오류 발생 시 스스로 수정할 수 있도록 하는 자율성을 부여했다.
- **비전 기반 로봇 조작**: 로봇팔이 물체를 인식하고 작업하는 과정에서 컴퓨터 비전과 머신러닝이 결합되어 사용된다. 카메라를 통해 촬영된 이미지 데이터를 분석하여 로봇이 물체의 크기, 모양, 위치 등을 정확하게 파악하고, 물체를 집거나 배치할 수 있다. ABB는 머신러닝을 사용한 Vision Guided Robotics(VGR) 시스템을 도입해, 로봇이 다양한 크기와 모양의 부품을 정확하게 조립할 수 있도록 했다.

3) 로봇의 학습 및 적응 능력 향상

- **초기 학습을 위한 시뮬레이션**: 로봇은 실제 환경에서 직접 학습하는 것보다 시뮬레이션 환경에서 더 빠르고 안전하게 학습할 수 있다. 머신러닝을 사용하여 로봇이 가상 환경에서 작업을 학습하고, 이후 실제 환경에서 그 학습 내용을 적용할 수 있다. OpenAI는 로봇팔을 대상으로 한 시뮬레이션을 통해 다양한 물체를 조작하는 작업을 학습시키고, 그 결과를 실제 로봇팔에 적용해 물체를 능숙하게 다룰 수 있도록 했다.
- **데이터 기반 학습**: 로봇은 머신러닝을 통해 수많은 데이터셋을 학습하고, 환경 변화에 적응할 수 있다. 예를 들어, 로봇 청소기는 공간 구조나 장애물 배치에 따라 다른 청소 경로를 선택할 수 있으며, 이러한 경로를 반복 학습하여 더 나은 결과를 도출할 수 있다. iRobot의 Roomba는 머신러닝 알고리즘을 통해 공간을 학습하고, 청소 경로를 최적화하여 더 효과적인 청소를 수행한다.

4) 로봇의 인간과의 상호작용 개선

- **음성 및 제스처 인식**: 머신러닝은 로봇이 사람의 음성 명령이나 제스처를 인식하고, 이를 바탕으로 적절하게 반응할 수 있도록 도와준다. 자연어 처리(NLP) 기술을 사용한 로봇은 사람과 대화하거나, 음성 명령을 이해하고 작업을 수행한다. 또한, 머신러닝 기반의 컴퓨터 비전을 통해 사람의 손동작이나 몸짓을 인식하여 적절한 동작을 실행할 수 있다. 소프트뱅크(Softbank)의 로봇 페퍼(Pepper)는 음성 명령과 제스처 인식을 통해 사람과 상호작용하며, 안내 서비스와 같은 역할을 수행한다.
- **감정 인식**: 머신러닝은 로봇이 사람의 표정, 목소리 톤, 행동 등을 분석하여 감정을 인식하고, 이에 적절히 반응할 수 있도록 돕는다. 감정 인식 기술은 사회적 로봇(social robots)에서 많이 사용되며, 노인 돌봄, 교육, 고객 서비스 등 다양한 분야에서 로봇의 상호작용 능력을 강화하는 데 활용된다. Sony의 아이보(Aibo)는 감정 인식 기술을 통해 주인의 감정을 파악하고, 그에 맞는 행동을 취하는 반려 로봇이다.

5) 로봇의 예측 유지보수 및 자율적 문제 해결

- **예측 유지보수**: 머신러닝을 통해 로봇의 상태를 실시간으로 모니터링하고, 고장 가능성을 예측하는 기술이 발전하고 있다. 로봇이 고장 나기 전에 센서 데이터를 분석해 이상 징후를 감지하고, 미리 경고함으로써 유지보수 비용을 절감하고, 가동 중단 시간을 최소화할 수 있다. 예를 들어, FANUC은 로봇의 센서 데이터를 분석하여 로봇의 성능 저하나 부품 교체 시점을 예측하는 시스템을 도입했다.
- **자율적 문제 해결**: 머신러닝을 통해 로봇이 작업 중 발생하는 문제를 스스로 해결하는 자율성을 가질 수 있다. 예를 들어, 로봇이 조립 공정 중 부품의 위치가 잘못되었을 때, 머신러닝 알고리즘을 사용하여 이를 감지하고, 스스로 조정을 하여 작업을 완료할 수 있다.

6) 로봇의 강화학습을 통한 작업 최적화

- **복잡한 작업의 자율적 학습**: 강화학습은 로봇이 반복적인 시도와 보상 구조를 통해 작업을 최적화할 수 있게 한다. 예를 들어, 로봇이 블록을 쌓거나 물체를 옮기는 작업에서 다양한 방법을 시도한 후, 성공적인 결과를 바탕으로 더 나은 방법을 학습한다. OpenAI의 Dactyl 프로젝트는 강화학습을 통해 로봇이 사람의 손과 유사한 동작을 학습하여 복잡한 작업을

수행할 수 있도록 했다.

- **물체 조작 학습**: 강화학습은 로봇이 불규칙하거나 복잡한 형태의 물체를 집거나 조작하는 과정을 학습하는 데에도 유용한다. 예를 들어, 로봇이 강화를 통해 다양한 크기와 무게를 가진 물체를 효과적으로 집어올릴 수 있도록 학습한다.

7) 로봇의 협동 작업 및 산업 자동화

- **협동 로봇(Cobot)**: 협동 로봇(Collaborative Robots, Cobot)은 사람과 같은 작업 공간에서 협력하여 작업을 수행하는 로봇이다. 머신러닝을 통해 로봇은 작업 중 사람의 움직임을 인식하고, 안전하게 협동 작업을 수행할 수 있다. 이 로봇들은 제조업, 의료, 물류 등 다양한 산업에서 사람과의 협력을 통해 복잡한 작업을 보다 효율적으로 처리할 수 있다. 유니버설 로봇(Universal Robots)의 협동 로봇은 머신러닝을 통해 작업 공간 내 사람과의 상호작용을 최적화하고 있다.
- **생산 공정 자동화**: 머신러닝은 생산 공정에서 로봇이 자율적으로 작업을 조정하고, 실시간 데이터를 분석하여 생산 효율성을 높이는 데 사용된다. 로봇은 데이터를 학습하고, 작업 공정에서 발생하는 변화에 실시간으로 적응할 수 있다. 예를 들어, Siemens는 산업 자동화 로봇에 머신러닝을 도입하여 제조 공정을 자동화하고, 생산성을 크게 향상시켰습니다.

8) 로봇의 의료 분야 적용

- **수술 로봇**: 머신러닝을 적용한 수술 로봇은 수술 중 실시간으로 데이터를 분석하여 보다 정밀한 수술을 수행할 수 있다. 이러한 로봇은 수술 절차를 자동화하거나, 의사를 보조하는 역할을 수행한다. 예를 들어, 다빈치(Da Vinci) 로봇은 머신러닝을 사용하여 수술 시 실시간으로 조직의 위치를 인식하고, 의사의 손동작을 보조하여 더 정밀한 수술이 가능하게 한다.
- **재활 로봇**: 재활 치료에 사용되는 로봇은 환자의 상태를 머신러닝으로 분석하여 개별 환자에게 최적화된 재활 프로그램을 제공할 수 있다. 이 로봇은 환자의 운동 데이터를 학습하고, 맞춤형 재활 운동을 제안함으로써 치료 효과를 극대화한다. Hocoma의 Lokomat은 환자의 움직임 데이터를 분석하여 맞춤형 재활 프로그램을 제공하는 재활 로봇이다.

결론

- 로봇 분야에서 머신러닝은 자율성, 학습 능력, 상호작용 개선 등 다양한 방식으로 혁신을 이끌고 있다. 자율적 이동, 작업 수행, 인간과의 상호작용, 산업 자동화, 의료 등 다양한 분야에서 로봇의 기능이 크게 향상되고 있으며, 앞으로도 머신러닝 기술을 통해 로봇은 더욱 지능적이고 자율적인 방향으로 발전할 것이다.

5.5.5 물류 분야

물류 분야에서 머신러닝(Machine Learning)은 공급망 최적화, 예측 분석, 재고 관리, 경로 최적화 등 다양한 방식으로 물류 프로세스를 혁신하고 있다. 방대한 데이터를 기반으로 한 머신러닝 알고리즘은 물류 운영을 더욱 효율적이고 자동화된 방식으로 개선하여 비용 절감과 서비스 향상에 크게 기여하고 있다. 주요 활용 사례를 다음과 같이 상세히 설명한다.

1) 수요 예측 및 재고 관리

- **정확한 수요 예측**: 물류 회사는 머신러닝을 활용하여 고객의 과거 구매 데이터, 시장 트렌드, 계절적 변화 등을 분석하여 정확한 수요 예측을 할 수 있다. 이를 통해 과잉 생산이나 재고 부족을 방지하고, 고객의 요구에 맞춘 재고를 미리 준비할 수 있다. 예를 들어, 아마존(Amazon)은 머신러닝을 사용해 고객의 구매 패턴을 분석하여 특정 상품의 수요를 예측하고, 물류 센터에 적절한 재고를 미리 배치함으로써 배송 속도를 극대화하고 있다.
- **자동화된 재고 관리**: 머신러닝은 창고 내 재고 관리 시스템에서 자주 사용된다. 과거의 데이터와 실시간 재고 데이터를 분석하여 최적의 재고 수준을 유지하고, 자동으로 재고를 주문하거나 보충할 수 있다. 이를 통해 수동 작업의 오류를 줄이고, 재고 회전율을 최적화할 수 있다. Walmart는 머신러닝 기반 재고 관리 시스템을 통해 실시간 재고 수준을 추적하고, 최적의 재고량을 유지하고 있다.

2) 경로 최적화 및 배송 효율화

- **실시간 경로 최적화**: 머신러닝은 물류 차량의 최적 경로를 자동으로 계획하여 연료비를 절감하고, 배송 시간을 단축할 수 있다. 실시간 교통 데이터, 날씨 조건, 도로 공사 정보 등을 분석하여 최적의 경로를 추천하는 시스템이 활용되고 있다. 예를 들어, UPS는 머신러닝을 사용하여 매일 수백만 개의 배송 경로를 최적화하고 있으며, 이를 통해 매년 수백만 리터의 연료를 절감하고 있다.
- **예측 기반 배송**: 고객의 과거 주문 데이터를 학습한 머신러닝 모델은 배송을 미리 예측하고, 가장 효율적인 배송 경로와 시간을 계획할 수 있다. 아마존의 프라임 에어(Prime Air) 프로젝트는 머신러닝을 사용하여 고객이 주문할 가능성이 높은 상품을 미리 예측하고, 특정 지역에 미리 배치하여 신속한 배송을 가능하게 한다.

3) 예측 유지보수

- **차량 유지보수 최적화**: 물류업체는 머신러닝을 통해 배송 차량의 상태를 실시간으로 모니터링하고, 고장이나 수리 시점을 예측할 수 있다. 이는 고장으로 인한 차량 가동 중단을 방지하고, 유지보수 비용을 절감할 수 있다. 예를 들어, DHL은 차량의 센서 데이터를 머신러닝으로 분석하여 차량의 고장 가능성을 예측하고, 미리 유지보수를 시행함으로써 운송 중단을 최소화하고 있다.
- **창고 설비 관리**: 물류 창고 내의 설비(컨베이어 벨트, 로봇 팔 등)의 예측 유지보수에도 머신러닝이 활용된다. 설비의 센서 데이터를 분석하여 설비가 언제 고장날지를 예측하고, 고장 발생 전에 미리 유지보수를 시행하여 생산성을 유지한다. GE는 물류 창고의 설비 상태를 실시간으로 모니터링하고, 머신러닝을 통해 고장 발생 가능성을 예측하여 적시에 유지보수를 시행하고 있다.

4) 수요 기반 물류 자원 배치

- **배송 차량 및 인력 배치**: 머신러닝은 특정 지역이나 시간대의 배송 수요를 예측하고, 이에 따라 배송 차량과 인력을 효율적으로 배치하는 데 사용된다. 이를 통해 물류 기업은 불필요한 리소스 낭비를 줄이고, 적절한 시간에 적절한 위치에 리소스를 배치하여 물류 효율성을 극대화할 수 있다. FedEx는 머신러닝을 활용해 각 지역의 물류 수요를 예측하

고, 효율적으로 배송 차량과 인력을 배치함으로써 운영 비용을 절감하고 있다.

- **창고 공간 최적화**: 머신러닝은 창고 내 물품 배치도 최적화에 활용된다. 과거의 출고 데이터를 분석하여 물품의 이동 빈도에 따라 창고 내 적절한 위치에 배치하고, 자주 출고되는 물품은 출구에 가까운 위치에 배치하는 등 작업 동선을 줄여 창고 운영 효율성을 극대화한다. Zalando는 머신러닝을 사용하여 창고 내 공간을 최적화하고, 물품의 출고 속도를 크게 개선했다.

5) 수익 최적화 및 비용 절감

- **가격 책정 최적화**: 머신러닝은 물류 서비스의 가격을 실시간으로 조정하여 수익을 극대화하는 데 사용된다. 머신러닝 알고리즘은 고객의 수요, 경쟁사 가격, 계절적 변화 등을 분석하여 최적의 가격을 자동으로 제시한다. 예를 들어, UPS와 DHL은 머신러닝을 통해 실시간으로 가격을 조정하고, 수익성을 극대화하는 시스템을 운영하고 있다.
- **물류 비용 절감**: 머신러닝을 사용하여 물류 프로세스 전반에서 발생하는 비용을 분석하고, 비용 절감을 위한 전략을 수립할 수 있다. 예를 들어, 연료비, 인건비, 유지보수 비용 등을 분석하여 효율적으로 비용을 절감할 수 있는 방안을 제안한다. DB Schenker는 머신러닝을 통해 물류 운영에서 발생하는 비용 데이터를 분석하고, 연료 및 인건비 절감 방안을 제시하여 운영 효율성을 높였습니다.

6) 수송 및 라스트 마일 배송 최적화

- **라스트 마일 배송 최적화**: 라스트 마일(최종 목적지까지의 배송)은 물류에서 가장 비용이 많이 드는 단계 중 하나이다. 머신러닝을 사용하여 고객의 위치, 도로 상황, 날씨 등을 고려한 최적의 라스트 마일 배송 경로를 생성하고, 배송 효율성을 극대화할 수 있다. 아마존(Amazon)은 드론과 자율주행 로봇을 통해 라스트 마일 배송을 혁신하고 있으며, 머신러닝을 활용해 경로를 최적화하고 빠르고 효율적인 배송을 가능하게 한다.
- **자율주행 차량과 드론 배송**: 자율주행 기술과 드론은 물류업체에서 점점 더 많이 사용되고 있으며, 머신러닝은 이 과정에서 중요한 역할을 한다. 자율주행 차량은 머신러닝을 통해 도로 상황을 분석하고, 최적의 경로를 선택하여 안전하게 배송을 완료한다. 스타트업 Nuro는 자율주행 차량을 통해 소규모 물품의 라스트 마일 배송을 자동화하고 있으며, 머신러닝을 통해 도로 환경을 실시간으로 학습하고 있다.

7) 물류 네트워크 최적화

- **공급망 관리**: 머신러닝은 공급망 전반에 걸쳐 데이터를 분석하여 수요 예측, 주문 관리, 재고 조정 등의 프로세스를 자동화할 수 있다. 이를 통해 공급망 전반의 운영을 최적화하고, 효율성을 높일 수 있다. 예를 들어, Maersk는 머신러닝을 활용해 글로벌 공급망을 모니터링하고, 실시간으로 데이터를 분석하여 공급망에서 발생할 수 있는 문제를 사전에 예측하고 대처한다.
- **창고 네트워크 최적화**: 머신러닝을 통해 다중 창고 네트워크에서 각 창고의 역할을 최적화할 수 있다. 이를 통해 각 지역의 수요를 정확히 예측하고, 수요가 높은 지역에 더 많은 재고를 배치함으로써 물류 비용을 줄이고 배송 속도를 높일 수 있다. Alibaba는 머신러닝을 사용해 전 세계의 물류 네트워크를 최적화하고, 각 창고의 역할을 재조정하여 글로벌 물류 비용을 절감했다.

8) 리스크 관리 및 물류 가시성 강화

- **리스크 예측 및 관리**: 머신러닝은 물류 프로세스에서 발생할 수 있는 리스크(기상 조건, 교통 문제, 공급망 차질 등)를 사전에 예측하고, 문제를 미리 해결할 수 있도록 돕는다. 이로 인해 물류 업체는 예기치 못한 문제로 인한 비용을 줄이고, 서비스 연속성을 유지할 수 있다. DHL은 머신러닝을 활용해 공급망에서 발생할 수 있는 리스크를 실시간으로 모니터링하고, 사전에 대응할 수 있는 시스템을 구축했다.
- **물류 가시성 강화**: 물류 프로세스 전반에 걸쳐 가시성을 높이는 데 머신러닝이 활용된다. 머신러닝 알고리즘은 물류 네트워크의 데이터를 실시간으로 분석하여, 물품이 어디에 위치해 있는지, 배송이 얼마나 진행되었는지 등을 파악할 수 있다. 이를 통해 물류 과정의 투명성을 높이고, 고객 서비스 품질을 개선할 수 있다. UPS는 물류 가시성을 높이기 위해 머신러닝 기반의 실시간 추적 시스템을 운영하고 있다.

결론

- 물류 분야에서 머신러닝의 활용은 수요 예측, 재고 관리, 경로 최적화, 예측 유지보수, 리스크 관리 등 다양한 방식으로 운영 효율성을 극대화하고 있다. 이를 통해 물류 업체들은 비용을 절감하고, 배송 속도를 높이며, 고객 만족도를 향상시킬 수 있다. 앞으로도 머신러닝은 물류 산업 전반에 걸쳐 더 많은 자동화와 최적화를 이끌어내며, 물류의 미래를 더욱 스마트하게 변화시킬 것이다.

5.5.6 금융 분야

금융 분야에서 머신러닝(Machine Learning)은 데이터 분석, 위험 관리, 사기 탐지, 고객 서비스 개선, 맞춤형 금융 서비스 제공 등 다양한 방식으로 활용되고 있으며, 금융 산업의 혁신을 주도하고 있다. 금융 기관은 머신러닝을 통해 방대한 양의 데이터를 분석하고, 더욱 정확하고 신속한 의사결정을 내리며, 고객 경험을 개선할 수 있다. 주요 활용 사례를 다음과 같이 상세히 설명한다.

1) 사기 탐지 및 방지

- **사기 거래 탐지**: 금융 기관은 머신러닝을 활용하여 수백만 건의 거래 데이터를 분석하고, 비정상적인 거래 패턴을 실시간으로 감지한다. 기존의 규칙 기반 시스템보다 훨씬 정교한 머신러닝 모델은 정상적인 거래와 사기성 거래를 구분하는 데 더 높은 정확성을 보여준다. 예를 들어, 머신러닝 모델은 신용카드 거래, ATM 사용, 온라인 뱅킹에서 발생하는 데이터의 패턴을 학습하고, 비정상적인 활동을 감지하여 사기를 사전에 방지한다. PayPal은 머신러닝을 활용해 실시간으로 거래를 분석하고, 사기성 거래를 차단하는 시스템을 운영 중이다.
- **비정상적인 행동 탐지**: 머신러닝은 사용자 행동 패턴을 학습하여 비정상적인 행동을 감지하고 사기를 방지한다. 예를 들어, 특정 시간대에 예상치 못한 지역에서 발생하는 거래나, 급격한 현금 인출은 사기의 징후일 수 있으며, 머신러닝은 이러한 행동을 실시간으로 분석하여 경고를 발생시킵니다. JP모건(JP Morgan)은 머신러닝을 사용해 고객의 평소 거래 패턴을 분석하고, 비정상적인 활동을 탐지하는 시스템을 도입했다.

2) 신용 점수 및 리스크 평가

- **대출 리스크 평가**: 머신러닝은 대출 신청자의 금융 데이터를 분석하여 신용 점수를 평가하고, 대출 상환 가능성을 예측하는 데 사용된다. 기존의 신용 점수 시스템보다 더 복잡한 패턴을 학습할 수 있으며, 대출 신청자의 소득, 직업, 소비 습관 등을 종합적으로 분석하여 리스크를 평가한다. ZestFinance는 머신러닝을 사용하여 전통적인 신용 점수 시스템에서 평가하기 어려운 고객들의 신용도를 평가하고, 대출 가능성을 높이는 서비스를 제공한다.
- **부도 예측**: 머신러닝은 기업의 재무제표, 시장 데이터, 경제 지표 등을 분석하여 특정 기업이 부도를 겪을 가능성을 예측할 수 있다. 이를 통해 금융 기관은 투자 리스크를 줄이고, 부도 위험이 높은 기업에 대한 대출이나 투자를 회피할 수 있다. BlackRock은 머신러닝을 사용해 투자 포트폴리오에서 부도 가능성을 분석하고, 위험을 최소화하는 전략을 채택하고 있다.

3) 고객 서비스 및 챗봇

- **AI 기반 챗봇**: 머신러닝 기반의 챗봇은 금융 서비스에서 고객과 실시간으로 상호작용하며, 간단한 질문에 답하거나 계좌 조회, 거래 내역 확인, 송금 등의 업무를 처리할 수 있다. 자연어 처리(NLP)를 사용한 챗봇은 고객의 음성 명령이나 텍스트 입력을 이해하고, 자동으로 응답을 제공한다. Bank of America의 Erica는 머신러닝 기반의 챗봇으로, 고객의 계좌 관리, 거래 내역 확인, 금융 조언 제공 등의 역할을 수행하고 있다.
- **고객 문의 자동화**: 머신러닝은 고객 문의에 대한 자동 응답 시스템을 강화하는 데 사용된다. 머신러닝 모델은 고객의 질문을 이해하고, 이에 대해 가장 적절한 답변을 제공할 수 있도록 학습한다. 이로 인해 금융 기관은 대규모 고객 문의에 신속하게 대응할 수 있으며, 고객 만족도를 높일 수 있다. HSBC는 머신러닝 기반의 AI 시스템을 도입하여 고객 문의를 실시간으로 처리하고 있다.

5.5.6.4 맞춤형 금융 서비스 제공

- **개인 맞춤형 금융 제품 추천**: 머신러닝은 고객의 과거 거래 데이터, 소비 패턴, 투자 성향 등을 분석하여 개별 고객에게 맞춤형 금융 상품을 추천하는 데 사용된다. 예를 들어, 고

객의 나이, 소득, 위험 성향 등을 고려하여 적합한 투자 상품, 대출 상품, 보험 상품 등을 제안할 수 있다. 로빈후드(Robinhood)는 머신러닝을 사용하여 고객의 투자 성향을 분석하고, 고객이 관심을 가질 만한 금융 상품을 추천한다.

- **개인화된 투자 전략 제공**: 로보 어드바이저(Robo-Advisor)는 머신러닝을 사용하여 고객의 투자 목표, 위험 선호도, 재무 상태 등을 분석하고, 이에 맞는 개인화된 투자 전략을 자동으로 설계한다. Betterment와 Wealthfront는 머신러닝 기반의 로보 어드바이저를 통해 고객에게 맞춤형 포트폴리오를 제안하고, 자동으로 자산을 관리해준다.

5) 포트폴리오 관리 및 자동화된 투자

- **알고리즘 트레이딩(Algorithmic Trading)**: 머신러닝은 주식, 외환, 파생상품 등의 금융 시장에서 알고리즘 트레이딩을 지원한다. 머신러닝 알고리즘은 과거의 시장 데이터를 학습하여 특정 자산의 가격 변동을 예측하고, 거래 전략을 자동으로 실행한다. 이를 통해 거래의 정확도와 속도를 높이며, 시장 변화에 빠르게 대응할 수 있다. Two Sigma와 Renaissance Technologies와 같은 퀀트 투자 회사는 머신러닝을 활용한 고빈도 거래(High Frequency Trading)를 통해 큰 성과를 거두고 있다.
- **자동화된 포트폴리오 리밸런싱**: 머신러닝 기반의 자동화 시스템은 포트폴리오의 자산 비율이 목표에서 벗어나면 이를 자동으로 조정하여 리스크와 수익률을 최적화한다. 예를 들어, 주식과 채권의 비율이 변동할 경우, 머신러닝 알고리즘이 이를 자동으로 조정하여 고객의 투자 목표에 맞는 포트폴리오를 유지한다. Charles Schwab의 Intelligent Portfolios는 머신러닝을 통해 포트폴리오 리밸런싱을 자동화하는 서비스를 제공한다.

6) 시장 예측 및 금융 분석

- **주가 및 자산 가격 예측**: 머신러닝 모델은 방대한 양의 시장 데이터를 분석하여 주가나 자산 가격의 변동을 예측할 수 있다. 이를 통해 투자자는 더 나은 의사결정을 할 수 있으며, 시장 변동성에 대비할 수 있다. Goldman Sachs는 머신러닝을 통해 금융 시장의 데이터를 분석하고, 주가 예측을 통해 더 나은 투자 결정을 내리고 있다.
- **경제 동향 분석**: 머신러닝은 전 세계의 경제 데이터를 수집하고 분석하여 경제 동향을 파악하고, 미래의 경기 변동을 예측하는 데 사용된다. 이는 기업의 장기 전략 수립에 도

움을 주고, 금융 시장의 변동에 대비하는 데 중요한 역할을 한다. 모건 스탠리(Morgan Stanley)는 머신러닝을 활용하여 글로벌 경제 데이터를 분석하고, 장기적인 경제 전망을 제시하는 시스템을 운영하고 있다.

7) 리스크 관리 및 규제 준수

- **리스크 분석 및 관리**: 머신러닝은 금융 기관의 리스크 관리 시스템에서 중요한 역할을 한다. 금융 기관은 머신러닝을 통해 대출 리스크, 시장 리스크, 운영 리스크 등을 분석하고, 이에 따른 적절한 대응 방안을 마련할 수 있다. 머신러닝 모델은 다양한 리스크 요인을 실시간으로 모니터링하고, 리스크 발생 가능성을 미리 경고한다. Citibank는 머신러닝을 통해 글로벌 시장에서 발생할 수 있는 리스크를 분석하고, 리스크 대응 전략을 강화하고 있다.
- **규제 준수 및 AML(자금 세탁 방지)**: 금융 기관은 자금 세탁 방지(AML)와 같은 규제를 준수하기 위해 머신러닝을 활용한다. 머신러닝은 수백만 건의 거래 데이터를 분석하여 의심스러운 거래나 자금 세탁 징후를 실시간으로 탐지한다. 이를 통해 금융 기관은 규제 당국의 요구를 효과적으로 충족시키고, 법적 리스크를 줄일 수 있다. HSBC는 머신러닝 기반의 AML 시스템을 사용하여 자금 세탁 활동을 실시간으로 감시하고 있다.

8) 보험 분석 및 자동화

- **보험 청구 자동화 및 사기 탐지**: 보험 회사는 머신러닝을 사용하여 보험 청구 프로세스를 자동화하고, 사기성 청구를 탐지한다. 머신러닝 모델은 보험 청구 데이터를 분석하여 비정상적인 청구 패턴을 실시간으로 감지하고, 사기 가능성을 평가한다. 이를 통해 보험사는 사기 청구로 인한 손실을 줄일 수 있다. Lemonade는 머신러닝을 통해 보험 청구를 자동으로 처리하고, 사기 청구를 실시간으로 탐지하는 시스템을 운영하고 있다.
- **보험 위험 평가**: 머신러닝은 보험 가입자의 건강 기록, 사고 이력, 생활 습관 등을 분석하여 리스크를 평가하고, 맞춤형 보험 상품을 설계하는 데 사용된다. 이를 통해 보험사는 고객의 개별 리스크를 정확하게 평가하고, 적절한 보험료를 책정할 수 있다. Allianz는 머신러닝을 사용해 보험 리스크를 평가하고, 고객 맞춤형 보험 상품을 제공하는 시스템을 구축했다.

결론

- 금융 분야에서 머신러닝의 활용은 사기 탐지, 리스크 관리, 고객 서비스 개선, 맞춤형 금융 상품 추천, 자동화된 투자 관리 등 다양한 방면에서 금융 서비스를 혁신하고 있다. 머신러닝은 대규모 데이터를 실시간으로 분석하여 더 빠르고 정확한 의사결정을 가능하게 하며, 고객 맞춤형 금융 서비스를 제공하는 데 큰 기여를 하고 있다. 앞으로도 머신러닝은 금융 산업의 핵심 기술로 자리 잡을 것이며, 더 많은 혁신적인 솔루션을 제공할 것이다.

5.5.7 농업 분야

농업 분야에서 머신러닝(Machine Learning)은 농작물 관리, 병해충 예측, 수확 최적화, 자원 관리 등 다양한 방식으로 활용되고 있으며, 스마트 농업(Smart Farming)과 정밀 농업(Precision Agriculture)의 핵심 기술로 자리 잡고 있다. 머신러닝을 통해 농업 생산성을 높이고, 자원을 효율적으로 관리하며, 환경적 지속 가능성을 유지할 수 있는 혁신적인 방식이 도입되고 있다. 주요 활용 사례를 다음과 같이 상세히 설명한다.

1) 농작물 모니터링 및 관리

- **드론 및 위성 이미지 분석**: 머신러닝은 드론, 위성 이미지를 통해 농작물의 상태를 실시간으로 모니터링하는 데 사용된다. 머신러닝 알고리즘은 이 이미지를 분석하여 농장의 작물 상태, 수분 부족, 영양소 결핍, 병해충 발생 여부를 탐지할 수 있다. 이를 통해 농부들은 농작물의 상태를 정밀하게 파악하고, 필요한 조치를 제때 취할 수 있다. John Deere는 머신러닝을 사용해 드론과 위성으로 촬영한 이미지를 분석하여 농작물 상태를 모니터링하고, 병충해 및 수분 부족을 감지하는 솔루션을 제공한다.
- **토양 상태 분석**: 머신러닝은 센서를 통해 수집된 토양 데이터를 분석하여 토양의 수분, 영양 상태, 산도(pH) 등의 변화를 실시간으로 감지할 수 있다. 이를 통해 농부들은 필요한 시기에 적절한 양의 비료를 투입하거나, 관수 시스템을 작동시켜 작물의 생장에 최적의 환경을 제공할 수 있다. Arable과 같은 회사는 머신러닝 기반의 토양 센서를 통해 실시간으로 데이터를 분석하여 작물의 생육 상태를 모니터링하는 서비스를 제공한다.

2) 병해충 예측 및 방제

- **병해충 발생 예측**: 머신러닝 알고리즘은 기상 데이터, 토양 데이터, 과거 병해충 발생 기록 등을 분석하여 병해충이 발생할 가능성을 예측한다. 이러한 예측 모델을 통해 농부들은 병해충 방제를 위한 최적의 시기를 파악하고, 적절한 방제 조치를 사전에 취할 수 있다. 이는 농약 사용을 줄이고, 병해충으로 인한 작물 피해를 최소화하는 데 도움이 된다. SkySquirrel Technologies는 머신러닝을 통해 드론으로 수집한 데이터를 분석하여 포도밭의 병해충 발생 가능성을 예측하는 시스템을 운영하고 있다.
- **정밀 농약 살포**: 머신러닝을 사용하여 드론이나 자율주행 농기계에 병해충이 발생한 구역만을 대상으로 농약을 정밀하게 살포하는 시스템을 도입할 수 있다. 이를 통해 농약 사용량을 최소화하고, 병해충 피해를 효과적으로 방제할 수 있다. Raptor Maps는 농작물에 병해충이 발생한 부분만을 정밀하게 탐지하고, 필요한 양의 농약만을 살포하는 머신러닝 기반 솔루션을 제공하고 있다.

3) 수확 시기 및 생산성 예측

- **수확 시기 예측**: 머신러닝은 기상 데이터, 토양 상태, 작물 성장 데이터를 분석하여 농작물이 최적의 수확 시기를 예측하는 데 사용된다. 이를 통해 농부는 수확을 적절한 시점에 실시하여 작물의 품질을 유지하고, 수확량을 극대화할 수 있다. Prospera는 머신러닝을 통해 작물의 성장 속도를 예측하고, 최적의 수확 시기를 제안하는 기술을 개발했다.
- **작물 생산성 예측**: 머신러닝은 작물의 생육 데이터를 분석하여 작물의 예상 수확량을 예측하는 데 사용된다. 이는 농부가 미리 시장 상황에 맞춰 계획을 세우고, 수확 후 공급망 관리 및 유통 전략을 최적화하는 데 도움이 된다. 예를 들어, Taranis는 머신러닝을 사용해 항공 이미지와 농장 데이터를 분석하여 농작물의 수확량을 예측하는 서비스를 제공하고 있다.

4) 자율 농기계 및 로봇

- **자율주행 트랙터 및 농기계**: 자율주행 기술을 탑재한 농기계는 머신러닝을 통해 경작지에서 자동으로 작업을 수행할 수 있다. 트랙터는 토양 상태, 작물의 위치, 농작물의 생장 상태 등을 실시간으로 분석하며, 정밀하게 농작물을 심거나 수확한다. John Deere와

같은 농기계 제조사는 머신러닝을 활용한 자율주행 트랙터를 개발하여 농부들이 작업을 자동화할 수 있도록 돕고 있다.

- **농업용 로봇**: 머신러닝은 수확, 파종, 잡초 제거 등의 작업을 자동으로 수행하는 농업용 로봇에도 사용된다. 이러한 로봇은 카메라와 센서를 통해 작물과 잡초를 구분하고, 작업을 정밀하게 수행할 수 있다. 예를 들어, Blue River Technology의 See & Spray 시스템은 머신러닝을 사용해 작물과 잡초를 실시간으로 식별하고, 잡초에만 농약을 살포하는 기술을 제공한다.

5) 정밀 관개 시스템

- **정밀 관개**: 머신러닝은 작물의 수분 요구량을 실시간으로 분석하여 필요한 양의 물을 정밀하게 공급하는 관개 시스템을 구축할 수 있다. 기상 데이터, 토양 수분 상태, 작물 성장 상태 등을 종합적으로 분석하여 물 사용량을 최적화하고, 수자원을 효율적으로 관리할 수 있다. CropX는 머신러닝 기반의 스마트 관개 시스템을 통해 농장 내 토양 수분 상태를 실시간으로 모니터링하고, 필요한 양만큼의 물을 공급하는 기술을 제공하고 있다.
- **스마트 센서와 결합된 관개 시스템**: 농업용 센서를 통해 수집된 데이터와 머신러닝을 결합하여, 특정 작물과 토양의 특성에 맞는 관개 전략을 설계할 수 있다. 이를 통해 물 낭비를 줄이고, 작물의 성장에 필요한 수분을 정확하게 공급할 수 있다. Netafim은 머신러닝을 통해 관개를 자동으로 조정하는 스마트 관개 시스템을 운영하고 있으며, 수자원을 절약하면서도 작물 생산성을 높이는 기술을 제공한다.

6) 스마트 농장 운영 및 자원 관리

- **농장 운영 최적화**: 머신러닝은 농장의 전반적인 운영을 자동화하고 최적화하는 데 사용된다. 예를 들어, 농장의 기상 조건, 토양 상태, 농작물 성장 데이터를 실시간으로 분석하여 농업 관리 시스템에서 최적의 농업 활동을 제안한다. 이를 통해 농부들은 적절한 시기에 파종, 관수, 수확을 계획하고, 자원을 효율적으로 관리할 수 있다. FarmLogs는 머신러닝을 통해 농부들이 농작물 재배 계획을 수립하고, 비용 효율적으로 농장을 관리할 수 있도록 돕는 스마트 농업 솔루션을 제공한다.
- **비료 및 자원 최적화**: 머신러닝은 작물의 생장 단계, 토양 상태, 기후 조건 등을 분석하

여 각 시점에 필요한 비료의 양과 종류를 추천한다. 이를 통해 농부들은 비료 사용량을 줄이고, 환경에 미치는 영향을 최소화하면서 작물의 생산성을 유지할 수 있다. Ceres Imaging는 머신러닝을 사용해 농장 데이터를 분석하고, 비료와 같은 자원의 사용을 최적화하는 기술을 제공하고 있다.

7) 기상 데이터 기반의 농업 예측

- **기상 예측과 농업 활동**: 머신러닝은 기상 데이터를 실시간으로 분석하여 기후 변화에 따른 농업 활동을 예측할 수 있다. 이를 통해 농부들은 갑작스러운 기후 변화에 대비하고, 파종 시기, 수확 시기, 관개 시기를 계획할 수 있다. 예를 들어, The Climate Corporation은 머신러닝을 사용해 기상 데이터를 분석하고, 농작물 관리에 필요한 기상 정보를 농부들에게 실시간으로 제공하고 있다.
- **재해 대비 시스템**: 머신러닝을 사용한 기상 예측 모델은 가뭄, 홍수, 강풍과 같은 기상 재해에 대한 예측력을 높여 농부들이 재해에 대비할 수 있도록 돕는다. 기상 변화에 대한 데이터를 분석하여 농업 활동에 미치는 영향을 사전에 분석하고, 재해로 인한 피해를 최소화할 수 있는 전략을 수립할 수 있다. SatSure는 머신러닝을 통해 위성 이미지와 기상 데이터를 분석하여 농업 재해에 대한 경고를 제공한다.

8) 농산물 가격 예측 및 유통 관리

- **농산물 가격 예측**: 머신러닝은 시장 데이터를 분석하여 농산물 가격의 변동을 예측할 수 있다. 이는 농부들이 시장 변화에 대응하고, 최적의 수확 시기와 판매 시기를 계획하는 데 중요한 정보를 제공한다. Gro Intelligence는 머신러닝을 사용하여 농업 데이터와 시장 데이터를 분석하고, 농산물 가격 변동을 예측하는 솔루션을 제공한다.
- **공급망 관리**: 농업 생산에서 최종 소비자에 이르는 농산물 공급망 전반에 걸쳐 머신러닝이 사용된다. 농산물의 유통 경로, 저장 조건, 운송 시간 등을 분석하여 최적의 공급망을 설계하고, 비용을 절감할 수 있다. IBM은 머신러닝 기반의 공급망 관리 시스템을 통해 농산물의 유통 경로를 최적화하고, 비용 절감과 더불어 품질 유지에 기여하고 있다.

결론

- 농업 분야에서 머신러닝은 병해충 예측, 정밀 관개, 자율 농기계, 스마트 농장 관리 등 다양한 방면에서 혁신을 가져오고 있다. 이를 통해 농부들은 자원을 효율적으로 사용하고, 생산성을 높이며, 환경에 미치는 영향을 최소화할 수 있다. 앞으로도 머신러닝은 농업의 자동화와 효율화를 가속화하는 핵심 기술로 계속해서 발전할 것이며, 농업의 지속 가능성을 향상시키는 중요한 역할을 할 것이다.

5.5.8 교통 분야

교통 분야에서 머신러닝(Machine Learning)은 자율주행, 교통 흐름 관리, 사고 예측, 대중교통 최적화 등 다양한 방식으로 교통 시스템을 혁신하고 있다. 교통 데이터를 실시간으로 분석하여 효율성과 안전성을 높이는 데 기여하며, 도로 교통 혼잡을 줄이고, 자원 사용을 최적화하는 데 중요한 역할을 하고 있다. 주요 활용 사례를 다음과 같이 상세히 설명한다.

1) 자율주행차

- **자율주행 기술**: 자율주행차는 머신러닝을 활용하여 실시간으로 주변 환경을 인식하고, 주행 경로를 결정한다. 카메라, 라이다(LIDAR), 레이더와 같은 다양한 센서에서 수집한 데이터를 분석하여 보행자, 차량, 장애물, 교통 신호 등을 인식하고, 자율적으로 주행을 결정한다. 머신러닝 알고리즘은 반복적인 주행 경험을 통해 학습하고, 안전한 주행을 위한 최적의 경로를 선택한다. Tesla와 Waymo는 자율주행차 개발에 머신러닝을 적극적으로 활용하여 실시간으로 도로 데이터를 처리하고, 안전한 자율주행 시스템을 구축하고 있다.
- **컴퓨터 비전 및 객체 인식**: 자율주행차는 컴퓨터 비전과 객체 인식 기술을 통해 도로 환경을 이해하고, 적절한 주행 결정을 내립니다. 머신러닝 기반의 컴퓨터 비전 시스템은 교통 신호등, 차선, 보행자, 차량 등을 실시간으로 인식하여 차량이 안전하게 주행할 수 있도록 돕는다. Nvidia의 자율주행 플랫폼은 머신러닝을 사용하여 차량이 복잡한 도로 환경을 인식하고, 적절한 주행 결정을 내리도록 설계되었습니다.

2) 교통 흐름 관리 및 혼잡 예측

- **교통 흐름 최적화**: 머신러닝은 실시간 교통 데이터를 분석하여 교통 흐름을 최적화하는 데 사용된다. 교차로에서의 신호 제어, 도로의 혼잡도 분석, 차량 흐름 예측 등을 통해 교통 혼잡을 줄이고, 차량의 이동 속도를 최적화할 수 있다. 머신러닝 모델은 실시간 데이터를 바탕으로 교차로에서의 신호 체계를 동적으로 조정하여 교통 흐름을 개선한다. 런던과 싱가포르는 머신러닝 기반의 신호 제어 시스템을 도입해 교차로에서의 교통 혼잡을 줄이고 있다.
- **교통 혼잡 예측**: 머신러닝 모델은 도로 네트워크에서 수집된 데이터를 분석하여 특정 시간대와 위치에서 교통 혼잡을 예측할 수 있다. 날씨, 행사 일정, 도로 공사, 사고 등의 요인을 고려하여 교통 흐름을 실시간으로 예측하고, 이를 바탕으로 차량 운전자에게 우회 경로를 제시하거나 대중교통 이용을 권장한다. Google Maps는 머신러닝을 통해 실시간 교통 데이터를 분석하고, 사용자에게 혼잡한 구역을 피할 수 있는 최적의 경로를 제공한다.

3) 사고 예측 및 예방

- **사고 위험 예측**: 머신러닝은 도로의 교통 데이터를 분석하여 사고 위험이 높은 구간을 사전에 예측할 수 있다. 사고가 자주 발생하는 도로 구간, 시간대, 날씨 조건 등을 분석하여 위험 구간을 식별하고, 운전자에게 주의 경고를 제공할 수 있다. 이를 통해 사고를 예방하고, 도로 안전성을 높일 수 있다. Allstate와 같은 보험 회사는 머신러닝을 통해 사고 가능성이 높은 지역을 분석하고, 고객들에게 운전 주의 경고를 제공하는 시스템을 구축했다.
- **도로 안전 개선**: 머신러닝은 도로 설계 및 교통 관리 시스템에서 사고를 줄이기 위한 안전 개선 방안을 도출하는 데 사용된다. 예를 들어, 도로에서 사고가 빈번하게 발생하는 교차로의 구조를 개선하거나, 신호 체계를 조정하여 사고를 줄일 수 있다. RoadBotics는 머신러닝을 통해 도로 상태를 실시간으로 분석하고, 사고 위험을 줄이기 위한 도로 개선 방안을 제안하는 기술을 제공한다.

4) 대중교통 최적화

- **실시간 운행 최적화**: 대중교통 시스템에서 머신러닝은 실시간 데이터를 분석하여 버스, 지하철, 트램 등의 운행을 최적화할 수 있다. 머신러닝 모델은 승객 수, 교통 흐름, 날씨 등을 분석하여 대중교통의 배차 간격을 조정하고, 혼잡도를 줄이면서 승객의 편의를 높이는 데 기여한다. Uber와 Lyft는 머신러닝을 활용하여 실시간 교통 데이터를 분석하고, 차량 배치와 운행 경로를 최적화하는 시스템을 운영하고 있다.
- **수요 예측 및 배차 계획**: 머신러닝은 과거의 승객 데이터와 교통 패턴을 분석하여 대중교통 수요를 예측하고, 이에 맞춘 최적의 배차 계획을 수립하는 데 사용된다. 이를 통해 특정 시간대에 수요가 높은 지역에 대중교통 자원을 효율적으로 배치할 수 있으며, 승객의 대기 시간을 줄이고 서비스 효율성을 높일 수 있다. 도쿄와 뉴욕 같은 대도시에서는 머신러닝을 통해 대중교통의 수요를 예측하고, 최적의 배차 간격을 설정하여 교통 혼잡을 줄이고 있다.

5) 자율주행 대중교통 및 셔틀 서비스

- **자율주행 셔틀 서비스**: 자율주행 셔틀 서비스는 머신러닝을 통해 승객을 실어나르며, 도심 내 특정 구역에서 효율적인 이동 수단을 제공한다. 머신러닝 모델은 승객 수요를 분석하고, 승객의 위치에 맞춰 경로를 자동으로 설정하여 최적의 이동 경로를 제공한다. Navya와 EasyMile 같은 회사들은 자율주행 셔틀을 개발하여 도심 내 단거리 이동을 자동화하고 있으며, 머신러닝을 통해 실시간 교통 데이터를 분석하여 안전하고 효율적인 경로를 제공한다.
- **자율주행 대중교통**: 자율주행 버스나 지하철 등 대중교통 수단에서 머신러닝은 실시간으로 교통 상황을 분석하고, 자율적으로 운행할 수 있도록 돕는다. 승객 수요에 맞춰 자동으로 배차 간격을 조정하거나, 경로를 실시간으로 수정하여 최적의 운행 서비스를 제공할 수 있다. 싱가포르는 자율주행 버스를 도입하여 도심 내 대중교통 운영을 자동화하고 있으며, 머신러닝을 통해 교통 흐름을 분석하고 최적의 경로를 제공한다.

6) 교통 인프라 관리 및 유지보수

- **도로 유지보수 예측**: 머신러닝은 도로 상태 데이터를 분석하여 도로의 손상 가능성을 예

측하고, 유지보수 시기를 자동으로 계획할 수 있다. 도로의 균열, 포트홀(pothole), 노후 상태를 실시간으로 감지하고, 필요한 유지보수를 사전에 수행하여 도로의 수명을 연장할 수 있다. RoadBotics와 IBM은 머신러닝을 사용해 도로 상태를 실시간으로 분석하고, 유지보수가 필요한 구역을 자동으로 식별하는 시스템을 제공한다.

- **교량 및 터널 안전 관리**: 머신러닝은 교량, 터널 등의 교통 인프라의 상태를 실시간으로 모니터링하고, 구조적 손상이나 노후 상태를 예측할 수 있다. 센서를 통해 수집된 데이터를 분석하여 구조물이 손상될 위험을 사전에 감지하고, 필요한 유지보수를 계획할 수 있다. GE는 머신러닝을 통해 교량과 터널의 안전성을 실시간으로 모니터링하고, 구조적 문제가 발생하기 전에 사전 대응하는 시스템을 개발했다.

7) 수요 기반 교통 서비스 및 차량 공유

- **차량 공유 최적화**: 머신러닝은 차량 공유 서비스에서 실시간으로 수요를 예측하고, 가장 가까운 차량을 배정하는 데 사용된다. 차량 이용 패턴을 분석하여 특정 지역이나 시간대에 차량 수요가 높은 곳에 차량을 미리 배치할 수 있으며, 이를 통해 고객의 대기 시간을 줄이고 서비스 효율성을 높일 수 있다. 우버(Uber)와 리프트(Lyft)는 머신러닝을 사용하여 실시간 수요를 분석하고, 차량 배치 및 운행 경로를 최적화하는 시스템을 운영하고 있다.
- **수요 기반 대중교통 서비스**: 대중교통 서비스에서 머신러닝을 통해 승객의 실시간 수요를 분석하고, 수요에 맞춰 차량을 유연하게 배치하는 시스템을 도입할 수 있다. 이를 통해 비효율적인 경로를 줄이고, 승객의 요구에 맞는 맞춤형 대중교통 서비스를 제공할 수 있다. Via는 수요 기반 대중교통 서비스를 제공하며, 머신러닝을 통해 승객의 수요를 분석하고, 차량 배치 및 경로를 실시간으로 조정한다.

8) 전기차 및 배터리 관리

- **전기차 배터리 관리**: 머신러닝은 전기차의 배터리 상태를 실시간으로 모니터링하고, 배터리 수명을 최적화하는 데 사용된다. 배터리의 충전 주기, 방전 패턴, 온도 등을 분석하여 배터리 수명을 연장하고, 충전 효율성을 높일 수 있다. Tesla는 머신러닝을 사용해 전기차 배터리의 상태를 실시간으로 분석하고, 배터리의 성능을 최적화하는 시스템을 운영하고 있다.

- **전기차 충전소 최적화**: 머신러닝은 전기차 충전소의 위치 선정과 충전소 운영을 최적화하는 데 사용된다. 전기차의 이용 패턴, 주행 거리, 충전 수요 등을 분석하여 충전소의 위치를 최적화하고, 충전 대기 시간을 줄일 수 있다. Shell과 BP는 머신러닝을 사용해 전기차 충전소의 운영을 최적화하고, 고객의 충전 수요에 맞춰 충전 인프라를 개선하는 시스템을 구축하고 있다.

결론

- 교통 분야에서 머신러닝의 활용은 자율주행, 교통 흐름 관리, 사고 예측, 대중교통 최적화 등 다양한 방면에서 혁신을 주도하고 있다. 이를 통해 교통 시스템의 효율성과 안전성을 높이고, 자원의 활용을 최적화하며, 교통 혼잡을 줄일 수 있다. 앞으로도 머신러닝은 교통 산업의 핵심 기술로서 더 많은 혁신을 가져오며, 지속 가능한 교통 시스템 구축에 기여할 것이다.

머신러닝은 다양한 산업에서 데이터 분석을 통한 혁신을 가능하게 하며, 효율성, 정확성, 그리고 자동화를 크게 향상시키고 있다. 특히, 의료, 금융, 제조업, 자율주행, 마케팅 등에서 머신러닝의 활용은 이미 성과를 보이고 있으며, 앞으로도 그 응용 범위는 더욱 확대될 것으로 기대된다.

5.5.9 결론

머신러닝은 다양한 분야에서 혁신을 이끌며, 인공지능(AI) 기술의 중심에서 급속히 발전하고 있다. 이를 통해 복잡한 문제를 해결하고, 인간의 개입을 최소화하면서도 효율성을 극대화할 수 있는 시스템을 구축하고 있다. 각 분야에서 머신러닝의 활용은 다음과 같은 공통적인 결론을 도출할 수 있다.

- **생산성 향상 및 비용 절감**: 머신러닝은 자동화와 최적화를 통해 업무의 효율성을 극대화하고, 비용을 절감할 수 있는 방법을 제공한다. 예를 들어, 제조업에서는 품질 관리와 예측 유지보수를 자동화하여 불량품을 줄이고, 농업에서는 정밀 농업을 통해 자원 낭비를 줄이며 생산성을 향상시킵니다. 이러한 혁신적인 적용은 비즈니스와 산업 전반에 걸쳐 비용 절감의 중요한 수단으로 자리 잡았습니다.

- **의사결정 지원 및 예측 분석**: 머신러닝은 방대한 양의 데이터를 실시간으로 분석하고, 이를 바탕으로 예측 및 의사결정을 지원한다. 금융 분야에서는 위험 관리와 사기 탐지를 돕고, 의료 분야에서는 질병 진단과 치료 계획 수립에 중요한 역할을 하며, 교통 분야에서는 사고 위험과 교통 혼잡을 예측하여 도로 안전성을 개선한다. 데이터를 통해 더 정확하고 신속한 의사결정을 가능하게 한다는 점에서 머신러닝은 기업 및 기관의 전략적 파트너로 자리잡고 있다.
- **개인화된 서비스 제공**: 머신러닝은 개인화된 서비스 제공을 가능하게 하여, 고객 경험을 향상시키고, 만족도를 극대화한다. 전자 상거래에서는 고객의 취향을 분석하여 맞춤형 추천을 제공하고, 금융 분야에서는 맞춤형 금융 상품을 제안하며, 헬스케어에서는 개인의 건강 데이터를 분석하여 맞춤형 치료를 제공한다. 이러한 개인화된 서비스는 고객 충성도를 높이고, 서비스 품질을 한층 향상시키는 데 기여한다.
- **자동화 및 자율화**: 머신러닝은 다양한 작업을 자동화하고, 자율적인 시스템을 구축하는 데 핵심적인 역할을 한다. 자율주행차, 로봇 공학, 자율 농기계와 같은 분야에서 머신러닝은 시스템이 스스로 환경을 인식하고, 최적의 결정을 내리도록 돕는다. 이를 통해 인간의 개입을 최소화하면서도 높은 정확도와 효율성을 달성할 수 있다.
- **리스크 관리 및 문제 예방**: 머신러닝은 잠재적인 리스크를 미리 예측하고, 문제를 사전에 방지할 수 있도록 한다. 보험 및 금융에서는 사기 탐지와 신용 리스크 평가에, 교통 분야에서는 사고 예측에, 농업에서는 병해충 발생을 미리 예측하는 데 활용된다. 이처럼 리스크를 줄이고 문제 발생 가능성을 사전에 차단함으로써, 불필요한 손실을 줄이고 안전성을 높이는 데 기여한다.
- **데이터 기반 혁신**: 머신러닝은 방대한 데이터를 기반으로 학습하여 최적의 결과를 도출한다. 다양한 분야에서 수집되는 데이터는 점점 더 많아지고 복잡해지고 있으며, 이러한 데이터들을 머신러닝이 실시간으로 분석하여 인사이트를 도출한다. 이를 통해 과거에는 해결하기 어려웠던 문제를 새롭게 해결할 수 있게 되었으며, 다양한 산업의 디지털 전환을 가속화하고 있다.
- **지속 가능한 발전과 자원 관리**: 머신러닝은 자원의 효율적 사용을 가능하게 하며, 이를 통해 지속 가능한 발전을 돕는다. 농업에서는 수자원과 비료의 사용을 최적화하고, 에너지 분야에서는 전력 소비를 예측하여 에너지 절약을 실현하며, 교통 분야에서는 연료 소비를 줄이고, 환경에 미치는 영향을 최소화하는 데 기여하고 있다. 지속 가능성은 현재의

경제적 목표를 넘어 미래 세대를 위한 중요한 과제로, 머신러닝은 이를 실현하는 중요한 도구로 자리잡고 있다.

머신러닝은 데이터 기반의 혁신을 통해 다양한 분야에서 효율성을 높이고, 비용을 절감하며, 새로운 가치를 창출하는 데 중요한 역할을 하고 있다. 산업 전반에서의 자동화와 자율화, 개인화된 서비스 제공, 리스크 관리와 문제 예방, 지속 가능한 자원 관리 등 다양한 방식으로 인류의 삶과 산업을 변화시키고 있다. 앞으로도 머신러닝은 더 많은 영역에서 그 가능성을 확장하며, 더 나은 사회를 위한 중요한 도구로 자리잡을 것이다.

5.6 연습문제

4지선다형 문제 (10문제)

01. 다음 중 머신러닝(Machine Learning)의 정의로 옳은 것은 무엇인가?

①. 컴퓨터가 명시된 프로그래밍에 따라 데이터를 처리하는 기술

②. 컴퓨터가 명시적인 프로그래밍 없이 데이터를 분석하고 학습하여 성능을 개선하는 기술

③. 데이터를 수집하고 단순하게 정리하는 기술

④. 컴퓨터의 메모리를 확장하여 처리 속도를 높이는 기술

02. 머신러닝의 주요 유형에 해당하지 않는 것은?

①. 지도 학습(Supervised Learning)

②. 비지도 학습(Unsupervised Learning)

③. 강화 학습(Reinforcement Learning)

④. 군집 학습(Clustered Learning)

03. 지도 학습(Supervised Learning)의 예로 적합한 것은?

①. 고객 세분화

②. 추천 시스템

③. 스팸 메일 분류

④. 군집화

04. 강화 학습(Reinforcement Learning)에서 에이전트가 선택한 행동에 대해 환경이 제공하는 것은 무엇인가?

①. 상태(State)

②. 보상(Reward)

③. 규칙(Rule)

④. 데이터(Data)

05. 비지도 학습(Unsupervised Learning)에서 사용되는 대표적인 기법은?

①. 선형 회귀

②. 로지스틱 회귀

③. 클러스터링(Clustering)

④. 서포트 벡터 머신(SVM)

06. 자율주행 차량에서 강화 학습이 사용되는 주된 목적은 무엇인가?

①. 데이터를 정리하여 예측력을 높이기 위해

②. 다양한 주행 상황에서 최적의 행동을 학습하기 위해

③. 센서 데이터의 정확도를 높이기 위해

④. 새로운 차량 모델을 개발하기 위해

07. 딥러닝(Deep Learning)을 활용한 머신러닝 모델은 주로 어떤 문제를 해결하는 데 효과적인가?

①. 간단한 분류 문제

②. 복잡한 비선형 패턴을 학습하는 문제

③. 단순 데이터 요약 작업

④. 정적 데이터를 처리하는 문제

08. 강화 학습에서 보상(Reward)의 역할은 무엇인가?

①. 에이전트가 취해야 할 행동을 미리 정의하는 역할

②. 에이전트가 환경과의 상호작용에서 학습을 멈추게 하는 역할

③. 에이전트가 행동의 성공 여부를 학습하는 피드백을 제공하는 역할

④. 에이전트가 상태를 결정하는 역할

09. 자연어 처리(NLP)에서 머신러닝이 사용되는 대표적인 응용 사례는?

①. 의료 영상 분석

②. 음성 인식 및 자동 번역

③. 주가 예측

④. 군집 분석

10. 다음 중 머신러닝이 적용되지 않는 분야는?

①. 금융 분야의 사기 탐지

②. 추천 시스템을 통한 개인화된 콘텐츠 제공

③. 농작물 성장 시뮬레이션

④. 자동차 수리 작업의 자동화

단답형 문제 (10문제)

01. 머신러닝에서 데이터에 대한 정답이 제공되지 않고 패턴을 찾아내는 학습 방법을 무엇이라고 하는가?

02. 머신러닝 모델을 통해 도출된 데이터의 분류 정확도를 높이기 위한 방법 중 하나로, 데이터를 추가로 생성하거나 변형하여 모델을 학습시키는 기법은 무엇인가?

03. 주어진 입력 데이터와 출력 데이터가 명확히 제공된 상태에서 모델을 학습하는 방법을 무엇이라고 하는가?

04. 자율주행차가 환경을 인식하고 주행 경로를 학습하는 데 사용되는 머신러닝 방법은 무엇인가?

05. 강화 학습에서 에이전트가 주어진 환경에서 최적의 행동을 선택하기 위해 학습하는 요소는 무엇인가?

06. 비지도 학습에서 데이터를 유사한 특성을 가진 그룹으로 나누는 기법을 무엇이라 하는가?

07. 추천 시스템에서 머신러닝을 활용해 개인화된 추천을 제공하는 방식 중, 다른 사용자의 행동 데이터를 참고하는 방식은 무엇이라 하는가?

08. 딥러닝에서 복잡한 문제를 해결하기 위해 사용되는 학습 알고리즘은 무엇인가?

09. 머신러닝에서 성능을 평가하기 위해 학습에 사용되지 않은 데이터를 무엇이라 부르는가?

10. 머신러닝의 주요 응용 분야 중, 고객의 구매 패턴을 분석하여 비슷한 그룹을 형성하는 기법은 무엇인가?

서술형 문제 (5문제)

01. 머신러닝의 주요 유형(지도 학습, 비지도 학습, 강화 학습)의 차이점과 각각의 활용 사례를 설명하시오.

02. 머신러닝이 의료 분야에서 어떻게 활용되는지, 구체적인 예를 들어 설명하시오.

03. 강화 학습의 학습 과정에서 에이전트가 환경과 상호작용하면서 학습하는 방식을 단계별로 설명하시오.

04. 머신러닝을 활용한 금융 산업에서의 리스크 관리 및 사기 탐지 방법에 대해 설명하시오.

05. 딥러닝과 머신러닝의 차이점과, 딥러닝이 주로 사용되는 응용 분야를 서술하시오.

06주차

자연어 처리

1. 자연어 처리(NLP)의 기본 개념과 언어 모델의 발전 과정을 학습한다.
2. GPT, BERT와 같은 최신 언어 모델의 특징과 차이점을 분석한다.
3. NLP 기술이 실생활에서 적용되는 사례를 이해한다.

6.1 자연어 처리의 기초

6.2 언어 모델의 발전

6.3 BERT와 GPT의 비교

6.4 연습문제

6.1 자연어 처리의 기초

자연어 처리(Natural Language Processing, NLP)는 컴퓨터가 인간이 사용하는 자연 언어를 이해하고 처리할 수 있도록 하는 기술을 말한다. 이를 통해 기계는 텍스트나 음성 데이터를 분석하여 다양한 작업을 수행할 수 있다. 자연어 처리는 음성 인식 시스템, 기계 번역 시스템 등과 같은 응용 분야에서 핵심적인 역할을 하고 있으며, 데이터 분석, 의사결정 지원 등 다양한 분야에서 활용되고 있다.

6.1.1 자연어 처리의 주요 절차

자연어 처리의 주요 절차는 형태소 분석, 구문 분석, 의미 분석, 화용론적 분석으로 나눌 수 있으며, 각각의 단계는 텍스트의 구조와 의미를 보다 정교하게 분석하기 위한 작업을 포함한다.

1) 형태소 분석

형태소 분석은 단어를 구성하는 의미의 최소 단위인 형태소를 찾아내고, 이를 분석하는 과정이다. 형태소는 의미를 가지는 최소 단위로 정의되며, 형태소 분석을 통해 텍스트를 기본적인 형태로 분해할 수 있다. 이러한 과정은 특히 굴절 변화가 많은 언어(예: 한국어, 일본어)에서 중요한 역할을 한다.

- **예시**
  - **영어**: "running"은 형태소 분석을 통해 "run(동사)"과 "ing(진행형 접미사)"로 분해될 수 있다.
  - **한국어**: "달리고 있다"는 "달리다(동사)"와 "-고 있다(진행형 어미)"로 분리된다.

형태소 분석은 자연어 처리에서 텍스트를 구조적으로 분석하기 위한 첫 단계로, 정확한 의미 분석을 위해 필수적이다.

2) 구문 분석

구문 분석은 문장의 문법적 구조를 분석하여, 각 단어가 문장에서 어떤 역할을 하는지 파악하는 과정이다. 이를 통해 문장이 문법적으로 올바르게 구성되었는지, 그리고 단어 간의 관계가 무엇인지 명확하게 할 수 있다. 이러한 분석은 컴퓨터가 문장을 이해하는 데 있어 중요한 정보를 제공하며, 문장의 문법적 구조를 파악하는 데 필수적이다.

- **예시**: "The cat sat on the mat."이라는 문장에서 구문 분석을 통해 "The cat"은 주어(Subject), "sat"은 동사(Verb), "on the mat"은 전치사구(Prepositional Phrase)로 분석된다.

구문 분석을 통해 컴퓨터는 단어 간의 문법적 관계를 이해하며, 이를 기반으로 더 정교한 의미 분석을 수행할 수 있다.

3) 의미 분석

의미 분석은 문장의 의미를 파악하고, 단어들이 문장에서 어떤 의미적 역할을 하는지 분석하는 단계이다. 여기서는 다의어, 중의어, 혹은 문맥에 따라 의미가 달라질 수 있는 단어들의 정확한 의미를 분석하는 작업이 중요하다. 의미 분석을 통해 텍스트의 정확한 의미를 추출하고, 이를 기반으로 특정 작업을 수행할 수 있다.

- **예시**: "은행에서 돈을 찾았다."에서 '은행'은 문맥에 따라 금융기관을 의미하거나 강가를 의미할 수 있는데, 이를 정확하게 구별하는 것이 의미 분석의 주요 목적이다.

의미 분석은 문장의 문맥과 단어 간의 관계를 기반으로 정확한 의미를 도출하는 것을 목표로 하며, 특히 다의어와 같은 복잡한 언어 구조를 해석하는 데 중요한 역할을 한다.

4) 화용론적 분석

화용론적 분석은 문장의 의미를 상황적 맥락에 맞게 해석하는 과정이다. 단어와 문장의 의미는 사용된 맥락에 따라 다를 수 있기 때문에, 화용론적 분석은 그 문장이 사용된 상황을 분석하여 의미를 해석한다. 이는 발화의 의도, 맥락, 문화적 요소를 반영하여 문장의 실제 의미를 도출하는 데 중요한 역할을 한다.

- **예시**: "그거 정말 잘했어!"라는 표현이 칭찬인지, 아니면 비꼬는 표현인지는 화자가 처한 상황과 발화 의도를 고려해야만 정확하게 해석할 수 있다.

화용론적 분석은 텍스트의 표면적인 의미를 넘어, 발화의 실제 의도를 파악하는 데 필수적이다.

6.1.2 자연어 처리의 주요 응용 분야

- **기계 번역 (Machine Translation)**: 기계 번역은 한 언어로 작성된 텍스트를 다른 언어로 자동 변환하는 기술로, 대표적인 예로 Google 번역을 들 수 있다. 기계 번역에서는 문장의 의미와 구조를 분석한 후, 이를 다른 언어로 적절하게 변환하는 것이 중요한 작업이다. 최근에는 신경망 기계 번역(Neural Machine Translation, NMT) 기법을 사용하여 문맥을 고려한 자연스러운 번역을 제공하고 있다.
- **음성 인식 (Speech Recognition)**: 음성 인식은 사람의 음성을 텍스트로 변환하는 기술로, Apple Siri와 Google Assistant와 같은 시스템에 적용된다. 음성 인식에서는 발화된 음성을 분석하여 텍스트로 변환하고, 그 텍스트에 대해 자연어 처리를 적용하여 명령을 이해하거나 답변을 생성한다.
- **텍스트 요약 (Text Summarization)**: 텍스트 요약은 긴 텍스트에서 핵심 정보를 추출하여 요약하는 기술이다. 예를 들어, 뉴스 기사를 자동으로 요약하는 시스템은 긴 기사의 주요 내용을 파악한 후 이를 간결하게 제시한다. 이러한 요약 기술은 텍스트의 주요 주제를 이해하고, 중요한 문장을 선별하는 방식으로 구현된다.
- **질의응답 시스템 (Question Answering System)**: 질의응답 시스템은 사용자가 입력한 질문에 대해 적절한 답변을 제공하는 시스템이다. IBM Watson과 같은 시스템은 방대

한 데이터베이스에서 사용자의 질문에 맞는 답변을 추출해 제공한다. 질의응답 시스템은 정보 검색 및 답변 생성을 위한 NLP 기술을 기반으로 하며, 특히 검색된 정보에서 정확한 답을 추출하는 데 초점을 맞춘다.

- **감정 분석 (Sentiment Analysis)**: 감정 분석은 텍스트에서 긍정적, 부정적, 중립적인 감정을 분석하는 기술이다. 예를 들어, 제품 리뷰에서 소비자의 감정을 분석하여 제품에 대한 전반적인 평가를 파악할 수 있다. 감정 분석은 소셜 미디어, 상품 리뷰, 설문 조사 등의 텍스트 데이터를 기반으로 자동화된 감정 평가를 수행한다.

결론

- 자연어 처리 기술은 컴퓨터가 인간의 언어를 이해하고 처리할 수 있도록 하는 중요한 도구로, 텍스트와 음성 데이터를 분석하여 다양한 작업을 수행할 수 있다. 형태소 분석, 구문 분석, 의미 분석, 화용론적 분석 등의 다양한 처리 단계를 통해 컴퓨터는 인간의 언어를 효과적으로 처리할 수 있으며, 이를 바탕으로 음성 인식, 기계 번역, 질의응답 시스템, 텍스트 요약 등 다양한 응용 분야에서 활발히 사용되고 있다.

6.1.3 자연어 처리의 주요 활용 사례

자연어 처리(Natural Language Processing, NLP)는 컴퓨터가 인간의 언어를 이해하고 처리할 수 있도록 하는 인공지능(AI)의 한 분야로, 다양한 산업과 분야에서 그 활용 사례가 급격히 늘어나고 있다. NLP는 인간의 텍스트와 음성을 분석하여 문맥을 이해하고, 의미를 파악하며, 이를 바탕으로 다양한 기능을 수행할 수 있다. 자연어 처리의 주요 활용 사례는 다음과 같습니다.

- **챗봇 및 가상 비서 (Chatbots and Virtual Assistants)**
  - **챗봇**: NLP 기반 챗봇은 고객과의 대화를 실시간으로 처리하고, 질문에 대한 답변을 자동으로 제공하는 시스템이다. 이를 통해 기업은 대규모 고객 서비스 요청을 신속하게 처리할 수 있다. 챗봇은 단순한 고객 문의에서부터 제품 추천, 예약 관리, 결제 처리 등 다양한 기능을 수행할 수 있으며, 자연어 처리 덕분에 더 자연스러운 대화가 가능한다. Amazon의 Alexa와 Apple의 Siri, Google Assistant와 같은 챗봇은

NLP 기술을 활용하여 사용자의 질문에 적절히 응답하고, 다양한 작업을 수행하는 대표적인 예이다.

- **가상 비서**: Google Assistant, Apple Siri, Amazon Alexa 등의 가상 비서는 NLP를 사용하여 음성 명령을 인식하고, 사용자가 말하는 내용을 이해한 뒤 특정 작업을 수행한다. 이러한 비서는 음성 명령을 통해 전화 걸기, 메모 작성, 날씨 정보 확인, 음악 재생, 일정 관리 등 다양한 작업을 수행한다. NLP 기술을 활용한 음성 인식은 사용자 경험을 개선하고, 보다 직관적인 인터페이스를 제공한다.

• **기계 번역 (Machine Translation)**

- **자동 번역 시스템**: NLP는 기계 번역 시스템의 핵심 기술로, Google 번역, DeepL, Microsoft Translator와 같은 서비스에서 다양한 언어를 실시간으로 번역할 수 있도록 한다. 이전에는 규칙 기반 번역 시스템이 주를 이루었으나, 이제는 NLP를 활용한 신경망 기계 번역(NMT, Neural Machine Translation) 시스템이 등장하여 번역 품질을 크게 향상시켰습니다. NMT는 문장 전체를 이해하고, 문맥을 고려한 번역을 제공하여 자연스럽고 정확한 번역 결과를 도출한다.
- **다국어 소통 지원**: 글로벌 시장에서 기업들은 언어 장벽을 허물기 위해 기계 번역 기술을 활용한다. 예를 들어, 다국적 고객 지원 서비스에서 실시간 번역을 통해 각기 다른 언어를 사용하는 고객과 문제없이 소통할 수 있다. Skype의 실시간 번역 기능이나 Slack의 다국어 번역 서비스는 다양한 언어를 사용하는 사용자 간의 소통을 원활하게 지원한다.

• **감정 분석 (Sentiment Analysis)**

- **소셜 미디어 분석**: NLP는 소셜 미디어에서 사람들이 작성한 텍스트 데이터를 분석하여 감정(긍정, 부정, 중립)을 파악하는 데 사용된다. 이를 통해 기업은 고객이 자사 제품에 대해 어떻게 느끼고 있는지, 특정 주제에 대한 여론이 어떤지 실시간으로 분석할 수 있다. 예를 들어, Twitter, Facebook, Instagram의 포스트나 댓글을 분석하여 특정 브랜드나 상품에 대한 고객의 감정적 반응을 파악하는 데 활용된다. Sentiment140과 같은 감정 분석 도구는 트위터 데이터를 분석하여 고객의 감정을 분류하고, 트렌드를 파악하는 데 사용된다.
- **리뷰 분석**: 온라인 쇼핑몰이나 리뷰 사이트에서 고객이 남긴 리뷰를 NLP로 분석하여 특정 제품이나 서비스에 대한 긍정적, 부정적 평가를 분류한다. 이를 통해 기업은 고

객의 의견을 반영한 제품 개선 및 마케팅 전략을 세울 수 있다. 아마존, TripAdvisor와 같은 플랫폼에서는 NLP를 사용해 리뷰의 감정을 자동으로 분석하고, 특정 제품의 평판을 분석하는 데 활용하고 있다.

- **텍스트 분류 및 정보 검색 (Text Classification and Information Retrieval)**
  - **문서 분류 및 자동 태깅**: NLP는 대량의 문서나 텍스트 데이터를 자동으로 분류하고, 해당 문서에 맞는 태그를 붙이는 데 사용된다. 뉴스 기사, 논문, 보고서 등의 문서를 카테고리별로 분류하고, 이를 통해 사용자에게 적절한 정보를 제공할 수 있다. 예를 들어, Reuters와 같은 뉴스 웹사이트는 기사 내용을 자동으로 분류하고, 관련 카테고리로 연결하여 검색 및 추천 기능을 강화한다.
  - **정보 검색 및 문서 요약**: NLP를 사용하여 대규모 데이터베이스나 웹에서 필요한 정보를 검색하는 기능을 제공한다. 구체적인 질문을 입력하면, NLP는 웹 페이지, 논문, 보고서 등에서 관련된 정보를 검색하고 결과를 제시한다. Google 검색 엔진은 NLP를 사용해 사용자의 검색 의도를 파악하고, 관련성을 높인 검색 결과를 제공한다. 또한, 문서 요약 기술은 긴 문서나 논문에서 핵심 내용을 자동으로 추출하여 요약된 정보를 제공할 수 있다.
- **문서 및 이메일 자동화 (Document and Email Automation)**
  - **자동 문서 생성 및 처리**: NLP는 법률, 금융, 의료 분야에서 문서 자동 생성에 활용된다. 이를 통해 계약서, 보고서, 진단서 등을 자동으로 생성하고, 특정 문서에서 필요한 정보를 추출할 수 있다. 예를 들어, 리걸테크(LegalTech) 회사들은 법률 문서 생성을 자동화하여 시간과 비용을 절감하는 솔루션을 제공한다. DoNotPay는 NLP를 사용하여 법률 문서를 자동으로 작성하고, 사용자에게 필요한 법적 지원을 제공한다.
  - **이메일 자동 응답**: NLP 기반의 이메일 자동 응답 시스템은 고객 서비스나 비즈니스 커뮤니케이션에서 효과적으로 사용된다. 사용자의 이메일 내용을 분석하고, 이에 대한 자동 응답을 생성하는 방식이다. Google의 Gmail은 Smart Reply 기능을 통해 사용자의 이메일 내용을 파악하고, 짧은 응답을 자동으로 제안하는 기능을 제공한다.
- **음성 인식 및 변환 (Speech Recognition and Text-to-Speech)**
  - **음성 인식 기술**: NLP는 음성 데이터를 분석하고 이를 텍스트로 변환하는 음성 인식(Speech-to-Text) 기술에서 사용된다. 이를 통해 사람의 음성을 이해하고, 대화형 AI 시스템에서 음성 명령을 처리할 수 있다. Google Voice, Apple Siri, Amazon

Alexa와 같은 시스템은 음성 인식 기술을 활용하여 사용자 명령을 처리하고, 그에 맞는 응답을 제공한다.

- **텍스트 음성 변환(Text-to-Speech)**: NLP를 활용한 텍스트 음성 변환(TTS) 기술은 텍스트 데이터를 자연스러운 음성으로 변환하는 데 사용된다. 이는 시각 장애인, 읽기 어려운 상황에서 문서 청취가 필요한 경우에 유용하게 사용된다. Google TTS, Amazon Polly는 NLP를 활용하여 자연스러운 음성 출력을 제공하는 대표적인 서비스이다.

- **질문 답변 시스템 (Question-Answering Systems)**
  - **정보 검색형 질문 답변 시스템**: NLP를 활용한 질문 답변 시스템은 특정 질문에 대해 정답을 찾아주는 기능을 수행한다. 이러한 시스템은 웹상의 방대한 텍스트 데이터를 분석하여, 사용자의 질문에 대해 가장 관련성 높은 답변을 자동으로 도출한다. 예를 들어, IBM의 Watson은 방대한 데이터베이스를 기반으로 사용자 질문에 대한 정확한 답변을 제공하는 대표적인 시스템이다.
  - **도메인 특화된 Q&A 시스템**: 의료, 법률, 교육 등 특정 도메인에서의 질문에 대해 NLP 기반의 질문 답변 시스템은 신속하고 정확한 답변을 제공한다. 예를 들어, 의료용 NLP 시스템은 사용자가 특정 질병이나 증상에 대해 질문하면, 관련 논문이나 진단 데이터를 분석해 답변을 제시할 수 있다.
- **맞춤형 추천 시스템 (Personalized Recommendation Systems)**
  - **콘텐츠 추천**: NLP는 사용자가 작성한 리뷰, 평가, 댓글 등을 분석하여 콘텐츠를 추천하는 시스템에서 널리 활용된다. 사용자의 관심사와 취향을 파악하여 영화, 음악, 기사, 제품 등을 추천한다. 넷플릭스(Netflix)와 유튜브(YouTube)는 NLP를 사용해 사용자가 선호하는 콘텐츠를 분석하고, 맞춤형 추천을 제공하여 사용자 경험을 개선한다.
  - **제품 추천**: 전자 상거래 플랫폼은 NLP를 활용해 사용자의 구매 이력, 리뷰, 검색 기록 등을 분석하여 적합한 제품을 추천한다. 이를 통해 고객은 자신이 선호하는 상품을 더 쉽게 찾을 수 있고, 쇼핑 경험을 개선할 수 있다. 아마존(Amazon)은 고객 리뷰와 검색 데이터를 분석하여 맞춤형 제품 추천을 제공하는 대표적인 사례이다.
- **의료 데이터 분석 및 임상 문서 처리 (Medical Data Analysis and Clinical Document Processing)**
  - **임상 문서 분석**: 의료 분야에서는 NLP를 활용하여 의료 기록, 진단서, 처방전 등 임

상 문서를 자동으로 분석하고 처리한다. 이를 통해 의사는 환자의 건강 상태를 신속하게 파악하고, 진단 및 치료 계획을 수립하는 데 도움을 받을 수 있다. 예를 들어, IBM Watson Health는 의료 데이터를 분석하여 의사에게 최적의 진단 및 치료 옵션을 제공하는 데 NLP를 사용한다.

- **의료 텍스트 데이터 처리**: NLP는 환자의 전자 건강 기록(EHR)이나 임상 노트에 기록된 텍스트 데이터를 분석하여 의학적 인사이트를 도출하는 데 사용된다. 이는 환자의 병력, 검사 결과, 처방 정보 등을 종합적으로 분석하여 의료진이 더 나은 결정을 내릴 수 있도록 돕는다.

결론

- 자연어 처리(NLP)는 다양한 분야에서 혁신적인 변화를 이끌어내고 있으며, 인간 언어를 이해하고 처리하는 능력을 통해 많은 산업에서 효율성과 자동화를 제공하고 있다. 이를 통해 대화형 AI, 기계 번역, 감정 분석, 문서 자동화, 음성 인식 등 다양한 응용 프로그램이 발전하고 있으며, 앞으로도 NLP는 더 넓은 영역으로 그 활용 범위를 확장하며 중요한 기술로 자리매김할 것이다.

6.2 언어 모델의 발전

언어 모델(Language Model)은 주어진 텍스트에서 다음에 나올 단어를 예측하거나 문장의 의미를 이해하는 데 중요한 역할을 한다. 언어 모델은 텍스트의 확률적 패턴을 기반으로, 텍스트 생성, 텍스트 이해, 감정 분석 등 다양한 작업을 수행할 수 있다. 특히, 언어 모델의 발전은 자연어 처리(Natural Language Processing, NLP) 기술의 정확도와 성능을 크게 향상시켜 왔으며, 이를 통해 기계 번역, 음성 인식, 질의응답 시스템과 같은 응용 분야에서 혁신적인 성과를 거두고 있다.

언어 모델은 초기의 통계 기반 모델에서부터 현대의 딥러닝 기반 모델까지 크게 발전해왔다. 언어 모델의 발전 과정을 크게 n-그램 모델부터 Transformer 모델에 이르기까지 설명할 수 있다.

6.2.1 n-그램 모델 (n-Gram Model)

n-그램 모델은 주어진 텍스트에서 n개의 연속된 단어 또는 문자를 기반으로 다음 단어를 예측하는 통계적 언어 모델로, 자연어 처리에서 초기 단계의 언어 모델로서 널리 사용된다. n-그램 모델은 텍스트 내에서 자주 등장하는 단어 조합을 학습하고, 이를 바탕으로 주어진 문맥에서 다음에 나올 단어의 확률을 계산한다. 여기서 n은 단어의 수를 나타내며, 1-그램(유니그램), 2-그램(바이그램), 3-그램(트라이그램)과 같은 형태로 확장될 수 있다.

1) n-그램의 정의 및 작동 원리

n-그램은 텍스트 내에서 연속된 n개의 단어 또는 토큰으로 구성되며, 이를 바탕으로 언어 모델은 다음 단어의 확률을 추정한다. 예를 들어, 바이그램(2-그램) 모델에서는 두 개

의 연속된 단어 조합을 학습하며, 트라이그램(3-그램) 모델에서는 세 개의 연속된 단어 조합을 학습하게 된다. 이때, 마르코프 가정(Markov Assumption)에 기반하여 다음 단어는 오직 앞의 n-1개의 단어에 의해서만 결정된다는 가정을 따르게 된다.

- **예시:**
  - **1-그램 모델**: "I love machine learning"
  → "I", "love", "machine", "learning"과 같이 각 단어를 독립적으로 고려한다.
  - **2-그램 모델(바이그램)**: "I love machine learning"
  → "I love", "love machine", "machine learning"과 같이 두 단어씩 조합하여 예측한다.
  - **3-그램 모델(트라이그램)**: "I love machine learning"
  → "I love machine", "love machine learning"과 같이 세 단어씩 묶어서 다음 단어를 예측한다.

예를 들어, 트라이그램 모델에서는 "I love machine"이 주어졌을 때, 이 모델은 학습된 데이터를 바탕으로 "learning"이 다음에 나올 가능성이 높다고 예측할 수 있다. 이러한 예측은 해당 문장 구조가 학습 데이터에서 자주 등장한 결과에 따른 것이다.

2) n-그램 모델의 확률 계산

n-그램 모델은 조건부 확률을 사용하여 다음 단어가 나올 확률을 계산한다. 이를 위해 n개의 연속된 단어 조합에서 마지막 단어가 등장할 확률을 추정하는 방식이다. 예를 들어, 트라이그램 모델에서는 다음과 같은 확률식을 사용할 수 있다.

$$P(\text{learning}|\text{I love machine}) = \frac{\text{Count}(\text{I love machine learning})}{\text{Count}(\text{I love machine})}$$

위 식에서, Count(I love machine learning)은 말뭉치에서 "I love machine learning"이라는 트라이그램의 빈도를 의미하고, Count(I love machine)은 "I love machine"이라는 바이그램의 빈도를 나타낸다. 이러한 방식으로 n-그램 모델은 주어진 문맥에서 다음 단어가 나올 확률을 계산하고, 이 확률을 기반으로 텍스트를 생성하거나 예측한다.

3) 장점

- **간결성과 계산의 용이성**: n-그램 모델은 구현이 간단하고 빠르게 계산할 수 있다는 장점이 있다. 구조적으로 단순하며, 기본적인 확률 계산을 통해 텍스트 데이터를 처리할 수 있으므로, 대규모 텍스트 데이터를 빠르게 학습하고 처리할 수 있다. 이러한 간결성은 n-그램 모델을 자연어 처리에서 기초 모델로 널리 사용되게 만든다.
- **자연어 처리의 기초 모델로서의 역할**: n-그램 모델은 자연어 처리의 다양한 분야에서 기초 모델로 활용된다. 텍스트 생성, 문서 분류, 음성 인식 등의 작업에서 초기 모델로 사용되며, 더 복잡한 모델을 설계하기 위한 출발점으로 쓰인다.

4) 단점

- **문맥 정보 손실**: n-그램 모델은 문장이 길어질수록 이전 단어들의 문맥을 충분히 반영하지 못한다는 한계를 가진다. 예를 들어, 트라이그램 모델은 세 단어만을 사용하여 다음 단어를 예측하기 때문에, 더 긴 문장에서 문맥을 고려하지 못하는 경우가 발생한다. 이는 단어 간의 관계를 단기적인 문맥에서만 고려하기 때문이며, 복잡한 문장의 장기 의존성을 반영하기 어렵다.
  - **예시**: "I love natural language"라는 문장에서, n-그램 모델은 이후에 나올 단어를 예측할 때, "processing"을 정확하게 예측하지 못할 가능성이 크다. 이는 단순히 직전의 n개의 단어만 참조하기 때문에, 문장의 전체 의미를 고려하지 못하기 때문이다.
- **긴 의존 관계 처리의 어려움**: n-그램 모델은 장기 의존성(Long-Term Dependency) 문제를 해결하는 데 한계가 있다. 이는 문장 내 멀리 떨어진 단어들 간의 관계를 충분히 반영하지 못한다는 의미이다. 예를 들어, "The book that I borrowed from the library yesterday was interesting"와 같은 문장에서, "book"과 "interesting" 사이의 관계를 학습하는 데 어려움을 겪는다. 이는 n-그램 모델이 짧은 문맥만을 참조하기 때문에 발생하는 문제이다.

5) 데이터 희소성 문제

n-그램 모델은 말뭉치에서 특정 단어 조합이 충분히 등장하지 않을 경우 데이터 희소성(Data Sparsity) 문제가 발생한다. 특히 학습 데이터에 존재하지 않는 새로운 n-그램 조

합에 대해, 모델은 해당 조합의 확률을 0으로 처리할 수밖에 없으며, 이는 예측 성능에 큰 영향을 미친다. 이러한 문제를 해결하기 위해 스무딩(Smoothing) 기법이 사용되며, 그중 대표적인 기법으로 라플라스 스무딩(Laplace Smoothing), 굿튜링 추정(Good-Turing Estimation) 등이 있다.

① 스무딩 기법의 적용: 라플라스 스무딩

라플라스 스무딩은 빈도가 0인 n-그램에 작은 확률을 부여하여, 데이터 희소성 문제를 해결하는 기법이다. 예를 들어, 말뭉치에서 한 번도 등장하지 않은 특정 n-그램 조합에 대해 확률을 0으로 설정하는 대신, 모든 단어 조합에 작은 값을 추가함으로써 0 확률 문제를 방지할 수 있다. 이를 통해 새로운 n-그램에 대한 확률을 추정하는 방식이다.

라플라스 스무딩을 적용한 확률 계산식은 다음과 같다:

$$P(\text{word}_{n+1} | \text{word}_n) = \frac{\text{Count}(\text{word}_n, \text{word}_{n+1}) + 1}{\text{Count}(\text{word}_n) + V}$$

여기서 V는 전체 단어 집합의 크기를 의미하며, 모든 단어에 대해 확률을 부여하는 방식으로 데이터 희소성 문제를 완화한다.

결론

- n-그램 모델은 자연어 처리에서 가장 기본적인 통계적 언어 모델로, 연속된 단어들의 조합을 기반으로 다음 단어를 예측하는 방식으로 작동한다. 그 간단한 구조와 빠른 계산 능력으로 인해 기초적인 언어 처리 작업에 널리 사용되어 왔으나, 문맥 정보의 손실과 장기 의존성 문제로 인해 긴 문장의 의미를 충분히 반영하지 못하는 한계가 있다. 이러한 단점을 극복하기 위해 스무딩 기법과 더 복잡한 신경망 모델들이 개발되었으며, 최근의 자연어 처리 연구는 이를 기반으로 더욱 발전된 방식으로 텍스트 데이터를 처리하고 있다.

6.2.2 RNN (Recurrent Neural Networks)

RNN(Recurrent Neural Networks)은 순차적 데이터(Sequential Data)를 처리할 수 있는 신경망 기반의 언어 모델로, 주로 시간적 또는 순차적 구조를 갖는 데이터를 다루는 데 사용된다. RNN의 주요 특징은 이전의 상태를 기억하고, 이를 바탕으로 현재 상태에 영향을 미치도록 설계된 점에 있다. 즉, RNN은 순차적으로 입력 데이터를 처리하면서, 과거에 처리한 데이터를 기억하고 이를 기반으로 다음 단어를 예측하는 구조를 가진다. 이는 n-그램 모델과 같은 전통적인 언어 모델보다 문맥을 더 잘 반영할 수 있다는 장점이 있다.

1) RNN의 기본 개념

RNN은 순차적 데이터 처리에서 매우 중요한 역할을 한다. 일반적인 신경망은 독립적인 입력값만을 처리하는 반면, RNN은 입력값이 시간적인 순서를 가지고 연관된 경우(예: 텍스트, 음성, 시계열 데이터)에도 효과적으로 처리할 수 있는 구조를 가지고 있다. 이를 위해, RNN은 시간에 따라 변하는 상태(state)를 유지하며, 이전의 상태(hidden state)가 현재 상태에 영향을 미치도록 설계되었다. 이로 인해 RNN은 이전 입력값을 기억하면서 현재 입력값을 처리할 수 있게 된다.

2) RNN의 구조

RNN은 다음과 같은 방식으로 작동한다:

I. **입력 데이터 처리**: RNN은 입력 데이터를 순차적으로 처리한다. 이때, 각 입력값은 시간 단계(time step)에 따라 하나씩 입력된다. 예를 들어, 문장의 첫 번째 단어는 첫 번째 시간 단계에서 입력되고, 두 번째 단어는 두 번째 시간 단계에서 처리된다.

II. **상태 유지**: RNN은 이전 시간 단계에서 처리된 정보를 현재 시간 단계로 전달한다. 이를 위해 숨겨진 상태(hidden state)가 사용되며, 이 상태는 RNN이 과거에 처리한 정보를 기억하는 역할을 한다. 즉, 이전의 상태와 현재 입력이 결합되어 현재 상태를 계산하고, 이는 다시 다음 시간 단계로 전달된다.

III. **순차적 학습**: RNN은 시간에 따라 입력되는 데이터를 반복적으로 학습한다. 이때, 이전 상태(hidden state)는 반복적으로 업데이트되며, 각 시간 단계에서 입력 데이터를 처리하고, 다음 입력값을 예측할 수 있게 된다. 이를 통해 RNN은 긴 문맥 정보를 학습하고, 이를 바탕으로 다음 단어를 예측할 수 있다.

3) RNN의 수식

RNN에서 각 시간 단계에서의 상태는 다음과 같은 수식을 통해 업데이트된다.

$$h_t = f(W_h h_{t-1} + W_x x_t + b_h)$$

여기서:

- h_t: 시간 단계 t에서의 숨겨진 상태(hidden state)
- h_{t-1}: 이전 시간 단계 $t-1$에서의 숨겨진 상태
- W_h: 숨겨진 상태에 대한 가중치 행렬
- x_t: 시간 단계 t에서의 입력값
- W_x: 입력값에 대한 가중치 행렬
- b_h: 바이어스 값
- f: 비선형 활성화 함수(예: tanh 또는 ReLU)

RNN은 반복적 구조를 가지고 있으며, 각 시간 단계에서의 숨겨진 상태는 이전 단계에서의 정보를 포함하고 있어, 입력 데이터의 순차적 의존성을 반영할 수 있게 된다.

4) RNN의 작동 방식

RNN의 학습 과정은 순차적 데이터에서 문맥 정보를 반영하는 것이 핵심이다. 예를 들어, 텍스트 데이터에서 RNN은 문장의 앞뒤 문맥을 학습하며, 문장의 흐름에 따라 단어 간의 관계를 파악할 수 있다. 이는 순차적 특성을 반영하는 모델로, 특히 긴 문장이나 시간적 순서를 가진 데이터에서 효과적으로 작동한다.

- **예시**: 문장 "The weather today is very"라는 텍스트가 입력되었을 때, RNN은 해당 문장의 앞부분에서 처리한 단어들을 기억하여, 마지막에 "good" 또는 "bad"와 같은

적절한 단어를 예측할 수 있다. 이는 RNN이 이전의 단어들(문맥)을 유지하고, 이를 바탕으로 현재 문장의 흐름에 맞는 단어를 예측하는 방식으로 작동하기 때문이다.

5) 장점

순차적 데이터 처리 가능 RNN은 텍스트, 음성, 시계열 데이터와 같은 순차적 데이터를 처리하는 데 탁월하다. 이는 RNN이 시간적 순서를 가지는 데이터에서 이전의 상태를 기억하면서 현재 데이터를 처리할 수 있는 구조를 가지고 있기 때문이다. 이러한 특성 덕분에, RNN은 자연어 처리(NLP), 음성 인식, 기계 번역 등의 작업에서 중요한 역할을 한다.

문맥 정보 반영 RNN은 입력 데이터의 문맥 정보를 효과적으로 반영할 수 있다. 이는 이전 시간 단계에서 처리된 정보를 기억하고, 이를 바탕으로 다음 상태에 영향을 미치기 때문에 가능한 것이다. 예를 들어, 문장에서 멀리 떨어진 단어들도 RNN 구조를 통해 서로 연결될 수 있으며, 이러한 문맥 정보를 바탕으로 정확한 예측을 수행할 수 있다.

6) 단점

장기 의존성 문제 (Long-Term Dependency Problem) RNN은 순차적 데이터를 처리하는 데 유용하지만, 긴 문장이나 멀리 떨어진 단어들 간의 의존 관계를 처리하는 데 한계를 가진다. 이는 기울기 소실(Vanishing Gradient) 문제로 인해 발생하는데, 시간 단계가 길어질수록 이전 정보가 점차적으로 사라지기 때문이다. 즉, RNN은 짧은 문맥에서는 효과적으로 작동할 수 있지만, 긴 문맥에서는 정보가 제대로 전달되지 못하는 문제가 발생할 수 있다.

순차 처리로 인한 속도 저하 RNN은 순차적으로 데이터를 처리하므로, 긴 문장을 처리할 때 연산 속도가 느려질 수 있다. 특히, 모든 입력 데이터가 순차적으로 처리되므로, 병렬 처리가 어려워 학습 시간이 길어질 수 있다. 이는 긴 문장을 처리하거나 대규모 데이터셋을 다룰 때 성능상의 문제로 이어질 수 있다.

7) RNN의 한계: 기울기 소실(Vanishing Gradient) 문제

기울기 소실(Vanishing Gradient) 문제는 RNN의 주요 단점 중 하나로, 시간 단계가 길어질수록 역전파 과정에서 기울기(gradient)가 점차적으로 작아져, 이전의 정보가 제대로 전달되지 않는 문제를 일컫는다. 이는 RNN이 긴 문장이나 긴 시계열 데이터에서 초기 입력값의 정보를 유지하지 못하고, 장기 의존성(Long-Term Dependency)을 학습하는 데 어려움을 겪게 만드는 원인이 된다.

- **기울기 소실 문제의 영향**: 긴 문장일수록 초반에 등장한 단어들이 후속 단어들에 미치는 영향이 점차 감소하게 되어, 문장의 전체적인 의미를 학습하는 데 어려움이 발생한다.
  - **예시**: "The book that I borrowed from the library yesterday was interesting" 이라는 문장에서 "book"과 "interesting" 사이의 관계를 학습하는 것이 어려워질 수 있다.

결론

- RNN(Recurrent Neural Networks)은 순차적 데이터를 처리하고, 이전의 문맥 정보를 바탕으로 다음 상태를 예측하는 강력한 신경망 모델이다. RNN은 텍스트, 음성, 시계열 데이터와 같은 순차적 데이터에서 탁월한 성능을 발휘하며, 문맥을 기억하고 이를 바탕으로 예측할 수 있는 구조를 가진다. 그러나 장기 의존성 문제와 순차 처리로 인한 속도 저하 등의 한계가 존재하며, 이를 극복하기 위해 LSTM(Long Short-Term Memory)와 같은 모델이 개발되었다. RNN은 여전히 자연어 처리(NLP) 및 다양한 순차적 데이터 처리 작업에서 중요한 역할을 하고 있다.

6.2.3 LSTM (Long Short-Term Memory)

LSTM(Long Short-Term Memory)은 RNN(Recurrent Neural Networks)의 한계를 해결하기 위해 설계된 신경망 구조로, 특히 장기 의존성(Long-Term Dependency) 문제를 해결하는 데 매우 효과적이다. RNN은 이전의 데이터를 기반으로 순차적 데이터를 처리하는 데 뛰어나지만, 기울기 소실(Vanishing Gradient) 문제로 인해 시간이 지남에 따라 중요한 정보를 잊어버리기 쉽다. LSTM은 이러한 문제를 해결하기 위해 셀 상태(Cell State)와 게이트 구조(Gate Structure)라는 핵심 요소를 도입하여, 중요한 정보를 오랫동안 유지하면서 불필요한 정보는 선택적으로 잊을 수 있는 구조를 제공한다.

1) LSTM의 구조 및 핵심 개념

LSTM의 가장 중요한 특징은 정보가 흐르는 경로인 셀 상태를 유지하면서, 세 가지 게이트(입력 게이트, 망각 게이트, 출력 게이트)를 사용해 정보를 처리하는 것이다. 각 게이트는 정보가 셀 상태에 얼마나 많이 반영될지, 어떤 정보를 잊을지, 그리고 어떤 정보를 다음 시간 단계로 전달할지를 결정한다.

① 셀 상태(Cell State)

셀 상태는 LSTM의 핵심으로, 시간 단계별로 중요한 정보를 기억하고 불필요한 정보는 삭제하는 역할을 한다. 셀 상태는 LSTM이 이전 시간 단계에서 얻은 정보를 바탕으로 현재 시간 단계까지 중요한 정보를 전달하며, 이는 직선 경로를 통해 정보를 잃지 않고 유지할 수 있도록 설계되었다.

이 직선 경로는 RNN에서 발생하는 기울기 소실 문제를 완화하는데 매우 효과적이다. LSTM은 정보가 필요한 만큼만 셀 상태에 남기고, 필요 없는 정보를 잊음으로써 긴 문맥에서 중요한 정보가 소실되지 않도록 한다.

② 게이트 구조(Gate Structure)

LSTM은 정보를 유지하거나 삭제하는 과정을 제어하기 위해 세 가지 게이트를 사용한다. 각각의 게이트는 시그모이드 함수를 사용해 0에서 1 사이의 값을 출력하며, 이 값은 각 시간 단계에서 정보가 얼마나 많이 셀 상태에 반영될지를 결정한다.

- **입력 게이트(Input Gate)**: 새로운 정보를 셀 상태에 얼마나 반영할지를 결정한다. 이 게이트는 새로 들어온 정보를 얼마나 셀 상태에 추가할지 조절하며, 중요한 정보를 셀 상태에 저장하게 만든다.
- **망각 게이트(Forget Gate)**: 이전 시간 단계에서 셀 상태에 저장된 정보를 얼마나 잊을지를 결정한다. 예를 들어, 오래된 정보 중에서 더 이상 중요하지 않은 정보는 망각 게이트를 통해 삭제된다. 망각 게이트는 이전 정보가 유지될지, 혹은 잊혀질지를 선택하는 중요한 역할을 한다.
- **출력 게이트(Output Gate)**: 셀 상태에서 어떤 정보를 출력할지를 결정한다. 출력 게이트는 다음 단계로 전달할 정보를 선택하며, 이는 최종 예측 결과에 영향을 미친다.

2) 게이트의 작동 방식

- **망각 게이트**: 망각 게이트는 이전 셀 상태에서 어떤 정보를 삭제할지를 결정한다. 현재 입력 값과 이전 시간 단계의 숨겨진 상태(hidden state)를 결합하여, 시그모이드 함수를 통해 0과 1 사이의 값을 출력한다. 이 값이 1에 가까우면 정보를 유지하고, 0에 가까우면 정보를 삭제하게 된다. 예를 들어, 문장의 앞부분에서 나온 정보가 더 이상 중요하지 않다고 판단될 때, 망각 게이트는 그 정보를 셀 상태에서 삭제한다.
- **입력 게이트**: 입력 게이트는 현재 시간 단계에서 새로 들어온 정보가 셀 상태에 얼마나 반영될지를 결정한다. 먼저 시그모이드 함수로 얼마나 많은 정보를 셀 상태에 반영할지를 결정하고, tanh 함수를 사용해 새로 들어오는 정보를 변환하여 셀 상태에 추가한다. 이 과정은 새로운 정보를 얼마나 중요하게 평가하는지에 따라 결정되며, 필요한 정보만 셀 상태에 추가된다.
- **셀 상태 업데이트**: 망각 게이트와 입력 게이트의 결정을 바탕으로 셀 상태가 업데이트된다. 이전 셀 상태의 중요한 정보는 유지되거나 삭제되고, 새로운 정보는 셀 상태에 추가된다. 이로 인해 셀 상태는 중요한 정보를 지속적으로 유지하면서 불필요한 정보는 자동으로 삭제된다.
- **출력 게이트**: 출력 게이트는 현재 셀 상태에서 어떤 정보를 출력할지를 결정한다. 출력 게이트는 셀 상태의 정보를 변환한 후, 최종적으로 다음 시간 단계로 전달할 정보를 선택한다. 이를 통해 LSTM은 다음 단계로 학습된 정보를 전달하며, 이를 바탕으로 미래의 예측을 수행한다.

3) LSTM의 예시

예를 들어, 문장 "I went to the bank to deposit some money"에서 "bank"라는 단어는 금융기관을 의미한다. LSTM은 망각 게이트를 사용해 이 문장 내의 불필요한 정보를 버리고, 입력 게이트를 통해 "bank"와 관련된 중요한 정보를 셀 상태에 추가하여 문맥을 기억한다. 이를 통해 LSTM은 문장 전체의 문맥을 유지하고 올바른 예측을 수행할 수 있다.

4) 장점

- **장기 의존성 문제 해결**: LSTM은 RNN에서 발생하는 장기 의존성 문제를 해결할 수 있다. 망각 게이트와 입력 게이트의 조합을 통해, LSTM은 긴 문맥에서도 중요한 정보를 오랫동안 기억할 수 있다. 예를 들어, 긴 문장에서 멀리 떨어진 단어들 간의 관계도 LSTM을 통해 학습할 수 있으며, 이러한 정보를 바탕으로 정확한 예측을 수행할 수 있다.
- **정확한 문맥 유지**: LSTM은 긴 문장에서도 문맥을 정확하게 유지할 수 있다. 이는 문장의 의미를 제대로 파악하고, 앞뒤 문맥 간의 연관성을 반영하는 데 있어 매우 중요한 역할을 한다. 특히 주어와 서술어 사이의 관계, 긴 문장에서의 의미 전달 등을 효과적으로 학습할 수 있다.
- **기울기 소실 문제 완화**: LSTM의 구조는 기울기 소실(Vanishing Gradient) 문제를 완화시킨다. 기울기 소실 문제는 RNN에서 학습이 진행됨에 따라 정보가 뒤로 갈수록 점점 소실되는 현상으로, RNN이 장기 의존성을 처리하는 데 어려움을 겪게 만든다. 그러나 LSTM은 셀 상태를 통해 정보가 시간이 지나도 유지될 수 있도록 설계되어, 이 문제를 해결할 수 있다.

5) 단점

- **복잡한 구조**: LSTM은 RNN보다 더 복잡한 구조를 가지고 있다. 게이트를 통해 정보를 선택적으로 처리하는 과정에서 더 많은 매개변수와 연산이 필요하다. 이로 인해 학습 과정이 느려질 수 있으며, 특히 대규모 데이터셋을 학습할 때는 많은 시간이 소요될 수 있다.
- **연산 자원 소모**: LSTM은 더 많은 연산 자원과 메모리를 필요로 한다. 각 게이트는 정보를 선택적으로 처리하고 업데이트하기 위해 추가적인 연산을 수행해야 하며, 이는 학습에 필요한 시간과 자원을 증가시키는 요인이 된다. 실시간 응용 프로그램이나 연산 자원이 제한된 환경에서는 이러한 구조적 복잡성이 단점으로 작용할 수 있다.

결론

- LSTM(Long Short-Term Memory)은 RNN의 단점을 보완한 신경망 구조로, 장기 의존성 문제를 해결하고 긴 문장에서도 중요한 정보를 유지하는 데 매우 효과적이다. 셀 상태와 게이트 구조를 통해 필요한 정보는 오랫동안 유지하고 불필요한 정보는 선택적으로 삭제함으로써, 긴 문맥에서도 문장을 정확하게 처리할 수 있다. 비록 더 복잡한 구조로 인해 학습 속도가 느리고 연산 자원이 많이 소모되지만, LSTM은 여전히 자연어 처리(NLP), 음성 인식, 기계 번역 등 다양한 분야에서 널리 사용되고 있다.

6.2.4 Transformer 모델

Transformer 모델은 2017년 “Attention is All You Need”라는 논문에서 처음 제안된 신경망 기반 모델로, 자연어 처리(Natural Language Processing, NLP) 분야에 혁신을 가져왔다. 기존의 RNN이나 LSTM과 같은 순차적 모델들의 한계를 극복하면서, 보다 빠르고 효율적인 학습을 가능하게 한 모델이다. 특히 자기 주의 메커니즘(Self-Attention Mechanism)을 도입하여, 문장 내의 모든 단어가 서로 상호작용하며 중요한 정보를 학습할 수 있게 하였다. Transformer 모델은 이후 자연어 처리뿐만 아니라 다양한 딥러닝 분야에서 광범위하게 사용되고 있으며, 대표적인 응용 모델로 BERT와 GPT가 있다.

6.2.4.1 Transformer 모델의 주요 특징

Transformer는 순차적 처리가 아닌, 모든 단어가 병렬 처리되면서 동시에 상호작용하는 방식을 사용한다. 이를 통해 RNN이나 LSTM에서 발생하는 긴 문장 처리 시 발생하는 장기 의존성(Long-Term Dependency) 문제를 해결하고, 문장의 앞뒤 정보를 동시에 처리할 수 있게 한다. Transformer 모델은 자기 주의(Self-Attention)라는 기법을 기반으로 멀리 떨어진 단어 간의 관계를 효과적으로 학습할 수 있는 능력을 갖추고 있다.

- **자기 주의 메커니즘(Self-Attention Mechanism)**: 자기 주의(Self-Attention)는 Transformer 모델의 핵심 기술로, 문장 내 각 단어가 다른 모든 단어들과의 관계를 학습하는 메커니즘이다. 이는 각 단어가 문장의 다른 단어들과 얼마나 중요한 관계를 가지는지를 계산하여, 문맥을 보다 정교하게 이해할 수 있도록 한다. 기존의 RNN이나

LSTM은 단어들이 순차적으로 처리되기 때문에, 멀리 떨어진 단어들 간의 관계를 학습하는 데 한계가 있었다. 하지만 Transformer의 자기 주의 메커니즘은 모든 단어가 동시에 상호작용할 수 있도록 설계되어 이러한 한계를 극복한다.

- **병렬 처리(Parallel Processing)**: Transformer의 또 다른 중요한 특징은 병렬 처리가 가능하다는 점이다. RNN이나 LSTM은 데이터를 순차적으로 처리해야 하기 때문에, 학습 속도가 느리고 병렬 처리가 불가능한 구조적 한계를 가진다. 반면, Transformer는 모든 단어를 동시에 처리할 수 있기 때문에, 병렬 처리가 가능하며, 이를 통해 학습 속도가 대폭 향상된다. 또한 문장 내 모든 단어를 동시에 상호작용시키기 때문에 문맥의 앞뒤 정보를 동시에 학습할 수 있어, 더 나은 문맥 이해를 가능하게 한다.
- **멀리 떨어진 단어 간의 관계 학습**: Transformer는 문장 내 멀리 떨어진 단어들 간의 관계를 효과적으로 학습할 수 있다. 예를 들어, "The animal didn't cross the street because it was too tired."라는 문장에서, "it"이 "animal"을 가리킨다는 사실을 Transformer는 쉽게 학습할 수 있다. 이는 자기 주의 메커니즘을 통해 모든 단어가 서로의 관계를 고려하기 때문에 가능한 것이다. RNN이나 LSTM은 문장의 앞부분에서 나온 정보가 뒷부분에서 점점 희미해지는 문제가 있지만, Transformer는 문장의 앞뒤 관계를 동시에 고려할 수 있어 이러한 문제를 극복한다.
- **포지셔널 인코딩(Positional Encoding)**: Transformer는 순차적 처리 방식이 아닌 병렬 처리 방식을 채택하기 때문에, 단어가 문장 내에서 어느 위치에 있는지를 알 수 있는 구조가 필요하다. 이를 위해 포지셔널 인코딩(Positional Encoding)이라는 기법이 사용된다. 포지셔널 인코딩은 각 단어의 위치 정보를 추가적으로 인코딩하여, 모델이 문장의 순서를 인식할 수 있도록 돕는다. 즉, 각 단어가 문장에서 몇 번째에 위치하는지에 대한 정보를 인코딩하여, 순서와 상관없이 각 단어의 의미를 정확하게 학습할 수 있다.

2) Transformer 모델의 작동 방식

Transformer는 인코더-디코더(Encoder-Decoder) 구조를 기반으로 동작한다. 이 구조는 입력 데이터를 인코딩하고, 이를 바탕으로 출력 데이터를 생성하는 방식으로 학습이 이루어진다. 인코더는 입력 문장을 임베딩(Embedding)하여 각 단어의 벡터 표현을 만들고, 디코더는 이를 기반으로 출력 문장을 생성한다. Transformer는 이 과정에서 자기 주의(Self-Attention)를 활용하여 문맥을 학습하고, 병렬 처리를 통해 빠르고 효율적으로 학습을 진행한다.

- **인코더(Encoder)**: Transformer의 인코더는 입력 문장을 벡터로 변환하는 역할을 한다. 입력 문장은 단어 임베딩(Word Embedding)을 통해 각 단어가 고차원 벡터로 표현되며, 포지셔널 인코딩을 통해 문장의 순서 정보가 추가된다. 이후, 자기 주의(Self-Attention)와 피드포워드 신경망(Feedforward Neural Network)이 결합된 레이어를 통해, 각 단어가 문장 내 다른 단어들과 상호작용하며 문맥 정보를 학습한다.
- **디코더(Decoder)**: 디코더는 인코더에서 생성된 문맥 벡터를 바탕으로 출력 문장을 생성하는 역할을 한다. 디코더 역시 자기 주의(Self-Attention) 메커니즘을 사용하여, 이전에 생성된 단어들과 문맥 정보를 상호작용하며 최종 출력을 만들어낸다. 특히, 디코더는 인코더의 출력을 기반으로 현재 단어를 예측하기 때문에, 번역, 요약 등에서 매우 유용하게 사용된다.

3) Transformer의 예시

Transformer의 성능을 잘 보여주는 예로 "The animal didn't cross the street because it was too tired."라는 문장이 있다. Transformer는 "it"이 "animal"을 가리킨다는 사실을 학습하는데, 이는 자기 주의 메커니즘을 통해 "it"과 "animal" 간의 관계를 명확히 학습할 수 있기 때문이다. 이와 같은 문장에서는 문장의 중간에 있는 단어가 뒷부분에서 다시 참조되기 때문에, 문장의 앞뒤 관계를 모두 고려하는 것이 매우 중요하다. Transformer는 이를 병렬 처리와 자기 주의를 통해 빠르고 정확하게 해결할 수 있다.

4) 장점

- **병렬 처리 가능**: Transformer는 모든 단어를 동시에 처리할 수 있는 구조를 가지고 있다. 이는 기존 RNN이나 LSTM의 순차적 처리 방식과는 다르게, 병렬 처리가 가능하다는 큰 장점이 있다. 병렬 처리를 통해 학습 속도가 크게 향상되며, 긴 문장도 빠르게 처리할 수 있다.
- **긴 문맥 학습 가능**: Transformer는 문장의 길이에 상관없이 멀리 떨어진 단어들 간의 관계를 효과적으로 학습할 수 있다. 이는 자기 주의 메커니즘을 통해 모든 단어가 상호작용할 수 있기 때문이다. RNN이나 LSTM은 긴 문장에서 이전 단어들이 잊혀질 수 있지만, Transformer는 이러한 문제를 극복한다.
- **문맥의 앞뒤 정보를 동시에 처리**: Transformer는 문장의 앞뒤 정보를 동시에 처리할 수

있다. 이는 순차적 처리가 아닌 병렬 처리를 통해, 문장의 모든 단어가 서로 상호작용할 수 있기 때문에 가능하다. 따라서 문장의 전체적인 의미를 더 정확하게 파악할 수 있다.

5) 단점

- **많은 연산 자원 필요**: Transformer는 병렬 처리를 사용하기 때문에, 많은 연산 자원과 메모리를 필요로 한다. 이는 특히 대규모 데이터셋을 처리할 때 연산 비용이 매우 커질 수 있으며, 고성능의 하드웨어 자원이 필요하다.
- **복잡한 구조**: Transformer는 RNN이나 LSTM에 비해 복잡한 구조를 가지고 있다. 이를 구현하고 학습시키기 위해서는 더 많은 계산과 자원이 필요하며, 모델의 최적화가 어려울 수 있다.

결론

- Transformer 모델은 기존의 RNN과 LSTM에서 발생하는 장기 의존성 문제와 병렬 처리의 비효율성을 극복하면서, 자연어 처리 분야에서 매우 중요한 역할을 하고 있다. 자기 주의 메커니즘(Self-Attention)을 통해 문장 내 모든 단어가 상호작용할 수 있으며, 병렬 처리를 통해 학습 속도가 대폭 향상되었다. 비록 많은 연산 자원과 복잡한 구조를 가지고 있지만, Transformer는 다양한 NLP 응용 분야에서 우수한 성능을 보여주며, 그 응용 범위는 계속 확장되고 있다.

6.3 BERT와 GPT 비교

BERT(Bidirectional Encoder Representations from Transformers)와 GPT(Generative Pretrained Transformer)는 모두 Transformer 모델을 기반으로 한 두 가지 주요 언어 모델로, 각각 텍스트 이해와 텍스트 생성에 특화된 성능을 보여준다. 이 두 모델은 자연어 처리(NLP) 분야에서 중요한 역할을 하며, 각기 다른 학습 방식과 응용 분야에서 탁월한 성능을 발휘한다.

6.3.1 BERT (양방향 학습 모델)

BERT는 양방향(Bidirectional)으로 문맥을 학습하는 방식으로, 문장의 앞뒤 정보를 모두 고려하여 텍스트를 처리한다. 이 모델의 목표는 주어진 문맥에서 각 단어의 의미를 정확하게 이해하는 것이다. BERT의 양방향 학습은 문장 전체를 학습하면서 앞뒤 문맥을 모두 파악하여 보다 깊이 있는 텍스트 이해를 가능하게 한다.

1) BERT의 주요 특징

- **양방향 문맥 학습**: BERT는 문장의 앞쪽뿐만 아니라 뒤쪽 문맥도 동시에 학습하여, 특정 단어의 의미를 문장 전체를 통해 이해한다. 예를 들어, "He went to the bank to withdraw money"라는 문장에서는 "bank"가 금융기관을 의미하는 것을 알 수 있고, "He sat on the bank of the river"라는 문장에서는 "bank"가 강가를 의미하는 것을 정확히 파악할 수 있다. BERT는 이처럼 문장의 앞과 뒤 모두를 고려하여 단어의 정확한 의미를 학습한다.
- **마스킹 언어 모델(Masked Language Model)**: BERT는 마스크 언어 모델 방식을 통해 학습한다. 학습 시 문장 내의 일부 단어를 마스킹(Masking)한 후, 해당 단어를 예측하는

방식으로 훈련이 진행된다. 예를 들어, "I went to the [MASK] to withdraw money" 라는 문장에서 [MASK]가 의미하는 단어를 예측하게 하여, 문장의 전체 문맥을 학습하도록 한다. 이러한 방식은 BERT가 문맥의 앞뒤 정보를 동시에 고려하여 텍스트를 이해하는 데 매우 유리하다.

- **응용 분야**: BERT는 텍스트 이해 작업에 강점을 가지고 있다. 대표적으로 텍스트 분류, 감정 분석, 질의응답 시스템(Q&A) 등과 같은 작업에서 우수한 성능을 발휘한다. 예를 들어, 고객 리뷰 분석에서 BERT는 전체 리뷰의 문맥을 학습하여, 리뷰가 긍정적인지 부정적인지 정확하게 분류할 수 있다.

2) BERT의 장점

- **문맥의 정확한 이해**: BERT는 문장의 앞뒤 문맥을 동시에 고려하기 때문에, 특정 단어의 의미나 문장의 전체적인 관계를 정확하게 이해할 수 있다. 이로 인해 텍스트 이해 작업에서 매우 효과적이다.
- **다양한 NLP 작업에서 우수한 성능**: BERT는 여러 자연어 처리 작업에서 매우 좋은 성능을 발휘한다. 특히 문장 내의 단어 의미를 정확하게 파악하는 데 탁월하여, 문장 분류, 감정 분석, 문서 요약 등에서 높은 정확도를 보여준다.

3) BERT의 단점

- **텍스트 생성에 제한**: BERT는 양방향 학습을 통해 텍스트를 이해하는 데 특화되어 있으나, 텍스트 생성 작업에는 적합하지 않다. 이는 BERT가 주어진 문장의 문맥을 이해하는 데 초점을 맞추고 있기 때문이다.
- **복잡한 학습 과정**: BERT는 대규모 데이터로 학습하기 위해 많은 연산 자원을 필요로 하며, 작업에 맞게 미세 조정(Fine-tuning)하는 과정도 복잡하다.

6.3.2 GPT (일방향 학습 모델)

GPT는 일방향(Unidirectional) 학습 방식을 통해 문장의 앞에서부터 뒤로 순차적으로 텍스트를 생성하는 자동 회귀 모델(Autoregressive Model)이다. GPT는 주어진 문맥을 바탕으로 다음 단어를 예측하며, 자연스러운 텍스트 생성에 특화된 모델이다. 특히 대화형 AI나 텍스트 생성 작업에서 뛰어난 성능을 발휘한다.

1) GPT의 주요 특징

- **일방향 학습**: GPT는 문장을 왼쪽에서 오른쪽으로 일방향으로 학습하여, 앞에서 주어진 정보를 바탕으로 다음 단어를 순차적으로 생성한다. 예를 들어, "The quick brown fox"라는 문장이 주어졌을 때, GPT는 "jumps over the lazy dog"라는 자연스러운 문장을 생성할 수 있다. 이처럼 GPT는 앞선 문맥을 바탕으로 단어를 예측하고 문장을 이어가는 방식으로 동작한다.
- **자연스러운 텍스트 생성**: GPT는 텍스트 생성에 매우 강점을 가진다. 일방향 학습 방식을 통해 문장을 자연스럽게 이어가며, 일관된 문장을 생성할 수 있다. 예를 들어, 대화형 AI에서 "오늘 날씨 어때?"라는 질문을 받으면, GPT는 "오늘은 맑고 따뜻할 것 같아요"와 같은 자연스러운 답변을 생성할 수 있다.
- **응용 분야**: GPT는 대화형 AI, 텍스트 생성, 기계 번역, 자동 요약과 같은 작업에서 널리 활용된다. 특히 ChatGPT와 같은 대화형 AI 시스템은 GPT를 기반으로 하여 자연스럽고 일관된 대화를 생성할 수 있다.

2) GPT의 장점

- **자연스러운 텍스트 생성**: GPT는 일방향 학습을 통해 자연스럽고 일관성 있는 문장을 생성하는 데 매우 뛰어나다. 이는 대화형 AI, 스토리 생성, 기계 번역 등에서 매우 유용하다.
- **다양한 텍스트 생성 작업에서 우수한 성능**: GPT는 텍스트 생성 작업에서 매우 강력한 성능을 보여준다. 예를 들어, 긴 글을 자동으로 작성하거나, 주어진 문장을 바탕으로 자연스러운 스토리를 생성하는 데 탁월하다.

3) GPT의 단점

- **문맥 이해의 한계**: GPT는 일방향 학습 방식을 채택하고 있어, 문장의 앞부분만을 바탕으로 텍스트를 생성한다. 이로 인해 문장의 전체 문맥을 깊이 이해하는 데는 한계가 있다.

- **장기 문맥 처리의 어려움**: GPT는 문장이 길어질수록 초기 문맥을 잊어버리기 쉽다. 긴 문장이나 문단을 처리할 때, 앞에서 학습한 내용을 기억하는 데 한계가 있어 일관성 문제가 발생할 수 있다.

6.3.3 BERT와 GPT의 비교

BERT와 GPT는 모두 Transformer 모델을 기반으로 하고 있지만, 학습 방식과 주된 응용 분야에서 큰 차이를 보인다.

특성	BERT	GPT
학습 방식	양방향(Bidirectional) 학습	일방향(Unidirectional) 학습
주된 응용 분야	텍스트 이해(예: 텍스트 분류, 질의응답)	텍스트 생성(예: 대화형 AI, 자동 텍스트 작성)
문맥 처리	앞뒤 문맥을 동시에 학습	문장의 앞부분을 바탕으로 뒤쪽을 예측
장점	- 문맥 이해가 뛰어남 - 텍스트 이해 작업에 강점	- 자연스러운 문장 생성 - 텍스트 생성 작업에 강점
단점	- 텍스트 생성 능력 부족 - 복잡한 학습 과정	- 문맥 이해의 한계 - 긴 문장의 일관성 문제

BERT는 문장의 앞뒤 문맥을 모두 고려하여, 텍스트 이해 작업(예: 문장 분류, 감정 분석)에서 강력한 성능을 발휘한다. 문장의 의미를 정확하게 파악하는 데 매우 효과적이며, 문맥의 앞뒤 관계를 깊이 이해하는 데 유리하다.

GPT는 일방향 학습 방식을 사용하여 자연스럽고 일관된 텍스트를 생성하는 데 강점을 보인다. 주로 대화형 AI, 스토리 생성, 번역과 같은 텍스트 생성 작업에서 우수한 성능을 발휘하며, 자연스럽고 일관된 문장을 이어가는 데 특화되어 있다.

결론

- BERT와 GPT는 Transformer 모델을 기반으로 각기 다른 방식으로 텍스트를 처리하며, 서로 다른 응용 분야에서 우수한 성능을 발휘한다. BERT는 문맥 이해에 강점을 가지며, 텍스트 이해 작업에서 탁월한 성능을 보여준다. 반면 GPT는 자연스러운 텍스트 생성을 목표로 하며, 대화형 AI와 같은 텍스트 생성 작업에 특화된 성능을 발휘한다.

6.4 연습문제

4지선다형 문제 (10문제)

01. n-그램 모델의 주요 한계점은 무엇인가?

①. 문맥의 정확한 이해 부족

②. 장기 의존성 문제 해결 가능

③. 긴 문장의 문맥 반영이 어려움

④. 데이터 희소성 문제 없음

02. RNN(Recurrent Neural Networks)의 주요 단점은 무엇인가?

①. 순차적 처리로 인한 속도 저하

②. 긴 문장 처리에서 우수한 성능

③. 병렬 처리 가능

④. 간단한 구조

03. LSTM(Long Short-Term Memory)에서 셀 상태(Cell State)의 역할은 무엇인가?

①. 문장의 순차적 처리

②. 중요한 정보를 오랜 시간 동안 유지

③. 문맥 정보 삭제

④. 출력값 생성

04. ransformer 모델의 주요 특징인 "Self-Attention" 메커니즘의 역할은 무엇인가?

①. 입력 데이터의 차원 축소

②. 문장의 앞뒤 문맥을 동시에 학습

③. 단어 간의 연관성을 무시

④. 순차적 처리

05. BERT 모델의 주요 특징은 무엇인가?

①. 일방향 학습

②. 마스킹 언어 모델(Masked Language Model) 사용

③. 자연스러운 텍스트 생성

④. 주로 텍스트 생성 작업에 특화

06. GPT 모델이 주로 우수한 성능을 발휘하는 작업은 무엇인가?

①. 텍스트 이해

②. 텍스트 생성

③. 문장 분류

④. 감정 분석

07. Transformer 모델이 RNN보다 학습 속도가 빠른 이유는 무엇인가?

①. 순차적으로 문장을 처리하기 때문

②. 병렬 처리를 지원하기 때문

③. 셀 상태를 사용하기 때문

④. 데이터를 사전 전처리하지 않기 때문

08. LSTM 모델의 주요 단점은 무엇인가?

①. 문맥 정보 반영이 약함

②. 복잡한 구조로 인해 학습 속도가 느림

③. 데이터 희소성 문제 발생

④. 긴 문장 처리에 적합하지 않음

09. BERT와 GPT의 차이점은 무엇인가?

①. 자연스러운 텍스트 생성을 위한 모델

②. BERT는 양방향 학습을 통해 문맥을 이해

③. GPT는 문맥을 더 잘 이해하는 모델

④. BERT는 주로 텍스트 생성을 위한 모델

10. Transformer 모델의 단점은 무엇인가?

①. 문장 생성 능력이 부족함

②. 많은 연산 자원이 필요함

③. 문맥 이해 능력이 약함

④. 순차적 처리만 가능함

단답형 문제 (10문제)

01. n-그램 모델에서 n은 무엇을 의미하는가?

02. RNN 모델에서 발생하는 주요 문제는 무엇인가?

03. LSTM은 어떤 문제를 해결하기 위해 설계되었는가?

04. Transformer 모델의 핵심 기술 중 하나는 무엇인가?

05. BERT 모델이 주로 사용되는 작업은 무엇인가?

06. GPT는 어떤 방식으로 텍스트를 생성하는가?

07. LSTM의 주요 장점은 무엇인가?

08. BERT의 마스킹 언어 모델(Masked Language Model)은 어떻게 작동하는가?

09. Transformer 모델에서 포지셔널 인코딩(Positional Encoding)의 역할은 무엇인가?

10. GPT 모델이 주로 적용되는 분야는 무엇인가?

서술형 문제 (5문제)

01. n-그램 모델의 장점과 단점을 비교하여 설명하시오.

02. RNN과 LSTM의 차이점을 설명하고, LSTM이 RNN의 한계를 어떻게 해결하는지 논하시오.

03. Transformer 모델에서 Self-Attention 메커니즘이 자연어 처리 작업에 미친 영향을 설명하시오.

04. BERT와 GPT의 학습 방식의 차이를 설명하고, 각각의 주요 응용 분야를 논하시오.

05. Transformer 모델의 구조적 장점이 자연어 처리 작업에 제공하는 이점을 서술하시오.

07 주차

컴퓨터 비전

1. 컴퓨터 비전(CV)의 정의와 이미지 처리 기술의 기본 개념을 학습한다.
2. CNN 모델의 구조와 동작 원리를 이해한다.
3. 딥러닝 기반의 영상 분석 기술과 그 응용 사례를 탐구한다.

7.1 이미지 처리 기초

7.2 CNN 모델

7.3 딥러닝 기반 영상 분석

7.4 연습문제

7.1 이미지 처리 기초

이미지 처리(Image Processing)는 컴퓨터 비전의 가장 기초적인 단계로, 이미지를 분석하여 유용한 정보를 추출하거나, 이미지를 개선하는 과정이다. 이미지 처리 기법은 다양한 산업과 연구에서 활용되며, 특히 의료 영상 분석, 자율주행, 감시 시스템, 로봇 비전 등에서 중요한 역할을 한다. 본 절에서는 이미지의 기본 구성 요소, 주요 전처리 기법, 그리고 이미지 처리에서 자주 사용되는 공간 도메인과 주파수 도메인 처리 기법에 대해 상세히 설명한다.

7.1.1 이미지의 구성 요소

이미지 처리를 이해하기 위해서는 디지털 이미지의 기본적인 구성 요소들을 정확하게 파악하는 것이 필수적이다. 디지털 이미지는 수많은 작은 단위들로 이루어져 있으며, 이 단위들이 모여 하나의 전체 이미지를 형성한다. 이러한 구성 요소는 주로 픽셀(Pixel)과 채널(Channel)로 설명될 수 있다.

1) 픽셀(Pixel)

픽셀(Pixel)은 디지털 이미지의 가장 작은 단위로, 이미지의 모든 정보는 픽셀 단위로 표현된다. 한 픽셀은 단일한 색상 또는 밝기 값을 가지며, 수천 개에서 수백만 개의 픽셀이 모여 전체 이미지를 형성한다.

- **픽셀 값(Pixel Value)**: 각 픽셀은 숫자로 그 값이 표현되며, 이 값은 픽셀이 나타내는 색상 또는 밝기의 정도를 의미한다. 픽셀 값은 보통 0에서 255 사이의 정수 값으로 표현되며, 이 범위는 픽셀이 표현할 수 있는 밝기 수준을 나타낸다.
- 흑백 이미지의 경우, 픽셀 값 0은 완전한 검정(Black)을, 값 255는 완전한 흰색(White)을 나타낸다. 중간값들은 회색조의 다양한 밝기를 표현하며, 예를 들어 128은 중간 밝

기의 회색을 의미한다.

- 컬러 이미지에서는 각 픽셀이 색상 정보를 가지며, 각 색상은 RGB 모델로 표현된다.

2) 컬러 모델과 채널(Channel)

디지털 이미지에서 색상을 표현하는 방식은 여러 가지가 있지만, 가장 일반적으로 사용되는 모델은 RGB 컬러 모델이다. RGB는 빨간색(Red), 녹색(Green), 파란색(Blue)의 약자로, 이 세 가지 기본 색상을 조합하여 모든 색상을 표현한다.

- **RGB 이미지**: RGB 이미지는 세 가지 채널로 구성된 이미지를 의미한다. 각 픽셀은 Red, Green, Blue 세 가지 채널에서 하나씩 값을 가진다. 각 채널의 값은 0에서 255 사이의 정수로 표현되며, 세 채널의 값이 조합되어 하나의 픽셀이 최종 색상을 결정한다. 예를 들어
  - (255, 0, 0)은 빨간색을 나타낸다. 여기서 Red 채널은 255, Green과 Blue 채널은 0이므로 완전한 빨간색을 의미한다.
  - (0, 255, 0)은 녹색을 나타내며, Green 채널이 255로 채워져 있다.
  - (0, 0, 255)는 파란색을 나타낸다.
  - (255, 255, 255)는 세 채널 모두 255인 경우로, 이는 흰색을 의미한다. 반대로 (0, 0, 0)은 세 채널 모두 0이므로 검은색을 나타낸다.

3) 채널(Channel)

채널(Channel)은 이미지에서 특정 색상 성분을 분리하여 나타낸다. RGB 이미지는 Red, Green, Blue 세 가지 채널로 나누어져 있으며, 각 채널은 해당 색상 성분만을 표현한다. 각 채널은 2D 배열로 표현되며, 이 배열의 각 값은 해당 색상 성분의 강도를 나타낸다.

- **단일 채널 이미지**: 흑백 이미지는 단일 채널로 구성된다. 이 채널은 밝기 값만을 나타내며, 각 픽셀은 0에서 255 사이의 값으로 표현된다. 이 경우 0은 검정색을, 255는 흰색을 의미한다. 흑백 이미지는 단순한 밝기 정보만을 제공하는 반면, RGB 이미지는 세 가지 색상 성분을 동시에 고려하여 더 복잡한 색상 표현이 가능하다.

4) 이미지 해상도와 픽셀 밀도

- **해상도(Resolution)**: 이미지의 해상도는 이미지의 크기와 픽셀 수에 따라 결정된다. 해상도는 이미지의 가로 픽셀 수와 세로 픽셀 수로 정의되며, 예를 들어 1920 x 1080 해상도는 가로 1920개, 세로 1080개의 픽셀로 이루어진 이미지를 나타낸다. 해상도가 높을수록 이미지는 더 많은 세부 정보를 표현할 수 있다.
- **픽셀 밀도(Pixel Density)**: 픽셀 밀도는 이미지의 품질을 결정짓는 요소 중 하나로, 이미지의 특정 영역에 얼마나 많은 픽셀이 존재하는지를 의미한다. DPI(Dots Per Inch) 또는 PPI(Pixels Per Inch) 단위로 측정되며, 이 값이 높을수록 이미지가 더 정밀하게 표현된다.

결론

- 디지털 이미지는 픽셀과 채널로 구성되어 있으며, 각 픽셀은 이미지의 색상과 밝기 정보를 제공한다. RGB 이미지에서는 세 가지 색상 성분을 가진 픽셀이 최종 색상을 결정하며, 흑백 이미지는 단일 채널로 각 픽셀이 밝기를 나타낸다. 이미지 해상도와 픽셀 밀도는 이미지의 품질에 큰 영향을 미치며, 고해상도 이미지는 더 많은 세부 정보를 담을 수 있다.`

7.1.2 이미지 전처리 기법

이미지 전처리(Preprocessing)는 이미지 분석을 위해 필수적인 단계로, 원본 이미지를 분석에 적합하도록 변형하거나 개선하는 작업을 의미한다. 전처리 기법은 이미지를 정돈하고, 노이즈를 제거하며, 중요한 특징을 강조하거나 추출하는 등 다양한 작업을 포함한다. 이를 통해 분석 모델이 이미지 데이터를 효율적으로 처리할 수 있도록 돕는다. 대표적인 이미지 전처리 기법으로는 필터링, 에지 검출, 히스토그램 평활화가 있다.

1) 필터링(Filtering)

필터링은 이미지 처리에서 가장 기본적이면서도 중요한 기법으로, 이미지를 부드럽게 하거나 날카롭게 만들어 이미지의 특징을 강조하거나 노이즈를 제거하는 데 사용된다. 필터링은 이미지의 특정 주파수 성분을 강조하거나 억제하는 방식으로 작동한다. 필터링은 저역통과 필터(Low-Pass Filter)와 고역통과 필터(High-Pass Filter)로 나뉜다.

① 저역통과 필터(Low-Pass Filter)

저역통과 필터는 이미지에서 고주파 성분(급격한 밝기 변화)을 제거하고, 저주파 성분(부드러운 변화를 가지는 부분)을 통과시켜 이미지를 부드럽게 만든다. 주로 노이즈 제거와 이미지의 부드러운 부분을 강조하는 데 사용된다.

- **가우시안 필터(Gaussian Filter)**: 가장 널리 사용되는 저역통과 필터로, 가우스 함수를 이용하여 이미지를 부드럽게 처리한다. 이 필터는 노이즈를 제거하고 이미지를 부드럽게 하며, 에지 검출 전에 이미지의 고빈도 노이즈를 줄이는 데 유용하다.
  - **작동 원리**: 가우시안 필터는 각 픽셀 주변의 이웃 픽셀 값을 가우스 함수로 가중 평균하여 새로운 픽셀 값을 계산한다. 이 과정에서 픽셀 값의 급격한 변화를 완화시켜, 이미지가 부드럽고 균일해진다.
  - **적용**: 노이즈가 많은 이미지에서 가우시안 필터를 적용하면 불필요한 노이즈를 제거하고, 이미지의 중요한 특징이 더 잘 드러나도록 할 수 있다.

② 고역통과 필터(High-Pass Filter)

고역통과 필터는 저주파 성분을 억제하고 고주파 성분을 강조하여 이미지를 날카롭게 만든다. 주로 이미지의 에지(Edge)나 경계선을 강조하는 데 사용되며, 이미지에서 세밀한 부분을 더욱 뚜렷하게 표현할 수 있다.

- **소벨 필터(Sobel Filter)**: 에지 검출을 위해 주로 사용하는 고역통과 필터로, 이미지의 수직 및 수평 방향에서 경계선을 강조한다. 소벨 연산자는 이미지의 그레이디언트를 계산하여, 밝기의 급격한 변화를 에지로 인식한다.
  - **작동 원리**: 소벨 필터는 이미지의 픽셀 간 차이를 기반으로 경계를 추출하며, 각각 수평(Sobel-X)과 수직(Sobel-Y) 방향으로 에지를 검출하는 연산자들이 존재한다. 이 두 방향의 정보를 결합하여 최종적인 에지 맵을 생성한다.
  - **적용**: 소벨 필터는 물체의 윤곽을 추출하거나, 이미지를 분석하기 위해 객체를 분리하는 데 유용하다.

③ 프리윗 필터(Prewitt Filter)

프리윗 필터는 소벨 필터와 유사하게 동작하는 고역통과 필터지만, 더 간단한 연산으로 이루어진다. 프리윗 필터 역시 수평과 수직 방향으로 에지를 검출하며, 소벨 필터보다 연산이 빠르지만 상대적으로 덜 정밀하다.

- **작동 원리**: 프리윗 필터는 픽셀 간의 차이를 이용해 그레이디언트를 계산하며, 각각 수직과 수평 방향의 마스크를 사용하여 이미지를 필터링한다.
- **적용**: 프리윗 필터는 소벨 필터와 마찬가지로 이미지에서 경계선을 검출하는 데 사용되며, 물체의 대략적인 경계선 탐지에 유용하다.

2) 에지 검출(Edge Detection)

에지 검출(Edge Detection)은 이미지에서 물체의 경계나 특징적인 선을 강조하는 기술로, 이미지의 중요한 구조를 추출하는 데 사용된다. 에지란 이미지에서 픽셀 값이 급격하게 변하는 부분을 의미하며, 에지 검출은 물체의 경계나 윤곽을 찾는 데 필수적이다.

① Canny 에지 검출(Canny Edge Detection)

Canny 에지 검출은 이미지 처리에서 가장 널리 사용되는 에지 검출 알고리즘 중 하나로, 이미지에서 노이즈를 제거한 후 중요한 에지를 정확하게 추출하는 알고리즘이다.

- **작동 단계**
  i. **노이즈 제거**: 가우시안 필터를 사용하여 이미지의 노이즈를 제거한다. 노이즈 제거는 에지 검출 전 필수적인 단계이다.
  ii. **에지 그레이디언트 계산**: 소벨 필터를 사용하여 이미지의 수직 및 수평 방향에서 그레이디언트를 계산하고, 각 픽셀의 에지 강도를 측정한다.
  iii. **비최대 억제(Non-Maximum Suppression)**: 에지 강도가 가장 강한 부분만을 남기고 나머지 픽셀을 제거하여 얇고 선명한 에지를 얻는다.
  iv. **이력 임계값(Hysteresis Thresholding)**: 두 개의 임계값을 사용하여, 강한 에지와 약한 에지를 구분하고, 약한 에지는 강한 에지에 연결된 경우에만 남긴다.
- **적용**: Canny 에지 검출은 매우 정밀한 에지 추출이 필요할 때 사용되며, 객체 인식, 경

계선 추출, 이미지 분할 등에 주로 사용된다.

3) 히스토그램 평활화(Histogram Equalization)

히스토그램 평활화는 이미지의 명암비를 개선하는 기법으로, 특히 이미지가 너무 어두운 영역과 밝은 영역으로 나뉘어 있거나, 전체적으로 대비가 부족한 경우 유용하게 사용된다. 히스토그램 평활화는 이미지의 밝기 분포를 균일하게 만들어, 이미지의 세부 사항을 더 잘 드러낼 수 있도록 한다.

① 기본 히스토그램 평활화

기본 히스토그램 평활화는 이미지의 전체 밝기 분포를 분석하여, 픽셀 값이 고르게 분포되도록 조정한다.

- **작동 원리**: 이미지의 픽셀 값에 대한 히스토그램(픽셀 값 분포 그래프)을 계산한 후, 이 히스토그램을 균등하게 재분배하여 이미지의 밝기와 명암비를 조정한다. 이 과정은 어두운 이미지에서 밝은 영역을 더 부각시킬 수 있고, 전체적으로 대비를 높여 이미지의 디테일을 더 명확하게 한다.
- **적용**: 낮은 대비를 가진 이미지에서 히스토그램 평활화를 적용하면, 어두운 영역과 밝은 영역이 더 잘 구분되어 이미지의 세부 사항을 강화할 수 있다.

② 적응형 히스토그램 평활화

적응형 히스토그램 평활화(AHE)는 기본 히스토그램 평활화의 확장 기법으로, 이미지의 전체적인 밝기를 조정하는 대신, 이미지의 국소적인 영역에서 명암비를 조정한다. 이를 통해 각 부분의 디테일을 더욱 선명하게 만들 수 있다.

- **작동 원리**: 이미지 전체에 대해 균일한 히스토그램 평활화를 적용하는 대신, 이미지의 작은 부분들을 나누어 각각의 영역에서 히스토그램 평활화를 적용한다. 이 방식은 국소적인 밝기 변화에 더 잘 적응할 수 있으며, 전반적으로 디테일이 풍부한 이미지를 제공한다.
- **적용**: 적응형 히스토그램 평활화는 이미지의 특정 부분에서 세부 사항을 강조하거나, 전체적으로 고르지 않은 조명 조건에서 유용하다. 예를 들어, 의료 영상에서 국소적인 디테일을 강조하거나, 저조도 환경에서 촬영한 이미지의 품질을 개선하는 데 자주 사용된다.

결론

- 이미지 전처리는 이미지의 분석 및 해석을 위한 필수 단계로, 이미지의 품질을 향상시키고 중요한 특징을 추출하거나 노이즈를 제거하는 데 중점을 둔다. 필터링은 이미지를 부드럽게 하거나 에지를 강조하는 데 사용되며, 에지 검출은 물체의 경계를 추출하는 데 핵심적인 기법이다. 또한, 히스토그램 평활화는 이미지의 명암비를 개선하여 세부 사항을 더 잘 드러낼 수 있도록 돕는다. 이러한 전처리 기법을 통해 분석 모델이 더 나은 성능을 발휘할 수 있으며, 다양한 이미지 처리 응용 분야에서 중요한 역할을 한다.

7.1.3 공간 도메인과 주파수 도메인

이미지 처리는 공간 도메인(Space Domain)과 주파수 도메인(Frequency Domain)이라는 두 가지 주요 방식에서 수행될 수 있으며, 각 도메인은 이미지의 특성에 따라 적합한 처리 방식을 제공한다. 공간 도메인은 픽셀 간의 위치 정보를 기반으로 직접적인 연산을 수행하는 반면, 주파수 도메인은 이미지를 주파수 성분으로 변환하여 처리하는 방식이다.

1) 공간 도메인(Space Domain)

공간 도메인은 이미지가 좌표(x, y)로 정의된 공간에서 직접적으로 처리되는 영역이다. 공간 도메인에서 이미지는 각 픽셀의 밝기 값에 따라 표현되며, 이 도메인에서의 처리는 픽셀 간의 국소적 관계를 기반으로 수행된다. 공간 도메인에서 사용되는 주요 기법으로는 필터링, 에지 검출, 컨볼루션 연산 등이 있다.

① 컨볼루션(Convolution)

컨볼루션은 공간 도메인에서 이미지를 처리하기 위한 기본적인 연산 중 하나로, 주어진 이미지에 커널(Kernel) 또는 필터(Filter)를 적용하여 특징을 추출하거나 강조하는 방법이다. 커널은 작은 행렬로, 특정 연산을 수행할 수 있는 가중치 값을 가지며, 이를 통해 이미지의 국소적인 영역을 처리하게 된다.

- **작동 원리**: 컨볼루션 연산은 필터를 이미지의 각 부분에 슬라이딩(이동)하면서, 필터와

해당 영역의 픽셀 값들을 곱한 후 그 합을 구하여 새로운 픽셀 값을 생성하는 방식으로 동작한다. 이때 필터의 크기(예: 3x3, 5x5 등)에 따라 이미지의 다른 특징을 강조하거나 억제할 수 있다.

- **커널의 종류**: 커널은 다양한 형태로 존재하며, 가우시안 블러 필터(부드럽게 하는 필터), 소벨 필터(에지 검출 필터), 샤프닝 필터(이미지 날카롭게 하는 필터) 등 여러 목적에 맞춰 사용된다.
- **계산 방식**: 커널이 이미지의 특정 부분을 덮은 후, 커널의 각 요소와 이미지의 해당 픽셀 값을 곱한 다음 그 합을 계산하여 새로운 픽셀 값을 얻는다. 이 연산을 이미지 전체에 적용하여 변환된 이미지를 생성한다.
- **예시**: 이미지에서 에지를 검출할 때는 소벨 필터나 프리윗 필터를 사용하여 픽셀 간 밝기 변화가 급격한 부분(에지)을 강조할 수 있다.

② 공간 도메인 필터링

공간 도메인에서 필터링은 이미지의 특정 특징(예: 경계, 노이즈)을 강조하거나 제거하는 데 주로 사용된다.

- **저역통과 필터(Low-Pass Filter)**: 저역통과 필터는 공간 도메인에서 저주파 성분을 통과시키고 고주파 성분을 제거하는 방식으로 작동하며, 주로 이미지를 부드럽게 하고 노이즈를 제거하는 데 사용된다. 가우시안 필터가 대표적인 저역통과 필터의 예이다.
- **고역통과 필터(High-Pass Filter)**: 고역통과 필터는 고주파 성분을 통과시키고 저주파 성분을 제거하는 방식으로, 이미지의 에지나 세부적인 변화를 강조하는 데 사용된다. 소벨 필터나 프리윗 필터는 고역통과 필터의 예로, 에지 검출에 자주 사용된다.

2) 주파수 도메인(Frequency Domain)

주파수 도메인에서는 이미지를 주파수 성분으로 변환하여 처리한다. 주파수 도메인에서 이미지는 고주파(High Frequency)와 저주파(Low Frequency) 성분으로 나뉘며, 고주파 성분은 이미지의 세밀한 부분(에지, 텍스처 등)을, 저주파 성분은 이미지의 전반적인 구조와 큰 변화를 나타낸다.

① 푸리에 변환(Fourier Transform)

푸리에 변환은 이미지를 주파수 성분으로 변환하는 수학적 방법으로, 공간 도메인에서의 이미지를 주파수 도메인으로 변환하는 기법이다. 이를 통해 이미지의 패턴을 분석하거나, 특정 주파수 성분을 제거하여 이미지에서 불필요한 정보를 억제하거나 강조할 수 있다.

- **작동 원리**: 푸리에 변환은 이미지를 여러 개의 주파수 성분(사인파와 코사인파의 조합)으로 분해하여, 이미지에서 반복되는 패턴과 변화를 주파수로 나타낸다. 주파수 도메인에서는 이미지가 주파수 크기 스펙트럼으로 표현되며, 이 스펙트럼은 이미지의 고주파 및 저주파 성분을 시각적으로 보여준다.
- **고주파와 저주파**
  - **저주파**: 저주파 성분은 이미지에서 큰 변화를 나타내며, 전체적인 밝기 변화나 배경과 같은 요소를 포함한다.
  - **고주파**: 고주파 성분은 이미지의 경계선, 텍스처와 같은 세밀한 변화를 나타낸다. 주파수 도메인에서 고주파 성분은 이미지의 디테일을 유지하는 데 중요한 역할을 한다.

② 저역통과 필터(Low-Pass Filter)와 고역통과 필터(High-Pass Filter)

푸리에 변환을 통해 이미지가 주파수 도메인으로 변환된 후, 특정 주파수 성분을 선택적으로 제거하거나 강조하는 필터링 작업을 수행할 수 있다.

- **저역통과 필터(Low-Pass Filter)**: 주파수 도메인에서 저주파 성분을 통과시키고 고주파 성분을 제거하는 필터로, 이미지에서 고주파 노이즈를 제거하거나 이미지를 부드럽게 만들 때 사용된다. 저역통과 필터는 이미지의 전체적인 모양과 큰 변화는 유지하면서, 작은 세부적인 변화를 억제하는 역할을 한다.
  - **응용**: 저역통과 필터는 이미지에서 노이즈 제거, 이미지 압축, 부드러운 필터링 작업에 자주 사용된다. 주파수 도메인에서의 저역통과 필터링은 이미지의 불필요한 고주파 성분을 억제함으로써 부드럽고 노이즈 없는 이미지를 제공한다.
- **고역통과 필터(High-Pass Filter)**: 고주파 성분을 통과시키고 저주파 성분을 제거하는 필터로, 이미지에서 에지나 세부적인 패턴을 강조할 때 사용된다. 고역통과 필터는 이미지의 전체적인 구조를 제거하고 세밀한 변화를 더 잘 드러나게 한다.

- **응용**: 고역통과 필터는 이미지의 경계나 세부적인 텍스처를 강조하거나, 에지 검출 작업에 사용된다. 주파수 도메인에서의 고역통과 필터링은 이미지의 디테일과 경계를 강조함으로써, 객체의 윤곽을 더 뚜렷하게 만들 수 있다.

③ 역푸리에 변환(Inverse Fourier Transform)

이미지를 주파수 도메인에서 처리한 후, 다시 공간 도메인으로 변환하기 위해 역푸리에 변환(Inverse Fourier Transform)이 사용된다. 이를 통해 주파수 도메인에서 필터링된 이미지를 원래의 이미지 형식으로 복원할 수 있다.

- **작동 원리**: 역푸리에 변환은 주파수 성분을 다시 공간적 정보로 변환하여, 필터링된 주파수 성분에 따라 이미지가 변환된 결과를 얻는다. 예를 들어, 고주파 성분을 제거한 후 역푸리에 변환을 하면 노이즈가 제거된 부드러운 이미지가 생성된다.

결론

- 공간 도메인과 주파수 도메인은 각각 이미지의 다양한 특징을 분석하거나 처리하는 데 유용한 도구이다. 공간 도메인은 픽셀 간의 직접적인 연산을 통해 이미지의 특정 패턴을 강조하거나 억제하는 방식으로 작동하며, 주로 필터링과 에지 검출 작업에 사용된다. 반면 주파수 도메인은 이미지의 주파수 성분을 분석하여, 주파수 성분에 따라 이미지를 변환하거나 필터링하는 방식으로 작동한다.

이미지 처리 기초는 컴퓨터 비전 시스템에서 필수적인 단계이며, 다양한 응용 분야에서 중요한 역할을 한다. 이미지를 처리하고 분석하는 과정에서 사용되는 필터링, 에지 검출, 히스토그램 평활화 등 다양한 기법들은 이미지의 품질을 향상시키고, 더 나아가 의미 있는 정보를 추출하는 데 기여한다. 또한, 이미지 처리는 공간 도메인과 주파수 도메인에서 이루어질 수 있으며, 각 도메인은 이미지의 특성에 따라 적합한 분석 방법을 제공한다.

7.2 CNN 모델

CNN(Convolutional Neural Network)은 컴퓨터가 이미지를 보고 분석할 수 있게 돕는 기술이다. 이 기술은 사진이나 영상의 중요한 특징을 찾고, 그 특징을 바탕으로 이미지를 분류하거나 인식하는 데 사용된다. 예를 들어, 스마트폰에서 얼굴 인식을 할 때 CNN이 사용된다.

7.2.1 CNN의 기본 구성 요소

CNN(Convolutional Neural Network)는 주로 이미지 인식 및 처리에 사용되는 딥러닝 모델로, 컨볼루션 레이어, 활성화 함수, 풀링 레이어, 완전 연결층으로 구성되어 있다. 이러한 구성 요소들이 서로 결합되어 이미지에서 패턴과 특징을 효과적으로 추출하고 분석하는 과정을 수행한다. 아래는 CNN의 주요 구성 요소이다.

1) 컨볼루션 레이어(Convolutional Layer)

컨볼루션 레이어는 CNN에서 가장 핵심적인 역할을 하는 층으로, 입력 이미지의 국소적 특징(예: 에지, 텍스처 등)을 추출하는 역할을 한다. 이 레이어는 필터(커널)를 사용하여 이미지의 특정 부분을 스캔하고, 이를 통해 특징 맵(feature map)을 생성한다.

- **작동 원리**: 컨볼루션 레이어는 입력 이미지 위에서 작은 크기의 필터(예: 3x3, 5x5)를 이동시키면서 필터와 해당 영역의 픽셀 값 간의 컨볼루션 연산을 수행한다. 이 연산을 통해 필터가 이미지의 국소적인 특징을 추출하며, 여러 개의 필터를 사용하여 다양한 특징을 동시에 학습할 수 있다.
- **커널의 역할**: 커널(Kernel) 또는 필터(Filter)는 작은 행렬로, 특정한 특징을 감지할 수 있

는 가중치 값으로 구성되어 있다. 필터는 이미지에서 에지, 텍스처, 선 등의 국소적 패턴을 강조하거나 억제하는 데 사용된다. CNN에서 여러 개의 필터가 동시에 사용되며, 이 필터들이 각각 다른 특징을 학습할 수 있도록 한다.

- **패딩(Padding)**: 필터를 적용할 때 이미지의 가장자리를 처리하는 방식으로, 패딩은 이미지의 크기를 유지하거나 변화를 최소화하기 위해 이미지의 경계 부분에 추가 픽셀을 삽입하는 기법이다. 패딩을 사용하면 필터를 이미지의 모든 영역에 적용할 수 있어, 정보 손실을 방지할 수 있다.
- **스트라이드(Stride)**: 필터가 한 번에 이동하는 픽셀 수를 스트라이드라고 한다. 일반적으로 스트라이드 값이 1이면 필터는 한 번에 한 픽셀씩 이동하고, 스트라이드 값이 2 이상이면 필터가 더 큰 간격으로 이동하면서 계산량을 줄일 수 있다. 스트라이드 값이 클수록 출력 크기가 작아진다.
- **특징 맵(Feature Map)**: 컨볼루션 레이어를 통과한 결과물은 특징 맵 또는 활성 맵이라고 불리며, 입력 이미지의 중요한 특징을 포함하고 있다. 이 특징 맵은 다음 레이어로 전달되어 더 높은 수준의 패턴을 학습하는 데 사용된다.

2) 활성화 함수(Activation Function)

활성화 함수는 CNN에서 비선형성(Non-linearity)을 추가하는 중요한 요소로, 뉴런의 출력값을 결정하는 데 사용된다. 비선형성은 CNN이 복잡한 패턴을 학습할 수 있도록 하며, 주로 ReLU(Rectified Linear Unit) 활성화 함수가 사용된다.

- **ReLU(Rectified Linear Unit)**: CNN에서 가장 널리 사용되는 활성화 함수로, 간단하면서도 효과적인 비선형성을 제공한다. ReLU 함수는 입력값이 0보다 작으면 0을 출력하고, 0보다 크면 그 값을 그대로 반환하는 방식으로 동작한다. 즉, $f(x) = \max(0, x)$로 정의된다.
- **장점**: ReLU는 계산이 간단하고 빠르며, 기울기 소실 문제(Vanishing Gradient Problem)를 완화할 수 있다. 이로 인해 CNN이 더 깊은 층에서도 효과적으로 학습할 수 있다.
- **Leaky ReLU**: ReLU의 변형 중 하나로, 음수 입력에 대해 작은 기울기를 갖도록 함으로써, ReLU가 0 이하의 값에서 출력이 0으로 고정되는 문제를 완화한 방식이다.

- **비선형성의 필요성**: 활성화 함수가 없다면 뉴럴 네트워크는 선형 모델이 되어버리며, 복잡한 패턴을 학습할 수 없게 된다. ReLU와 같은 비선형 활성화 함수는 네트워크가 다층 구조를 통해 더 복잡하고 비선형적인 데이터를 처리할 수 있도록 만든다.

3) 풀링 레이어(Pooling Layer)

풀링 레이어는 CNN에서 특징 맵의 크기를 줄이고 계산량을 줄이는 역할을 한다. 풀링 레이어는 이미지의 중요한 정보를 유지하면서 데이터의 크기를 줄여 모델의 효율성을 향상시킨다. 가장 널리 사용되는 풀링 방식은 맥스 풀링(Max Pooling)이다.

- **맥스 풀링(Max Pooling)**: 맥스 풀링은 주어진 영역에서 최대값을 선택하는 방식으로 작동한다. 예를 들어, 2x2 크기의 풀링 윈도우를 사용하면, 해당 영역에서 가장 큰 값을 선택하여 출력으로 사용하게 된다. 이를 통해 이미지의 가장 중요한 특징을 보존하면서 차원을 줄일 수 있다.
- **작동 원리**: 풀링 레이어는 입력 이미지나 특징 맵에서 작은 영역(예: 2x2 또는 3x3)을 선택하고, 그 영역 내에서 가장 큰 값을 선택하는 방식으로 동작한다. 이 과정에서 특징 맵의 크기를 줄이고, 중요한 특징만을 남긴다. 풀링 레이어는 필터링과 마찬가지로 슬라이딩 윈도우 방식으로 적용된다.
- **평균 풀링(Average Pooling)**: 평균 풀링은 선택한 영역 내에서 평균값을 계산하여 출력하는 방식이다. 맥스 풀링이 가장 중요한 특징을 강조하는 반면, 평균 풀링은 전체적인 정보를 고르게 반영하는 방식이다. 그러나 이미지에서 세부 정보를 유지하는 데 있어 맥스 풀링이 더 자주 사용된다.
- **풀링의 역할**: 풀링 레이어는 입력 데이터의 차원을 줄여 계산량을 줄이는 동시에, 과적합(Overfitting)을 방지하는 역할도 한다. 이는 특징 맵에서 특정 값에 대한 의존성을 줄이고, 네트워크가 더 일반적인 패턴을 학습할 수 있도록 돕는다.

4) 완전 연결층(Fully Connected Layer)

완전 연결층(Fully Connected Layer, FC Layer)은 CNN의 마지막 부분에서 사용되며, 네트워크가 최종적인 분류 작업을 수행하는 층이다. 완전 연결층에서는 모든 뉴런이 이전 층의 모든 뉴런과 연결되어 있으며, 이를 통해 이미지의 특징을 종합적으로 분석하고, 분류 결과를 출력할 수 있다.

- **작동 원리**: CNN의 마지막 단계에서 추출된 특징 맵은 1차원 벡터로 변환된 후 완전 연결층에 입력된다. 이 벡터는 이미지의 고수준 특징을 포함하고 있으며, 완전 연결층에서는 이러한 특징을 바탕으로 최종적인 예측 값을 출력한다. 완전 연결층의 출력값은 보통 소프트맥스 함수(Softmax Function)를 통해 각 클래스에 대한 확률 값으로 변환된다.
- **분류 작업**: 완전 연결층은 CNN에서 학습된 특징을 바탕으로 이미지 분류 작업을 수행하는 데 사용된다. 예를 들어, 고양이와 개를 분류하는 작업에서는 완전 연결층이 두 클래스(고양이, 개)에 대해 각각의 확률 값을 계산하고, 더 높은 확률을 가진 클래스를 최종 예측으로 선택한다.
- **과적합 방지**: 완전 연결층에서 드롭아웃(Dropout)이라는 정규화 기법을 자주 사용하여 과적합을 방지할 수 있다. 드롭아웃은 학습 과정에서 일부 뉴런을 무작위로 비활성화시켜, 특정 뉴런에 과도하게 의존하지 않도록 만든다.

결론

- CNN의 기본 구성 요소인 컨볼루션 레이어, 활성화 함수, 풀링 레이어, 완전 연결층은 이미지에서 중요한 특징을 추출하고 이를 바탕으로 예측 작업을 수행하는 데 필수적인 역할을 한다. 컨볼루션 레이어는 이미지의 국소적인 특징을 학습하고, ReLU와 같은 활성화 함수는 비선형성을 추가하여 복잡한 패턴을 학습할 수 있게 한다. 풀링 레이어는 차원을 줄여 계산 효율성을 높이면서 중요한 정보를 보존하며, 완전 연결층은 최종적으로 이미지를 분류하는 작업을 수행한다.

이러한 구성 요소들이 결합된 CNN은 이미지 분류, 객체 탐지, 세그먼테이션과 같은 다양한 컴퓨터 비전 과제를 해결하는 데 강력한 도구로 활용된다.

7.2.2 CNN의 학습 과정

CNN은 컨볼루션 레이어와 풀링 레이어를 사용하여 입력 이미지에서 저차원 특성부터 고차원 특징에 이르기까지 다양한 패턴을 추출한다. CNN의 학습 과정은 크게 순전파(Forward Propagation)와 역전파(Backpropagation) 두 단계로 나뉜다. 이 과정을 통해 CNN은 이미지를 학습하고 최적의 가중치와 편향을 찾아냄으로써, 분류 및 인식 작업을 효과적으로 수행할 수 있다.

1) 순전파(Forward Propagation)

CNN에서 입력 이미지가 각 레이어를 거치면서 일련의 변환을 통해 특징을 추출하는 과정이다. 컨볼루션 레이어에서는 필터를 통해 이미지의 패턴을 인식하고, 활성화 함수와 풀링 레이어를 거치면서 비선형성을 추가하거나 차원을 줄인다. 이 과정에서 이미지의 고차원 특징이 점차 드러나고, 완전 연결층에서 이러한 특징을 바탕으로 최종 예측을 도출하게 된다.

I. **컨볼루션 연산**: 이미지에서 국소적 특징을 추출하며, 필터를 사용해 이미지의 각 부분을 스캔하면서 특징 맵을 생성한다.
II. **활성화 함수**: ReLU 같은 활성화 함수는 비선형성을 추가해 복잡한 패턴을 학습할 수 있도록 한다.
III. **풀링 연산**: 풀링 레이어는 이미지의 차원을 줄여 계산량을 줄이고, 중요한 특징만을 남긴다.
IV. **완전 연결층**: 마지막에 얻어진 고차원 특징 맵은 벡터로 변환되어 완전 연결층에 전달되며, 이를 통해 최종 분류 결과를 출력한다.

2) 손실 함수(Loss Function)

CNN이 학습하는 동안, 예측값과 실제값 간의 차이를 계산하여 네트워크의 성능을 평가하는데, 이 차이를 손실(Loss)라고 한다. 손실 함수는 모델이 얼마나 잘못된 예측을 하고 있는지를 수치적으로 표현하며, CNN에서 사용되는 대표적인 손실 함수로는 교차 엔트로피 손실(Cross-Entropy Loss)가 있다. 이 손실을 최소화하는 것이 CNN 학습의 목표이다.

- **교차 엔트로피 손실(Cross-Entropy Loss)**: 분류 작업에서 주로 사용되며, 모델이 예측한 확률 분포와 실제 클래스 간의 차이를 계산한다. 교차 엔트로피는 확률적 예측과 실제값 간의 오차가 클수록 더 큰 손실 값을 반환한다.

3) 역전파(Backpropagation)와 가중치 업데이트

역전파(Backpropagation)는 CNN 학습의 핵심 단계로, 손실 함수를 기준으로 네트워크의 가중치와 편향을 조정하는 과정이다. 역전파는 손실 함수를 네트워크의 가중치에 대해 미분하여 각 가중치에 대한 기울기(Gradient)를 계산한 후, 이를 기반으로 가중치를 조정하여 손실을 줄인다. 이 과정은 경사하강법(Gradient Descent) 알고리즘을 사용하여 수행된다.

- **기울기 계산**: 각 가중치에 대한 손실 함수의 기울기를 계산하여, 손실을 줄이기 위해 가중치를 어느 방향으로 업데이트할지를 결정한다.
- **가중치 업데이트**: 경사하강법을 사용해 가중치를 업데이트한다. 일반적으로 학습률(Learning Rate)이 설정되어 있으며, 이는 가중치를 한 번에 얼마나 크게 업데이트할지를 결정한다.

역전파 과정이 여러 번 반복되면서, 네트워크는 점점 더 최적의 가중치를 학습하게 되고, 손실 값이 감소하게 된다. 이를 통해 CNN은 점차 이미지의 패턴을 학습하여 더 정확한 예측을 수행할 수 있게 된다.

7.2.3 CNN의 주요 응용

CNN은 이미지 데이터를 처리하는 데 뛰어난 성능을 보이며, 다양한 컴퓨터 비전 문제에서 성공적으로 적용되고 있다. 다음은 CNN의 대표적인 응용 분야들이다.

1) 이미지 분류(Image Classification)

이미지 분류는 주어진 이미지가 어떤 클래스에 속하는지를 예측하는 문제로, CNN의 가장 대표적인 응용 분야 중 하나이다. CNN은 입력 이미지에서 저수준 특징(에지, 코너 등)부터 고수준 특징(형태, 구조 등)까지 다양한 패턴을 학습하여, 이미지가 속하는 클래스를 정확히 예측할 수 있다.

- **ImageNet 데이터셋**: 이미지 분류 작업의 대표적인 데이터셋으로, 수백만 개의 이미지와

1,000개 이상의 클래스가 포함되어 있다. CNN은 이 데이터셋을 학습하여 매우 높은 정확도로 이미지를 분류할 수 있다.

- **CNN 기반 모델**:
  - **AlexNet**: ImageNet 챌린지에서 처음 도입된 CNN 모델로, 8개의 레이어로 구성되어 있다. AlexNet은 컴퓨터 비전 분야에서 CNN의 성공을 이끌어 낸 모델로 평가받고 있다.
  - **VGGNet**: 네트워크의 깊이를 증가시켜 성능을 높인 모델로, VGG-16과 VGG-19가 대표적이다. 각 레이어에서 작은 3x3 필터를 사용하여 깊이를 깊게 쌓은 구조로, 매우 우수한 분류 성능을 보인다.
  - **ResNet**: Residual Network의 약자로, 매우 깊은 네트워크에서 발생할 수 있는 기울기 소실 문제를 해결하기 위해 잔차 연결(Skip Connection)을 도입한 모델이다. ResNet은 매우 깊은 CNN을 안정적으로 학습할 수 있게 해주며, 이미지 분류에서 최첨단 성능을 보인다.

2) 객체 탐지(Object Detection)

객체 탐지는 이미지나 동영상에서 특정 객체의 위치와 종류를 동시에 예측하는 문제로, 이미지 내에 여러 개의 객체가 있을 때 그 위치를 바운딩 박스로 표시하고, 어떤 클래스에 속하는지를 예측한다.

- **YOLO(You Only Look Once)**: 객체 탐지에서 널리 사용되는 CNN 기반 모델로, 이미지 전체를 한 번에 보고 객체의 위치와 클래스를 동시에 예측한다. YOLO는 매우 빠른 속도로 객체 탐지를 수행할 수 있어 실시간 응용에 적합하다.
- **Faster R-CNN**: R-CNN 시리즈 중 가장 발전된 형태로, Region Proposal Network(RPN)을 도입하여 객체 탐지 속도를 크게 개선한 모델이다. RPN은 이미지에서 객체가 있을 가능성이 높은 영역을 빠르게 제안하고, 이를 바탕으로 정확한 탐지를 수행한다.
- **SSD(Single Shot MultiBox Detector)**: YOLO와 비슷한 방식으로, 객체의 위치와 클래스를 한 번에 예측하는 모델이다. SSD는 여러 크기의 바운딩 박스를 동시에 예측할 수 있어, 다양한 크기의 객체를 효과적으로 탐지할 수 있다.

3) 이미지 세그멘테이션(Image Segmentation)

이미지 세그멘테이션은 이미지의 각 픽셀이 어느 객체에 속하는지를 예측하는 문제로, 픽셀 단위로 이미지를 분류한다. 이는 특히 의료 영상 분석, 자율주행 등에서 중요한 역할을 한다.

- **U-Net**: 의료 영상 분석에서 주로 사용되는 CNN 기반 세그멘테이션 모델로, 이미지의 각 픽셀을 정확하게 분류할 수 있다. U-Net은 인코더-디코더(Encoder-Decoder) 구조로 되어 있어, 이미지의 전체적인 구조와 세부적인 정보를 동시에 고려하며 세그멘테이션 작업을 수행한다.
- **FCN(Fully Convolutional Network)**: 완전한 컨볼루션 레이어로 구성된 네트워크로, 이미지 분류 문제를 픽셀 단위로 확장하여 각 픽셀의 클래스를 예측할 수 있다. FCN은 세그멘테이션 작업을 매우 효율적으로 수행할 수 있다.
- **Mask R-CNN**: Faster R-CNN의 확장 모델로, 객체 탐지와 함께 객체의 경계를 픽셀 단위로 분할하는 세그멘테이션 작업을 수행할 수 있다. Mask R-CNN은 객체 탐지와 세그멘테이션을 동시에 해결할 수 있어 매우 강력한 모델이다.

결론

- CNN은 이미지 처리에 매우 강력한 도구로, 이미지 분류, 객체 탐지, 이미지 세그멘테이션 등 다양한 컴퓨터 비전 문제에서 성공적으로 활용되고 있다. CNN의 컨볼루션 레이어, 풀링 레이어, 완전 연결층은 이미지에서 다양한 수준의 패턴을 학습하고 이를 바탕으로 예측 작업을 수행할 수 있게 한다. 학습과정에서 순전파와 역전파가 반복되며, CNN은 점차 최적의 가중치를 찾아 더 높은 성능을 보이게 된다.

CNN의 대표적인 응용인 ImageNet 챌린지에서의 성공은 CNN이 컴퓨터 비전의 핵심 도구로 자리 잡게 한 중요한 사건이다. 앞으로도 CNN은 더 깊고 복잡한 네트워크 구조를 통해 다양한 비전 문제에서 더욱 중요한 역할을 할 것으로 기대된다.

7.3 딥러닝 기반 영상 분석

딥러닝 기반 영상 분석은 단일 이미지가 아닌 연속적인 비디오 프레임을 분석하여 객체의 움직임을 추적하거나 특정 행동을 인식하는 기술이다. 이는 자율주행, 감시 시스템, 스포츠 분석 등 다양한 분야에서 활용된다.

7.3.1 비디오 데이터의 특성

비디오는 연속적인 이미지(프레임)로 구성된 데이터로, 각 이미지가 시간 순서대로 배열되며 시각적 정보를 담고 있다. 이 연속적인 특성 때문에 비디오 데이터는 정적인 이미지 데이터와 달리 시간적 정보와 공간적 정보를 동시에 포함하고 있다. 이러한 시간적 상관관계는 딥러닝 기반의 영상 분석에서 매우 중요한 역할을 하며, 물체의 움직임, 장면 간의 전환, 행동의 연속성 등을 파악하는 데 필요한 정보로 사용된다.

1) 비디오의 기본 구성 요소

비디오 데이터는 기본적으로 프레임(Frame)이라고 불리는 정지 이미지들의 연속으로 이루어져 있다. 각 프레임은 순간적으로 캡처된 하나의 이미지를 나타내며, 여러 프레임이 모여서 비디오가 된다. 이러한 프레임들 간에는 시간적 상관성이 존재하며, 프레임이 빠르게 연속되면서 물체의 움직임이나 행동을 시각적으로 표현하게 된다.

- **프레임 레이트(Frame Rate)**: 비디오에서 1초 동안 재생되는 이미지(프레임)의 수를 나타내며, fps(Frames Per Second)로 측정된다. 일반적으로 영화에서는 24fps, 방송에서는 30fps, 게임과 같은 고속 장면에서는 60fps 이상을 사용한다. 프레임 레이트가 높을수록 움직임이 부드럽게 보이지만, 데이터 용량이 커지고 처리 속도 요구가 높아진다.
- **해상도(Resolution)**: 각 프레임의 해상도는 이미지를 구성하는 픽셀의 수를 의미한다.

720p, 1080p, 4K와 같은 용어는 각각 프레임의 픽셀 수를 나타내며, 해상도가 높을수록 세부적인 정보가 많아진다. 해상도는 비디오 분석의 정확성에 영향을 미칠 수 있다.

- **채널(Channel)**: 일반적인 비디오 프레임은 RGB 채널로 구성되어 있으며, 각 채널은 각각 빨강(Red), 초록(Green), 파랑(Blue) 색상 성분을 나타낸다. RGB 채널의 조합으로 다양한 색상을 표현할 수 있다.

7.3.1.2 비디오 데이터의 시간적 상관관계

비디오는 프레임 간의 시간적 상관관계(Temporal Correlation)를 가지고 있으며, 이 특성은 물체의 움직임, 행동 인식, 사건 탐지 등의 분석 작업에서 중요한 정보를 제공한다. 예를 들어, 사람이 걷는 동작을 분석할 때, 각 프레임에서 다리의 움직임이 시간에 따라 어떻게 변화하는지를 이해하는 것이 중요하다. 이러한 시간적 패턴을 학습하고 분석하는 것이 비디오 데이터에서 딥러닝이 성공적으로 작동하는 핵심이다.

- **시간적 상관관계의 주요 특징**
  - **연속성(Continuity)**: 프레임 간의 정보가 연속적으로 연결되어 있어, 이전 프레임과 다음 프레임 간의 정보가 밀접하게 연관된다. 이 연속성 덕분에 딥러닝 모델은 특정 물체의 위치나 상태 변화를 쉽게 추적할 수 있다.
  - **움직임(Motion)**: 비디오 데이터에서 가장 중요한 정보 중 하나는 물체의 움직임이다. 움직임은 연속된 프레임 간의 변화로 나타나며, 특정 객체가 어떻게 움직이는지, 그 속도가 얼마나 되는지를 파악할 수 있다. 예를 들어, 자율주행에서 비디오 데이터를 사용해 보행자의 움직임을 추적하거나 교통 흐름을 분석할 수 있다.
  - **상황 변화(Context Change)**: 프레임이 전환될 때 장면 자체가 변하거나 객체의 상태가 변화할 수 있다. 이러한 변화는 행동 인식, 이벤트 감지, 비디오 요약 등의 작업에서 중요한 단서를 제공한다. 예를 들어, 비디오에서 문이 열리고 닫히는 과정을 분석하거나, 물체가 나타났다가 사라지는 순간을 포착할 수 있다.

3) 비디오 데이터의 차원

비디오 데이터는 일반적으로 4차원 배열로 표현된다. 여기서 각 차원은 다음과 같다.

- **N (Batch Size):** 비디오를 처리할 때 한 번에 처리할 비디오의 수를 나타낸다. 일반적으로 네트워크에 여러 비디오를 한 번에 입력하여 병렬 처리한다.
- **T (Time):** 각 비디오의 총 프레임 수를 나타낸다. 비디오에서 시간 축은 T 프레임으로 나누어져 있으며, 시간적 상관성을 학습하기 위해 시간 축을 따라 연속적으로 분석이 이루어진다.
- **H (Height)와 W (Width):** 각 프레임의 높이(H)와 너비(W)를 나타낸다. 비디오의 해상도에 따라 H와 W의 값이 달라진다.
- **C (Channel):** 각 프레임의 색상 정보를 나타내며, 일반적으로 RGB 채널로 구성된다. 흑백 비디오의 경우에는 단일 채널로 처리된다.

비디오 데이터의 구조는 일반적인 이미지 데이터와 달리, 시간 축(T)이 추가된다는 점에서 차이가 있다. 이 때문에 딥러닝 모델은 비디오의 시간적 상관관계를 처리할 수 있는 구조를 채택해야 한다.

4) 비디오 데이터 처리의 도전 과제

비디오 데이터는 이미지에 비해 처리하는 데 있어 여러 도전 과제가 존재한다.

- **데이터의 방대함**: 비디오는 이미지에 비해 훨씬 더 많은 데이터를 포함한다. 예를 들어, 1초 동안의 비디오는 30프레임(30fps)을 포함하며, 이는 30개의 이미지가 동시에 처리되어야 함을 의미한다. 프레임이 많을수록 데이터 용량이 커지기 때문에 저장 및 처리에 높은 계산 자원이 필요하다.
- **시간적 일관성**: 비디오 분석에서는 시간적 정보가 연속적이기 때문에 프레임 간의 일관성을 유지하며 처리를 해야 한다. 만약 딥러닝 모델이 각 프레임을 독립적으로 처리한다면 시간적 흐름을 놓칠 수 있으며, 이는 객체의 움직임이나 행동 인식에서 중요한 정보를 잃는 결과를 초래할 수 있다.
- **복잡한 움직임 분석**: 비디오 내에서 물체가 다양한 속도로 움직이거나, 카메라가 이동하는 경우 객체의 위치나 상태를 정확히 추적하기 어려울 수 있다. 따라서 복잡한 움직임을 다루기 위해서는 더 정교한 알고리즘이 필요하다.

5) 비디오 데이터 처리의 딥러닝 기술

비디오 데이터의 복잡성을 처리하기 위해 CNN(Convolutional Neural Network)과 RNN(Recurrent Neural Network) 또는 LSTM(Long Short-Term Memory)과 같은 딥러닝 모델이 주로 사용된다. 이 모델들은 공간적 정보와 시간적 정보를 모두 처리할 수 있어, 비디오 데이터에서 물체 인식, 추적, 행동 예측 등의 작업을 수행할 수 있다.

- **3D CNN:** 3D CNN은 시간 축을 고려한 컨볼루션 연산을 사용하여, 비디오의 공간적 정보와 시간적 정보를 동시에 처리한다. 3D CNN은 정적인 이미지뿐만 아니라 연속된 프레임에서 발생하는 패턴과 변화까지 학습할 수 있기 때문에 비디오 처리에 효과적이다.
- **LSTM:** RNN의 확장 모델인 LSTM은 비디오의 시간적 상관관계를 처리하는 데 적합하다. LSTM은 순차적으로 입력된 데이터를 처리하며, 과거의 정보를 기억하고 현재의 정보를 처리하는 능력을 갖추고 있어, 비디오에서 발생하는 연속적인 이벤트를 학습할 수 있다.
- **Convolutional LSTM:** LSTM과 CNN을 결합한 모델로, 공간적 패턴을 학습하는 CNN과 시간적 패턴을 학습하는 LSTM의 장점을 결합하여 비디오 데이터를 보다 효율적으로 처리할 수 있다.

결론

- 비디오 데이터는 시간적 상관관계와 공간적 정보를 동시에 포함하는 복잡한 데이터로, 물체의 움직임을 추적하거나 행동을 인식하는 데 매우 유용하다. 그러나 비디오 데이터는 이미지에 비해 방대한 양의 데이터를 포함하고 있으며, 이를 처리하는 데 있어 계산 자원의 요구가 크고, 시간적 일관성을 유지해야 하는 등 여러 도전 과제가 있다. 딥러닝 기반의 비디오 분석은 이러한 시간적 정보를 효과적으로 학습하고, 비디오 내에서 발생하는 다양한 이벤트를 정확하게 처리할 수 있는 방법을 제공한다.

7.3.2 시계열 데이터와 비디오 분석

1) 순환 신경망(RNN, Recurrent Neural Network)

① RNN의 개념

RNN은 시퀀스 데이터를 처리할 수 있는 딥러닝 모델로, 비디오 분석에서 중요한 시간적 정보를 학습하는 데 효과적이다. 일반적인 Feedforward Neural Network와 달리, RNN은 이전 시간 단계의 정보를 저장하고, 이를 다음 시간 단계의 입력으로 사용하여 연속적인 시계열 데이터를 처리할 수 있다. 이는 비디오의 각 프레임에서 발생하는 변화를 반영하는 데 매우 적합하다.

② RNN의 구조

RNN은 은닉 상태(hidden state)를 가지며, 이전 시간 단계에서 얻은 은닉 상태를 현재 시간 단계의 입력으로 사용한다. 이를 통해 과거 정보를 현재 정보와 결합하여 처리할 수 있으며, 이러한 특성은 특히 비디오 데이터처럼 연속적인 데이터에서 패턴을 인식하는 데 효과적이다.

- **입력**: 비디오의 각 프레임이 RNN의 입력으로 들어오며, RNN은 각 프레임에서 추출된 특징을 분석한다.
- **은닉 상태**: RNN의 은닉 상태는 현재 프레임의 입력뿐만 아니라 이전 프레임의 정보를 반영하여 현재 상태를 계산하는 데 사용된다.
- **출력**: RNN은 마지막 프레임에서 예측된 결과를 출력하거나, 각 프레임에서 부분적으로 결과를 예측할 수 있다. 이때, 각 프레임의 예측 결과는 시간적 관계를 고려하여 조정된다.

③ RNN의 한계

RNN은 기본적으로 시간 순서에 따른 데이터를 처리할 수 있지만, 긴 시퀀스에서는 이전 정보가 시간이 지남에 따라 점차 소실되는 기울기 소실 문제(Vanishing Gradient Problem)가 발생할 수 있다. 이 문제로 인해 RNN은 긴 시퀀스에서 먼 과거의 중요한 정보를 유지하는 데 한계를 가진다. 이러한 문제를 해결하기 위해 등장한 것이 LSTM이다.

2) LSTM (Long Short-Term Memory)

① LSTM의 개념

LSTM은 RNN의 한 종류로, 긴 시퀀스에서 중요한 정보를 유지하고, 기울기 소실 문제를 해결하기 위한 구조를 가지고 있다. LSTM은 셀 상태(cell state)를 통해 긴 시퀀스에서도 중요한 정보를 잃지 않고 저장할 수 있으며, 필요할 때 해당 정보를 출력하도록 설계되어 있다. 이는 비디오 분석에서 프레임 간의 장기적인 상관관계를 효과적으로 학습하는 데 매우 유리하다.

② LSTM의 구조

LSTM은 일반적인 RNN과 달리 입력 게이트(Input Gate), 망각 게이트(Forget Gate), 출력 게이트(Output Gate)라는 세 가지 게이트를 사용하여 정보를 효율적으로 저장하고 불필요한 정보를 제거한다. 이를 통해 LSTM은 이전 프레임에서 얻은 중요한 정보를 다음 프레임으로 전달하며, 시퀀스의 길이가 길어져도 중요한 정보가 사라지지 않도록 한다.

- **셀 상태(Cell State)**: 셀 상태는 LSTM이 기억해야 할 중요한 정보를 저장하는 역할을 한다. 셀 상태는 매 시간 단계에서 입력 정보에 따라 업데이트되며, 불필요한 정보는 제거하고, 중요한 정보는 유지하도록 설계되어 있다.
- **입력 게이트(Input Gate)**: 입력 게이트는 현재 시간 단계에서 들어오는 정보를 선택적으로 처리하여, 어떤 정보가 셀 상태에 저장될지를 결정한다. 이 게이트는 현재 입력 값과 이전 은닉 상태를 결합하여 입력 정보의 중요도를 평가한다.
- **망각 게이트(Forget Gate)**: 망각 게이트는 셀 상태에서 불필요한 정보를 제거하는 역할을 한다. 이 게이트는 이전 시점의 셀 상태를 평가하여, 더 이상 필요하지 않은 정보는 삭제하고, 중요한 정보만 남기도록 한다.
- **출력 게이트(Output Gate)**: 출력 게이트는 현재 시점에서 어떤 정보를 출력할지 결정한다. 이는 셀 상태와 은닉 상태를 기반으로 현재 프레임에서 예측할 결과를 생성하는 데 사용된다.

③ LSTM의 학습 과정

I. **입력 처리**: 비디오의 각 프레임이 시간 순서대로 LSTM에 입력된다. LSTM은 각 프레임의 정보를 처리하며, 셀 상태를 통해 중요한 정보를 유지하거나 불필요한 정보를 삭제한다.

II. **은닉 상태 업데이트**: 각 시간 단계에서 LSTM은 은닉 상태와 셀 상태를 갱신하며, 이전 프레임에서 학습한 정보를 현재 프레임에 반영한다. 이를 통해 프레임 간의 상관관계가 학습된다.

III. **출력**: 마지막 시간 단계에서 LSTM은 최종 예측 값을 출력하거나, 각 프레임에서 부분적으로 결과를 예측할 수 있다. 이 출력은 비디오 내에서 일어나는 사건이나 행동을 예측하는 데 사용된다.

3) RNN과 LSTM의 차이점

- **기억력**: RNN은 시퀀스가 길어질수록 이전 시간 단계의 정보를 잃어버리는 문제가 발생한다. 반면 LSTM은 셀 상태를 통해 긴 시퀀스에서도 중요한 정보를 유지할 수 있어, 장기적인 의존성(Long-term Dependency)을 효과적으로 처리할 수 있다.
- **기울기 소실 문제**: RNN은 역전파 중에 기울기 소실 문제가 발생하여 학습이 어려운 반면, LSTM은 기울기 소실 문제를 완화하여 더 긴 시퀀스에서도 학습이 가능하다.
- **구조적 복잡성**: RNN은 단순한 은닉 상태만을 가지는 반면, LSTM은 셀 상태와 3개의 게이트(입력, 망각, 출력)를 포함하고 있어 구조적으로 더 복잡하지만, 그만큼 더 정교하게 정보를 처리할 수 있다.

4) 비디오 분석에서 LSTM의 응용

LSTM은 비디오 분석에서 주로 행동 인식, 이벤트 탐지, 비디오 요약 등의 작업에 사용된다.

- **행동 인식(Action Recognition)**: LSTM은 비디오에서 특정 행동을 인식하는 데 유용하다. 예를 들어, LSTM은 사람의 동작을 분석하여 걷기, 뛰기, 점프 등의 행동을 예측할 수 있다. 각 프레임에서 발생하는 동작의 연속성을 학습하여, 동작의 변화를 바탕으로 행동을 인식한다.
- **이벤트 탐지(Event Detection)**: LSTM은 비디오 내에서 특정 이벤트가 발생하는 시점을

탐지하는 데 사용된다. 예를 들어, 자율주행 차량의 비디오 데이터를 분석하여 보행자가 도로를 횡단하는 순간을 포착하거나, 스포츠 경기 중 골이 들어가는 순간을 감지하는 등의 작업에 응용될 수 있다.

- **비디오 요약(Video Summarization)**: LSTM을 활용하여 비디오에서 중요한 장면만을 요약하는 작업도 가능하다. 긴 비디오에서 중요한 이벤트나 장면을 추출하여 간결한 요약본을 만들 수 있다. 예를 들어, 영화나 스포츠 경기의 하이라이트를 자동으로 생성하는 작업에 사용된다.

5) RNN 및 LSTM의 한계와 대안

- **계산 복잡도**: LSTM은 RNN보다 더 많은 게이트와 상태를 포함하고 있어, 학습 시 더 많은 계산 자원이 필요하다. 특히 매우 긴 시퀀스를 처리할 때는 계산 복잡도가 크게 증가할 수 있다.
- **시퀀스 길이 한계**: LSTM은 RNN보다 더 긴 시퀀스를 처리할 수 있지만, 여전히 매우 긴 시퀀스에서는 학습이 어려운 경우가 발생할 수 있다. 이를 해결하기 위해 GRU(Gated Recurrent Unit)와 같은 더 간단한 구조의 순환 신경망이 제안되었으며, GRU는 LSTM의 계산 복잡도를 줄이면서도 유사한 성능을 제공한다.
- **Transformer 모델**: 최근에는 Transformer와 같은 모델이 RNN 및 LSTM을 대체하여 비디오 분석에 사용되고 있다. Transformer는 Self-Attention 메커니즘을 통해 시간적 상관관계를 더 효율적으로 학습할 수 있으며, 긴 시퀀스에서도 성능이 우수하다.

결론

- RNN과 LSTM은 비디오 데이터에서 시간적 상관관계를 학습하는 데 중요한 역할을 하며, 각각의 프레임에서 발생하는 사건이나 행동을 분석하는 데 매우 효과적이다. 특히 LSTM은 긴 시퀀스에서도 중요한 정보를 유지할 수 있어, 행동 인식, 이벤트 탐지, 비디오 요약 등 다양한 비디오 분석 작업에서 사용된다. 그러나 LSTM의 계산 복잡도와 시퀀스 길이에 따른 한계를 해결하기 위해 GRU 또는 Transformer와 같은 대안 모델들이 개발되고 있으며, 이들은 LSTM의 한계를 극복하는 동시에 더 효율적인 비디오 분석을 가능하게 하고 있다.

7.3.3 영상 분석 응용 분야

객체 추적(Object Tracking): 비디오 내에서 특정 객체의 위치를 연속적으로 추적하는 기술이다. 예를 들어, 감시 카메라에서 도둑을 추적하거나 자율주행 차량에서 보행자의 움직임을 추적하는 데 사용된다.

- **행동 인식(Action Recognition)**: 비디오 내에서 특정 행동을 인식하는 기술로, 스포츠 분석이나 감시 시스템에서 자주 사용된다. 예를 들어, 축구 경기에서 선수들의 움직임을 분석하거나, 비디오에서 사람의 행동(걷기, 뛰기 등)을 인식할 수 있다.
- **비디오 분류(Video Classification)**: 비디오 전체의 내용을 분류하는 작업이다. 예를 들어, 영화 장르를 분류하거나, 특정한 동작이 포함된 비디오를 식별하는 데 사용된다.

7주차의 컴퓨터 비전에서는 이미지 처리 기초부터 시작해, CNN 모델을 통한 이미지 분석, 그리고 딥러닝 기반 영상 분석을 통해 컴퓨터 비전의 다양한 활용 방안을 다룬다. 이미지와 영상을 처리하고 해석하는 기술은 다양한 산업에서 중요한 역할을 하고 있으며, 이론적 기초와 실제 응용을 통해 학생들이 컴퓨터 비전의 핵심 개념을 이해할 수 있도록 한다.

7.4 연습문제

4지선다형 문제 (10문제)

01. 다음 중 디지털 이미지의 가장 작은 단위는 무엇인가?

①. 프레임

②. 채널

③. 픽셀

④. 해상도

02. 이미지 처리에서 가우시안 필터의 주된 목적은 무엇인가?

①. 이미지의 해상도를 높이기 위해

②. 이미지를 부드럽게 하고 노이즈를 제거하기 위해

③. 색상 성분을 강화하기 위해

④. 이미지의 에지를 검출하기 위해

03. RGB 이미지의 각 채널이 나타내는 색상은 무엇인가?

①. 빨강, 녹색, 파랑

②. 흰색, 검정색, 회색

③. 파랑, 빨강, 녹색

④. 빨강, 노랑, 파랑

04. CNN에서 컨볼루션 레이어의 주된 역할은 무엇인가?

①. 데이터의 크기를 줄이기 위해

②. 특징을 추출하기 위해

③. 활성화 함수를 적용하기 위해

④. 예측 값을 출력하기 위해

05. CNN에서 풀링 레이어의 주요 기능은 무엇인가?

①. 이미지의 크기를 확대하기 위해

②. 특징을 강조하기 위해

③. 차원을 줄이고 계산 효율성을 높이기 위해

④. 데이터를 정규화하기 위해

06. 다음 중 Canny 에지 검출 알고리즘의 단계로 포함되지 않는 것은?

①. 노이즈 제거

②. 에지 강도 계산

③. 필터 적용

④. 비최대 억제

07. LSTM이 일반 RNN과 다른 이유는 무엇인가?

①. LSTM은 출력 게이트만을 사용한다

②. LSTM은 더 적은 메모리를 사용한다

③. LSTM은 셀 상태를 통해 장기 정보를 기억할 수 있다

④. LSTM은 짧은 시퀀스만 처리할 수 있다

08. 비디오 분석에서 LSTM이 유리한 이유는 무엇인가?

①. 계산이 매우 빠르기 때문에

②. 짧은 시퀀스에서만 작동하기 때문에

③. 시간적 상관관계를 효과적으로 처리할 수 있기 때문에

④. 정적인 이미지만을 처리하기 때문에

09. 비디오 데이터의 기본 구성 요소가 아닌 것은?

①. 프레임 레이트

②. 채널

③. 해상도

④. 파형

10. 객체 탐지(Object Detection) 모델 중 빠르고 실시간 분석에 적합한 모델은?

①. U-Net

②. YOLO

③. Mask R-CNN

④. AlexNet

단답형 문제 (10문제)

01. 픽셀의 값은 어떤 범위의 숫자로 표현되나요?

02. 가우시안 필터가 사용하는 함수의 이름은 무엇인가요?

03. CNN에서 스트라이드(Stride)의 역할은 무엇인가요?

04. 풀링 레이어에서 가장 자주 사용되는 풀링 방식은 무엇인가요?

05. LSTM에서 중요한 정보를 유지하는 메커니즘은 무엇인가요?

06. 비디오 데이터는 어떤 시간적 특징을 가지고 있나요?

07. 비디오 분석에서 객체의 행동을 인식하기 위해 주로 사용되는 모델은 무엇인가요?

08. CNN에서 사용되는 활성화 함수 중 가장 일반적인 함수는 무엇인가요?

09. 비디오 데이터에서 시퀀스의 길이를 나타내는 차원의 이름은 무엇인가요?

10. RNN이 장기 시퀀스를 학습하는 데 어려움을 겪는 이유는 무엇인가요?

서술형 문제 (5문제)

01. 컨볼루션 레이어에서 필터(커널)를 사용하는 이유를 설명하시오.

02. RNN과 LSTM의 차이점에 대해 설명하고, 비디오 분석에서 LSTM이 더 적합한 이유를 논하시오.

03. CNN의 학습 과정에서 순전파(Forward Propagation)와 역전파(Backpropagation)가 어떻게 작동하는지 설명하시오.

04. 비디오 분석에서 시간적 상관관계의 중요성을 설명하고, 이 상관관계를 처리하는데 RNN과 LSTM이 어떻게 사용되는지 논하시오.

05. CNN이 이미지 처리에 있어 강력한 이유를 설명하고, CNN이 특히 비전 문제에서 잘 작동하는 이유를 기술하시오.

08주차

자율주행 기술

1. 자율주행 기술의 개념과 이를 가능하게 하는 핵심 기술을 이해한다.
2. 자율주행차의 센서 기술과 AI 융합의 중요성을 학습한다.
3. 자율주행 기술이 사회적, 경제적, 윤리적으로 미칠 영향을 분석한다.

8.1 자율주행의 개념
8.2 센서 기술과 융합
8.3 자율주행의 사회적 영향
8.4 자율주행을 위한 인공지능 기술
8.5 연습문제

8.1 자율주행의 개념

자율주행 기술은 운전자가 아무것도 하지 않아도 차가 스스로 운전하는 기술이다. 이 기술은 여러 센서와 인공지능을 사용해 도로 상황을 감지하고, 차선이나 보행자를 인식해 안전하게 길을 찾는다. 예를 들어, 자율주행 차는 스마트폰 GPS처럼 정확한 경로를 설정하고, 다른 차나 장애물을 피해 가며 목적지까지 안전하게 도착할 수 있다. 이러한 기술은 국제자동차기술자협회(Society of Automotive Engineers, SAE)가 제시한 5단계의 자율주행 레벨에 따라 구분된다.

8.1.1 자율주행의 5단계

자율주행 기술은 국제자동차기술자협회(SAE)가 제시한 5단계의 자율주행 레벨로 구분된다. 이 레벨들은 차량의 자동화 수준에 따라 정의되며, 운전자가 주행에 어느 정도 개입해야 하는지를 기준으로 나뉜다. 각 단계는 기술 발전에 따라 차량이 자율적으로 수행할 수 있는 작업의 범위가 점차 확장되는 구조를 갖추고 있다. 본 장에서는 자율주행의 각 단계를 논문 형식으로 상세히 설명한다.

1) 레벨 0 (수동 운전)

레벨 0은 차량의 모든 주행 작업을 운전자가 직접 수행해야 하는 단계로, 현재 대부분의 상용 차량이 해당된다.

- **특징**: 차량은 자동화 기능이 거의 없으며, 운전자는 가속, 제동, 조향 등 모든 주행 작업을 수동으로 담당해야 한다. 일부 안전 기능, 예를 들어 충돌 방지 시스템이나 긴급 제동 시스템이 탑재될 수 있지만, 이들 기능은 운전자에게 경고를 주거나 비상 상황에서 일시

적으로 개입할 뿐, 차량 제어에 지속적으로 관여하지는 않는다.

- **운전자의 역할**: 운전자는 주행 전반에 대해 전적인 책임을 지며, 모든 주행 결정을 직접 내려야 한다. 이 단계에서는 운전자가 차량의 모든 제어 작업을 지속적으로 수행할 필요가 있다.
- **예시**: 대부분의 현대 승용차, SUV 및 트럭이 레벨 0에 속하며, 주차 보조 또는 차선 이탈 경고와 같은 제한적인 자동화 기능만을 제공한다.

2) 레벨 1 (운전 지원)

레벨 1은 특정 주행 작업(가속 또는 조향 중 하나)을 차량이 자동으로 수행할 수 있는 단계이다.

- **특징**: 차량이 속도 조절을 자동으로 수행할 수 있으나, 운전자는 조향과 같은 다른 주행 작업을 수동으로 수행해야 한다. 예를 들어, 어댑티브 크루즈 컨트롤(Adaptive Cruise Control, ACC)은 차량이 전방 차량과의 거리를 유지하며 속도를 자동으로 조절하는 기능을 제공하지만, 운전자는 조향을 담당해야 한다.
- **운전자의 역할**: 운전자는 차량을 지속적으로 모니터링해야 하며, 필요 시 즉각적으로 개입할 준비가 되어 있어야 한다. 자동화 기능이 특정 작업에만 한정되어 있으므로, 운전자의 적극적인 주의가 필요하다.
- **예시**: 어댑티브 크루즈 컨트롤과 차선 이탈 경고 시스템이 통합된 차량이 레벨 1에 속하며, 운전자는 일부 주행 작업을 차량에 맡기더라도 여전히 주요 주행 작업을 직접 수행해야 한다.

3) 레벨 2 (부분 자동화)

레벨 2는 차량이 가속, 제동, 조향을 동시에 자동으로 수행할 수 있는 단계이다. 다만, 운전자는 차량을 지속적으로 주시하고 필요 시 즉각적으로 개입할 준비를 갖춰야 한다.

- **특징**: 차량은 차선 유지와 속도 조절을 동시에 처리할 수 있다. 그러나 운전자는 주행 상황을 지속적으로 감시하고, 시스템이 처리할 수 없는 상황이 발생할 경우 즉시 제어권을 넘겨받아야 한다.

- **운전자의 역할**: 운전자는 시스템이 작동 중일 때도 도로 상황을 지속적으로 모니터링해야 하며, 차량이 자동화 기능을 제대로 수행하지 못할 경우 즉각 개입해야 한다.
- **예시**: Tesla의 Autopilot 시스템은 차량이 가속 및 조향을 자동으로 수행할 수 있도록 하지만, 운전자는 도로 상황을 지속적으로 주시해야 하며, 비상 상황에서는 개입할 준비가 필요하다.

4) 레벨 3 (조건부 자동화)

레벨 3에서는 특정 조건에서 차량이 모든 주행 작업을 자율적으로 처리할 수 있으며, 운전자가 개입할 필요가 없다. 다만, 차량이 처리할 수 없는 상황에서는 운전자가 제어권을 가져야 한다.

- **특징**: 차량은 고속도로와 같은 특정 조건에서 가속, 제동, 조향을 모두 자동으로 처리할 수 있다. 운전자는 주행 중 집중할 필요는 없지만, 차량이 비상 상황을 감지하고 경고를 보낼 경우 즉시 개입할 수 있어야 한다.
- **운전자의 역할**: 운전자는 차량이 경고를 보낼 경우 제어권을 즉시 넘겨받아야 한다. 차량이 자율적으로 주행할 수 있는 범위가 넓어지지만, 여전히 운전자의 즉각적인 개입이 필요한 상황이 발생할 수 있다.
- **예시**: Audi의 Traffic Jam Pilot은 교통 체증 상황에서 자율적으로 주행할 수 있는 시스템으로, 운전자는 제한된 환경에서 개입하지 않아도 된다.

5) 레벨 4 (고도의 자동화)

레벨 4는 대부분의 주행 환경에서 차량이 스스로 주행할 수 있는 단계로, 특정 조건을 제외하고는 운전자의 개입이 거의 필요하지 않다.

- **특징**: 차량은 자율적으로 주행을 수행할 수 있으며, 도시 주행, 고속도로 주행 등 다양한 환경에서 운전자의 개입 없이 주행이 가능하다. 다만, 극한 상황이나 악천후와 같은 조건에서는 운전자가 제어권을 넘겨받아야 할 수 있다.
- **운전자의 역할**: 대부분의 상황에서 운전자의 개입이 불필요하나, 비상 상황에서는 차량이 경고를 보내고 운전자가 개입할 필요가 있을 수 있다. 하지만 일상적인 주행에서는

차량이 모든 주행 작업을 처리할 수 있다.

- **예시**: Waymo의 자율주행차는 제한된 지역 내에서 완전 자율주행을 목표로 개발되고 있으며, 운전자의 개입 없이 주행이 가능하다.

6) 레벨 5 (완전 자동화)

레벨 5는 차량이 모든 주행 상황에서 스스로 주행할 수 있는 완전 자율주행 단계로, 운전자의 개입이 전혀 필요하지 않다.

- **특징**: 차량은 운전대, 페달 등 전통적인 운전 도구가 필요하지 않으며, 모든 환경에서 차량이 자율적으로 주행 작업을 수행한다. 이 단계에서는 차량이 모든 주행 결정을 내리고 주행 작업을 처리할 수 있다.
- **운전자의 역할**: 운전자는 주행에 전혀 개입하지 않으며, 차량의 자동화 시스템을 신뢰할 수 있다. 운전자의 역할은 목적지를 설정하는 것에 그치며, 차량은 주행의 모든 작업을 자율적으로 처리한다.
- **예시**: Google의 Waymo와 GM의 Cruise는 완전 자율주행을 목표로 연구 중이며, 레벨 5에서는 운전자가 전혀 개입하지 않아도 되는 자율주행 기술이 구현될 예정이다.

결론

- 자율주행 기술은 5단계의 자동화 수준으로 구분되며, 각 단계는 차량이 자율적으로 처리할 수 있는 작업의 범위와 운전자의 개입 정도에 따라 구분된다. 레벨 0에서 레벨 5까지의 단계는 차량의 자동화 수준이 점진적으로 증가하는 형태로, 궁극적으로 레벨 5에서는 완전한 자율주행이 가능해진다.

8.1.2 자율주행 기술의 주요 구성 요소

자율주행 기술은 차량이 운전자의 개입 없이 스스로 주행할 수 있는 시스템으로, 이를 실현하기 위해서는 다양한 첨단 기술들이 유기적으로 결합되어야 한다. 자율주행 차량이 성공적으로 주행을 수행하기 위해서는 외부 환경을 정확하게 인식하고, 실시간으로 의사결정을 내리며, 경로 설정 및 통신 기능을 통해 주행을 지속적으로 조정할 수 있어야 한다. 이러한 기술들은 차량이 안전하고 효율적으로 주행할 수 있도록 보장하는 필수적인 구성 요소들로 이루어진다. 아래에서는 자율주행의 주요 기술적 요소들을 더욱 상세히 설명한다.

1) 센서 시스템

센서 시스템은 자율주행 차량이 외부 환경을 인식하는 데 핵심적인 역할을 수행하는 구성 요소이다. 자율주행 차량은 다양한 센서를 사용하여 주변의 물체, 도로 구조물, 보행자 등을 인식하고, 이를 바탕으로 주행 결정을 내린다. 주로 사용되는 센서들은 다음과 같다.

- **LiDAR (Light Detection and Ranging)**: LiDAR는 레이저 빛을 발사하여 주변 물체와의 거리를 측정하고, 차량 주변의 3D 지도를 생성한다. LiDAR는 특히 고해상도의 공간 데이터를 제공하기 때문에, 차량이 도로와 주변 환경을 정확하게 인식하는 데 매우 중요한 역할을 한다. 특히, 장애물 탐지, 차선 인식 및 보행자 감지에서 뛰어난 성능을 발휘한다.
- **레이더 (Radar)**: 레이더는 전파를 사용하여 물체의 거리와 속도를 측정한다. 레이더는 주로 차량 전방과 후방에서 장애물을 탐지하고, 전방 차량과의 거리 및 상대 속도를 계산하는 데 사용된다. 또한, 비, 안개, 눈과 같은 악천후 조건에서도 비교적 정확한 데이터를 제공할 수 있다.
- **카메라**: 카메라는 도로의 시각적인 정보를 수집하며, 신호등, 도로 표지판, 보행자, 차선 등을 인식하는 데 사용된다. 특히 컴퓨터 비전 기술과 결합하여 자율주행 차량이 시각적인 데이터를 해석하고, 실시간으로 주행에 필요한 의사 결정을 내리는 데 기여한다.
- **초음파 센서**: 초음파 센서는 주로 근거리의 물체를 감지하는 데 사용된다. 주차 보조 시스템이나 저속 주행 시 장애물 감지에 유용하며, 특히 차량의 근접한 주변 물체를 감지하여 충돌을 방지하는 역할을 수행한다.

2) 인공지능(AI)

자율주행 기술의 핵심은 인공지능(AI) 기술에 있다. AI는 차량이 수집한 센서 데이터를 실시간으로 처리하고, 이를 바탕으로 주행 경로를 설정하며 돌발 상황에 대한 의사결정을 내리는 역할을 한다. 자율주행 차량에서 인공지능은 주로 딥러닝, 강화 학습 및 컴퓨터 비전 기술을 통해 학습하고 발전한다.

- **딥러닝(Deep Learning)**: 딥러닝은 대규모의 데이터를 처리하고 패턴을 학습하는 기술이다. 자율주행 차량은 주행 중에 다양한 데이터를 수집하며, 딥러닝 알고리즘을 통해 도로 환경, 차선 위치, 보행자 움직임 등을 학습한다. 이를 통해 차량은 더 복잡한 주행 상황에서도 적절한 결정을 내릴 수 있게 된다.
- **강화 학습(Reinforcement Learning)**: 강화 학습은 차량이 시행착오를 통해 최적의 주행 방법을 학습하는 기술이다. 자율주행 차량은 주행 중 다양한 도로 상황을 경험하며, 특정 상황에서의 보상 또는 벌점을 기반으로 보다 나은 주행 전략을 학습하게 된다.
- **컴퓨터 비전(Computer Vision)**: 컴퓨터 비전은 차량이 카메라로 수집한 시각적 데이터를 처리하고 분석하는 기술이다. 이를 통해 자율주행 차량은 신호등, 도로 표지판, 차선 등을 인식하며, 이를 기반으로 정확한 주행 결정을 내린다.

AI는 자율주행 차량의 의사결정 시스템의 핵심으로, 실시간 데이터 처리 및 분석을 통해 차량이 외부 환경에 적응하고, 적절한 주행 전략을 수립하도록 돕는다.

3) 고정밀 지도 및 GPS

자율주행 차량이 성공적으로 주행하기 위해서는 차량이 자신의 위치를 정확히 파악하고, 주행 경로를 설정할 수 있는 능력이 필수적이다. 이를 위해 자율주행 차량은 고정밀 지도와 GPS를 사용한다.

- **고정밀 지도(High-Definition Map)**: 고정밀 지도는 도로의 세부적인 정보를 제공하는 매우 정밀한 지도이다. 자율주행 차량은 고정밀 지도를 사용하여 차선, 도로 경사, 교차로 구조, 신호등 위치 등 세밀한 도로 정보를 기반으로 주행 경로를 설정한다. 고정밀 지도는 차량이 주행 중에 보다 정교한 경로를 계획하고, 예상치 못한 상황에도 적절하게 대응할 수 있도록 지원한다.
- **GPS(Global Positioning System)**: GPS는 자율주행 차량이 자신의 현재 위치를 파악하는 데 중요한 역할을 한다. GPS와 고정밀 지도가 결합되면, 자율주행 차량은 자신의 위치와 주변 환경을 실시간으로 파악하고, 목적지까지의 최적 경로를 설정할 수 있다. 이 시스템은 특히 교차로, 고속도로 등 복잡한 노로에서 자율주행 차량이 정확한 경로를 따를 수 있도록 돕는다.

4) 차량 간 통신(V2X, Vehicle-to-Everything)

자율주행 차량의 안전성과 효율성을 높이기 위해서는 다른 차량 및 도로 인프라와 실시간으로 정보를 주고받는 통신 시스템이 필수적이다. V2X 통신은 자율주행 차량이 도로 환경에서 발생하는 다양한 정보를 다른 차량이나 인프라와 공유하는 데 사용된다.

- **V2V(Vehicle-to-Vehicle)**: 차량 간 통신을 통해 자율주행 차량은 다른 차량과 실시간으로 정보를 교환하며, 교통 흐름을 개선하고 충돌을 방지할 수 있다. 예를 들어, 전방 차량이 급정거할 경우, V2V 통신을 통해 자율주행 차량은 즉시 해당 정보를 받아 속도를 줄이거나 경로를 변경할 수 있다.
- **V2I(Vehicle-to-Infrastructure)**: 차량과 도로 인프라 간의 통신을 통해 자율주행 차량은 도로 상황, 교통 신호, 교통 혼잡 등의 정보를 실시간으로 받을 수 있다. 이를 통해 차량은 교통 흐름을 예측하고, 보다 효율적으로 경로를 설정할 수 있다.
- **V2P(Vehicle-to-Pedestrian)**: 보행자와의 통신을 통해 자율주행 차량은 보행자의 위치를 파악하고, 안전하게 주행할 수 있도록 경로를 조정할 수 있다. 이는 특히 도심에서 보행자 사고를 줄이는 데 중요한 역할을 한다.

8.1.3 자율주행 기술의 기대 효과

자율주행 기술의 도입은 교통 환경에 다양한 긍정적 변화를 가져올 것으로 기대된다. 자율주행 기술은 교통사고를 줄이고, 교통 흐름을 개선하며, 물류 및 운송 산업에서 혁신을 이끌어낼 수 있는 잠재력을 지닌다. 아래에서는 자율주행 기술의 주요 기대 효과를 상세히 설명한다.

- **교통사고 예방**: 자율주행 차량은 센서 시스템과 인공지능을 통해 실시간으로 주변 환경을 감지하고, 운전자가 실수할 수 있는 상황에서도 적절한 결정을 내린다. 이는 운전자의 피로, 부주의, 음주 등으로 인해 발생하는 교통사고를 크게 줄일 수 있다. 특히, 비상 제동 시스템, 차선 유지 시스템 등은 자율주행 차량이 사고를 미연에 방지하는 데 도움을 줄 수 있다.
- **교통 흐름 개선**: 자율주행 차량 간의 통신을 통해 차량들은 실시간으로 정보를 교환하며,

도로의 효율적인 사용을 극대화할 수 있다. 자율주행 차량은 교통 혼잡을 줄이고, 실시간 교통 데이터를 바탕으로 최적의 경로를 설정하여 교통 체증을 완화할 수 있다. 이는 특히 도심 지역에서 효과적인 교통 관리에 기여할 수 있다.

- **물류 및 운송 혁신**: 자율주행 기술은 물류 및 운송 산업에 큰 변화를 가져올 수 있다. 자율주행 트럭은 장거리 운송에서 인간 운전자가 필요하지 않아, 물류 비용을 절감하고 운송 시간을 단축할 수 있다. 또한, 자율주행 차량을 통해 24시간 운영이 가능해짐으로써 물류 산업의 생산성과 효율성이 크게 향상될 것이다.

이와 같이, 자율주행 기술은 다양한 기술적 요소와 사회적 변화를 포함하는 혁신적인 기술로, 미래의 교통 환경을 크게 변화시킬 것으로 기대된다.

8.2 센서 기술과 융합

자율주행 기술에서 가장 중요한 요소 중 하나는 센서 시스템이다. 자율주행 차량은 외부 환경을 인식하고, 이에 적절한 주행 결정을 내리기 위해 다양한 센서를 사용한다. 그러나 각각의 센서는 고유한 강점과 약점을 가지고 있기 때문에, 자율주행 차량은 여러 센서를 결합하여 센서들이 상호 보완적인 역할을 할 수 있도록 하는 센서 융합 기술을 사용한다. 센서 융합은 각 센서의 데이터를 통합하여 차량이 더 정확하고 안전하게 주행할 수 있도록 도와준다. 아래에서는 자율주행 차량에 사용되는 주요 센서와 센서 융합의 원리에 대해 자세히 설명한다.

8.2.1 LiDAR (Light Detection and Ranging)

LiDAR는 레이저를 사용하여 물체와의 거리를 측정하고 3D 지도를 생성하는 고해상도 센서로, 자율주행 차량에서 환경 인식에 중요한 역할을 한다. LiDAR는 자율주행 차량이 주변 물체의 위치, 형태, 크기를 정확히 파악할 수 있도록 도와준다. 특히, 고정밀 3D 지도를 생성할 수 있는 점에서 자율주행의 핵심 기술 중 하나로 평가받고 있다.

- **작동 원리**: LiDAR의 작동 방식은 레이저 펄스를 이용한 거리 측정에 기반한다. LiDAR는 레이저 빛을 차량 주변으로 방출하고, 이 빛이 물체에 부딪혀 다시 LiDAR로 돌아오는 시간을 측정하여 물체까지의 거리를 계산한다. 레이저는 매우 빠른 속도로 방출되기 때문에, 수많은 레이저 펄스를 통해 360도 회전하며 주변의 물체를 빠르고 정확하게 스캔할 수 있다. 이 데이터를 바탕으로 차량은 주변 환경을 3차원으로 파악하게 되며, 차량 주위의 모든 물체를 공간적으로 인식할 수 있다.
- **장점**
  - **고정밀 3D 지도 생성**: LiDAR는 매우 정밀한 3D 데이터를 생성할 수 있어, 자율주행

차량이 주변 환경을 입체적으로 인식할 수 있다. 이는 차량이 차선, 장애물, 보행자 등을 정확히 감지하고 안전한 주행을 할 수 있도록 한다.

- **넓은 탐지 범위와 높은 정확도**: LiDAR는 360도 회전하여 차량 주위의 넓은 범위를 빠르게 스캔할 수 있다. 이는 복잡한 도시 환경이나 고속도로에서도 차량이 주변 상황을 정확하게 인식하고, 실시간으로 주행 경로를 설정하는 데 도움이 된다.
- **물체의 크기와 형태 정확한 인식**: LiDAR는 물체와의 거리뿐만 아니라 그 물체의 크기와 형태를 매우 정확하게 인식할 수 있다. 예를 들어, LiDAR는 보행자와 나무, 차량과 같은 물체를 구별하고, 이들의 정확한 크기와 위치를 파악하여 자율주행 차량이 안전하게 경로를 설정할 수 있도록 돕는다.

• **단점**

- **비용**: LiDAR는 상대적으로 높은 비용이 발생하는 센서로, 대량 생산과 상용화에 있어 비용 절감이 중요한 문제로 남아 있다. 자율주행 차량의 비용 효율성을 높이기 위해 LiDAR의 가격 경쟁력이 중요하게 고려되고 있다.
- **악천후에서 성능 저하**: LiDAR는 비, 안개, 눈과 같은 악천후 조건에서 레이저가 정확하게 반사되지 않아 성능이 저하될 수 있다. 특히, 눈이나 비가 내리는 상황에서는 레이저 펄스가 물방울에 흩어질 수 있어 감지 정확도가 떨어질 수 있다.
- **유리나 반사 물체의 감지 한계**: LiDAR의 레이저는 반사되지 않는 물체나 투명한 물체(예: 유리창)를 감지하는 데 어려움을 겪는다. 유리와 같은 물체는 레이저 빛을 투과시키거나 반사시키지 않기 때문에, 이러한 물체를 감지하지 못할 수 있다.

8.2.2 레이더 (Radar)

레이더는 전파를 사용하여 물체의 거리와 속도를 측정하는 센서로, 자율주행 차량에서 물체의 움직임을 추적하고, 빠르게 이동하는 물체의 속도를 계산하는 데 사용된다. 레이더는 특히 고속 주행 시 유용하며, 악천후나 어두운 환경에서도 성능이 크게 저하되지 않는다는 장점을 지닌다.

• **작동 원리**: 레이더는 전파를 방출하고, 물체에 반사되어 돌아오는 전파를 분석하여 물체의 거리와 속도를 계산한다. 전파가 물체에 부딪혀 반사될 때 그 전파가 돌아오는 시간과 변화를 측정하여, 물체의 정확한 위치와 움직이는 속도를 파악할 수 있다. 이와 같은

방식으로 차량은 주변의 다른 차량, 보행자, 장애물 등의 움직임을 실시간으로 추적하고, 그들의 이동 속도와 방향을 예측하여 주행 경로를 조정할 수 있다.

- **장점**
  - **악천후에서 안정적인 성능**: 레이더는 비, 안개, 눈과 같은 악천후 환경에서도 비교적 정확하게 작동할 수 있다. 레이저나 카메라와 달리 전파는 날씨나 조명 조건에 크게 영향을 받지 않으므로, 어려운 환경에서도 차량이 안정적으로 주변을 감지할 수 있다.
  - **물체의 속도 측정**: 레이더는 움직이는 물체의 속도를 매우 정확하게 측정할 수 있다. 자율주행 차량이 고속으로 주행할 때, 앞차의 속도나 맞은편에서 다가오는 차량의 속도를 빠르게 파악하여 필요한 주행 결정을 내릴 수 있다.
  - **넓은 탐지 범위**: 레이더는 자율주행 차량의 전방과 후방에서 장거리 탐지가 가능하며, 고속도로와 같은 넓은 도로에서도 멀리 떨어진 물체의 움직임을 정확히 감지할 수 있다. 이는 차량이 고속 주행 중에도 다른 차량과의 거리를 유지하며 안전하게 주행할 수 있도록 돕는다.
- **단점**
  - **공간 해상도의 한계**: 레이더는 물체의 거리와 속도를 매우 정확하게 측정할 수 있지만, 물체의 형태나 크기를 파악하는 데는 한계가 있다. 레이더는 물체의 정확한 모양을 인식하는 데 어려움이 있으며, 복잡한 환경에서 물체를 구분하는 데 한계가 있을 수 있다.
  - **근거리 물체 감지에 약점**: 레이더는 근거리에서의 정확성이 떨어질 수 있다. 매우 가까운 물체를 감지하거나, 복잡한 환경에서 작은 물체를 구분하는 데 어려움이 있을 수 있으며, 특히 좁은 공간에서의 정확한 인식에는 제한이 있다.

8.2.3 카메라

카메라는 자율주행 차량에서 시각적 데이터를 처리하는 역할을 한다. 카메라는 인간이 시각적으로 인식하는 방식과 유사하게 도로의 표지판, 교통 신호, 차선, 보행자 등을 인식하고, 이를 바탕으로 차량이 주행 결정을 내리도록 돕는다. 카메라는 컴퓨터 비전 알고리즘과 결합하여 복잡한 시각적 데이터를 실시간으로 처리하며, 차량의 의사결정에 필요한 중요한 정보를 제공한다.

- **작동 원리**: 카메라는 차량 주변의 이미지를 실시간으로 캡처하고, 그 데이터를 컴퓨터 비전 알고리즘을 통해 분석한다. 차량은 이를 바탕으로 차선을 유지하거나, 신호등과 표지판을 인식하고, 보행자와 장애물을 감지하여 주행 결정을 내린다. 자율주행 차량의 카메라는 고해상도 이미지와 비디오를 제공하며, 이를 통해 차량은 시각적 데이터를 바탕으로 주변 환경을 인식한다.
- **장점**
  - **시각적 정보 제공**: 카메라는 풍부한 시각적 정보를 제공할 수 있어, 자율주행 차량이 도로 상황을 보다 세밀하게 파악할 수 있다. 예를 들어, 카메라는 신호등의 색상, 도로 표지판의 내용, 차선의 위치 등을 정확히 인식하여, 차량이 상황에 맞는 주행 결정을 내릴 수 있다.
  - **사람과 유사한 인식 방식**: 카메라는 사람이 보는 것과 유사한 방식으로 정보를 처리할 수 있어, 자율주행 차량이 도로 상황을 보다 자연스럽게 인식하고, 그에 맞춰 대응할 수 있다. 이는 특히 도심 주행이나 교차로, 복잡한 교통 상황에서 유리하다.
  - **보행자 및 도로 표지판 인식**: 카메라는 보행자나 도로 표지판, 교통 신호 등을 정확하게 인식할 수 있어, 자율주행 차량이 안전하게 보행자와 차량을 구분하고 적절한 경로를 설정할 수 있다. 이는 특히 도심 주행 시 안전한 주행을 보장하는 중요한 요소이다.
- **단점**
  - **조명 조건에 민감**: 카메라는 조명 조건에 민감하여, 야간 주행 또는 매우 밝은 햇빛 아래에서는 성능이 저하될 수 있다. 어두운 환경에서는 물체를 인식하는 데 어려움이 있으며, 강한 햇빛은 이미지에 과다 노출을 일으켜 인식 정확도가 떨어질 수 있다.
  - **악천후에서 성능 저하**: 카메라는 비, 눈, 안개와 같은 악천후 상황에서 이미지 품질이 저하될 수 있다. 이러한 환경에서는 물체 인식이 어려워지고, 차량의 주행 결정에 필요한 정보가 불완전할 수 있다.
  - **거리 및 깊이 인식 한계**: 카메라는 2D 이미지를 처리하므로, 물체의 거리와 깊이를 정확하게 인식하는 데 한계가 있다. 물체가 얼마나 떨어져 있는지, 그 물체의 크기나 형태를 3차원으로 파악하는 것은 LiDAR나 레이더와 같은 다른 센서와 비교해 한계가 있을 수 있다.

8.2.4 초음파 센서 (Ultrasonic Sensor)

초음파 센서는 자율주행 차량에서 근거리 장애물을 감지하는 데 유용한 근거리 탐지 센서로, 특히 저속 주행 및 주차 상황에서 중요한 역할을 한다. 주로 차량의 주차 보조 시스템에 많이 사용되며, 차량이 좁은 공간에서 발생할 수 있는 충돌을 예방하는 데 도움을 준다. 이 센서는 비용 효율성이 높고 간단한 구조로 인해 자율주행뿐만 아니라 일반 차량에서도 널리 사용되고 있다.

- **작동 원리**: 초음파 센서는 초음파를 이용하여 물체와의 거리를 감지한다. 작동 방식은 매우 간단하다. 초음파 센서가 차량 주변으로 초음파 파동을 발사한 후, 이 초음파가 물체에 부딪혀 반사되어 돌아오는 시간을 측정하여 물체와의 거리를 계산하는 방식이다. 도플러 효과를 이용하여 물체가 차량으로부터 얼마나 가까운지, 어떤 방향에 있는지를 계산할 수 있다. 이를 통해 차량은 주변의 장애물, 보행자 또는 벽과 같은 물체를 감지하고 충돌을 예방할 수 있다.
- **장점**
  - **근거리 탐지의 탁월함**: 초음파 센서는 근거리 탐지에 매우 유리하다. 이 때문에 주차 시 근처의 물체나 벽을 감지하고 차량이 안전하게 주차될 수 있도록 돕는다. 주차 보조 시스템에 필수적으로 사용되며, 좁은 공간에서의 충돌을 예방하는 데 효과적이다.
  - **저렴한 비용**: 초음파 센서는 비교적 저렴한 가격으로 생산될 수 있어, 자율주행 차량뿐만 아니라 많은 일반 차량에서도 사용되고 있다. 비용 효율성이 높아 대중적으로 활용할 수 있는 기술이다.
  - **간단한 구조와 안정성**: 초음파 센서는 복잡한 환경에서도 안정적으로 작동할 수 있으며, 특히 좁은 공간에서의 물체 감지 능력이 뛰어나다. 이는 차량이 제한된 공간에서 안전하게 움직일 수 있도록 돕는다.
- **단점**
  - **장거리 탐지의 한계**: 초음파 센서는 장거리 탐지에는 적합하지 않다. 이는 주로 짧은 거리에서만 정확한 정보를 제공할 수 있기 때문에, 고속 주행 시나 장거리 물체를 감지하는 데에는 한계가 있다. 이러한 이유로 초음파 센서는 주차와 같은 저속 주행 상황에서 주로 사용된다.
  - **복잡한 환경에서의 성능 저하**: 초음파 센서는 주변 환경이 복잡할 경우 성능이 저하될

수 있다. 예를 들어, 반사되는 초음파 신호가 여러 물체에 부딪혀 돌아오면 정확한 거리를 측정하는 데 어려움이 생길 수 있다. 특히 좁은 공간에서 물체가 여러 개 존재하는 경우, 감지 신호의 간섭이 발생할 수 있다.

- **고속 주행 시 효과 제한**: 초음파 센서는 주로 저속 주행 상황에서 사용되며, 고속 주행 시에는 효과가 제한적이다. 고속 주행 시 차량 주변의 빠르게 움직이는 물체를 감지하는 데는 한계가 있어, 이 센서는 주로 저속 주차나 후진 상황에서 많이 활용된다.

8.2.5 센서 융합 (Sensor Fusion)

센서 융합(Sensor Fusion)은 자율주행 차량이 다양한 센서들이 제공하는 데이터를 결합하여 보다 정확한 환경 인식을 가능하게 하는 기술이다. 자율주행 차량은 LiDAR, 레이더, 카메라, 초음파 센서 등 여러 센서를 동시에 사용하여 주행 환경을 파악하는데, 이들 센서들이 각기 다른 정보와 강점을 가지고 있기 때문에 단일 센서로는 충분한 데이터를 제공하지 못할 수 있다. 센서 융합은 각 센서의 데이터를 통합하여 자율주행 차량이 외부 환경을 더 정밀하게 분석하고, 보다 안전한 주행 결정을 내릴 수 있도록 한다.

- **작동 원리**: 센서 융합의 기본 개념은 여러 센서가 서로 보완적인 역할을 하도록 만드는 것이다. 각 센서는 고유한 강점과 한계를 가지고 있기 때문에, 이를 상호 보완적으로 결합하여 차량이 보다 정확하게 외부 환경을 인식할 수 있게 한다. 예를 들어, LiDAR는 매우 정밀한 3D 지도를 생성할 수 있지만, 악천후에서는 성능이 저하될 수 있다. 이때 레이더는 악천후에서 강한 성능을 발휘하지만, 물체의 모양이나 크기 같은 세부적인 정보를 제공하는 데는 한계가 있다. 카메라는 시각적 정보를 풍부하게 제공하지만, 거리 측정이 어려운 반면, 초음파 센서는 근거리 물체를 정밀하게 감지할 수 있다.
  - **LiDAR**: 고정밀 3D 지도를 생성하여 차량이 주변 환경을 입체적으로 인식할 수 있게 도와줌.
  - **레이더**: 물체의 속도와 거리 정보를 제공하며, 악천후 환경에서도 안정적으로 작동.
  - **카메라**: 시각적 데이터를 처리하여 신호등, 도로 표지판, 보행자 등을 감지.
  - **초음파 센서**: 근거리 장애물을 탐지하여 주차 및 저속 주행 시 충돌을 방지.
- 장점
  - **단일 센서의 한계 극복**: 각 센서가 가지고 있는 한계를 다른 센서들이 보완함으로써,

자율주행 차량은 더 정밀한 주행 결정을 내릴 수 있다. 예를 들어, LiDAR는 물체의 정확한 형태를 인식할 수 있지만, 악천후에서 성능이 저하될 수 있다. 이때 레이더와 카메라의 데이터가 결합되어 보다 정확한 인식을 가능하게 한다.

- **정밀한 환경 인식**: 여러 센서가 제공하는 데이터를 결합함으로써 차량은 더욱 세밀하고 정교하게 외부 환경을 파악할 수 있다. 특히 복잡한 도로 상황이나 악천후, 어두운 환경에서도 자율주행 차량은 보다 정확한 판단을 내릴 수 있다.
- **다양한 주행 환경에 적응**: 센서 융합은 차량이 다양한 주행 환경에 적응할 수 있도록 돕는다. 도심, 고속도로, 복잡한 교차로, 악천후 등 다양한 주행 환경에서 차량은 각 센서의 강점을 최대한 활용하여 정확한 데이터를 바탕으로 주행 결정을 내린다.

- **실제 적용**: 자율주행 차량은 여러 센서를 동시에 사용하여 주행 결정을 내린다. 예를 들어, 고속도로 주행 중에는 LiDAR가 전방의 도로 구조와 장애물을 인식하고, 레이더는 전방 차량의 속도를 측정하며, 카메라는 교통 신호 및 도로 표지판을 읽는다. 이러한 데이터를 센서 융합 시스템이 종합하여 차량이 안전하고 효율적인 주행 경로를 선택할 수 있도록 돕는다.

8.2.6 센서 융합의 이점

센서 융합 기술은 자율주행 차량이 보다 안전하고 정밀한 주행을 가능하게 한다. 자율주행 차량이 주행 중 실시간으로 수많은 데이터를 처리하고, 이를 바탕으로 최적의 주행 경로를 설정하거나 돌발 상황에 대응할 수 있는 것은 바로 센서 융합 기술 덕분이다.

- **안전성 증대**: 센서 융합은 차량이 정확하고 신뢰성 있는 데이터를 기반으로 의사결정을 내리도록 한다. 여러 센서가 제공하는 정보를 바탕으로 차량은 돌발 상황이나 예상치 못한 장애물에 더 안전하게 대응할 수 있다. 이는 자율주행 차량의 안전성을 높이는 데 중요한 역할을 한다.
- **환경 인식의 정밀도 향상**: 여러 센서가 제공하는 정보를 통합함으로써 자율주행 차량은 더 세밀하고 정교하게 외부 환경을 인식할 수 있다. 이를 통해 복잡한 도로 상황에서도 자율주행 차량은 보다 정확한 판단을 내릴 수 있으며, 주행 경로를 안전하게 설정할 수 있다.

- **다양한 주행 환경에 적응**: 센서 융합은 차량이 주행하는 환경에 맞춰 다양한 센서를 활용함으로써, 도심, 고속도로, 악천후 등 다양한 환경에서 안정적으로 주행할 수 있도록 돕는다. 도로 상황이나 날씨에 상관없이 차량은 안정적인 데이터를 바탕으로 주행 결정을 내릴 수 있다.

결론

- 자율주행 차량에서 센서 기술은 외부 환경을 인식하고 안전하게 주행할 수 있도록 하는 필수적인 요소이다. LiDAR, 레이더, 카메라, 초음파 센서 등 각기 다른 센서는 고유한 강점을 지니고 있으며, 이들을 결합한 센서 융합 기술을 통해 차량은 더 정밀하고 안전하게 주행할 수 있다. 센서 융합은 자율주행 차량이 주행 중 발생할 수 있는 다양한 상황에 대처할 수 있도록 하며, 자율주행 기술의 핵심 요소로 자리 잡고 있다.

8.3 자율주행의 사회적 영향

자율주행 기술은 차가 스스로 운전하는 기술로, 교통사고를 줄이고 사람들의 삶을 더 편리하게 만들 수 있다. 예를 들어, 자율주행차가 많이 사용되면 교통 체증이 줄어들고, 운전자가 없으니 사고도 덜 날 것이다. 또한, 자율주행차는 교통약자인 노인이나 장애인에게도 더 많은 이동 자유를 제공할 수 있다. 동시에, 자율주행 기술이 도입되면서 발생할 수 있는 윤리적 문제, 직업 구조 변화, 법적 책임 소재 문제 등도 함께 논의되어야 한다. 아래에서는 자율주행 기술의 사회적 영향을 보다 구체적으로 설명한다.

8.3.1 교통 안전 향상

자율주행 기술의 가장 큰 기대 효과 중 하나는 교통 안전성의 향상이다. 인간 운전자는 피로, 부주의, 음주 등 다양한 원인으로 인해 실수를 범할 수 있는데, 이는 교통사고의 주된 원인으로 작용한다. 자율주행 차량은 이러한 인간의 실수로 인한 사고를 줄이기 위해 고안되었으며, 센서 시스템, 인공지능(AI), 컴퓨터 비전 등을 활용하여 차량 주변 환경을 실시간으로 분석하고 돌발 상황에 즉각적으로 대응할 수 있다.

- **사고 예방**: 자율주행 차량은 실시간 데이터 처리와 정확한 주행 경로 계산을 통해 보행자, 장애물, 다른 차량과의 충돌을 예방할 수 있다. 차량은 센서를 통해 보행자의 움직임, 다른 차량의 속도와 방향 등을 감지하고, 이를 바탕으로 최선의 회피 경로나 속도 조절을 통해 충돌을 방지한다. 이는 특히 고속도로, 복잡한 도심 교차로 등 교통량이 많은 지역에서 교통사고를 크게 줄일 수 있다.
- **교통사고로 인한 인명 피해 감소**: 교통사고의 주요 원인은 운전자의 피로, 부주의, 그리고 음주 상태에서의 잘못된 판단에 기인한다. 자율주행 차량은 이러한 인간적 오류에서 자유롭기 때문에 사고 발생률을 크게 줄일 수 있으며, 결과적으로 교통사고로 인한 사망

및 부상을 감소시킬 수 있다. 또한, 자율주행 차량은 정확한 제동과 회피 동작을 통해 사고 발생 시 피해를 최소화할 수 있다.

- **비상 대응 시스템**: 자율주행 차량은 비상 상황에서 스스로 즉각적으로 대응할 수 있다. 차량이 전방에서 예상치 못한 물체를 감지하거나 급정거가 필요한 상황이 발생하면, 자동으로 속도를 줄이거나 회피할 경로를 선택하여 사고를 예방한다. 이는 인간 운전자의 반응 시간이 중요한 도로 환경에서 자율주행 차량이 보다 신속하고 정확하게 대응할 수 있음을 의미한다.

8.3.2 경제적 효율성 및 물류 산업 혁신

자율주행 기술의 가장 큰 기대 효과 중 하나는 교통 안전성의 향상이다. 인간 운전자는 피로, 부주의, 음주 등 다양한 원인으로 인해 실수를 범할 수 있는데, 이는 교통사고의 주된 원인으로 작용한다. 자율주행 차량은 이러한 인간의 실수로 인한 사고를 줄이기 위해 고안되었으며, 센서 시스템, 인공지능(AI), 컴퓨터 비전 등을 활용하여 차량 주변 환경을 실시간으로 분석하고 돌발 상황에 즉각적으로 대응할 수 있다.

- **물류비용 절감**: 자율주행 트럭과 같은 상업용 차량은 24시간 연속 운행이 가능하며, 운전자의 피로와 근무 시간 제한 문제를 극복할 수 있다. 이를 통해 물류 회사들은 운송 시간을 단축하고, 운전자 인건비를 절감할 수 있다. 특히 장거리 운송에서 자율주행 트럭은 매우 효율적이다. 자율주행 트럭은 피로로 인한 사고 위험이 없으며, 일정한 속도로 운행할 수 있어 연료 소비를 최적화할 수 있다.
- **공유 경제와 자율주행**: 자율주행 차량은 차량 공유 서비스와 결합하여 새로운 경제적 모델을 창출할 가능성이 크다. 기존에는 개인이 차량을 소유하고 사용하는 방식이 일반적이었지만, 자율주행 기술이 도입되면 사람들이 필요한 시간에만 차량을 호출하고 이용하는 차량 공유 서비스가 더욱 활성화될 것이다. 자율주행 택시나 자율주행 차량을 이용한 라이드 셰어링 서비스는 운전자가 필요하지 않으므로 운영 비용이 낮아지고, 사람들이 차량을 소유할 필요성이 줄어들어 전체적인 차량 소유의 개념이 변화할 가능성이 크다. 이는 주차 공간의 효율적 이용, 교통 혼잡 완화 등 도시 구조에도 긍정적인 영향을 미칠 수 있다.
- **자동차 보험 산업 변화**: 자율주행 차량이 상용화됨에 따라 자동차 보험 산업에도 큰 변화

가 예상된다. 교통사고가 감소함에 따라 보험료가 인하될 가능성이 있으며, 자율주행 차량의 사고 발생 시 책임 소재가 누구에게 있는지에 대한 논의가 필요해질 것이다. 전통적인 보험 체계는 주로 운전자의 과실을 기준으로 사고 책임을 부여했지만, 자율주행 차량의 경우 차량의 제조사, 소프트웨어 개발사, 시스템 공급자 등이 책임을 분담해야 할 수 있다. 이는 보험 구조 및 규제에도 중대한 변화를 요구하게 된다.

8.3.3 노동 시장 및 직업 구조 변화

자율주행 기술은 노동 시장에 중대한 영향을 미칠 수 있다. 운송업에 종사하는 수백만 명의 운전직 종사자가 자율주행 차량의 등장으로 인해 직업을 잃을 가능성이 있으며, 동시에 자율주행 기술의 발전에 따른 새로운 일자리가 창출될 것이다.

- **운송업 일자리 감소**: 자율주행 차량의 도입은 특히 택시 운전사, 트럭 운전사, 배달 기사와 같은 직업군에 직접적인 영향을 미친다. 자율주행 차량이 도입되면 이러한 직종은 점차 자동화되거나 축소될 가능성이 크다. 예를 들어, 자율주행 택시가 상용화되면 택시 운전사들이 자율주행 차량으로 대체될 수 있으며, 트럭 운전사도 장거리 운송에서 자율주행 트럭으로 인해 일자리를 잃을 수 있다. 이는 노동 시장의 재편을 의미하며, 이에 따라 새로운 기술 교육과 직업 전환이 필요할 것이다.
- **신규 일자리 창출**: 반면, 자율주행 기술이 발전하면서 신규 일자리가 창출될 가능성도 높다. 자율주행 차량의 소프트웨어 개발, AI 모델 학습, 데이터 분석 등과 같은 기술적 분야에서 많은 인력이 필요할 것이며, 자율주행 차량의 유지보수, 인프라 구축, 데이터 처리 등과 관련된 새로운 직업들이 등장할 것이다. 특히 자율주행 차량의 데이터 분석과 AI 시스템 유지 보수는 향후 중요한 직업군으로 자리잡을 가능성이 크다.
- **기술 재교육 필요성**: 기존 운송업 종사자들은 새로운 직업군에 적응하기 위해 기술 재교육이 필요할 것이다. 자율주행 기술이 도입되면서 일부 전통적인 일자리는 사라지겠지만, 데이터 분석가, 인공지능 전문가, 자율주행 소프트웨어 엔지니어 등의 새로운 일자리에서 인력이 필요하게 될 것이다. 따라서 정부와 기업은 이러한 직업 전환을 위한 교육 프로그램을 마련하고, 직업 재교육을 촉진해야 할 필요성이 커질 것이다.
- **사회적 불평등 심화 가능성**: 자율주행 기술이 빠르게 도입될 경우, 고숙련 노동자와 저숙

련 노동자 간의 격차가 커질 수 있다. 자율주행 기술에 필요한 새로운 직업들은 대부분 고급 기술을 요구하기 때문에, 저숙련 노동자들이 자율주행 기술로 인해 일자리를 잃을 경우, 사회적 불평등이 심화될 가능성도 있다. 이를 해결하기 위해 정부는 노동자들이 새로운 직업으로 전환할 수 있도록 교육과 훈련을 지원하는 정책을 마련해야 할 것이다.

자율주행 기술의 도입은 사회에 다양한 영향을 미치게 될 것이다. 교통 안전성이 크게 향상되어 교통사고로 인한 피해가 줄어들고, 물류 및 운송 산업의 효율성이 향상되며, 노동 시장은 변화의 기로에 서게 될 것이다. 이와 함께, 경제적 효율성이 극대화되고, 도시와 교통 구조가 혁신적으로 변화할 가능성이 크다. 그러나 자율주행 기술이 사회 전반에 미치는 영향은 긍정적인 측면뿐만 아니라, 직업 구조 변화, 사회적 불평등 심화 등의 도전 과제도 함께 수반된다. 따라서 자율주행 기술의 도입과 확산은 이러한 다양한 문제를 함께 해결하기 위한 정책적 대응이 필요하며, 이를 통해 자율주행 기술이 사회에 긍정적인 변화를 가져올 수 있도록 준비해야 할 것이다.

8.3.4 도시 구조와 교통 시스템의 변화

자율주행 기술은 도시 구조와 교통 시스템에 혁신적인 변화를 가져올 수 있다. 도시의 교통 흐름이 최적화되고, 공간 활용이 효율적으로 변할 뿐만 아니라, 스마트 시티와의 연계를 통해 교통 관리가 더욱 자동화되고 정교해질 것으로 기대된다. 자율주행 차량은 교통량을 줄이고, 교통 혼잡을 개선하며, 도시 설계에 중요한 역할을 할 수 있다. 아래에서는 자율주행 기술이 도시 구조와 교통 시스템에 미칠 주요 변화를 상세히 설명한다.

1) 교통 혼잡 완화

자율주행 차량은 실시간 교통 데이터를 바탕으로 주행 경로를 최적화할 수 있다. 자율주행 차량은 교통 흐름을 분석하고, 실시간 정보를 활용하여 최적의 경로를 선택해 교통 혼잡을 줄일 수 있다. 이는 기존의 차량 운전자가 즉각적으로 반응할 수 없는 정보들을 신속하게 처리함으로써, 보다 효율적인 교통 체계를 구축하는 데 기여할 것이다.

- **교통 신호 및 도로 상황과의 연계**: 자율주행 차량은 도시의 교통 신호와 통신할 수 있어, 스마트 교통 신호 시스템과 연계된 교통 관리를 가능하게 한다. 교통 신호와의 연결을

통해 차량은 신호 변화에 미리 반응하고, 불필요한 정차를 줄일 수 있다. 이는 특히 도심 교차로에서 교통 흐름을 원활하게 하여, 교통 혼잡을 개선하고 시간 소모를 최소화할 수 있다.

- **교통사고 감소로 인한 흐름 개선**: 자율주행 차량은 인간 운전자의 실수로 인한 사고를 줄임으로써 교통 흐름의 일관성을 높일 수 있다. 사고가 발생할 확률이 줄어들면, 교통사고로 인한 도로의 정체 상황도 크게 완화될 것이다.

2) 주차 공간 효율성

자율주행 차량은 주차 공간의 활용을 획기적으로 개선할 수 있다. 자율주행 차량은 운전자가 탑승하지 않은 상태에서도 스스로 빈 주차 공간을 탐색하고 주차할 수 있기 때문에, 기존의 주차 문제를 해결하는 데 기여할 수 있다.

- **자동 주차 및 차량 호출**: 자율주행 차량은 도심에서 운전자가 하차한 후 스스로 빈 주차 공간을 찾아 주차할 수 있다. 이는 도심의 주차 공간 부족 문제를 해결하는 데 매우 효과적이다. 또한, 차량을 필요로 할 때 운전자가 차량을 불러 지정된 위치로 도착하게 할 수 있어, 차량을 주차 후 다시 찾는 시간과 수고를 덜 수 있다.
- **공유 차량과 결합한 주차 수요 감소**: 자율주행 차량과 차량 공유 서비스가 결합되면, 주차 수요가 더욱 감소할 수 있다. 차량 공유 서비스는 특정 시간에만 차량을 이용하고, 사용자가 끝난 후 차량은 자동으로 다음 사용자를 찾아 이동하기 때문에, 많은 차량이 도심의 주차 공간을 차지할 필요가 없어진다. 이는 주차 공간의 효율성을 극대화할 수 있으며, 도시 내 공간 활용을 더욱 합리적으로 개선할 수 있다.

3) 스마트 시티와의 연계

자율주행 차량은 스마트 시티의 핵심 기술로 자리잡을 가능성이 높다. 스마트 시티는 도시 전체가 정보통신기술(ICT)과 결합되어, 교통, 에너지, 환경, 보안 등 다양한 분야에서 데이터 기반 의사결정을 통해 운영되는 도시이다. 자율주행 차량은 이러한 스마트 시티와 결합되어, 도시의 교통 시스템을 더욱 효율적으로 운영할 수 있게 한다.

- **교통 신호 및 인프라와의 실시간 연결**: 자율주행 차량은 도시의 교통 인프라와 연결되어,

교통 신호와 도로 상황을 실시간으로 분석하고, 이를 바탕으로 최적의 주행 경로를 설정할 수 있다. 예를 들어, 자율주행 차량이 스마트 신호등과 연결되면, 차량의 흐름을 분석해 교차로에서의 대기 시간을 줄일 수 있으며, 차량 간 충돌을 예방할 수 있다.

- **교통 관리 시스템 최적화**: 자율주행 차량은 교통량 데이터를 지속적으로 수집하고 이를 기반으로 도시 전체의 교통 흐름을 조정할 수 있다. 이를 통해 교통 정체 구역을 파악하고, 교통 혼잡을 미연에 방지할 수 있다. 또한, 도로 유지 관리 시스템과의 연계를 통해, 도로의 손상이나 유지보수가 필요한 구역을 신속하게 파악하여 도시 교통 시스템을 최적화할 수 있다.

8.3.5 환경적 영향

자율주행 기술은 환경 보호에도 큰 기여를 할 수 있다. 특히 전기차와 결합된 자율주행 차량은 화석연료 사용을 줄이고 이산화탄소 배출을 최소화하는 데 중요한 역할을 한다. 자율주행 차량은 에너지 효율적인 주행을 가능하게 함으로써 환경 친화적인 교통 체계를 구축할 수 있다.

- **탄소 배출 감소**: 자율주행 차량은 대부분 전기차와 결합될 가능성이 크다. 이는 기존의 내연기관 차량에 비해 이산화탄소 배출을 크게 줄일 수 있으며, 장기적으로 도시의 대기 오염을 감소시킬 수 있다. 특히 자율주행 차량은 차량 간 통신을 통해 에너지를 최적화한 주행을 실현할 수 있어, 불필요한 가속과 감속을 줄이고 연료 소비를 최소화할 수 있다.
- **에너지 효율적 주행**: 자율주행 차량은 차량 간 통신과 실시간 교통 분석을 통해 최적의 속도와 경로를 선택함으로써 에너지 효율을 극대화할 수 있다. 교통 체증으로 인해 발생하는 연료 낭비를 줄이고, 불필요한 공회전을 방지하여 차량 운행에 따른 탄소 발자국을 줄일 수 있다.
- **교통 혼잡 완화로 인한 에너지 절감**: 자율주행 차량은 교통 혼잡을 줄임으로써 불필요한 정차와 가속을 최소화할 수 있다. 이는 연료 소비 절감과 더불어 도로에서의 에너지 소모를 크게 줄일 수 있다. 특히, 고속도로에서의 원활한 교통 흐름을 유지함으로써 연비 효율을 높이고 환경 보호에 기여할 수 있다.

8.3.6 윤리적, 법적 문제

자율주행 기술의 도입은 교통 시스템의 혁신을 의미하지만, 그 과정에서 발생할 수 있는 윤리적 문제와 법적 책임에 대한 논의가 필수적이다. 자율주행 차량은 인간 운전자가 아닌 AI 시스템이 주행 결정을 내리기 때문에, 사고가 발생할 경우 책임 소재와 윤리적 판단에 대한 문제가 대두될 수 있다.

- **윤리적 딜레마**: 자율주행 차량은 사고가 불가피한 상황에서 윤리적 딜레마에 직면할 수 있다. 예를 들어, 자율주행 시스템이 충돌을 피할 수 없는 상황에서, 보행자와 차량 탑승자 중 누구의 안전을 우선시해야 할지를 결정해야 하는 문제에 직면할 수 있다. 이러한 윤리적 결정은 프로그래밍 단계에서 설계되어야 하며, 이에 대한 사회적 합의와 법적 기준이 마련될 필요가 있다.
- **법적 책임 문제**: 자율주행 차량이 사고를 일으킬 경우, 사고에 대한 법적 책임이 누구에게 있는지에 대한 논의가 필요하다. 전통적인 자동차 사고는 운전자가 책임을 지는 경우가 대부분이지만, 자율주행 차량에서는 운전자 대신 차량 제조사, 소프트웨어 개발사, 센서 공급자 등이 책임을 분담해야 할 수 있다. 또한, 자율주행 차량이 스스로 주행 결정을 내릴 경우, 사고 발생 시 시스템의 결함 여부를 판단하는 기준이 명확히 정립되어야 한다.
- **데이터 보호 및 사생활 문제**: 자율주행 차량은 데이터 수집이 필수적이며, 이는 개인 정보 보호와 관련된 문제를 야기할 수 있다. 자율주행 차량이 수집하는 데이터는 운전자의 주행 패턴, 위치 정보, 이동 경로 등 민감한 정보를 포함할 수 있으므로, 데이터 보안과 프라이버시 보호를 위한 명확한 법적 규제가 필요하다.

결론

- 자율주행 기술은 도시 구조와 교통 시스템의 효율성을 높이고, 환경 보호에 기여하는 혁신적인 변화를 일으킬 것이다. 교통 혼잡 완화, 주차 공간의 효율적 사용, 스마트 시티와의 연계는 자율주행 기술이 도시 생활과 인프라에 미치는 주요 영향으로, 교통 시스템의 효율성과 도시 공간 활용도를 극대화할 수 있다. 또한, 자율주행 차량의 환경적 이점은 탄소 배출 감소와 에너지 절감을 통해 장기적으로 기후 변화에 긍정적인 영향을 미칠 수 있다.

그러나 자율주행 기술의 확산 과정에서 발생할 수 있는 윤리적 문제와 법적 책임 소재에 대한 논의는 필수적이다. 자율주행 차량이 도입되면서 윤리적 딜레마와 사고 발생 시 법적 책임 문제는 사회적 합의를 바탕으로 해결해야 할 중요한 과제가 될 것이다.

자율주행 기술은 사회 전반에 걸쳐 다양한 긍정적 변화를 가져올 것으로 예상되며, 교통 안전성 향상, 경제적 효율성 증대, 도시 및 교통 시스템의 혁신, 환경적 개선 등의 측면에서 큰 발전을 기대할 수 있다. 동시에, 노동 시장의 변화, 윤리적 문제, 법적 책임 소재와 같은 도전과제들도 함께 다루어야 할 것이다. 자율주행 기술이 사회에 미치는 영향은 매우 크며, 그 도입 과정에서 이러한 다양한 문제들에 대한 철저한 준비와 논의가 필요하다.

8.4 자율주행을 위한 인공지능 기술

자율주행 기술의 핵심은 인공지능(AI)이다. 인공지능은 자율주행 차량이 주변 환경을 인식하고, 실시간으로 분석하여 적절한 주행 결정을 내리도록 하는 데 필수적인 역할을 한다. 자율주행을 가능하게 하는 여러 인공지능 기술들은 컴퓨터 비전, 딥러닝, 강화 학습, 자연어 처리 등을 포함하며, 이들은 각기 다른 기능을 수행하면서도 상호 보완적으로 작동한다. AI는 자율주행 차량이 복잡한 도로 환경에서 안전하게 주행하고, 돌발 상황에 대응하며, 스스로 학습하고 개선할 수 있도록 한다. 아래에서는 자율주행을 위한 주요 인공지능 기술들을 상세히 설명한다.

8.4.1 컴퓨터 비전(Computer Vision)

컴퓨터 비전은 자율주행 차량이 카메라를 통해 촬영한 영상을 처리하고 분석하여, 차량 주변의 물체와 도로 상황을 이해하는 데 사용된다. 이 기술은 자율주행 차량이 차선, 교통 신호, 보행자, 다른 차량 등을 인식하고, 이를 바탕으로 실시간 주행 결정을 내리는 데 중요한 역할을 한다. 컴퓨터 비전 기술은 이미지 인식, 객체 탐지, 객체 추적 등의 기술을 포함하고 있다.

- **차선 인식**: 자율주행 차량은 컴퓨터 비전을 통해 차선을 인식하고, 차선 유지 및 변경, 도로 위에서의 주행 경로 설정 등을 자동으로 수행할 수 있다. 차선 감지 알고리즘은 도로 위의 차선 표시를 실시간으로 추적하며, 차량이 도로 중앙을 유지하거나 차선 변경 시 안전한지 여부를 판단한다.
- **신호 및 표지판 인식**: 컴퓨터 비전 기술을 통해 자율주행 차량은 교통 신호등의 색상, 도로 표지판의 내용 등을 정확히 인식할 수 있다. 차량은 교차로에서 신호등의 색상을 인식하여 신호를 지키고, 도로 표지판을 통해 제한 속도나 경고 표지를 읽고 주행 속도와

경로를 조정할 수 있다.

- **객체 인식 및 추적**: 자율주행 차량은 컴퓨터 비전 알고리즘을 통해 보행자, 다른 차량, 자전거, 장애물 등 다양한 객체를 실시간으로 인식하고 추적할 수 있다. 이를 통해 자율주행 차량은 충돌을 방지하고, 주행 경로를 동적으로 조정하며, 예상치 못한 장애물에 대해 즉각적으로 대응할 수 있다.

8.4.2 딥러닝(Deep Learning)

딥러닝(Deep Learning)은 자율주행 기술의 핵심 기술 중 하나로, 자율주행 차량이 방대한 데이터를 바탕으로 패턴을 학습하고, 이를 기반으로 주행 결정을 내리는 데 중요한 역할을 한다. 딥러닝은 인공신경망(Artificial Neural Network)을 사용하여 이미지, 영상, 센서 데이터 등 다양한 형태의 데이터를 학습하고, 차량이 실시간으로 데이터를 처리할 수 있도록 한다.

- **이미지 및 객체 인식**: 딥러닝 모델은 자율주행 차량의 카메라, LiDAR, 레이더 등 다양한 센서로부터 수집된 데이터를 학습하여, 객체를 인식하고 분류할 수 있다. 예를 들어, CNN(Convolutional Neural Network)은 영상 데이터에서 중요한 특징을 추출하고, 이를 기반으로 보행자, 차량, 장애물 등을 인식하여 차량의 주행 경로를 결정하는 데 도움을 준다.
- **도로 상황 예측**: 자율주행 차량은 딥러닝을 통해 도로 상황을 예측하고, 이를 바탕으로 주행 경로를 미리 계획할 수 있다. 딥러닝 모델은 도로 상의 다른 차량의 움직임을 분석하고, 차량이 향후 어느 방향으로 움직일지 예측함으로써 안전한 주행 경로를 설정할 수 있다.
- **복잡한 주행 시나리오 처리**: 딥러닝은 복잡한 도로 환경에서 자율주행 차량이 적절한 주행 결정을 내리는 데 중요한 역할을 한다. 예를 들어, 차량이 여러 차선이 존재하는 고속도로에서 차선 변경이 필요할 때, 딥러닝 모델은 주변 차량의 위치, 속도, 거리 등을 분석하여 안전하게 차선을 변경할 수 있는지 판단한다.

8.4.3 강화 학습(Reinforcement Learning)

강화 학습은 자율주행 차량이 스스로 학습하여 최적의 주행 경로를 찾는 기술이다. 이 기술은 차량이 주행 중 시행착오를 통해 주행 성능을 개선하는 방식으로 작동한다. 에이전트(agent)로서의 자율주행 차량은 다양한 주행 상황에서 경험을 쌓고, 보상(reward)과 벌칙(penalty)을 통해 학습하며 최적의 행동 방식을 찾는다.

- **주행 경로 최적화**: 강화 학습은 자율주행 차량이 도로에서 최적의 주행 경로를 설정하는 데 유용하다. 차량은 특정 주행 환경에서 어떻게 주행해야 가장 효율적이고 안전한 주행을 할 수 있는지 학습하며, 이를 통해 주행 중 장애물을 피하거나 차량 간 안전 거리를 유지하는 등의 결정을 내린다.
- **비정형 주행 상황 대응**: 자율주행 차량은 예기치 못한 상황에서도 신속하게 적응할 수 있어야 한다. 강화 학습은 차량이 비정형 상황에서도 경험을 통해 올바른 대응 방법을 찾아낼 수 있도록 도와준다. 예를 들어, 도로에 돌발적으로 나타난 보행자를 피하기 위해 차량이 비정형적인 경로를 선택해야 할 때, 강화 학습을 통해 차량은 적절한 판단을 내릴 수 있다.
- **자율주행 시뮬레이션**: 자율주행 기술을 개발할 때, 강화 학습은 시뮬레이션 환경에서 차량이 다양한 주행 시나리오를 학습하고 최적의 경로를 찾는 데 사용된다. 시뮬레이션을 통해 자율주행 차량은 실제 도로에서 발생할 수 있는 다양한 상황을 가상으로 경험하며, 실도로 테스트 전에 주행 성능을 향상시킬 수 있다.

8.4.4 센서 융합 및 데이터 처리

자율주행 차량은 LiDAR, 레이더, 카메라, 초음파 센서 등 다양한 센서를 사용하여 외부 환경을 인식하며, 이 센서들의 데이터를 융합하여 종합적으로 분석한다. 이러한 센서 융합 기술은 자율주행 차량이 보다 정확하고 신뢰성 있는 데이터를 바탕으로 주행 결정을 내릴 수 있도록 돕는다.

- **LiDAR와 카메라 데이터 융합**: 자율주행 차량은 LiDAR로 주변 환경의 3D 지도를 생성하고, 카메라를 통해 도로의 시각적 데이터를 수집하여, 두 데이터를 결합하여 차량의 주

행 결정을 내린다. 예를 들어, LiDAR는 물체의 거리와 위치를 정확하게 파악하고, 카메라는 도로 표지판이나 신호등과 같은 시각적 정보를 제공한다. 이러한 데이터를 융합하여 차량은 더 정밀한 주행 결정을 내릴 수 있다.

- **실시간 데이터 처리**: 자율주행 차량은 센서에서 수집된 데이터를 실시간으로 처리하여 빠르게 주행 결정을 내려야 한다. 이를 위해 고성능 컴퓨팅 시스템과 AI 알고리즘이 함께 사용되며, 차량은 초당 수십억 개의 데이터를 처리하여 주행 경로를 설정하고 돌발 상황에 대응할 수 있다.

8.4.5 자연어 처리(NLP) 및 인간-차량 상호작용(HMI)

자율주행 차량은 자연어 처리(Natural Language Processing, NLP) 기술을 통해 운전자 또는 승객과 상호작용할 수 있다. 이는 차량 내에서 운전자가 차량에 음성 명령을 내리거나, 차량이 주행 상태나 목적지 도착 예상 시간 등을 음성으로 전달하는 데 사용된다.

- **음성 인식**: 자율주행 차량은 음성 명령을 인식하여 목적지 설정, 경로 변경, 차량 상태 점검 등의 작업을 수행할 수 있다. 운전자는 음성으로 차량에 명령을 내리며, 차량은 이를 바탕으로 경로를 설정하거나 주행 설정을 변경할 수 있다.
- **승객과의 상호작용**: 자율주행 차량은 운전자와 승객에게 실시간 정보를 제공할 수 있다. 예를 들어, 차량이 자동 주행 중일 때, 승객에게 차량의 현재 위치, 예상 도착 시간, 주행 경로 등을 실시간으로 안내할 수 있으며, 승객은 차량에 음성 명령을 내려 경로를 수정하거나 주행 속도를 조정할 수 있다.

결론

- 자율주행 차량은 다양한 인공지능 기술을 통해 주행 경로 최적화, 물체 인식 및 회피, 주행 성능 개선 등의 복잡한 과제를 해결할 수 있다. 컴퓨터 비전은 자율주행 차량이 도로 환경을 시각적으로 인식하는 데 필수적이며, 딥러닝은 차량이 방대한 데이터를 학습하여 최적의 주행 결정을 내릴 수 있도록 한다. 강화 학습을 통해 차량은 주행 중 다양한 상황에서 학습하며 성능을 향상시키고, 센서 융합을 통해 여러 센서의 데이터를 종합적으로 처리하여 주행의 정밀성을 높인다. 마지막으로, 자연어 처리를 통해 자율주행 차량과 운전자 간의 상호작용이 더욱 원활해진다.

8.5 연습문제

4지선다형 문제 (10문제)

01. 자율주행 기술에서 센서 융합의 주요 목적은 무엇인가?

①. 차량의 가격을 낮추기 위함

②. 자율주행 차량의 디자인을 개선하기 위함

③. 여러 센서 데이터를 통합하여 더 정밀한 주행 결정을 내리기 위함

④. 차량의 속도를 높이기 위함

02. 레벨 3 자율주행 기술의 특징으로 알맞은 것은?

①. 운전자가 항상 제어권을 유지해야 한다

②. 특정 조건에서 차량이 모든 주행 작업을 수행할 수 있으며, 필요 시 운전자가 개입한다

③. 운전자의 개입 없이 모든 환경에서 주행할 수 있다

④. 차량이 조향과 가속만 자동으로 제어할 수 있다

03. 자율주행 차량이 컴퓨터 비전 기술을 사용하는 주요 목적은?

①. 차량의 속도를 조절하기 위해

②. 차량의 시각적 데이터를 분석하여 주행 경로를 설정하기 위해

③. 차량의 고도와 위치를 측정하기 위해

④. 주차 공간을 찾기 위해

04. 자율주행 차량에서 LiDAR의 주요 기능은 무엇인가?

①. 전방의 차량 속도를 측정

②. 보행자와의 거리를 측정

③. 레이저를 사용하여 주변 환경의 3D 지도를 생성

④. 차선 이탈 경고를 제공

05. 강화 학습을 자율주행 차량에서 사용하는 주요 목적은 무엇인가?

①. 차량의 배터리 수명을 연장하기 위해

②. 주행 중 시행착오를 통해 최적의 경로를 학습하기 위해

③. 차량의 디자인을 개선하기 위해

④. 차량의 내구성을 향상시키기 위해

06. 자율주행 차량에서 초음파 센서가 주로 사용되는 상황은?

①. 고속도로 주행 중 차량과의 거리 측정

②. 주차 시 근거리 장애물 감지

③. 날씨 변화 감지

④. 장거리 도로 환경 분석

07. 자율주행 기술이 도시 구조에 미치는 영향으로 적절한 것은?

①. 주차 공간 수요 증가

②. 교통 혼잡 감소

③. 교통사고 증가

④. 주행 속도 제한 강화

08. 딥러닝 기술은 자율주행 차량에서 주로 어떻게 사용되는가?

①. 차량의 외관을 개선하기 위해

②. 차량의 배터리 수명을 연장하기 위해

③. 차량이 방대한 데이터를 학습하여 주행 결정을 내리기 위해

④. 주차 시스템을 자동화하기 위해

09. 자율주행 차량이 사용하는 V2V 통신의 주요 목적은?

①. 다른 차량과 충돌 방지 정보를 공유하기 위해

②. 차량의 배터리 상태를 공유하기 위해

③. 차량의 경로를 기록하기 위해

④. 차량의 속도를 조절하기 위해

10. 자율주행 차량의 센서 융합 기술이 중요한 이유는?

①. 차량의 속도를 자동으로 조절하기 위해

②. 차량이 모든 주행 작업을 독립적으로 처리하기 위해

③. 각 센서의 데이터를 통합하여 더 정확한 정보를 제공하기 위해

④. 차량의 충돌 시 방지 기능을 강화하기 위해

단답형 문제 (10문제)

01. 자율주행 차량의 레벨 5에서 운전자의 역할은 무엇인가?

02. 자율주행 차량에서 사용되는 LiDAR의 역할은 무엇인가?

03. 강화 학습은 자율주행 차량이 어떤 방식을 통해 주행 성능을 개선하는가?

04. 자율주행 차량이 V2I 통신을 통해 도로 인프라와 상호작용하는 방식은 무엇인가?

05. 딥러닝이 자율주행 차량의 주행 경로 최적화에 어떻게 기여하는가?

06. 자율주행 차량에서 레이더의 주요 기능은 무엇인가?

07. 자율주행 기술 도입으로 교통사고 감소가 기대되는 이유는 무엇인가?

08. 초음파 센서의 주요 용도는 무엇인가?

09. 자율주행 차량에서 컴퓨터 비전은 무엇을 분석하는 데 사용되는가?

10. 자율주행 기술의 주요 구성 요소 중 하나로, 주변 환경을 인식하고 주행 결정을 내리는 핵심 기술은 무엇인가?

서술형 문제 (5문제)

01. 자율주행 기술에서 AI가 어떤 역할을 하는지 설명하시오.

02. 자율주행 차량이 도시 교통 시스템에 미치는 긍정적인 영향을 서술하시오.

03. 자율주행 차량이 교통사고를 예방할 수 있는 방법에 대해 설명하시오.

04. 자율주행 기술의 발전이 물류 산업에 미치는 영향을 분석하시오.

05. 자율주행 차량의 센서 융합 기술이 왜 중요한지 설명하시오.

09주차

대화형 & 생성형 AI 모델

1. 대화형 AI와 생성형 AI 모델의 차이점과 동작 원리를 학습한다.
2. ChatGPT, Claude, Copilot 등 주요 AI 모델의 특징을 비교한다.
3. 대화형 및 생성형 AI의 사회적 응용 가능성을 탐구한다.

9.1 대화형 AI 모델

9.2 생성형 AI 모델

9.3 연습문제

9.1 대화형 AI 모델

9.1.1 대화형 AI 모델 정의

대화형 AI 모델은 사용자와 자연스럽게 대화할 수 있도록 설계된 인공지능 시스템을 의미한다. 이러한 모델은 텍스트나 음성을 통해 사용자의 질문이나 요청을 이해하고, 이에 대한 적절한 답변을 제공하거나 특정 작업을 수행하는 데 사용된다. 대화형 AI 모델은 챗봇, 가상 비서, 고객 서비스 봇 등 다양한 형태로 구현될 수 있으며, 사용자와의 상호작용을 통해 정보를 제공하고 문제를 해결하는 데 중점을 둔다.

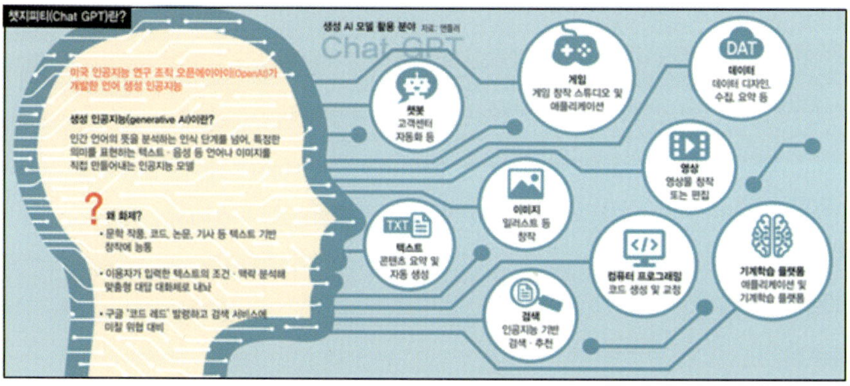

9.1.2 대화형 AI 모델의 주요 특징

- **자연어 이해 (NLU, Natural Language Understanding)**:
  - 사용자의 입력을 분석하고 그 의미를 이해한다. 대화형 AI 모델은 텍스트나 음성 데이터를 받아들이고, 이를 처리하여 사용자가 무엇을 말하고자 하는지 파악한다.
  - 예를 들어, 사용자가 "오늘 날씨가 어때?"라고 질문하면, 이 질문에서 "날씨"라는 핵

심 주제를 추출하고, 그에 따라 날씨 정보를 검색하도록 한다.

- **문맥 인식**:
  - 대화의 맥락을 이해하고 유지한다. 이전 대화에서 주어진 정보나 사용자의 의도를 기억하여, 대화의 흐름을 자연스럽게 이어나간다.
  - 예를 들어, 사용자가 이전에 “내일 서울 날씨가 어때?”라고 물었고, 이후에 “그리고 모레는?”이라고 물으면, “모레 서울의 날씨”를 언급하며 답변한다.
- **대화 생성 (NLG, Natural Language Generation)**:
  - 사용자가 이해하기 쉬운 자연스러운 언어로 답변을 생성한다. 대화형 AI 모델은 정보를 기반으로 사용자에게 전달할 내용을 생성하여 자연스러운 대화를 유지한다.
  - 예를 들어, 사용자가 “주변에 좋은 식당 추천해줘”라고 요청하면, 근처의 인기 식당을 소개하며 “이 근처에는 맛있는 이탈리안 레스토랑이 있다”와 같은 답변을 제공한다.
- **응용 분야**:
  - 다양한 산업에서 대화형 AI 모델을 활용한다. 고객 지원, 예약 시스템, 개인 비서, 건강 상담, 교육 도우미 등 다양한 분야에서 대화형 AI 모델이 사용될 수 있다.
  - 예를 들어, 고객 서비스 봇을 통해 고객의 질문에 빠르게 응답하고 문제를 해결하며, 사용자 경험을 개선한다.

9.1.3 대화형 AI 모델의 종류 및 특징

대화형 AI 모델의 예시로 Siri, ChatGPT, Claude, Copilot, Gemini를 포함하여 설명한다. 이들 각각이 어떻게 작동하며, 어떤 상황에서 유용한지 구체적으로 설명한다.

1) ChatGPT

ChatGPT는 OpenAI에서 개발한 생성형 AI 모델로, 자연어 처리(NLP) 분야에서 탁월한 성능을 발휘하는 AI이다. 이 모델은 텍스트 생성, 대화형 AI, 질문 응답, 텍스트 요약 등 다양한 작업을 수행할 수 있으며, 특히 사용자와의 대화형 상호작용에 특화된 모델이다. 이제 ChatGPT의 기본 개념, 주요 특징, 응용 사례 및 제한 사항에 대해 더욱 깊이 있게 살펴보겠습니다.

① 기본 개념 및 배경

ChatGPT는 OpenAI가 개발한 GPT(Generative Pre-trained Transformer) 시리즈의 발전된 버전이다. GPT는 트랜스포머 아키텍처를 기반으로 한 언어 모델로, 대규모 텍스트 데이터를 사전 학습하여 언어의 구조와 의미를 이해하고, 이를 바탕으로 텍스트를 생성할 수 있다.

- **트랜스포머 아키텍처**: GPT 모델의 핵심 구조는 트랜스포머(Transformer)라는 신경망 구조이다. 트랜스포머는 입력 텍스트에서 단어 간의 관계를 파악하고, 이를 기반으로 문장의 다음 단어를 예측하는 구조이다. 이를 통해 트랜스포머는 자연어의 복잡한 문맥을 학습할 수 있다.
- **사전 학습(Pre-training)**: GPT 모델은 인터넷에서 수집한 대규모 텍스트 데이터를 사용해 사전 학습이 이루어집니다. 이 과정에서 모델은 주어진 문맥에서 다음에 올 단어를 예측하는 방식으로 학습된다. 이를 통해 모델은 언어 구조, 문법, 문맥을 이해하고, 다양한 주제에 대해 텍스트를 생성할 수 있는 능력을 얻게 된다.
- **미세 조정(Fine-tuning)**: 사전 학습된 GPT 모델은 다양한 작업이나 응용 분야에 맞춰 미세 조정된다. 예를 들어, 고객 서비스, 기술 지원, 대화형 AI 등 특정 목적에 맞는 데이터를 사용하여 모델을 더 세부적으로 조정함으로써 특정 작업에서의 성능을 최적화할 수 있다.

② 주요 특징

ChatGPT는 대화형 AI로서의 특화된 기능 외에도 여러 중요한 특징을 갖추고 있다.

- **대화 능력**: ChatGPT의 가장 큰 강점 중 하나는 대화 능력이다. 이 모델은 사용자와의 대화에서 자연스러운 흐름을 유지하면서 맥락을 이해하고, 일관된 답변을 제공한다. 대화 중에 이전의 질문과 답변을 기억하고, 이를 바탕으로 연속적인 대화를 이어갈 수 있다. 이는 고객 서비스나 기술 지원과 같은 실시간 대화형 애플리케이션에 특히 유용한다.
- **텍스트 생성 능력**: ChatGPT는 고품질의 텍스트 생성 능력을 가지고 있다. 입력된 문장이나 질문에 따라 창의적이고 독창적인 텍스트를 생성할 수 있으며, 다양한 스타일과 톤을 적용할 수 있다. 예를 들어, 에세이, 기사, 스토리 등 다양한 형식의 글을 작성할 수 있다. 이는 콘텐츠 생성, 소셜 미디어 관리, 광고 카피 작성 등에서 활용될 수 있다.
- **컨텍스트 이해**: ChatGPT는 대화 중의 문맥을 이해하고, 이전의 메시지나 질문을 참조하여 일관성 있는 응답을 생성할 수 있다. 이를 통해 단순히 질문에 답하는 것 이상으로 사용자의 의도를 파악하고, 이를 바탕으로 적절한 정보를 제공하거나 대화를 자연스럽게 이어갈 수 있다. 이는 특히 대화형 AI에서 중요한 능력이다.
- **응용 분야의 다양성**: ChatGPT는 다양한 분야에서 활용될 수 있다. 고객 지원에서 실시간으로 질문에 답변하고 문제를 해결할 수 있으며, 가상 비서로서 일정 관리, 정보 검색, 이메일 작성 등의 작업을 자동화할 수 있다. 또한 언어 학습 도우미, 콘텐츠 생성 도구, 기술 지원 챗봇 등 다양한 형태로 응용될 수 있다.
- **확장성 및 적응성**: ChatGPT는 대규모 병렬 컴퓨팅 환경에서 효율적으로 작동하며, 필요한 경우 쉽게 확장할 수 있다. 또한 특정 도메인에 맞춰 미세 조정이 가능하므로, 특정 산업이나 응용 프로그램에 맞게 모델을 최적화할 수 있다. 이는 의료, 법률, 금융과 같은 전문 도메인에서도 활용 가능하게 만듭니다.
- **창의성 및 상호작용**: ChatGPT는 창의적이고 유연한 상호작용 능력을 갖추고 있다. 사용자의 입력에 따라 새로운 아이디어를 생성하거나, 논리적인 구조로 글을 작성할 수 있다. 또한, 사용자 피드백을 수용하여 응답의 품질을 지속적으로 개선할 수 있다.

③ 적용 사례

ChatGPT는 다양한 산업 및 분야에서 응용되고 있으며, 주요 적용 사례는 다음과 같습니다.

- **고객 서비스**: ChatGPT는 실시간 고객 지원 서비스에서 챗봇으로 활용된다. 고객이 질문을 입력하면, 즉시 적절한 답변을 제공하거나 고객 문제를 해결한다. 이를 통해 고객 서

비스의 효율성을 향상시키고, 반복적인 업무를 자동화할 수 있다.

- **교육 및 학습 도우미**: ChatGPT는 가상 학습 도우미로 사용되어, 학생들이 질문을 하고, 학습 내용을 이해할 수 있도록 도와준다. 수학 문제 풀이, 개념 설명, 연습 문제 생성 등 다양한 방식으로 학습을 지원하며, 언어 학습에서도 자연스러운 대화를 통해 학습 효율을 높일 수 있다.
- **콘텐츠 생성**: ChatGPT는 블로그 포스트, 소셜 미디어 콘텐츠, 광고 카피 등을 자동으로 생성하는 데 사용된다. 창의적인 글쓰기가 필요한 콘텐츠 작성 업무에서 시간과 비용을 절감할 수 있으며, 더 많은 콘텐츠를 빠르게 생산할 수 있는 장점이 있다.
- **가상 비서**: ChatGPT는 일정 관리, 정보 검색, 이메일 작성 등의 작업을 수행하는 가상 비서로 활용될 수 있다. 이를 통해 사용자들은 일상적인 작업을 더 쉽게 처리할 수 있으며, 생산성을 크게 향상시킬 수 있다.
- **언어 번역**: ChatGPT는 다국어 대화를 지원하거나, 실시간 번역 도구로서 활용될 수 있다. 여러 언어를 이해하고 번역할 수 있는 능력 덕분에, 다국적 기업에서 언어 장벽을 극복하는 데 유용한다.

④ 제한 사항 및 윤리적 고려

ChatGPT는 강력한 AI 모델이지만, 여전히 여러 제한 사항과 윤리적 고려가 필요한다.

- **부정확한 정보 제공 가능성**: ChatGPT는 가끔 부정확하거나 비논리적인 응답을 생성할 수 있다. 이는 사전에 학습된 데이터가 불완전하거나, 문맥을 완벽하게 파악하지 못한 경우 발생할 수 있다. 따라서 사용자가 이 모델을 사용할 때는 사후 검토와 감독이 필요한다.
- **편향된 응답**: GPT 모델은 학습한 데이터에 편향(bias)이 내재되어 있을 수 있다. 잘못된 데이터가 모델에 영향을 주어 편향된 결과를 생성할 가능성이 있으므로, 이를 방지하기 위한 윤리적 가이드라인과 안전 장치가 필요한다. OpenAI는 이러한 문제를 해결하기 위해 데이터 편향 최소화 작업을 진행 중이다.
- **유해한 콘텐츠 생성 위험**: ChatGPT는 학습한 데이터를 바탕으로 유해한 콘텐츠를 생성힐 가능성도 있다. 이를 방지하기 위해 OpenAI는 사용자 가이드라인을 설정하고, 모델의 응답을 필터링하는 안전 장치를 마련해 두었습니다.

결론

- ChatGPT는 언어 이해 및 생성 능력에서 매우 뛰어난 AI 모델로, 다양한 산업과 분야에서 혁신적인 역할을 하고 있다. 고객 서비스, 교육, 콘텐츠 생성, 가상 비서, 언어 번역 등 여러 응용 사례에서 효율성과 생산성을 크게 향상시키고 있으며, 대규모 텍스트 데이터를 기반으로 뛰어난 대화 능력과 텍스트 생성 능력을 보여준다. 그러나 부정확한 정보 제공, 편향된 응답, 윤리적 문제 등 여전히 개선해야 할 과제들이 존재하며, 이러한 문제를 해결하기 위한 지속적인 관리와 감독이 필요하다.

ChatGPT는 미래 AI 응용 프로그램에서 중요한 역할을 할 것이며, 더 나은 성능과 신뢰성을 목표로 발전해 나갈 것이다.

2) Claude

Claude는 Anthropic이라는 AI 연구 회사에서 개발한 생성형 AI 모델로, ChatGPT와 유사한 대화형 AI 모델이다. Claude는 주로 자연어 처리(NLP) 작업에서 뛰어난 성능을 발휘하도록 설계되었으며, 특히 안전성과 윤리성을 최우선으로 하는 것이 큰 특징이다. 이 모델은 사용자와의 상호작용에서 정확하고 신뢰성 있는 대화를 제공하는 데 중점을 두고 있으며, AI 기술의 책임 있는 사용을 강조하는 접근 방식을 따릅니다. 이제 Claude의 기본 개념, 주요 특징, 응용 사례 및 제한 사항에 대해 상세히 설명한다.

① Claude의 배경

Claude는 Anthropic이라는 AI 연구 기업에서 개발되었으며, Anthropic은 AI의 안전성과 윤리적 사용을 중심에 둔 회사이다. Anthropic은 AI 시스템이 사람들에게 해를 끼치지 않도록 설계하는 데 많은 노력을 기울이고 있으며, Claude 또한 이러한 철학을 반영하고 있다. Claude라는 이름은 아마도 Claude Shannon에서 따온 것으로 보이다. Claude Shannon은 정보 이론의 창시자로, 현대 통신 시스템과 정보 처리 기술의 기반을 마련한 인물이다.

Anthropic은 AI 기술이 사람들에게 안전하고 유익하게 사용될 수 있도록 지속적으로 연구하고 있으며, Claude는 이러한 비전을 실현하는 모델이다. 안전한 AI 시스템 구축을 위해 다양한 보호 메커니즘과 윤리적 기준을 Claude에 적용했다.

② 주요 특징

- **안전성 중심의 설계**: Claude의 가장 큰 특징은 AI의 안전성을 중심으로 설계되었다는 점이다. Anthropic은 AI 기술이 사용자에게 해를 끼치지 않도록 다양한 안전장치를 Claude에 내장했다. 이러한 안전성 기능을 통해 Claude는 불필요한 정보 생성, 잘못된 정보 제공, 유해한 콘텐츠 생성 등을 최대한 방지하려 한다.
  - **윤리적 응답**: Claude는 사용자와의 대화에서 윤리적이고 책임 있는 응답을 제공하도록 설계되었습니다. 이는 AI가 생성하는 콘텐츠가 사회적, 윤리적으로 문제가 될 수 있는 상황을 피하도록 하기 위해 특별히 조정된 것이다.
  - **안전한 정보 제공**: Claude는 사용자의 요청이 비윤리적이거나 위험한 정보를 요구하는 경우 이를 방지하고 적절히 대응할 수 있다. 이를 위해 Claude는 위험한 콘텐츠나 논란이 될 수 있는 정보를 회피하는 메커니즘을 갖추고 있다.
- **높은 언어 이해력**: Claude는 복잡한 언어적 맥락을 이해하고, 그에 맞는 적절한 응답을 제공할 수 있다. 이는 Claude가 대화 중에 문맥을 유지하고, 연속적인 대화를 통해 일관성 있는 답변을 생성할 수 있음을 의미한다.
  - **심층적 대화 능력**: Claude는 단순한 질의응답을 넘어, 복잡한 주제에 대해 심도 있는 대화를 나눌 수 있다. 사용자가 더 많은 정보를 요구할 때, 그에 맞춰 추가적인 자료나 설명을 제공하여 대화의 질을 높이다.
  - **폭넓은 정보 제공**: Claude는 다양한 주제에 대해 폭넓은 정보를 이해하고 제공할 수 있다. 이를 통해 사용자와의 대화에서 필요한 정보를 즉각적으로 제공하고, 사용자 경험을 개선할 수 있다.
- **다양한 응용 분야**: Claude는 여러 분야에서 활용 가능하며, 특히 다음과 같은 분야에서 강력한 성능을 발휘한다
  - **고객 지원 및 가상 비서**: Claude는 기업의 고객 지원 시스템에 통합되어, 고객과의 실

시간 대화를 자동화할 수 있다. 가상 비서로서 일정 관리, 이메일 작성, 정보 검색 등의 작업을 수행하며, 이를 통해 고객의 문의에 빠르고 정확하게 대응할 수 있다.

  - **교육 및 연구 지원**: Claude는 교육 분야에서 학습 도우미로 활용될 수 있다. 학생들의 질문에 응답하거나, 연구를 지원하는 도구로 활용하여 학습 효율을 높이다.
  - **콘텐츠 생성**: Claude는 블로그 게시물, 소셜 미디어 게시글, 광고 카피 등 콘텐츠 생성 작업에서 탁월한 성능을 발휘할 수 있다. 창의적인 글쓰기나 정보 제공 작업에서도 Claude는 유용하게 사용될 수 있다.

- **윤리적 AI**: Claude는 윤리적 AI를 목표로 설계되었습니다. 이는 Claude가 사용자에게 비윤리적이거나 해로운 정보를 제공하지 않도록 설계되었음을 의미한다.
  - **부적절한 응답 회피**: Claude는 사용자의 요청이 비윤리적이거나 사회적으로 부적절한 정보를 요구할 경우, 그러한 요청을 처리하지 않도록 설계되었습니다. 이를 통해 Claude는 AI의 책임성을 강화하며, 윤리적으로 문제가 될 수 있는 콘텐츠 생성을 피한다.
  - **지속적인 모니터링 및 개선**: Claude는 Anthropic의 연구진에 의해 지속적으로 모니터링되며, AI가 윤리적 기준에 맞게 작동하는지 확인된다. 이를 통해 AI 모델의 응답이 항상 책임감 있고 신뢰성 있는지 보장된다.
- **사용자 맞춤형 응답**: Claude는 사용자와의 상호작용에서 개인화된 경험을 제공할 수 있다. Claude는 사용자의 요구에 따라 응답을 맞춤형으로 조정하며, 특정 산업이나 도메인에 맞춰 미세 조정된 버전도 사용할 수 있다.
  - **사용자 피드백 반영**: Claude는 사용자로부터 받은 피드백을 바탕으로 지속적으로 성능을 개선한다. 사용자가 특정한 방식의 응답을 원하거나, 특정한 정보에 더 관심을 보일 경우 이를 반영하여 더 적합한 응답을 생성할 수 있다.
- **투명성 및 지속적인 개선**: Claude는 투명성을 중요시하며, Anthropic은 Claude의 작동 원리와 의사 결정 과정을 사용자에게 공개하고 있다. 이를 통해 사용자는 Claude가 어떻게 작동하는지, 왜 특정 응답을 제공했는지 알 수 있다.
  - **지속적인 발전**: Claude는 사용자 피드백과 최신 연구 결과를 바탕으로 지속적으로 발전하고 있다. 특히 AI의 안전성과 윤리적 측면에서 모델을 개선하기 위한 연구가 지속적으로 이루어지고 있다.

③ 적용 사례

Claude는 다양한 분야에서 그 활용 가능성이 큽니다. 다음은 Claude의 대표적인 적용 사례이다.

- **고객 서비스**: Claude는 고객 서비스 시스템에 통합되어, 고객이 남긴 질문이나 문의에 실시간으로 대응할 수 있다. 고객과의 대화를 자동화함으로써 고객 만족도를 높이고, 반복적인 질문 처리를 효율적으로 관리할 수 있다.
- **가상 비서**: Claude는 가상 비서로 사용되어, 일정 관리, 정보 검색, 이메일 작성, 회의 예약 등의 업무를 자동화할 수 있다. 이를 통해 개인 사용자나 기업 직원들의 생산성을 향상시킬 수 있다.
- **콘텐츠 생성 도구**: Claude는 콘텐츠 작성 도구로 활용되어, 블로그 포스트, 소셜 미디어 콘텐츠, 마케팅 카피 등 창의적인 작업을 지원한다. 사용자의 요구에 맞춰 다양한 스타일과 형식의 글을 생성할 수 있으며, 빠르고 효율적인 콘텐츠 제작을 가능하게 한다.
- **교육 및 학습 도우미**: Claude는 학생들의 학습 도우미로서 교육 분야에서 활용될 수 있다. 학생들이 어려운 문제를 질문하면 Claude가 적절한 답변을 제공하거나, 추가적인 정보를 제공함으로써 학습 효율성을 높이다.
- **연구 및 정보 분석**: Claude는 연구원들이 대량의 정보를 분석하고 요약하는 데 도움을 줄 수 있다. 이를 통해 연구원들은 더 신속하게 연구 결과를 얻고, 연구 주제에 대한 정확한 정보를 제공받을 수 있다.

④ 제한 사항 및 윤리적 고려

Claude는 강력한 생성형 AI 모델이지만, 제한 사항과 윤리적 고려가 필요하다.

- **부정확한 정보**: Claude는 가끔 부정확한 정보를 제공할 수 있다. 이는 모델이 학습한 데이터의 한계로 인해 발생할 수 있으며, 사용자는 Claude가 제공하는 정보에 대해 신중한 검토가 필요하다.
- **편향성**: Claude가 학습한 데이터에 편향(bias)이 존재할 수 있으며, 이러한 편향된 데이터는 응답에도 영향을 미칠 수 있다. Claude는 이를 방지하기 위해 윤리적 가이드라인을 따르고 있지만, 완벽한 방지는 어렵습니다.

- **윤리적 문제**: Claude는 매우 주의 깊게 설계되었음에도 불구하고, 비윤리적인 용도로 오용될 가능성이 있다. 이를 방지하기 위해 Anthropic은 Claude의 사용을 모니터링하고 있으며, 지속적인 개선을 통해 윤리적 기준을 충족하려 노력하고 있다.

결론

- Claude는 생성형 AI로서 대화형 AI 응용 프로그램에서 안전성과 윤리적 사용을 강조하는 점이 두드러집니다. 다양한 분야에서 활용될 수 있으며, 특히 고객 서비스, 교육, 연구, 콘텐츠 생성 등에서 높은 성능을 발휘한다. 그러나 Claude의 응답이 항상 완벽하지 않으며, 부정확한 정보나 편향의 문제가 발생할 수 있다는 점을 고려해야 한다. AI 기술의 안전성과 책임성을 중시하는 Anthropic의 철학을 바탕으로, Claude는 AI의 책임 있는 사용을 강조하며, 지속적으로 발전하고 있다. 앞으로도 Claude는 안전하고 신뢰성 있는 AI로서 더 많은 분야에서 활용될 것으로 기대된다.

3) Copilot

Copilot은 GitHub와 OpenAI가 공동으로 개발한 생성형 AI 모델로, 프로그래머들이 코드 작성을 더 쉽고 빠르게 할 수 있도록 돕기 위해 설계된 코드 작성 보조 도구이다. Copilot은 OpenAI의 Codex 모델을 기반으로 하고 있으며, 다양한 프로그래밍 언어와 개발 환경에서 활용될 수 있다. 이 도구는 개발자가 코드 작성 중 겪는 어려움을 줄이고, 생산성을 극대화하는 것을 목표로 하고 있다.이제 Copilot의 기본 개념, 주요 특징, 응용 사례 및 제한 사항에 대해 더욱 상세하게 설명한다.

① Copilot의 기본 개념 및 배경

Copilot은 GitHub와 OpenAI가 협력하여 개발한 도구로, 프로그래머가 더 쉽고 효율적으로 코드를 작성할 수 있도록 도와준다. Copilot은 OpenAI의 Codex 모델을 기반으로 하며, 이 Codex 모델은 GPT-3와 비슷한 아키텍처를 따르지만, 프로그래밍 언어에 특화되어 있다. 즉, 자연어뿐만 아니라 프로그래밍 언어도 처리할 수 있는 AI 모델이다.

Copilot은 개발자가 코드를 작성할 때 자동으로 제안을 제공하거나 자동 완성 기능을 통해 개발 속도를 높이다. 이를 통해 반복적이고 시간이 많이 소요되는 작업을 줄여 주며, 개발자가 더 중요한 로직에 집중할 수 있도록 한다.

② 주요 특징

- **코드 제안 및 자동 완성**: Copilot의 가장 두드러진 특징은 코드 자동 완성 기능이다. 프로그래머가 코드를 작성할 때 Copilot은 사용자가 작성 중인 코드의 맥락을 이해하고, 다음에 작성할 코드를 실시간으로 제안해 준다.
  - **코드 자동 완성**: 사용자가 함수의 이름이나 몇 가지 키워드만 입력하면, Copilot은 그 함수의 전체 구현을 제안할 수 있다. 이는 단순한 자동 완성을 넘어서, 복잡한 알고리즘이나 데이터 구조의 구현까지도 자동으로 제안할 수 있음을 의미한다.
  - **복잡한 코드 제안**: Copilot은 알고리즘 구현, 데이터 처리 로직, API 호출 등의 복잡한 코드 작성도 지원한다. 예를 들어, 사용자가 정렬 알고리즘을 구현하려고 하면, Copilot은 해당 알고리즘에 맞는 코드 스니펫을 자동으로 제안하여 작업을 크게 단축시킬 수 있다.
- **다양한 프로그래밍 언어 지원**: Copilot은 여러 프로그래밍 언어를 지원하며, 다양한 개발 환경에서 사용할 수 있다. 이를 통해 Python, JavaScript, TypeScript, Ruby, Go, C, C++, Java 등 여러 언어를 사용하는 개발자들이 편리하게 활용할 수 있다.
  - **특정 언어에 특화된 제안**: Copilot은 특정 프로그래밍 언어의 문법과 관습을 학습했기 때문에, 각 언어에 맞는 코드 제안을 제공한다. 이를 통해 개발자는 자신이 사용하고 있는 언어에 맞춰 최적화된 코드 제안을 받을 수 있다.
  - **다중 언어 지원**: Copilot은 다중 언어 프로젝트에서도 유용하게 사용할 수 있다. 즉, 여러 언어가 혼합된 프로젝트에서, 언어 간 호환성을 고려한 코드 제안을 제공할 수 있다.
- **지능형 코드 생성**: Copilot은 사용자가 작성한 주석이나 함수 설명을 바탕으로 전체 코드를 자동으로 생성할 수 있다. 이 기능은 주석을 통해 함수의 목적을 설명하는 것만으로

도 해당 기능을 구현하는 코드를 자동으로 생성할 수 있게 한다.

- **주석 기반 코드 생성**: 예를 들어, 사용자가 "이 함수는 두 배열을 합치는 함수이다"라는 주석을 입력하면, Copilot은 이를 바탕으로 배열 합치기 함수를 자동으로 작성해 준다. 이러한 방식으로 복잡한 로직도 간단히 구현할 수 있다.
- **반복 작업 자동화**: 데이터베이스 쿼리, API 호출, 데이터 처리 등 반복적인 작업을 자동으로 수행하도록 코드 스니펫을 생성한다. 이는 개발자가 반복적으로 해야 하는 작업을 줄이고, 더 중요한 작업에 집중할 수 있게 해 준다.

• **학습 및 적응 능력**: Copilot은 사용자가 작성하는 코드 스타일과 패턴을 학습하여, 그에 맞춰 코드를 제안하는 능력을 갖추고 있다. 시간이 지남에 따라 Copilot은 개발자의 코딩 스타일에 맞는 제안을 점점 더 많이 하게 된다.

- **코딩 스타일 학습**: 예를 들어, 특정 변수명이나 함수명을 자주 사용하는 경우, Copilot은 이를 기억하고 미리 제안한다. 이로써 개발자는 반복적으로 타이핑해야 하는 작업을 줄일 수 있다.
- **새로운 코드베이스 적응**: Copilot은 새로운 프로젝트에서도 빠르게 적응할 수 있으며, 팀 프로젝트나 오픈 소스 프로젝트에서도 팀의 코딩 스타일에 맞춘 코드를 제안할 수 있다. 이를 통해 팀 간 협업이 더욱 효율적으로 이루어질 수 있다.

• **에러 방지 및 디버깅 지원**: Copilot은 코드 작성 중 발생할 수 있는 일반적인 오류를 실시간으로 감지하고, 이를 경고하거나 수정할 수 있는 방향을 제시한다. 이를 통해 코드 품질을 높이고, 버그 발생 가능성을 줄이다.

- **실시간 오류 감지**: Copilot은 코드 작성 도중 발생할 수 있는 문법 오류나 논리적 오류를 실시간으로 감지하고, 해당 부분을 수정할 수 있는 제안을 제공한다.
- **디버깅 지원**: Copilot은 특정 오류 메시지에 대한 해결 방법을 제안하거나, 코드 수정 방향을 제시함으로써 디버깅 과정을 크게 단축시킵니다.

• **개발 환경 통합**: Copilot은 Visual Studio Code(VS Code)와 같은 인기 있는 통합 개발 환경(IDE)에 통합되어 쉽게 사용할 수 있다. 이 외에도 다양한 IDE와의 호환성을 제공하여 개발자들이 익숙한 개발 도구에서 바로 Copilot을 사용할 수 있다.

- **GitHub과의 연동**: Copilot은 GitHub과 긴밀하게 연동되어, 코드 작성뿐만 아니라 코드 리뷰, 버전 관리 등의 작업도 효율적으로 수행할 수 있다. GitHub에서 프로젝트를 진행하는 개발자들은 Copilot을 사용하여 리소스 관리와 협업을 더욱 수월하게 할 수 있다.

③ Copilot의 응용 사례

- **코드 작성 자동화**: Copilot은 개발자가 프로그래밍하는 동안 자동으로 코드 제안을 제공하여, 반복적인 코드 작성 작업을 줄이다. 함수 작성, 데이터 처리, API 호출 등 자주 발생하는 코딩 작업을 자동화하여 개발자가 더 중요한 로직에 집중할 수 있도록 한다.
- **학습 및 코드 실습 보조 도구**: 초보 프로그래머나 새로운 언어를 학습하는 사람들에게 Copilot은 강력한 학습 도구가 될 수 있다. 코드를 작성할 때 Copilot은 사용자가 어떻게 코드를 작성해야 할지 제안하고, 올바른 방식으로 구현 방법을 알려준다. 이를 통해 개발자는 더 빠르게 코딩 스킬을 익히고, 새로운 언어에 적응할 수 있다.
- **팀 협업 및 코드 통일성 유지**: Copilot은 팀 프로젝트에서도 유용하게 사용된다. Copilot은 코드 스타일과 패턴을 학습하여 팀 전체의 코드 스타일을 통일하는 데 도움을 줄 수 있다. 이는 코드베이스가 일관성을 유지하는 데 크게 기여하며, 코드 리뷰 과정에서 발생하는 시간을 단축시킬 수 있다.
- **코드 리뷰 및 버그 수정**: Copilot은 작성된 코드에서 오류를 감지하고, 이를 수정할 수 있는 방향을 제안한다. 이는 개발자가 작성한 코드를 검토하는 과정에서 유용하게 사용될 수 있으며, 코드 리뷰 과정에서 생산성을 높이는 데 도움이 된다.

④ 윤리적 고려 및 제한 사항

Copilot은 개발자의 생산성을 크게 향상시키는 도구이지만, 몇 가지 윤리적 고려사항과 제한 사항이 존재한다.

- **코드 정확성 문제**: Copilot이 제공하는 코드가 항상 정확하거나 최적화된 것은 아닐 수 있다. 이는 사용자가 Copilot의 제안을 무비판적으로 사용하는 경우 비효율적이거나 잘못된 코드를 작성할 수 있음을 의미한다. 따라서 Copilot을 사용할 때는 제안된 코드를 검토하고, 필요한 경우 수정하는 것이 중요한다.
- **라이선스 및 저작권 문제**: Copilot은 오픈 소스 데이터를 학습했기 때문에, 제안된 코드에 라이선스 문제가 있을 수 있다. Copilot이 제공하는 코드가 특정 오픈 소스 라이선스를 준수해야 하는 경우, 이를 확인하고 저작권 문제를 사전에 고려해야 한다.
- **보안 취약성**: Copilot이 제안하는 코드에는 보안 취약성이 포함될 수 있다. 특히 데이터베이스 쿼리나 API 호출과 관련된 코드에서는 SQL 인젝션 같은 보안 문제를 주의해야

하며, Copilot이 제공하는 코드를 그대로 사용하는 대신 보안성을 확인하는 과정이 필요한다.

결론

- Copilot은 프로그래머들의 생산성을 크게 높여주는 도구로, 코드 자동 완성, 제안, 오류 감지 등 다양한 기능을 제공하여 개발자가 더 효율적으로 코드를 작성할 수 있게 도와준다. 다양한 프로그래밍 언어와 개발 환경에서 사용할 수 있으며, 코드 작성, 리뷰, 디버깅 등 개발의 여러 과정을 지원하는 강력한 도구이다. 다만, Copilot이 제안하는 코드의 정확성과 저작권 문제를 주의 깊게 검토하는 것이 중요한다. Copilot은 앞으로도 개발 환경에서 중요한 역할을 할 것으로 기대되며, 개발자의 작업을 보조하는 필수 도구로 자리잡을 가능성이 높습니다.

4) Gemini

Gemini는 Google DeepMind(구 Google DeepMind)에서 개발한 차세대 생성형 AI 모델로, Google의 기존 언어 모델 기술과 DeepMind의 강화 학습(Reinforcement Learning) 및 AI 연구 성과를 결합하여 만든 혁신적인 AI 시스템이다. Gemini는 텍스트 생성뿐만 아니라, 다양한 복잡한 문제 해결 및 창의적인 작업 수행에도 특화된 모델이다. 이 모델은 멀티모달 기능, 고급 자연어 처리, 창의적인 문제 해결, 대규모 데이터 처리 능력 등의 여러 기술적 특징을 갖추고 있으며, 안전성과 윤리적 고려를 중요시하는 시스템이다. 이제, Gemini의 기본 개념, 주요 특징, 응용 사례 및 제한 사항에 대해 더욱 자세히 설명한다.

① Gemini의 배경

Gemini는 Google의 AI 연구 부서인 DeepMind가 개발한 AI 모델로, Google의 기존 언어 모델 기술과 DeepMind의 강화 학습 성과를 결합하여 개발되었습니다. DeepMind는 AI를 이용한 게임 플레이, 시뮬레이션, 자연어 처리에서 큰 성과를 거둔 연구 기관으로, Gemini는 이러한 연구 성과를 집대성한 차세대 AI 시스템이다.`

DeepMind는 강화 학습, 머신러닝, 신경망 등의 기술을 사용하여 AI가 스스로 학습하고, 복잡한 문제를 해결할 수 있도록 하고 있다. Gemini는 이러한 기술적 성과를 바탕으로 다양한 데이터를 처리하고, 복잡한 문제에 대한 해결책을 제시할 수 있다. 또한 Google의 방대한 데이터 처리 능력을 기반으로 실시간으로 대규모 데이터를 분석하고, 이를 바탕으로 종합적인 정보를 제공한다.

② Gemini의 주요 특징

- **멀티모달 기능**: 멀티모달 기능은 Gemini의 가장 중요한 특징 중 하나로, 이 모델은 텍스트뿐만 아니라 이미지, 비디오, 음성 등 다양한 형태의 데이터를 처리할 수 있는 능력을 가지고 있다.
  - **텍스트, 이미지, 비디오, 음성의 통합 처리**: 예를 들어, 사용자가 질문할 때 이미지와 관련된 질문을 할 수 있으며, Gemini는 그 이미지를 분석하여 정확한 답변을 제공한다. 또한, 비디오 데이터를 처리하여 비디오의 내용을 요약하거나, 특정 장면에 대한 분석을 제공할 수 있다.
  - **풍부한 컨텍스트 제공**: 여러 가지 데이터 소스를 통합하여 더욱 풍부한 문맥을 제공하며, 이를 바탕으로 복잡한 질문에 대한 종합적인 답변을 생성할 수 있다. 예를 들어, 텍스트와 이미지가 결합된 상황에서 더욱 정교한 분석이 가능한다.
- **강화 학습 기반**: 강화 학습은 Gemini가 복잡한 문제를 해결하는 데 사용하는 핵심 기술이다. 강화 학습(Reinforcement Learning, RL)이란 AI가 피드백을 바탕으로 스스로 학습하며, 점차 최적의 전략을 도출하는 학습 방법이다.
  - **복잡한 의사 결정**: Gemini는 강화 학습을 통해 복잡한 의사 결정 문제를 해결하는 능력을 갖추고 있다. 예를 들어, 게임 환경이나 시뮬레이션에서 Gemini는 상황을 학습하고, 이를 기반으로 최적의 결과를 도출하는 전략을 스스로 발견할 수 있다.
  - **지속적인 개선**: Gemini는 강화 학습 과정에서 얻은 피드백을 바탕으로 지속적으로 개선된다. 예를 들어, 사용자와의 상호작용을 통해 더욱 정확하고 세부적인 결과를 도출할 수 있도록 점점 더 정교한 학습이 이루어집니다.
- **고급 자연어 이해**: Gemini는 고급 자연어 처리(NLP) 기술을 사용하여 복잡한 문맥을 깊이 이해하고, 이를 기반으로 정확한 답변을 생성할 수 있다. 이 기술은 특히 대화형 AI 및 문서 분석에서 큰 강점을 발휘한다.

- **복잡한 질의 처리**: Gemini는 긴 문장이나 복잡한 질문에도 적절하게 대응하며, 사용자가 던지는 복잡한 질문에 대해 맥락을 고려한 답변을 제공한다. 이를 통해 대화의 흐름을 유지하고, 더욱 자연스럽고 일관성 있는 대화를 가능하게 한다.
- **문서 요약 및 분석**: 또한, 긴 문서를 요약하거나, 여러 문서 간의 관계를 분석하는 작업에서도 뛰어난 성능을 발휘한다. 이를 통해 연구자들이 논문이나 보고서를 요약할 때 Gemini를 사용하여 핵심 정보를 빠르게 추출할 수 있다.

• **창의적인 문제 해결**: Gemini는 단순한 정보 제공 외에도 창의적인 작업에서 뛰어난 성능을 발휘한다. 예술 작품 생성, 음악 작곡, 스토리텔링과 같은 창의적인 작업에서 Gemini는 사용자가 필요로 하는 맞춤형 솔루션을 제공한다.

- **예술 및 창작 활동**: 예를 들어, 사용자가 스토리의 주제를 제시하면, Gemini는 해당 주제에 맞춰 창의적인 이야기를 생성할 수 있다. 또한, 음악 작곡에서는 사용자가 입력한 특정 멜로디나 리듬을 바탕으로 새로운 곡을 만들 수도 있다.
- **아이디어 생성**: Gemini는 창의적인 작업에서 새로운 아이디어를 제공할 수 있는 능력을 가지고 있다. 사용자가 새로운 아이디어나 영감을 필요로 할 때, Gemini는 다양한 접근 방법을 제안하거나, 창의적인 솔루션을 도출해 낼 수 있다.

• **대규모 데이터 처리**: Gemini는 Google의 대규모 데이터 처리 능력을 활용하여 방대한 양의 데이터를 실시간으로 처리하고 분석할 수 있다. 이를 통해 복잡한 데이터 분석 작업에서도 효율적으로 대응할 수 있다.

- **실시간 데이터 분석**: 예를 들어, 실시간으로 데이터 스트리밍을 처리하고, 실시간 분석 결과를 도출하는 작업을 수행할 수 있다. 대규모 데이터를 분석하는 데 소요되는 시간과 비용을 줄일 수 있으며, 실시간으로 데이터 패턴을 발견하고 이에 맞는 대응책을 제시할 수 있다.

• **안전성과 윤리적 고려**: Gemini는 AI의 안전성과 윤리적 사용을 최우선으로 고려한다. DeepMind는 AI 모델이 생성하는 결과물이 윤리적이고 사회적으로 책임 있게 설계되도록 특별한 과정을 도입했다.

- **윤리적 고려**: Gemini는 사용자 상호작용에서 발생할 수 있는 잠재적 위험을 줄이기 위해 지속적인 모니터링과 피드백 시스템을 포함하고 있다. 이 시스템을 통해 AI가 제공하는 답변이 윤리적 기준에 맞는지 지속적으로 검토하고 수정한다.
- **책임 있는 AI 사용**: DeepMind는 AI의 책임성을 중요시하며, 생성된 콘텐츠가 부적

절하거나, 유해할 가능성이 있을 때 이를 방지하기 위한 여러 보호 장치를 구축하고 있다.

- **적응성과 확장성**: Gemini는 다양한 도메인에 쉽게 적응할 수 있으며, 특정 요구사항에 맞게 확장될 수 있는 유연성을 가지고 있다. 이는 여러 산업 분야에서 Gemini를 활용할 수 있도록 도와준다.
  - **다양한 산업에 맞춤형 적용**: Gemini는 의료, 금융, 교육 등 다양한 산업에 맞춰 적응할 수 있다. 예를 들어, 의료 분야에서는 질병 진단이나 환자 데이터 분석에 사용될 수 있고, 금융 분야에서는 시장 예측이나 리스크 분석에 적용할 수 있다.
  - **모델의 맞춤화**: 특정 산업에 맞춰 모델을 맞춤화하거나, 추가적인 기능을 통합하는 것도 가능한다. 이는 특정 프로젝트나 도메인에서 최적화된 결과를 도출할 수 있게 도와준다.

③ Gemini의 응용 사례

- **고객 서비스 및 지원**: Gemini는 고객 서비스 및 기술 지원에서 자동 응답 시스템으로 활용될 수 있다. 멀티모달 기능을 통해 텍스트, 이미지, 음성을 모두 처리할 수 있어, 다양한 고객 문의에 신속하고 정확하게 대응할 수 있다.
- **창작 및 예술 활동**: Gemini는 창의적인 작업에서 큰 역할을 할 수 있다. 스토리 작성, 음악 작곡, 디자인 생성 등 다양한 창작 활동에서 AI의 창의적인 능력을 발휘하여 사용자에게 새로운 영감을 줄 수 있다.
- **의료 및 연구 분야**: Gemini는 의료 분야에서 질병 진단, 의료 영상 분석, 환자 데이터 관리 등 다양한 작업에서 활용될 수 있다. 연구자들은 Gemini를 사용해 논문 요약이나 데이터 분석을 자동화할 수 있으며, 실시간으로 연구 결과를 도출할 수 있다.

④ 제한 사항 및 윤리적 고려

Gemini는 강력한 기능을 가지고 있지만, 몇 가지 윤리적 문제와 제한 사항이 존재한다.

- **부정확한 정보 생성 가능성**: Gemini는 많은 데이터를 기반으로 학습하지만, 부정확한 정보를 생성할 수 있는 가능성이 있다. 특히, 복잡한 질문이나 문제에 대한 답변이 항상 올바르지 않을 수 있다.

- **편향성 문제:** Gemini가 학습한 데이터에는 편향성이 존재할 수 있으며, 이는 AI 모델이 제공하는 응답에도 영향을 미칠 수 있다. DeepMind는 이를 줄이기 위해 지속적으로 모델을 개선하고 있지만, 완전한 해결은 어려울 수 있다.
- **윤리적 문제:** Gemini는 매우 주의 깊게 설계되었으나, 비윤리적으로 오용될 가능성도 있다. 이를 방지하기 위해 지속적인 모니터링이 필요하며, 사용자는 Gemini가 제공하는 정보를 비판적으로 검토할 필요가 있다.

결론

- Gemini는 Google DeepMind의 최신 AI 기술을 기반으로 한 강력한 생성형 AI 모델이다. 멀티모달 기능, 강화 학습, 고급 자연어 처리 등 다양한 기술적 특징을 통해 복잡한 문제를 해결하고 창의적인 작업을 수행하는 데 탁월한 성능을 발휘한다. 특히 안전성과 윤리적 고려를 중시하는 설계가 돋보이며, 여러 산업 분야에 적응성과 확장성을 갖추고 있어, 앞으로 AI 기술 발전에 중요한 역할을 할 것으로 기대된다.

대화형 AI 모델은 인공지능 기술의 급속한 발전을 보여주는 대표적인 예로, 인간과 자연스럽고 유창한 대화를 나눌 수 있는 AI 시스템이다. 이러한 모델은 언어 이해, 텍스트 생성, 대화 흐름 유지 등의 능력을 갖추고 있으며, 여러 응용 분야에서 활용되고 있다. 고객 지원, 가상 비서, 교육, 콘텐츠 생성 등 다양한 서비스에서 대화형 AI는 생산성 향상과 사용자 경험 개선에 크게 기여하고 있다.

9.2 생성형 AI 모델

9.2.1 생성형 AI 모델 정의

생성형 AI 모델은 주어진 입력 데이터로부터 새로운 콘텐츠를 생성하는 인공지능 시스템을 의미한다. 이러한 모델은 주로 텍스트, 이미지, 음악, 코드 등 다양한 형태의 데이터를 생성하는 데 사용된다. 생성형 AI 모델은 대규모 데이터셋을 기반으로 학습하며, 이를 통해 이전에 존재하지 않던 새로운 결과물을 만들어내는 능력을 갖추고 있다. 이 모델들은 창의적인 작업에서부터 실용적인 문제 해결에 이르기까지 다양한 분야에서 활용될 수 있다.

9.2.2 생성형 AI 모델의 주요 특징

- **데이터 학습과 패턴 인식**: 생성형 AI 모델은 대규모 데이터셋을 학습하여, 입력된 데이터의 패턴을 인식하고 이를 바탕으로 새로운 데이터를 생성한다. 이 과정에서 모델은 복잡한 패턴과 구조를 이해하여, 실제와 유사한 결과물을 만들어낸다.
  - 예를 들어, 텍스트 생성 모델은 방대한 양의 텍스트 데이터를 학습하여 특정 주제나 스타일에 맞는 새로운 문장을 작성할 수 있다.
- **다양한 출력 생성**: 생성형 AI 모델은 텍스트, 이미지, 음악, 코드 등 다양한 형태의 데이터를 생성할 수 있다. 각기 다른 도메인에서 활용될 수 있는 유연성을 가지고 있으며, 이를 통해 사용자에게 창의적인 솔루션을 제공한다.

- 예를 들어, 이미지 생성 모델은 간단한 텍스트 설명을 기반으로 완전히 새로운 이미지를 생성할 수 있다.

- **창의성과 자율성**: 생성형 AI 모델은 학습한 데이터를 바탕으로 자율적으로 새로운 콘텐츠를 창출하는 능력을 지니고 있다. 이는 사용자가 구체적인 지시를 내리지 않아도, 모델이 알아서 새로운 결과물을 생성할 수 있게 한다.
  - 예를 들어, 음악 생성 모델은 특정 장르나 분위기를 설정해주면, 이를 바탕으로 새로운 음악 트랙을 자동으로 만들어낼 수 있다.
- **응용 분야**: 생성형 AI 모델은 예술, 엔터테인먼트, 마케팅, 교육 등 다양한 분야에서 활용될 수 있다. 예술 창작부터 자동화된 콘텐츠 생성, 프로그래밍 지원에 이르기까지 그 용도는 매우 광범위하다.
  - 예를 들어, 마케팅에서는 생성형 AI를 통해 광고 문구나 캠페인 아이디어를 자동으로 생성해낼 수 있다.

9.2.3 생성형 AI 모델 종류 및 특징

1) 이미지 생성형 AI

이미지 생성형 AI는 텍스트로 입력된 설명을 바탕으로 이미지를 생성해내는 인공지능 모델을 의미한다. 이러한 AI는 컴퓨터 비전과 자연어 처리 기술을 결합하여 특정한 장면, 스타일, 색상, 또는 개체 등을 포함하는 이미지를 자동으로 생성할 수 있다. 이 기술은 다양한 산업 분야에서 창의적인 콘텐츠 제작, 마케팅, 디자인, 게임 개발 등에 활용되고 있다.

① 주요 특징

- **텍스트 기반 이미지 생성**: 사용자가 원하는 이미지를 텍스트로 설명하면, AI가 해당 설명을 바탕으로 이미지를 생성한다. 예를 들어, "해변에서 노을이 지는 장면"이라고 입력하면 AI는 이를 시각적으로 구현한다.
- **고급 학습 모델**: 이러한 AI는 주로 딥러닝 기술을 사용하며, 수백만 개의 이미지와 해당 설명 데이터를 학습하여 이미지와 텍스트 간의 연관성을 파악한다. 대표적인 모델로는 OpenAI의 DALL·E와 Google의 Imagen, 그리고 Midjourney 등이 있다.
- **다양한 스타일과 디테일**: 사용자가 원하는 스타일(예: 추상적, 사실적, 만화 스타일 등)을 텍스트로 지정할 수 있다. AI는 매우 세밀한 부분까지 고려하여 이미지를 생성할 수 있다.
- **혁신적인 사용 사례**: 예술가들은 이러한 AI를 사용하여 영감을 얻거나, 복잡한 아이디어를 시각적으로 표현할 수 있다. 또한 광고 및 마케팅에서 맞춤형 이미지를 제작하거나, 제품 디자인 시 초기 컨셉 아트를 빠르게 생성하는 데 활용된다.
- **기술적 제한 및 윤리적 고려**: 현재의 AI는 완벽하지 않으며, 일부 생성된 이미지가 왜곡되거나 비현실적일 수 있다. 또한, 저작권 문제나 인공지능이 생성한 콘텐츠의 오용 가능성 등 윤리적인 문제도 존재한다.

이미지 생성형 AI는 앞으로도 발전 가능성이 큰 분야로, 창의적 작업의 자동화와 다양한 콘텐츠 제작에 있어서 중요한 역할을 할 것으로 예상된다.

2) 음성형 생성형 AI

음성형 생성형 AI는 텍스트를 음성으로 변환(TTS, Text-to-Speech)하거나, 음성을 텍스트로 변환(STT, Speech-to-Text)하는 기술을 의미한다. 이 AI는 음성 합성, 음성 인식, 그리고 대화형 인터페이스 등에서 사용되며, 사람과 기계 간의 상호작용을 보다 자연스럽고 효율적으로 만들어준다.

① 주요 구성 요소 및 특징

- **텍스트 기반 음성 합성(TTS, Text-to-Speech)**:
  - 텍스트를 음성으로 변환하여, 사람이 말하는 것처럼 들리도록 음성을 생성한다. 이 기술은 내비게이션, 오디오북, AI 스피커, 그리고 뉴스 리더와 같은 다양한 응용 프로그램에서 사용된다.
  - 최신 TTS 시스템은 억양, 감정, 속도 등을 조절하여 매우 자연스러운 음성을 생성할 수 있으며, 다양한 언어와 음성 스타일을 지원한다.
- **음성 인식(STT, Speech-to-Text)**:
  - 음성 인식 기술(STT)은 음성을 실시간으로 텍스트로 변환한다. 이는 음성 명령을 텍스트로 변환해 시스템이 이해하고, 필요한 작업을 수행할 수 있도록 돕는다.
  - STT는 음성 메모 작성, 실시간 자막, 음성 검색, 대화형 AI 등의 분야에서 중요하게 사용된다.
  - 이 기술은 또한 대화형 AI의 입력으로 사용되며, 예를 들어 사용자가 음성으로 명령을 내리면, 그 명령을 텍스트로 변환해 처리한다.
- **대화형 AI**:
  - 대화형 AI는 STT와 TTS를 결합하여 실시간으로 사용자의 음성을 인식하고, 적절한 음성 응답을 생성할 수 있다. 예를 들어, Apple의 Siri, Amazon의 Alexa, Google Assistant 같은 가상 비서가 이러한 기술을 사용한다.
  - 이 시스템은 사용자의 질문에 답하거나, 특정 작업(예: 날씨 확인, 일정 예약)을 수행하며, 점점 더 자연스럽고 인간과 같은 대화를 가능하게 한다.
- **다양한 음성 스타일 및 언어 지원**: 음성형 AI는 다양한 언어와 방언을 지원하며, 특정 상황에 적합한 음성 스타일(남성, 여성, 어린이, 로봇 등)을 선택할 수 있다. 이는 글로벌 사용자와의 소통 및 맞춤형 서비스 제공에 큰 장점이 된다.
- **맞춤형 음성 합성**: 특정 인물의 목소리를 학습하여 유사한 음성을 생성할 수 있는 기술도 발전하고 있다. 이는 콘텐츠 제작, 마케팅, 엔터테인먼트 등에서 활용될 수 있다.
- **윤리적 및 법적 고려사항**: 음성형 AI, 특히 STT와 TTS 기술은 매우 강력한 도구지만, 개인정보 보호, 음성 도용, 사기, 그리고 저작권 침해 등의 윤리적, 법적 문제가 발생할 수 있다. 이러한 문제를 해결하기 위한 규제와 가이드라인이 필요한다.

② 응용 분야

- **고객 서비스**: 음성형 AI는 고객 서비스에서 콜센터 자동화, 음성 인식 기반 응대 등에 사용된다.
- **교육**: TTS와 STT는 장애가 있는 학생들에게 학습 자료를 제공하거나, 강의 내용을 자동으로 기록하는 데 사용된다.
- **콘텐츠 제작**: 팟캐스트, 오디오북, 비디오 내레이션 등에 TTS를 활용하여 고품질의 음성을 생성할 수 있다.
- **의료**: 의료 기록을 음성으로 작성하거나, 음성 명령을 통한 환자 관리 시스템에도 활용된다.

음성형 생성형 AI는 인간과 컴퓨터 간의 상호작용을 자연스럽고 효율적으로 만들어주는 기술로, 다양한 산업 분야에서 중요한 역할을 하고 있다. 앞으로도 기술 발전과 함께 더욱 넓은 응용 가능성이 기대된다.

3) 영상형 생성형 AI

영상형 생성형 AI는 텍스트 설명이나 기존의 영상 클립을 바탕으로 새로운 영상을 생성하는 인공지능 기술이다. 이 기술은 컴퓨터 비전, 딥러닝, 그리고 생성적 적대 신경망(GAN) 등 다양한 기술을 결합하여 고품질의 동영상을 자동으로 제작할 수 있다. 이러한 AI는 영상 콘텐츠 제작, 광고, 게임, 영화 등 여러 분야에서 혁신적인 도구로 사용되고 있다.

① 주요 특징

- **텍스트 기반 영상 생성**: 사용자가 입력한 텍스트 설명을 바탕으로 장면을 생성할 수 있다. 예를 들어, "밤하늘 아래 불꽃놀이가 펼쳐지는 장면"이라는 텍스트를 입력하면, AI가 해당 장면을 자동으로 생성한다.
  - 이러한 기술은 비디오 프로토타이핑, 스토리보드 제작, 마케팅 영상 제작 등에 유용

하게 활용될 수 있다.

- **기존 영상의 변형 및 편집**: AI는 기존 영상 클립을 분석하여 특정 요소를 변형하거나 새로운 스타일로 재편집할 수 있다. 예를 들어, 실제 영상을 애니메이션 스타일로 변환하거나, 특정 필터나 효과를 자동으로 적용할 수 있다.
  - 이 기술은 영화 후반 작업, 특수 효과 생성, 또는 소셜 미디어 콘텐츠 제작에 활용될 수 있다.
- **고해상도 영상 생성**: 최신 영상형 생성형 AI는 고해상도(HD, 4K) 영상을 생성할 수 있으며, 매우 디테일한 장면을 만들어낸다. 이는 광고, 영화 제작, 가상 현실(VR) 콘텐츠 등에서 중요한 역할을 한다.
- **실시간 생성 및 편집**: 실시간으로 영상 콘텐츠를 생성하거나 편집할 수 있는 기능을 제공하는 AI도 있다. 이는 라이브 스트리밍 콘텐츠, 실시간 게임 엔진, 또는 즉석에서 광고 콘텐츠를 생성하는 데 사용할 수 있다.
- **다양한 스타일과 장르 지원**: 영상형 AI는 다양한 예술적 스타일과 장르(예: 만화, 사실적, 초현실적)로 영상을 생성할 수 있다. 사용자는 원하는 스타일을 선택하여 영상의 분위기나 톤을 조절할 수 있다.
- **윤리적 및 법적 고려사항**: 영상형 생성형 AI의 강력한 기능은 잠재적인 윤리적, 법적 문제를 초래할 수 있다. 예를 들어, 딥페이크(deepfake) 기술을 사용해 사람의 얼굴을 합성하거나 허위 정보를 담은 영상을 만들 수 있다. 따라서, 이러한 기술의 사용에는 엄격한 규제와 윤리적 고려가 필요한다.

② 응용 분야

- **영화 및 애니메이션 제작**: AI는 영화나 애니메이션의 초기 스토리보드 제작에서부터 최종 장면의 렌더링까지 다양한 과정에서 활용된다. 예를 들어, 배경을 자동으로 생성하거나 복잡한 장면을 자동으로 합성할 수 있다.
- **광고 및 마케팅:** 광고 영상 제작에 있어 시간과 비용을 절약할 수 있으며, 사용자에게 맞춤형 콘텐츠를 제공하는 데 유용한다. 예를 들어, 고객 데이터를 바탕으로 개인화된 광고 영상을 자동으로 생성할 수 있다.
- **게임 개발**: AI는 게임에서 캐릭터 애니메이션, 환경 생성, 또는 인게임 시네마틱 장면 등을 자동으로 생성할 수 있다. 이는 게임 개발의 효율성을 높이고, 플레이어 경험을 풍부

하게 만듭니다.

- **교육 및 훈련**: 교육 콘텐츠나 훈련 시뮬레이션 영상을 자동으로 생성하여, 다양한 학습 환경에서 활용할 수 있다. 예를 들어, 특정 상황을 재현한 시뮬레이션 영상을 생성하여 훈련에 사용할 수 있다.
- **가상 현실(VR) 및 증강 현실(AR)**: AI는 VR 및 AR 콘텐츠의 자동 생성에 큰 기여를 할 수 있다. 예를 들어, 실시간으로 사용자의 환경에 맞는 가상 객체나 배경을 생성하여 몰입감을 높일 수 있다.

영상형 생성형 AI는 콘텐츠 제작의 혁신적인 도구로, 특히 시간과 비용이 중요한 산업에서 큰 이점을 제공한다. 기술의 발전에 따라 더 정교하고 다양하게 응용될 가능성이 크며, 사용자 경험을 향상시키는 데 중요한 역할을 할 것으로 기대된다.

4) 멀티미디어형 생성형 AI

멀티미디어형 생성형 AI는 다양한 미디어 콘텐츠를 자동으로 생성하고 결합하는 인공지능 기술을 말한다. 텍스트, 이미지, 음성, 영상 등 여러 형태의 미디어를 하나로 엮어주는 역할을 한다. 이를 통해 교육, 마케팅, 엔터테인먼트 등 여러 분야에서 창의적이고 복합적인 콘텐츠를 쉽게 만들어 낼 수 있다.

① 주요 특징

- **올인원 콘텐츠 생성**: 멀티미디어형 AI는 텍스트만 입력해도 이미지, 영상, 음성 등을 자동으로 생성한다. 예를 들어, "잔잔한 바다 위에 떠오르는 일출"이라는 텍스트를 입력하면 AI가 해당 장면의 영상을 만들고, 그에 맞는 배경음악과 내레이션까지 첨가해 준다.

- **크로스모달 생성**: 이 AI는 한 가지 입력을 여러 형태의 미디어로 변환하는 능력을 갖추고 있다. 텍스트로 영화의 장면을 설명하면 AI가 그에 맞는 영상 클립과 음성 대사를 생성해준다. 하나의 아이디어가 다양한 형태로 표현될 수 있게 한다.
- **실시간 생성 및 편집**: 실시간으로 미디어 콘텐츠를 생성하고 조합할 수 있는 능력을 갖추고 있다. 예를 들어, 라이브 스트리밍 중에 배경을 바꾸고 싶다면, "산속 풍경으로 바꿔줘"라고 말하면 AI가 즉시 그 배경을 만들어 화면에 적용해준다.
- **맞춤형 콘텐츠 생성**: 사용자의 취향과 데이터를 기반으로 개인 맞춤형 콘텐츠를 생성해준다. 예를 들어, 특정 사용자가 선호하는 스타일에 맞춰 교육용 비디오나 광고 영상을 자동으로 만들어 제공한다.
- **복합적 경험 제공**: 여러 미디어를 결합해 사용자가 더욱 몰입할 수 있는 복합적인 경험을 제공한다. 게임이나 가상 현실(VR) 환경에서 이 AI는 사용자가 원하는 장면을 실시간으로 생성하고, 그에 맞는 음향과 내레이션을 추가해 현실감 있는 경험을 만들어준다.
- **윤리적 및 법적 고려사항**: 멀티미디어형 생성형 AI는 강력한 도구인 만큼, 잘못 사용될 경우 문제가 될 수 있다. 예를 들어, AI가 가짜 뉴스나 딥페이크 영상을 만들어 사회적 혼란을 초래할 수 있다. 따라서 이러한 기술을 사용할 때는 윤리적, 법적 책임을 항상 고려해야 한다.

② 응용 분야

- **교육**: AI가 교재 내용에 맞는 영상과 음성을 결합해 교육 콘텐츠를 만들어준다. 학생들이 쉽게 이해할 수 있도록 돕는다.
- **마케팅 및 광고**: 텍스트로 제품 설명만 입력하면 AI가 이를 바탕으로 광고 영상을 만들어준다. 마케팅 효율성을 높일 수 있다.
- **엔터테인먼트**: 영화, 애니메이션, 게임 등 다양한 콘텐츠에서 AI가 자동으로 시각적 요소와 음향을 결합해 새로운 작품을 만들어낸다.
- **가상 및 증강 현실**: VR/AR 환경에서 AI가 실시간으로 필요한 콘텐츠를 생성해 더욱 몰입감 있는 경험을 제공한다.

이렇듯, 멀티미디어형 생성형 AI는 여러 종류의 미디어를 결합해 창의적이고 복합적인 콘텐츠를 만들어내는 혁신적인 기술이다. 이를 통해 콘텐츠 제작의 효율성을 높이고, 사용자에게 더 풍부한 경험을 제공할 수 있다. 그러나 이 기술을 사용할 때는 항상 윤리적, 법적 책임을 고려해야 한다.

9.2.3.5 3D & 4D형 생성형 AI

3D & 4D형 생성형 AI는 3차원(3D) 및 4차원(4D) 콘텐츠를 자동으로 생성하거나 조작할 수 있는 인공지능 기술을 의미한다. 이 AI는 주로 3D 모델링, 애니메이션, 시뮬레이션, 가상현실(VR), 증강현실(AR), 그리고 시공간을 고려한 4D 콘텐츠 제작 등에 사용된다. 4D 콘텐츠는 3D 모델에 시간적인 요소를 추가하여, 시간에 따라 변화하는 애니메이션이나 시뮬레이션을 포함한다.

① 주요 특징

- **3D 모델링 및 생성**: 3D형 생성형 AI는 텍스트 설명이나 2D 이미지를 바탕으로 3D 모델을 자동으로 생성할 수 있다. 이 모델은 다양한 형태와 구조를 가지며, 건축, 게임, 제품 디자인 등에서 활용될 수 있다.
  - **예시**: AI에게 "중세 시대의 성"이라는 텍스트를 입력하면, AI는 이를 바탕으로 중세 성의 3D 모델을 생성해준다. 이 모델은 건축 설계나 게임의 배경으로 바로 사용할 수 있다.
- **4D 콘텐츠 생성**: 4D형 AI는 3D 모델에 시간의 흐름을 더해 변화하는 애니메이션이나 시뮬레이션을 생성한다. 시간에 따른 물체의 이동, 형태 변형, 물리적 변화 등을 표현할 수 있다.
  - **예시**: "봄에서 겨울까지 계절이 변화하는 숲"이라는 설명을 입력하면, AI는 봄의 새싹이 돋아나는 장면부터 겨울의 눈 덮인 나무까지 계절에 따라 변하는 숲의 4D 애니메이션을 생성해준다.
- **물리적 시뮬레이션**: 4D형 AI는 물체 간의 물리적 상호작용이나 자연현상을 시뮬레이션할 수 있다. 예를 들어, 유체 역학, 충돌 시뮬레이션, 구조물의 진동 분석 등을 자동으로

수행할 수 있다.

- **예시**: 건축 엔지니어링에서 “건물에 지진이 발생했을 때의 구조적 반응”을 시뮬레이션하고 싶다면, AI가 3D 건물 모델에 지진의 물리적 영향을 시뮬레이션하여 구조의 변화를 4D로 보여줄 수 있다.

- **실시간 생성 및 조작**: 3D 및 4D형 AI는 실시간으로 콘텐츠를 생성하고 조작할 수 있는 기능을 제공한다. 특히, VR/AR 환경에서 사용자와의 상호작용에 따라 실시간으로 3D/4D 객체를 생성하고 변경할 수 있다.
  - **예시**: VR 게임에서 플레이어가 특정 행동을 할 때, AI가 실시간으로 환경을 재구성하거나 새로운 3D 객체를 생성하여 게임의 몰입도를 높일 수 있다.
- **정교한 디테일과 현실감**: 3D 및 4D형 AI는 매우 정교한 디테일을 생성할 수 있으며, 현실감을 높이는 데 중점을 둔다. 예를 들어, 사람의 표정, 피부 질감, 옷의 주름, 물체의 물리적 특성 등을 사실적으로 표현할 수 있다.
  - **예시**: 영화 제작에서 AI가 배우의 표정을 3D로 캡처하고, 이를 바탕으로 더욱 생동감 있는 애니메이션을 만들어낼 수 있다.
- **사용자 정의 및 맞춤형 생성**: AI는 사용자가 원하는 특정 요구사항에 따라 3D 및 4D 콘텐츠를 맞춤형으로 생성할 수 있다. 예를 들어, 특정 스타일이나 테마에 맞춘 3D 모델을 생성하거나, 특정 시간적 변화에 따라 변형되는 애니메이션을 만들 수 있다.
  - **예시**: 건축 디자이너가 “자연 친화적인 테마를 가진 집”을 요청하면, AI는 자연적인 요소를 고려해 3D 모델을 생성하고, 시간에 따른 채광 변화까지 시뮬레이션할 수 있다.

② 응용 분야

- **게임 개발**: AI가 게임 내 캐릭터나 환경의 3D 모델을 자동으로 생성하고, 시간에 따른 변화나 상호작용을 반영한 4D 애니메이션을 제작할 수 있다.
- **영화 및 애니메이션**: 영화 제작 과정에서 AI가 3D 캐릭터와 배경을 생성하고, 시간에 따른 장면의 변화를 포함한 4D 애니메이션을 자동으로 만들어낸다.
- **건축 및 설계**: 건축 설계에서 3D 모델을 생성하고, 시간에 따라 변화하는 자연광이나 구조적 변화를 시뮬레이션하여 설계의 실효성을 높일 수 있다.
- **의료 시뮬레이션**: 의학 연구에서 3D로 인체 장기를 모델링하고, 4D 시뮬레이션을 통해

질병의 진행 과정이나 수술의 결과를 예측할 수 있다.

- **교육 및 훈련**: 교육용 VR/AR 콘텐츠에서 AI가 3D 모델을 생성하고, 학습자가 실시간으로 상호작용하며 경험할 수 있는 4D 시뮬레이션을 제공한다.

3D 및 4D형 생성형 AI는 복잡한 시공간적 요소를 자동으로 생성하고 시뮬레이션할 수 있는 강력한 도구로, 다양한 산업에서 혁신적인 가능성을 제공한다. 이를 통해 더욱 정교하고 현실감 있는 콘텐츠를 쉽게 제작할 수 있으며, 사용자의 상호작용에 따라 실시간으로 변형되는 몰입형 경험을 제공할 수 있다.

9.3 연습문제

4지선다형 문제 (10문제)

01. 대화형 AI 모델의 주요 특징으로 옳지 않은 것은?

①. 자연어 이해

②. 문맥 인식

③. 고해상도 이미지 생성

④. 대화 생성

02. 생성형 AI 모델의 주요 활용 분야가 아닌 것은?

①. 예술 창작

②. 고객 서비스

③. 소프트웨어 오류 수정

④. 프로그래밍 코드 생성

03. 음성형 생성형 AI의 주요 기능에 해당하지 않는 것은?

①. 텍스트를 음성으로 변환

②. 음성을 텍스트로 변환

③. 음성으로 고해상도 이미지 생성

④. 대화형 AI와 결합하여 실시간 음성 대화 생성

04. 영상형 생성형 AI의 특징으로 올바른 것은?

①. 텍스트를 바탕으로 3D 모델을 생성한다.

②. 텍스트를 바탕으로 영상을 생성한다.

③. 음성을 바탕으로 영상을 생성한다.

④. 영상의 음향 효과를 제거한다.

05. 3D & 4D형 생성형 AI의 기능에 해당하지 않는 것은?

①. 3D 모델링 및 생성

②. 물리적 시뮬레이션

③. 실시간 상호작용

④. 텍스트 기반 음성 합성

06. 멀티미디어형 생성형 AI가 가장 적합하게 사용될 수 있는 분야는?

①. 단순 데이터 분석

②. 물리학 실험

③. 교육 콘텐츠 제작

④. 의학 이미지 분석

07. 대화형 AI 모델이 다른 AI 모델들과 차별화되는 주된 요소는 무엇인가?

①. 사용자의 명령을 수행한다.

②. 새로운 콘텐츠를 생성한다.

③. 사용자와 상호작용하며 대화한다.

④. 3D 모델을 자동 생성한다.

08. 4D형 생성형 AI의 주된 특징은?

①. 2D 이미지 생성

②. 시간 요소가 포함된 시뮬레이션 생성

③. 단순 텍스트 생성

④. 음성 변환 기술

09. Claude 모델이 특히 강조하는 측면은 무엇인가?

①. 창의적 글쓰기

②. 코드 자동 완성

③. 안전성과 윤리적 사용

④. 실시간 비디오 생성

10. Copilot의 주요 용도는 무엇인가?

①. 고객 서비스 지원

②. 프로그래밍 코드 작성 지원

③. 이미지 생성

④. 음악 작곡

단답형 문제 (10문제)

01. 대화형 AI 모델이 주로 사용하는 기술은 무엇인가?

02. 생성형 AI 모델은 어떤 종류의 콘텐츠를 생성하는가?

03. 음성형 AI에서 STT는 무엇을 의미하는가?

04. 영상형 생성형 AI는 주로 어떤 기술을 결합하여 동작하는가?

05. 3D형 생성형 AI가 주로 사용되는 분야 중 하나를 적으시오.

06. 4D형 생성형 AI는 3D 콘텐츠에 어떤 요소를 추가하여 생성하는가?

07. 멀티미디어형 생성형 AI의 크로스모달 생성이란 무엇을 의미하는가?

08. Copilot은 주로 어떤 도구와 통합되어 사용되는가?

09. Gemini 모델은 어떤 학습 방법을 사용하여 복잡한 문제를 해결하는가?

10. 영상형 생성형 AI의 윤리적 문제 중 하나를 적으시오.

서술형 문제 (5문제)

01. 대화형 AI 모델과 생성형 AI 모델의 차이점을 설명하시오.

02. 3D & 4D형 생성형 AI의 주요 특징과 이를 활용한 실제 응용 사례를 설명하시오.

03. 멀티미디어형 생성형 AI가 교육 분야에서 어떻게 활용될 수 있는지 설명하시오.

04. Claude 모델이 안전성과 윤리적 측면을 강조하는 이유와 그 중요성에 대해 서술하시오.

05. 생성형 AI 모델이 콘텐츠 제작 분야에서 제공하는 장점과 그로 인한 사회적 영향에 대해 논하시오.

10주차

대화형 AI 모델 실습

1. 대화형 AI 모델을 활용한 실습을 통해 ChatGPT, Claude, Copilot 등을 학습한다.
2. AI 모델의 장단점을 비교하고, 효율적인 활용 방안을 모색한다.
3. 실제 데이터 기반의 AI 활용 사례를 구현한다.

10.1 ChatGPT 실습

10.2 Claude 실습

10.3 Copilot 실습

10.4 Gemini 실습

10.5 연습문제

10.1 대화형 AI ChatGTP 기초 및 실습

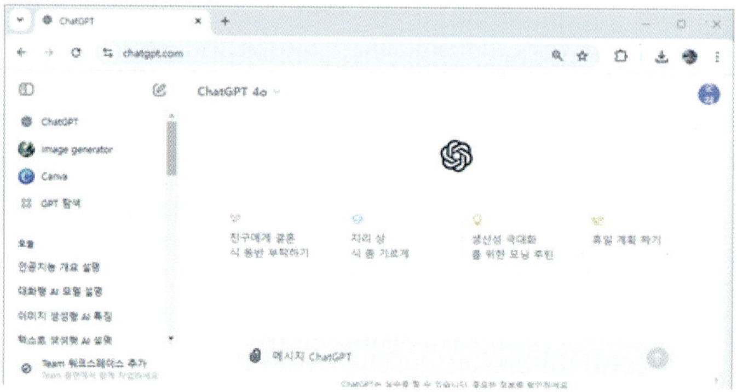

질의

인공지능이란?

답변

인공지능(Artificial Intelligence, AI)은 기계나 컴퓨터 시스템이 인간의 지능적인 작업을 수행할 수 있도록 하는 기술을 의미한다. 인공지능은 여러 가지 형태로 나타나며, 주로 다음과 같은 기능을 포함한다

- **학습**: 데이터를 분석하고 패턴을 인식하여 스스로 개선되는 능력. 예를 들어, 머신러닝 알고리즘은 주어진 데이터를 학습하여 예측 모델을 개선한다.
- **추론**: 주어진 정보나 데이터를 바탕으로 결정을 내리고 문제를 해결하는 능력. 예를 들어, 체스 프로그램은 다양한 수를 계산하여 최적의 수를 선택한다.
- **자연어 처리**: 인간의 언어를 이해하고 생성하는 능력. 예를 들어, 챗봇이나 음성 인식 시스템이 인간의 말을 이해하고 답변을 제공한다.
- **시각 인식**: 이미지나 비디오를 분석하여 객체를 인식하거나 상황을 파악하는 능력. 예를

들어, 자율주행차는 카메라를 통해 주변 환경을 인식하고 주행 경로를 결정한다.

- **창의성**: 새로운 아이디어를 생성하거나 문제 해결을 위한 새로운 접근 방식을 개발하는 능력. 예를 들어, 예술 창작 AI는 새로운 음악이나 그림을 생성할 수 있다.

인공지능은 인간의 복잡한 문제 해결 능력을 모방하거나 향상시키기 위해 개발되었으며, 의료, 금융, 제조, 엔터테인먼트 등 다양한 분야에서 활용되고 있다. AI 기술의 발전은 우리의 일상 생활에 큰 변화를 가져오고 있으며, 미래에는 더욱 다양한 영역에서 인간의 삶을 지원하게 될 것이다.

질의

구글 사이트를 분석하는 Python 소스코드 작성해.

답변

Google 웹사이트를 분석하기 위해 Python과 BeautifulSoup을 사용하는 방법을 보여드리겠습니다. Google의 HTML 구조는 비교적 단순하지만, 주의할 점은 Google은 자주 HTML 구조를 변경하고, 많은 콘텐츠가 자바스크립트를 통해 동적으로 로드된다는 점이다. 따라서 기본적인 HTML 요소를 추출하는 예제를 보여드리겠습니다.

I. **라이브러리 설치:** 먼저 필요한 라이브러리를 설치한다.

```bash
pip install requests beautifulsoup4
```

II. **구글 사이트 분석 코드 작성**: 다음 코드는 Google 메인 페이지에서 제목, 검색 창의 `placeholder` 텍스트, 그리고 페이지에 존재하는 모든 링크를 추출하는 예제이다.

```python
import requests
```

```
from bs4 import BeautifulSoup

Google 메인 페이지 URL
url = “https://www.google.com”

웹 페이지 가져오기
response = requests.get(url)
html_doc = response.text

BeautifulSoup 객체 생성
soup = BeautifulSoup(html_doc, ‘html.parser’)
```

III. **페이지 제목(title) 추출**

```
title_tag = soup.title
if title_tag:
    title = title_tag.string
    print(“Title of the page:”, title)
else:
    print(“Title tag not found”)
```

IV. **검색창의 placeholder 텍스트 추출**

```
search_input = soup.find(‘input’, {‘name’: ‘q’})
if search_input:
    placeholder = search_input.get(‘aria-label’)
    print(“Search placeholder:”, placeholder)
else:
    print(“Search input field not found”)
```

V. **모든 링크(〈a〉 태그)의 텍스트와 URL 추출**

```
links = soup.find_all(‘a’)
if links:
    print(“\nAll Links:”)
    for link in links:
        href = link.get(‘href’)
```

```
        text = link.get_text(strip=True)
        if href and text:
            print(f"Link text: {text}, URL: {href}")
else:
    print("No links found")

VI. 첫 번째 링크의 URL 추출
first_link = soup.find('a')
if first_link:
    print("\nFirst link href:", first_link.get('href'))
else:
    print("No link found")
```

VII. **코드 설명**

i. **페이지 제목 추출**: `〈title〉` 태그에서 페이지 제목을 추출한다.

ii. **검색창의 placeholder 텍스트 추출**: Google 메인 페이지의 검색창에서 `aria-label` 속성을 가져와 placeholder 텍스트를 출력한다.

iii. **모든 링크 추출**: 페이지에 존재하는 모든 `〈a〉` 태그의 텍스트와 URL을 추출하여 출력한다.

iv. **첫 번째 링크의 URL 추출**: 페이지에서 첫 번째 `〈a〉` 태그의 URL을 출력한다.

VIII. **주의 사항**

- **HTML 구조 파악**: Google과 같은 사이트는 자주 HTML 구조를 변경할 수 있다. 개발자 도구(F12)를 사용해 필요한 요소의 정확한 속성을 확인하는 것이 중요한다.
- **동적 콘텐츠**: Google의 많은 콘텐츠는 자바스크립트를 통해 동적으로 로드되므로, `requests`와 `BeautifulSoup`으로는 모든 데이터를 가져오기 어려울 수 있다. 이러한 경우 Selenium과 같은 도구를 사용해야 한다.

IX. **Selenium을 이용한 동적 콘텐츠 분석**

Google의 동적 콘텐츠에 접근하려면 Selenium을 사용할 수 있다. 아래는 Selenium을 사용하는 예제이다.

```python
from selenium import webdriver
from selenium.webdriver.chrome.service import Service
from selenium.webdriver.common.by import By
from selenium.webdriver.chrome.options import Options

ChromeDriver 경로 설정
chrome_service = Service(‘/path/to/chromedriver’)
chrome_options = Options
chrome_options.add_argument(“--headless”)  브라우저 창을 띄우지 않음

브라우저 열기
driver = webdriver.Chrome(service=chrome_service, options=chrome_options)
driver.get(“https://www.google.com”)

페이지 로드 대기
driver.implicitly_wait(10)

검색창의 placeholder 텍스트 추출
search_input = driver.find_element(By.NAME, ‘q’)
placeholder = search_input.get_attribute(‘aria-label’)
print(“Search placeholder:”, placeholder)

모든 링크 추출
links = driver.find_elements(By.TAG_NAME, ‘a’)
print(“\nAll Links:”)
for link in links:
    href = link.get_attribute(‘href’)
    text = link.text.strip
    if href and text:
        print(f”Link text: {text}, URL: {href}”)
```

```
첫 번째 링크의 URL 추출
if links:
    first_link_href = links[0].get_attribute('href')
    print("\nFirst link href:", first_link_href)

브라우저 닫기
driver.quit
```

이 코드는 Selenium을 사용해 Google 메인 페이지에서 검색창의 `placeholder` 텍스트와 모든 링크를 추출한다. Selenium은 자바스크립트로 로드된 동적 콘텐츠에도 접근할 수 있어, 더 완전한 분석이 가능한다.

Selenium을 설치하려면 다음 명령어를 사용하세요:

```bash
pip install selenium
```

ChromeDriver를 다운로드하여 사용 중인 Chrome 버전에 맞추고, `Service` 경로에 ChromeDriver 경로를 지정해 주세요.

수행 결과

Title of the page: Google
Search placeholder: None

All Links:
Link text: Images, URL: https://www.google.com/imghp?hl=en&tab=wi
Link text: Maps, URL: https://maps.google.com/maps?hl=en&tab=wl
Link text: Play, URL: https://play.google.com/?hl=en&tab=w8
Link text: YouTube, URL: https://www.youtube.com/?tab=w1
Link text: News, URL: https://news.google.com/?tab=wn
Link text: Gmail, URL: https://mail.google.com/mail/?tab=wm
Link text: Drive, URL: https://drive.google.com/?tab=wo
Link text: More», URL: https://www.google.com/intl/en/about/products?tab=wh
Link text: Web History, URL: http://www.google.com/history/optout?hl=en
Link text: Settings, URL: /preferences?hl=en
Link text: Sign in, URL: https://accounts.google.com/ServiceLogin?hl=en&passive=true&continue=https://www.google.com/&ec=GAZAAQ
Link text: Advanced search, URL: /advanced_search?hl=en&authuser=0
Link text: Advertising, URL: /intl/en/ads/
Link text: Business Solutions, URL: /services/
Link text: About Google, URL: /intl/en/about.html
Link text: Privacy, URL: /intl/en/policies/privacy/
Link text: Terms, URL: /intl/en/policies/terms/

First link href: https://www.google.com/imghp?hl=en&tab=wi

질의

하늘을 날고 있는 검은 망토를 입고 가죽 부츠를 신고서 밝게 웃고 있는 고양이 그려.

답변

Here is the image of a cat flying through the sky, wearing a black cape and leather boots, with a bright, cheerful smile on its face. I hope you like it!

10.2 대화형 AI Claude 기초 및 실습

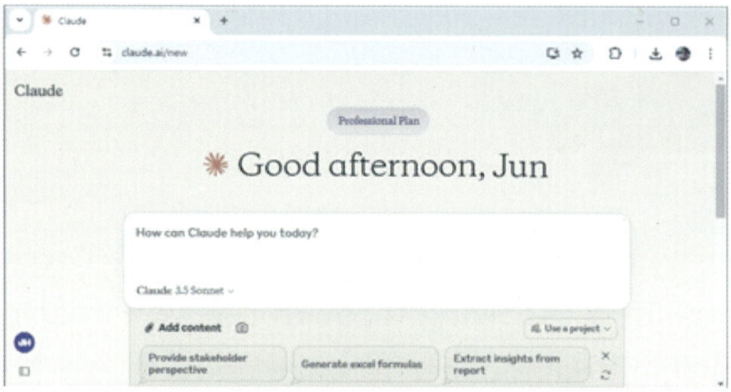

질의

인공지능이란?

답변

인공지능(AI)은 인간의 지능을 모방하여 학습, 문제 해결, 패턴 인식 등을 수행할 수 있는 컴퓨터 시스템을 말한다. 주요 특징은 다음과 같습니다

- **학습 능력**: 데이터로부터 학습하여 성능을 개선한다.
- **추론**: 주어진 정보를 바탕으로 결론을 도출한다.
- **적응성**: 새로운 상황에 대응할 수 있다.
- **자연어 처리**: 인간의 언어를 이해하고 생성할 수 있다.
- **컴퓨터 비전**: 이미지와 영상을 분석할 수 있다.

인공지능은 현재 다양한 분야에서 활용되고 있으며, 의료 진단, 자율 주행 차량, 개인화된 추천 시스템 등에 적용되고 있다.
더 자세한 정보나 특정 분야에 대해 알고 싶으시다면 말씀해 주세요.

질의

구글 사이트를 분석하는 Python 소스코드 작성해.

답변

네, 구글 사이트를 분석하는 Python 소크코드를 작성해 드리겠습니다. 이 코드는 requests와 BeautifulSoup 라이브러리를 사용하여 구글 메인 페이지를 크롤링하고 기본적인 정보를 추출한다.

```
import requests
from bs4 import BeautifulSoup
import re

def analyze_google_site:
    Google 메인 페이지 URL
    url = "https://www.google.com"

    print("Google 사이트 분석 시작...")
    print("=" * 40)

    try:
        페이지 내용 가져오기
        response = requests.get(url)
        if response.status_code != 200:
            print(f"Error: Unable to fetch the page. Status code: {response.status_
code}")
          return

        BeautifulSoup 객체 생성
        soup = BeautifulSoup(response.text, 'html.parser')

        페이지 제목 추출
        title = soup.title.string if soup.title else "Title not found"
```

```
        print(f"페이지 제목: {title}")

        모든 링크 추출
        links = soup.find_all('a')
        print(f"총 링크 수: {len(links)}")

        이미지 개수 추출
        images = soup.find_all('img')
        print(f"총 이미지 수: {len(images)}")

        메타 태그 정보 추출
        meta_tags = soup.find_all('meta')
        print(f"메타 태그 수: {len(meta_tags)}")

        검색 버튼 텍스트 찾기
        search_button = soup.find('input', {'type': 'submit'})
        if search_button:
            print(f"검색 버튼 텍스트: {search_button.get('value', 'Not found')}")

        print("=" * 40)

    except requests.exceptions.RequestException as e:
        print(f"오류 발생: {e}")

def print_google_robots_txt:
    Google의 robots.txt URL
    robots_url = "https://www.google.com/robots.txt"

    print("\nGoogle robots.txt 파일 분석...")
    print("=" * 40)

    try:
```

```
    robots.txt 파일 다운로드
    response = requests.get(robots_url)

    상태 코드 확인
    if response.status_code == 200:
        print("robots.txt 파일 내용:")
        print(response.text)
    else:
        print(f"robots.txt 파일을 가져올 수 없습니다. 상태 코드: {response.status_
code}")

  except requests.exceptions.RequestException as e:
    print(f"오류 발생: {e}")

  print("=" * 40)

메인 함수
def main:
  analyze_google_site
  print_google_robots_txt

if __name__ == "__main__":
  main
```

이 Python 스크립트는 다음과 같은 작업을 수행한다:

I. 구글 메인 페이지를 가져옵니다.

II. 페이지 제목을 추출한다.

III. 페이지 내의 모든 링크와 이미지 수를 계산한다.

IV. 메타 태그의 수를 세어 출력한다.

V. 검색 버튼의 텍스트를 찾습니다.

VI. robots.txt 파일의 존재 여부를 확인한다.

이 스크립트를 실행하려면 먼저 requests와 beautifulsoup4 라이브러리를 설치해야 한다. 다음 명령어를 사용하여 설치할 수 있다:

Copy

```
pip install requests beautifulsoup4
```

이 스크립트는 기본적인 웹 크롤링 예제이다. 실제 사용 시에는 구글의 robots.txt 파일과 이용 약관을 준수해야 하며, 과도한 요청으로 서버에 부담을 주지 않도록 주의해야 한다. 이 코드를 실행하거나 수정하는 데 도움이 필요하시면 말씀해 주세요.

수행 결과

```
Google 사이트 분석 시작...
==========================================
페이지 제목: Google
총 링크 수: 17
총 이미지 수: 1
메타 태그 수: 4
검색 버튼 텍스트: Google Search
==========================================

Google robots.txt 파일 분석...
==========================================
robots.txt 파일 내용:
User-agent: *
Disallow: /search
Allow: /search/about
Allow: /search/static
Allow: /search/howsearchworks
Disallow: /sdch
Disallow: /groups
Disallow: /index.html?
```

```
Disallow: /?
Allow: /?hl=
Disallow: /?hl=*&
Allow: /?hl=*&gws_rd=ssl$
Disallow: /?hl=*&*&gws_rd=ssl
Allow: /?gws_rd=ssl$
.........................................................

Crawlers of certain social media sites are allowed to access page markup when
google.com/imgres* links are shared. To learn more, please contact images-
robots-allowlist@google.com.
User-agent: Twitterbot
Allow: /imgres
Allow: /search
Disallow: /groups
Disallow: /hosted/images/
Disallow: /m/

User-agent: facebookexternalhit
Allow: /imgres
Allow: /search
Disallow: /groups
Disallow: /hosted/images/
Disallow: /m/

Sitemap: https://www.google.com/sitemap.xml
```

질의

하늘을 날고 있는 검은 망토를 입고 가죽 부츠를 신고서 밝게 웃고 있는 고양이 그려.

답변

안녕하세요. 유감스럽게도 제가 직접 이미지를 그리거나 생성할 수 있는 능력은 없습니다. 하지만 귀하가 요청하신 이미지를 SVG 형식으로 간단하게 표현해 보겠습니다. 이는 매우 기본적인 형태가 될 것이며, 실제 그림과는 거리가 있을 수 있다.

```
```svg
<svg xmlns="http://www.w3.org/2000/svg" viewBox="0 0 200 200">
  <!-- 하늘 배경 -->
  <rect width="200" height="200" fill="lightblue"/>

  <!-- 고양이 몸통 -->
  <ellipse cx="100" cy="100" rx="40" ry="30" fill="gray"/>

  <!-- 고양이 얼굴 -->
  <circle cx="130" cy="90" r="20" fill="gray"/>

  <!-- 고양이 귀 -->
  <polygon points="120,75 130,65 140,75" fill="gray"/>
  <polygon points="140,75 150,65 160,75" fill="gray"/>

  <!-- 고양이 눈 -->
  <circle cx="125" cy="85" r="5" fill="green"/>
  <circle cx="140" cy="85" r="5" fill="green"/>

  <!-- 고양이 입 (웃는 표정) -->
  <path d="M125,95 Q135,105 145,95" fill="none" stroke="black" stroke-width="2"/>
```
```

```
  〈!-- 검은 망토 --〉
  〈path d="M60,100 Q100,130 140,100 L130,150 Q100,170 70,150 Z"
fill="black"/〉

  〈!-- 가죽 부츠 --〉
  〈rect x="85" y="130" width="10" height="20" fill="brown"/〉
  〈rect x="105" y="130" width="10" height="20" fill="brown"/〉
〈/svg〉
```

이 SVG 이미지는 귀하의 요청을 간단하게 표현한 것이다. 하늘을 배경으로 하고 있으며, 중앙에 검은 망토를 입고 가죽 부츠를 신은 고양이가 있다. 고양이는 밝게 웃고 있는 표정을 하고 있다.

이 이미지는 매우 기본적이고 단순화된 형태이다. 실제 그림과는 많이 다를 수 있으며, 세부적인 디테일이나 사실적인 표현은 부족할 수 있다. 그러나 귀하가 요청하신 주요 요소들 - 하늘을 나는 모습, 검은 망토, 가죽 부츠, 밝게 웃는 표정의 고양이 - 를 포함하려고 노력했다.

더 자세하거나 사실적인 이미지가 필요하시다면, 전문 일러스트레이터나 디지털 아티스트의 도움을 받는 것이 좋을 것 같습니다.

10.3 대화형 AI Copilot 기초 및 실습

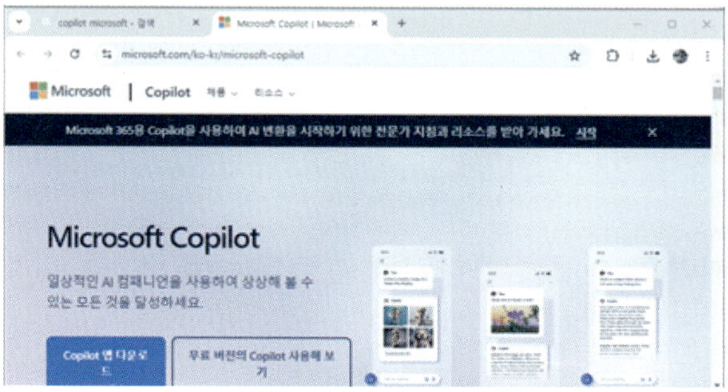

질의

인공지능이란?

답변

인공지능(AI)은 컴퓨터와 기계를 활용하여 인간의 문제 해결 및 의사 결정 능력을 모방하는 과학 및 공학이다. 이 용어는 다양한 의미와 관점에서 사용되지만, 기본적으로 다음과 같은 개념을 포함한다

- **인간 지능 모방**: 인공지능은 인간의 학습 능력, 추론 능력, 지각 능력을 컴퓨터로 구현하려는 분야이다. 즉, 인간처럼 사고하고 행동하는 기능을 갖춘 컴퓨터 시스템을 만드는 것이다.
- **응용 분야**: 음성 인식, 추천 시스템, 의료 진단, 자율 주행 등 다양한 분야에서 인공지능이 활용된다.
- **목표**: 인간 수준의 지능을 갖춘 AI 시스템을 개발하는 것이 연구의 목표이다.

인공지능은 현재 많은 분야에서 활발히 연구되고 있으며, 머신 러닝, 딥 러닝, 생성형 AI

등 다양한 기술과 방법론이 사용된다. 인간의 지능을 기계로 구현하는 것은 컴퓨터 과학의 중요한 주제 중 하나이며, 미래에는 더 발전된 AI 시스템이 우리의 일상에 더욱 통합될 것으로 기대된다123.
어떤 측면에서 인공지능에 대해 더 알고 싶으신가요? 추가적인 질문이 있으시면 언제든지 물어보세요! 😊

질의
Google 사이트를 분석하는 Python 소스코드 작성해.

답변
물론, Google 사이트를 분석하는 Python 소스코드를 작성해드리겠습니다! Google 사이트를 크롤링하거나 API를 활용하여 데이터를 가져오는 방법을 두 가지 예시로 설명한다.

I. **웹 크롤링을 통한 데이터 추출**:
   i. 웹 페이지의 HTML 코드를 직접 파싱하여 원하는 정보를 추출할 수 있다.
   ii. 아래는 Google 뉴스 페이지에서 뉴스 제목과 링크를 추출하는 예시 코드이다:

```
import requests
from bs4 import BeautifulSoup

url = "https://news.google.com/"
response = requests.get(url)
soup = BeautifulSoup(response.text, "html.parser")
news_items = soup.find_all("h3", class_="ipQwMb ekueJc gEATFF RD0gLb")

for item in news_items:
    title = item.text
    link = item.find("a")["href"]
    print(f"제목: {title}, 링크: {link}")
```

II. **Google News API를 활용한 데이터 추출:**
   i. Google News API를 사용하여 뉴스 데이터를 가져올 수 있다.
   ii. API 키를 발급받고 해당 키를 사용하여 데이터를 요청하는 방법이다.
   iii. 위 코드들을 참고하여 Google 사이트를 분석하고 원하는 데이터를 추출해보세요! 추가적인 질문이 있으시면 언제든지 물어보세요! 😊 Google News API

수행 결과

....

질의

하늘을 날고 있는 검은 망토를 입고 가죽 부츠를 신고서 밝게 웃고 있는 고양이 그려.

답변

10.4 대화형 AI Gemini 기초 및 실습

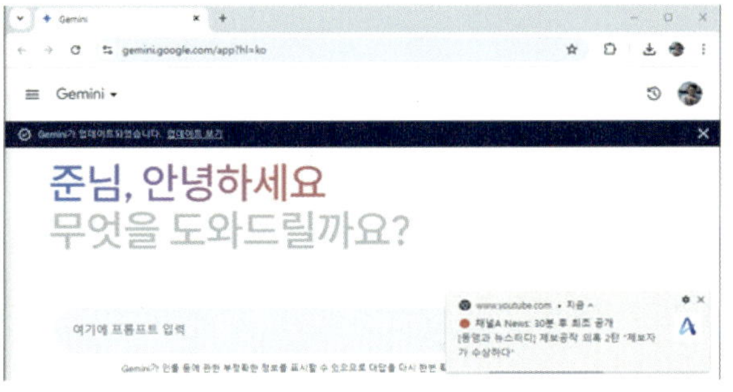

질의

인공지능이란?

답변

인인공지능이란 무엇일까요?

인공지능(Artificial Intelligence, AI)은 인간의 지능을 컴퓨터 프로그램으로 구현하여, 학습, 추론, 판단, 문제 해결 등 인간이 하는 지적인 작업을 수행하도록 만든 기술이다.

인공지능의 핵심 개념

- **머신 러닝(Machine Learning)**: 컴퓨터가 데이터를 통해 스스로 학습하고 예측하는 능력이다.
- **지도 학습**: 정답이 있는 데이터를 통해 학습하는 방식
- **비지도 학습**: 정답이 없는 데이터를 통해 패턴을 찾는 방식
- **강화 학습**: 환경과 상호작용하며 보상을 최대화하는 방식
- **딥 러닝(Deep Learning)**: 인간의 뇌 신경망을 모방한 인공 신경망을 이용하여 복잡한 패

턴을 학습하는 기술이다.

- **자연어 처리(Natural Language Processing)**: 컴퓨터가 인간의 언어를 이해하고 생성하는 기술이다.

인공지능이 활용되는 분야

- **일상생활**: 스마트폰, 스마트 스피커, 번역, 추천 시스템 등
- **산업**: 제조, 의료, 금융, 자율주행 등
- **연구**: 과학, 의학, 예술 등

인공지능의 미래
인공지능은 우리 삶의 많은 부분을 변화시키고 있다. 앞으로 더욱 발전된 인공지능 기술을 통해 더욱 편리하고 효율적인 세상을 만들어갈 수 있을 것으로 기대된다.
궁금한 점이 있으신가요?

- 인공지능의 특정 분야에 대해 더 자세히 알고 싶으신가요?
- 인공지능이 우리 삶에 어떤 영향을 미칠지 궁금하신가요?
- 인공지능의 윤리적인 문제에 대해 알고 싶으신가요?

어떤 질문이든 편하게 해주세요.

질의
Google 사이트를 분석하는 Python 소스코드 작성해.

답변
Google 사이트 분석 Python 소스코드 작성 가이드
Google 사이트를 분석하는 Python 소스코드를 작성하기 위한 자세한 가이드이다.

I. **분석 목표 설정**

- 어떤 부분을 분석할 것인가?
  - 특정 키워드 검색 결과의 양과 질
  - 페이지 로딩 속도
  - 웹사이트 구조 및 콘텐츠 분석
  - 사용자 행동 분석 (클릭, 스크롤 등)
  - 경쟁사 분석
  - SEO 분석
  - 특정 기술 사용 여부 (e.g., JavaScript, React)

- 어떤 데이터를 얻고 싶은가?
  - 검색 결과 페이지의 HTML 구조
  - 특정 요소의 텍스트, 링크
  - 이미지 분석
  - 웹사이트 성능 지표

II. **필요한 라이브러리 설치**
  - **Requests**: 웹 페이지 요청
  - **Beautiful Soup 4**: HTML 파싱
  - **Selenium**: 웹 브라우저 자동화 (JavaScript 렌더링 필요 시)
  - **pandas**: 데이터 분석 및 처리
  - **matplotlib, seaborn**: 데이터 시각화
  - **networkx**: 네트워크 분석
  - **Google Search Console API**: Google 검색 콘솔 데이터 활용 (인증 필요)
  - **Google Analytics API**: Google 애널리틱스 데이터 활용 (인증 필요)

Bash
pip install requests beautifulsoup4 selenium pandas matplotlib seaborn networkx google-auth-httplib2 google-auth-oauthlib

III. **코드 구조 예시**

```
Python
import requests
from bs4 import BeautifulSoup
import pandas as pd

def scrape_google(query):
    url = f"https://www.google.com/search?q={query}"
    response = requests.get(url)
    soup = BeautifulSoup(response.content, 'html.parser')

    검색 결과 추출 로직 (예시)
    results = soup.find_all('div', class_='g')
    for result in results:
        title = result.find('h3').text
        link = result.find('a')['href']
        print(title, link)

예시 실행
scrape_google("python programming")
```

IV. **분석 예시**

- **키워드 검색 결과 분석**:
  - 검색 결과 페이지의 HTML을 파싱하여 제목, 링크, 설명 등을 추출한다.
  - 추출된 데이터를 pandas DataFrame에 저장하고 분석한다.
- **웹사이트 구조 분석**:
  - BeautifulSoup을 이용하여 웹사이트의 HTML 구조를 파악한다.
  - networkx를 이용하여 웹사이트의 링크 구조를 그래프로 시각화한다.
- **페이지 로딩 속도 분석**:
  - Selenium을 이용하여 웹 페이지를 로딩하고, 개발자 도구를 통해 로딩 시간을 측정한다.

- **SEO 분석**:
  - Google Search Console API를 이용하여 검색 트래픽, 키워드 순위 등을 분석한다.
- **사용자 행동 분석**:
  - Google Analytics API를 이용하여 사용자의 페이지 조회수, 체류 시간, 이탈률 등을 분석한다.

V. 고려 사항
- Google 검색 결과 페이지는 자주 변경된다. 따라서 코드를 유지보수해야 한다.
- Google의 사용 약관을 준수해야 한다.
- Selenium을 사용할 경우, 브라우저를 열어두어야 하므로 자원 소모가 클 수 있다.
- Google Search Console API와 Google Analytics API를 사용하려면 인증이 필요한다.

VI. 추가 기능
- **데이터 시각화**: matplotlib, seaborn 등을 이용하여 분석 결과를 시각화한다.
- **데이터 저장**: CSV, Excel 등 다양한 형식으로 데이터를 저장한다.
- **자동화**: 스케줄링 도구를 이용하여 주기적으로 분석을 수행한다.
- **머신러닝**: 텍스트 분석, 이미지 인식 등을 통해 더욱 심층적인 분석을 수행한다.

더욱 구체적인 분석을 원하시면, 다음과 같은 정보를 제공해주세요.
- 분석하고자 하는 Google 사이트의 URL:
- 분석 목표:
- 원하는 데이터:
- 기존에 알고 있는 Python 지식:

이를 바탕으로 더욱 맞춤형 코드를 작성해 드릴 수 있다.

주의: 위 코드는 예시이며, 실제 분석 목적에 맞게 수정해야 한다. 또한, Google 검색 결과 페이지의 구조는 자주 변경될 수 있으므로 코드를 주기적으로 업데이트해야 한다.
궁금한 점이 있다면 언제든지 질문해주세요.

VII. 핵심 라이브러리에 대한 간략한 설명:

- **Requests**: 웹 페이지를 요청하고 응답을 받아오는 파이썬 라이브러리이다.
- **Beautiful Soup 4**: HTML 및 XML 문서를 파싱하여 데이터를 추출하는 파이썬 라이브러리이다.
- **Selenium**: 웹 브라우저를 자동화하여 웹 애플리케이션을 테스트하거나 데이터를 추출하는 파이썬 라이브러리이다.
- **pandas**: 데이터 분석 및 처리를 위한 강력한 파이썬 라이브러리이다.
- **matplotlib, seaborn**: 데이터를 시각화하기 위한 파이썬 라이브러리이다.
- **networkx**: 복잡한 네트워크를 모델링하고 분석하기 위한 파이썬 라이브러리이다.

참고

위에 언급된 라이브러리 외에도 다양한 파이썬 라이브러리를 활용하여 더욱 복잡하고 정교한 분석을 수행할 수 있다.

이 가이드가 Google 사이트 분석을 위한 Python 코드 작성에 도움이 되기를 바랍니다.

수행 결과

....

질의

하늘을 날고 있는 검은 망토를 입고 가죽 부츠를 신고서 밝게 웃고 있는 고양이 그려.

답변

10.5 AI 모델의 장점과 단점

주어진 파일에서 ChatGPT-4, Claude, Copilot, Gemini가 각각 질의에 대해 답변한 결과를 토대로 이들 모델의 장점과 단점을 비교해보았다.

10.5.1 ChatGPT-4

- **장점**:
  - **포괄적인 답변**: ChatGPT-4는 AI에 대한 질문에 대해 포괄적이고 자세한 답변을 제공한다. 다양한 AI 기능(학습, 추론, 자연어 처리, 시각 인식 등)을 명확하게 설명하며, 응용 분야를 구체적으로 예시로 들고 있다.
  - **구체적인 실습 예제 제공**: Python 코드를 통한 네이버 사이트 분석 예제를 제공하며, 코드 설명이 잘 되어 있어 이해하기 쉽다. 코드 실행 결과에 대한 설명도 포함되어 있어, 학습자가 실행 후 예상되는 결과를 쉽게 파악할 수 있다.
- **단점**:
  - **직관적인 명령 처리**: "고양이 그려"와 같은 단순한 이미지 요청에 대해 구체적인 응답 대신 간단한 문장으로 답변이 끝나, 사용자의 기대에 미치지 못할 수 있다. 그래픽 출력을 직접 생성하지 못하고, 텍스트 기반의 대답에만 그친다.

10.5.2 Claude

- **장점**:
  - **간결하고 정확한 설명**: Claude는 AI에 대한 설명을 간결하게 제공하며, 핵심을 잘 짚어준다. 설명이 복잡하지 않고 이해하기 쉽게 구성되어 있어 초보자에게 적합하다.

- **실습에 적합한 코드 제공**: Claude는 실습 코드에서 pandas를 사용하여 데이터를 처리하고 저장하는 방법을 포함하고 있어, 실제로 데이터를 활용할 수 있는 능력을 강화시켜 준다.

- **단점**:
  - **상대적으로 단순한 답변**: Claude의 답변은 간결하지만, ChatGPT-4에 비해 다소 내용이 단순하고 깊이가 부족할 수 있다. AI 기능에 대한 설명이 충분히 상세하지 않을 수 있다.
  - **이미지 생성의 한계**: Claude도 ChatGPT-4와 마찬가지로 이미지 생성 요청에 대해 텍스트로만 대응했으며, 실제로 이미지를 제공하지 않았다.

10.5.3 Copilot

- **장점**:
  - **실제 활용도를 높이는 코드 예제**: Copilot은 네이버 API와 웹 크롤링을 사용하는 두 가지 방법을 제시하여, 사용자가 다양한 방식으로 데이터를 추출할 수 있도록 도와준다. API 활용법에 대한 안내는 실무에 도움이 될 수 있다.
  - **구체적인 코드 구조 제공**: Copilot은 웹 크롤링을 위한 구체적인 코드 구조를 제공하며, 데이터 처리와 분석을 위한 다양한 라이브러리 활용 방법을 설명한다.
- **단점**:
  - **복잡성**: 제공된 코드는 기능이 많고 복잡하여, 초보자에게는 어려울 수 있다. 특히 API 사용 부분은 초보자가 쉽게 접근하기 어려울 수 있다.
  - **이미지 생성에 대한 한계**: Copilot도 역시 이미지 생성 요청에 대한 구체적인 결과를 제공하지 못하고 텍스트 설명에 머무르는 한계를 보인다.

10.5.4 Gemini

- **장점**:
  - **다양한 관점 제공**: Gemini는 AI에 대한 설명을 할 때 머신 러닝의 세부 개념(지도 학습, 비지도 학습, 강화 학습)과 딥 러닝, 자연어 처리 등 다양한 기술에 대한 설명을

추가하여, 폭넓은 이해를 돕는다.

- **기본적인 웹 크롤링 코드 제공**: Gemini는 네이버 사이트 분석을 위한 기본적인 웹 크롤링 코드 구조를 제시하며, 이를 쉽게 따라 할 수 있도록 도와준다.
- **이미지 처리 제공**: 다른 AI와 다르게 이미지 생성 요청에 대해 가장 실제 이미지와 비슷한 이미지를 생성하였다.

- **단점**:
  - **상세한 설명 부족**: Gemini의 답변은 다소 개요적인 느낌이 있으며, 깊이 있는 설명이 부족할 수 있다. 특히, 실습 코드 부분에서는 구체적인 예제보다는 개요만 제시하고 있어 실습에 필요한 세부 사항이 부족할 수 있다.

10.5.5 종합 평가

- ChatGPT-4는 포괄적이고 상세한 설명과 실습 예제를 제공하여 전반적으로 강력한 학습 도구이지만, 이미지 요청에 대한 응답이 제한적이다.
- Claude는 간결하면서도 실용적인 정보를 제공하여 초보자에게 적합하나, 깊이 있는 설명이 다소 부족할 수 있다.
- Copilot은 실제 데이터 처리와 분석에 유용한 실습 코드를 제공하여 실무에 적합하지만, 코드가 복잡하여 초보자에게는 어려울 수 있다.
- Gemini는 다양한 AI 기술에 대한 설명을 제공하여 이론적 이해를 돕지만, 실습 코드가 다소 단순하여 실습의 깊이가 부족할 수 있다.

따라서, 실습과 학습의 균형을 원한다면 ChatGPT-4가 적합하고, 실용적 코드 작성에 중점을 둔다면 Copilot이 유리하며, 간단하고 직관적인 학습을 원한다면 Claude, 다양한 AI 개념에 대한 폭넓은 이해를 원한다면 Gemini를 고려할 수 있다.

10.6 연습문제

서술형 문제 (4문제)

01. ChatGPT4o를 활용해서 본인이 고민하고 있는 일에 대한 답변을 들을 수 있는지 알아보자.

02. Claude를 활용해서 본인이 고민하고 있는 일에 대한 답변을 들을 수 있는지 알아보자.

03. Copilot을 활용해서 본인이 고민하고 있는 일에 대한 답변을 들을 수 있는지 알아보자.

04. Gemini를 활용해서 본인이 고민하고 있는 일에 대한 답변을 들을 수 있는지 알아보자.

11주차

여러가지 생성형 AI 실습 I

1. 다양한 생성형 AI 도구의 활용 방법을 학습한다(Lilys.ai, Gamma, Deep-L 등).
2. 생성형 AI 모델의 적용 가능성과 한계를 탐구한다.
3. 생성형 AI 기술을 실습을 통해 직접 체험한다.

11.1 Lilys.ai 활용

11.2 Gamma 활용

11.3 Deep-L 활용

11.4 연습문제

11.1 Lilys.ai 활용 실습

Lilys.ai의 영상 요약 기능은 사용자가 영상을 업로드하면 AI가 자동으로 영상을 분석하여, 중요한 내용을 요약 노트로 제공하는 방식이다. 이 기능은 긴 영상을 빠르게 요약하고 효율적으로 활용할 수 있도록 돕는 도구로, 교육, 비즈니스 회의, 미디어 리뷰 등에 유용하게 활용될 수 있다.

11.1.1 Lilys.ai의 영상 요약 기능 사용법 설명

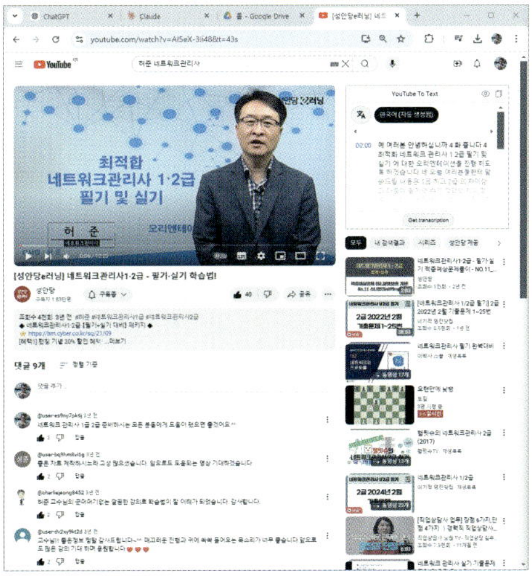

I. **영상 업로드**: Lilys.ai 플랫폼에 접속한 후, 사용자는 요약하고자 하는 영상을 업로드할 수 있다. 지원되는 영상 형식을 확인한 후, 해당 파일을 선택하여 업로드하도록 한다.

II. **영상 분석 시작**: 영상이 업로드되면, Lilys.ai의 인공지능이 자동으로 영상을 분석하기 시작한다. 이 과정에서는 영상 내 주요 장면, 대화 내용, 그리고 핵심 포인트를 AI가 자동으로 감지한다. 자연어 처리(NLP) 기술을 통해 음성 데이터를 텍스트로 변환하고, 시각적 요소를 분석하여 중요한 장면을 추출한다.

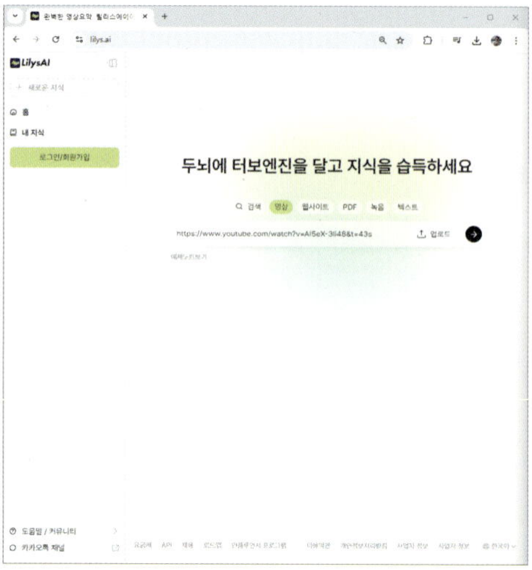

III. **요약 노트 생성**: 영상 분석이 완료되면, AI는 중요한 내용을 바탕으로 요약 노트를 자동으로 생성한다. 요약 노트는 영상의 핵심 포인트를 간결하게 정리한 텍스트로 제공되며, 사용자가 영상의 흐름을 쉽게 이해할 수 있도록 정돈된 형태로 표시된다.

IV. **요약 노트 확인 및 저장**: 사용자는 생성된 요약 노트를 화면에서 확인할 수 있으며, 필요에 따라 수정하거나 추가적인 주석을 달 수 있다. 완료된 요약 노트는 텍스트 파일로 다운로드하거나 클라우드 서비스에 저장할 수 있다.

V. **추가 기능**

- **자연어 검색 지원**: 요약된 노트에서 특정 키워드를 검색하여 영상을 빠르게 탐색할 수 있다.
- **편집 기능**: 생성된 요약 노트는 추가적인 수정이 가능하며, 사용자가 원하는 부분만 선택하여 저장할 수 있다.

11.2 Gamma 활용 실습

Gamma는 AI 기반의 데이터 시각화 및 프레젠테이션 도구로, 복잡한 데이터를 이해하기 쉽게 시각적으로 표현하는 데 중점을 둔다. 이 실습에서는 Gamma를 활용하여 데이터를 시각화하고, 자동으로 프레젠테이션을 생성하는 방법을 단계별로 설명한다.

11.2.1 Gamma 프레젠테이션 자동 생성 사용법 설명

I. **데이터 입력**

  i. 먼저 Gamma 플랫폼에 접속하여, 시각화할 데이터를 업로드한다. CSV 파일이나 엑셀 파일 형식의 데이터를 불러올 수 있으며, 필요에 따라 데이터베이스와의 연결도 지원된다.

  ii. 데이터는 수치 데이터, 범주형 데이터 등 다양한 유형의 정보가 포함될 수 있다.

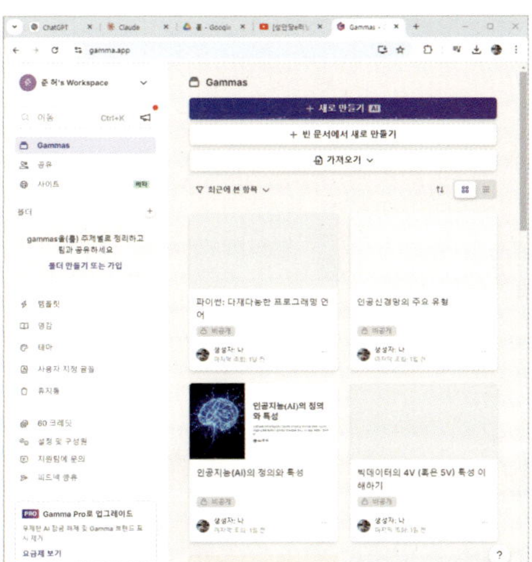

II. **데이터 분석 및 시각화**

i. Gamma는 업로드된 데이터를 자동으로 분석하여, 적절한 시각화 방식(차트, 그래프, 인포그래픽 등)을 제안한다.

ii. 사용자는 제안된 시각화 방식을 선택하거나, 필요에 따라 세부적으로 커스터마이징할 수 있다. 예를 들어, 특정 변수 간의 상관관계를 나타내는 그래프를 선택하거나, 시간에 따른 변화 추이를 표시하는 차트를 만들 수 있다.

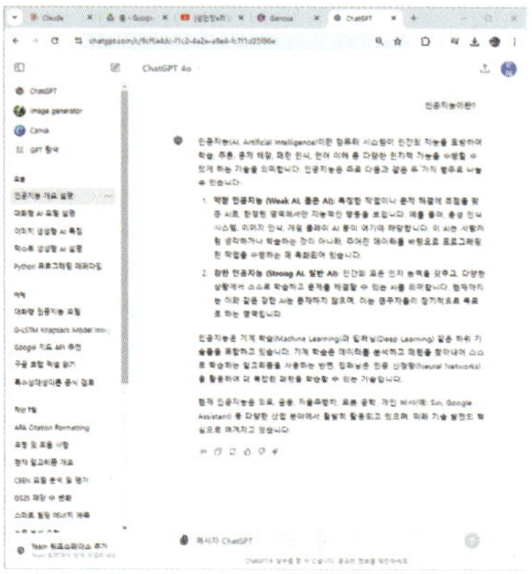

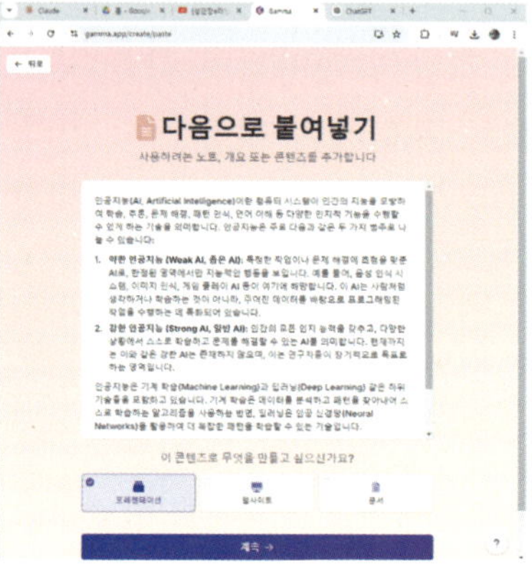

III. **프레젠테이션 자동 생성**

i. 시각화된 데이터를 바탕으로 Gamma는 자동으로 프레젠테이션 슬라이드를 생성한다. 이 과정에서 데이터의 핵심 메시지를 강조하는 스토리텔링 기법을 적용하여, 청중에게 효과적으로 전달할 수 있도록 돕는다.

ii. 생성된 슬라이드는 기본 템플릿을 바탕으로 하며, 필요에 따라 사용자가 직접 레이아웃이나 색상 등을 조정할 수 있다.

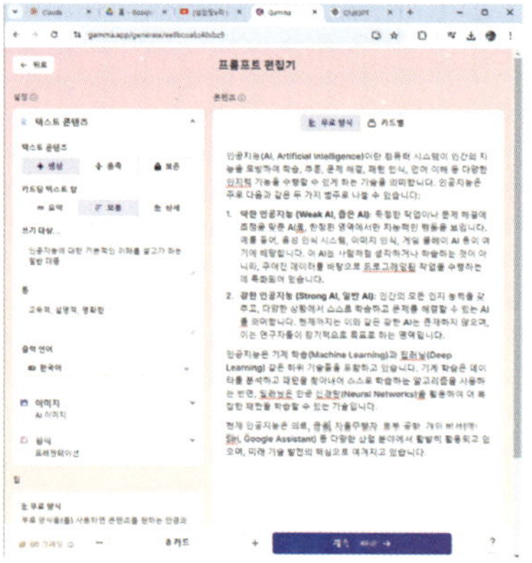

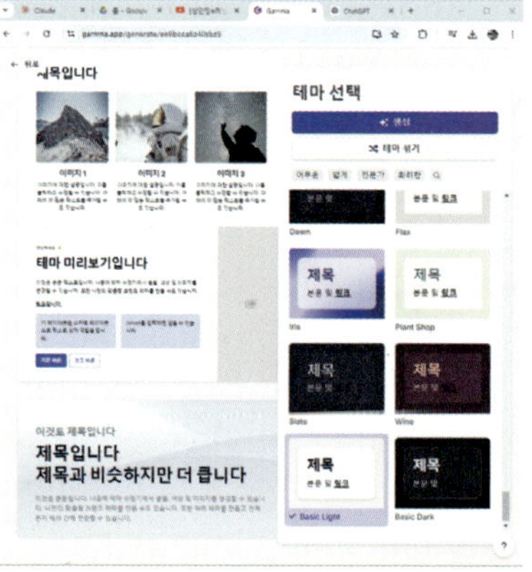

IV. **슬라이드 편집 및 맞춤화**

i. 자동 생성된 프레젠테이션을 사용자가 직접 수정할 수 있다. 각 슬라이드의 텍스트, 이미지, 차트 등을 추가하거나 제거하며, 발표의 흐름에 맞춰 구조를 변경할 수 있다.

ii. Gamma는 실시간 협업 기능을 제공하여, 팀원들과 동시에 프레젠테이션을 수정하고 의견을 반영할 수 있다.

V. **프레젠테이션 공유 및 발표**

i. 프레젠테이션이 완료되면, Gamma를 통해 온라인으로 프레젠테이션을 공유하거나 다운로드하여 오프라인에서 사용할 수 있다.

ii. 발표자는 Gamma의 시각화 도구를 통해 청중에게 데이터를 더 쉽게 설명하고, 중요한 내용을 명확하게 전달할 수 있다.

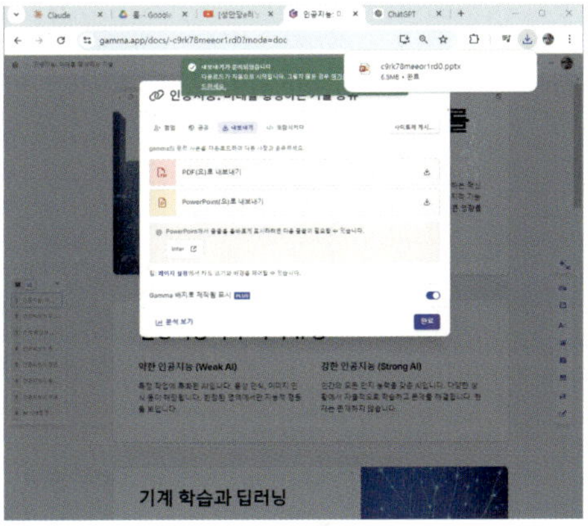

실습 결과

- Gamma를 활용한 데이터 시각화 및 프레젠테이션 자동 생성 과정을 통해, 데이터를 효율적으로 분석하고 이를 시각적으로 표현하는 능력을 배양할 수 있다.
- 실습 과정에서 생성된 프레젠테이션은 발표 및 비즈니스 미팅, 교육 등 다양한 상황에서 활용할 수 있다.

결론

- Gamma는 복잡한 데이터를 자동으로 시각화하고, 이를 바탕으로 효과적인 프레젠테이션을 생성하는 도구로, 특히 데이터 분석과 시각적 커뮤니케이션이 중요한 업무 환경에서 매우 유용하게 사용될 수 있다.

11.3 Deep-L 활용 실습

DeepL은 고품질 번역을 제공하는 인공지능(AI) 기반의 번역 도구로, 특히 자연스러운 문맥 처리와 정확한 번역 결과로 유명하다. 이번 실습에서는 DeepL을 활용하여 텍스트 번역을 실행하고, 다양한 언어로 변환하는 방법을 단계별로 설명한다.

11.2.1 Deep-L 고품질 번역 사용법 설명

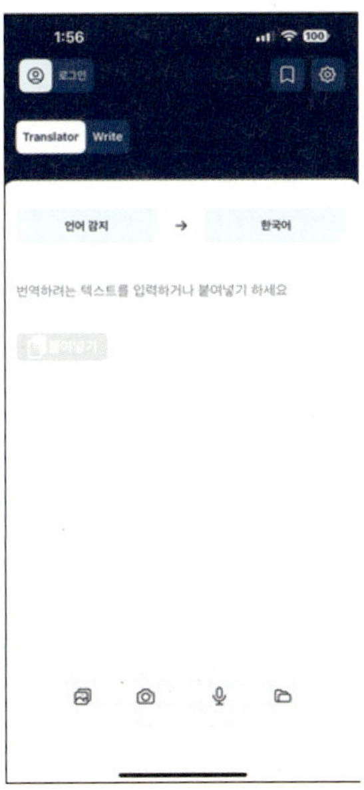

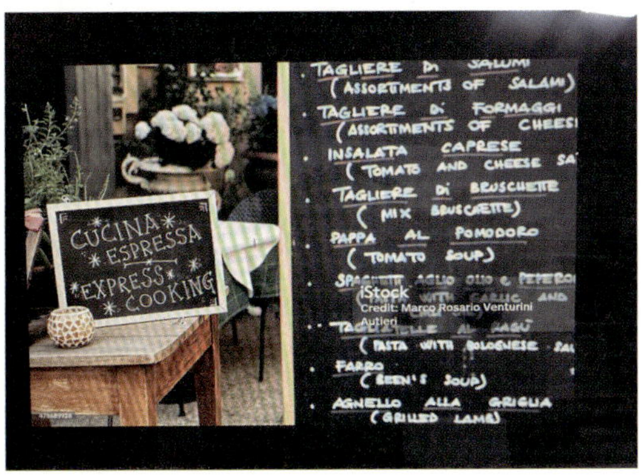

I. **텍스트 입력**

   i. DeepL 플랫폼에 접속한 후, 번역할 텍스트를 입력한다. 텍스트는 직접 입력하거나, 파일(예: .docx, .pptx, .pdf) 형식으로 업로드할 수 있다.

   ii. 사용자는 번역하고자 하는 언어 쌍(예: 한국어 → 영어, 독일어 → 프랑스어)을 선택한다. DeepL은 다양한 언어를 지원하며, 복잡한 문장도 자연스럽게 번역할 수 있다.

II. 번역 실행

i. 텍스트를 입력한 후, "번역" 버튼을 클릭하면 DeepL의 인공지능이 자동으로 번역을 실행한다.

ii. DeepL은 입력된 텍스트의 문맥을 파악하여 의미를 정확하게 전달하며, 단순한 문법적 번역뿐만 아니라 자연스럽고 읽기 쉬운 결과를 제공한다.

III. 번역 결과 확인 및 수정

i. 번역된 텍스트는 화면에 즉시 표시되며, 사용자는 결과를 실시간으로 확인할 수 있다. 번역 내용 중 일부 수정이 필요한 경우, 바로 수정할 수 있다.

ii. DeepL의 번역 결과는 사용자 지정 용어집을 활용하여 보다 정확한 번역을 제공할 수 있으며, 특정 용어나 문구를 원하는 방식으로 설정할 수 있다.

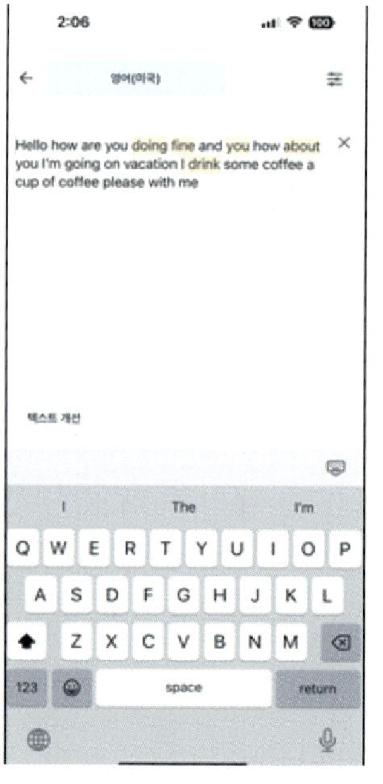

IV. **번역 파일 다운로드**

i. 번역이 완료된 후, 사용자는 번역된 파일을 원본 형식을 유지한 상태로 다운로드할 수 있다. 예를 들어, 문서 파일(.docx, .pptx)이나 PDF 파일로 번역된 내용을 저장할 수 있다.

ii. 번역된 파일은 레이아웃과 서식을 유지하므로, 복잡한 문서에서도 쉽게 번역 결과를 적용할 수 있다.

V. **추가 기능 활용**

i. **사용자 정의 용어집**: DeepL에서는 전문 용어, 기업 브랜드 관련 용어 등을 미리 정의하여 번역에 반영할 수 있다. 이를 통해 일관성 있는 번역 결과를 얻을 수 있다.

ii. **다양한 언어 지원**: DeepL은 주요 유럽 언어는 물론 한국어, 일본어, 중국어 등 아시아 언어도 지원하며, 문맥에 맞는 정확한 번역을 제공한다.

iii. **API 통합**: 기업 사용자나 개발자는 DeepL의 API를 통해 웹사이트나 애플리케이션에서 번역 기능을 직접 사용할 수 있다.

실습 결과

- DeepL을 활용한 번역 실습을 통해, 다양한 언어로의 번역 작업을 효율적으로 수행할 수 있다. 특히 복잡한 문서의 경우에도 원본 서식을 유지하면서 정확한 번역 결과를 얻을 수 있다.
- 실습 과정에서 생성된 번역 결과는 학술 논문, 비즈니스 문서, 기술 자료 등 다양한 용도로 활용 가능하다.

결론

- DeepL은 AI 기반의 강력한 번역 도구로, 빠르고 정확한 번역을 제공하며, 특히 문맥을 이해한 자연스러운 번역이 필요한 환경에서 매우 유용하다. 이를 통해 사용자는 다양한 언어 간의 의사소통을 효율적으로 관리할 수 있다.

11.4 연습문제

서술형 문제 (2문제)

01. Lilys.ai를 활용하여 먹방 유튜브의 영상을 요약하시오.

02. Lilys.ai를 활용하여 PDF를 요약하시오.

12주차

여러가지 생성형 AI 실습 II

1. Deepfake, 가상 아나운서 등 특화된 AI 응용 사례를 학습한다.
2. Artguru, Face Me, D-ID, Hedra 등의 도구를 활용하여 AI 모델을 구현한다.
3. 생성형 AI를 실질적으로 적용하는 기술을 습득한다.

12.1 Deepfake 내 얼굴 합성하기(Artguru 활용)

12.2 가상 아나운서가 되어보자(Face Me, D-ID, Hedra 활용)

12.3 연습문제

12.1 Deepfake 내 얼굴 합성하기

12.1.1 Artguru 활용 실습

Artguru는 인공지능(AI) 기반의 예술 작품 인식 및 검색 애플리케이션으로, 사용자가 예술 작품을 촬영하거나 이미지를 업로드하면 그에 대한 정보를 제공한다. Artguru는 모바일 애플리케이션뿐만 아니라 웹 기능을 통해 다양한 예술 작품에 대한 탐색과 학습을 지원한다. 본 실습에서는 Artguru의 모바일 앱과 웹 기능을 활용하여 예술 작품을 인식하고 관련 정보를 탐색하는 방법을 단계별로 설명한다.

1) Artguru 예술작품 합성 사용 설명

I. **앱 및 웹 설치 및 실행**

- **모바일 앱**: 스마트폰에 Artguru 애플리케이션을 다운로드하고 설치한 후, 앱을 실행하여 계정을 생성하거나 로그인한다.
- **웹 버전**: Artguru 웹사이트에 접속하여 사용자 계정을 연동하거나 새 계정을 생성한다. 웹 버전에서는 작품 탐색, 컬렉션 관리, 전시회 정보 등을 PC나 태블릿에서 쉽게 접근할 수 있다.

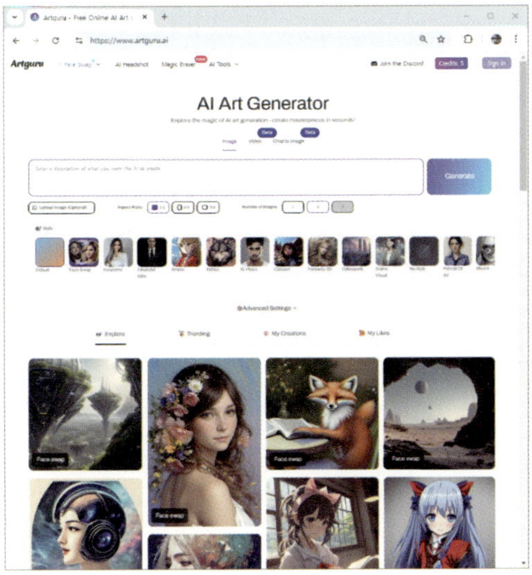

II. **작품 이미지 업로드**

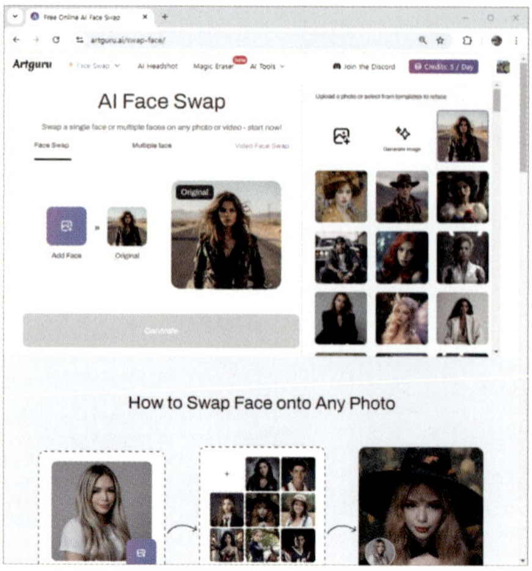

- **모바일 앱**: 앱에서 제공하는 카메라 기능을 사용하여 예술 작품을 촬영하거나, 기기에 저장된 이미지를 업로드할 수 있다.
- **웹 버전**: 사용자는 이미지를 직접 웹 페이지에 드래그 앤 드롭하거나 업로드할 수 있다. 이를 통해 컴퓨터에 저장된 고화질의 예술 작품 이미지를 빠르게 분석할 수 있다.

III. **AI를 통한 작품 인식**

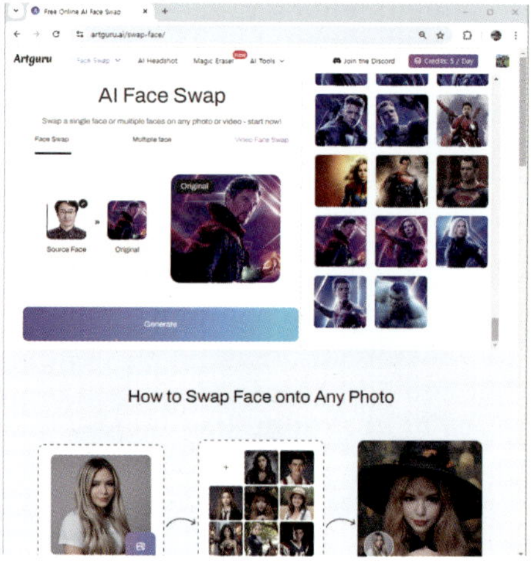

- **모바일 및 웹 기능**: 업로드된 이미지를 AI가 분석하여 해당 작품의 작가, 제작 시기, 작품 설명 등의 세부 정보를 제공한다. Artguru는 방대한 예술 데이터베이스를 활용하여 작품을 인식하며, 다양한 시대와 장르에 걸쳐 있는 수많은 예술 작품 정보를 제공한다.
- 웹에서는 더 큰 화면을 통해 분석 결과를 확인할 수 있으며, 작품의 세부사항을 더 명확하게 탐색할 수 있다.

IV. **작품 정보 탐색 및 학습**

- Artguru가 제공하는 작품 정보는 매우 상세하며, 작가의 이력, 예술 사조, 작품의 역사적 맥락 등을 포함한다. 특히 웹 버전에서는 추가적인 정보와 함께 관련 논문, 참고자료, 그리고 다른 사용자가 추천한 비슷한 작품도 확인할 수 있다.
- **추가 학습**: 웹 기능에서는 더 깊이 있는 학습을 위해 추천 논문이나 도서 링크를 제공하여 예술에 대한 학문적 탐구를 돕는다.

V. **컬렉션 생성 및 관리**

- **모바일 앱**: 사용자는 작품을 "즐겨찾기"에 추가하거나 자신만의 컬렉션을 만들어 작품을 분류할 수 있다.
- **웹 기능**: 웹에서도 동일하게 컬렉션을 생성할 수 있으며, 더욱 복잡한 분류 체계나 개인적인 작품 노트를 추가할 수 있다. 웹 버전에서는 더 많은 작품을 한눈에 보고 관리할 수 있어 대규모 컬렉션 관리에 유리하다.

VI. **전시회 및 박물관 정보 제공**

- Artguru는 사용자가 인식한 작품을 바탕으로 해당 작품이 전시된 박물관이나 전시회 정보를 제공한다. 특히 웹 기능을 통해서는 더 자세한 위치 정보, 티켓 예약 링크, 전시 기간 등 실시간 정보를 제공받을 수 있다.
- 사용자는 이러한 정보를 활용하여 예술 작품을 실제로 감상할 기회를 얻을 수 있다.

VII. **소셜 기능 및 커뮤니티 활용**

- **모바일 앱**: 사용자는 인식한 작품을 다른 사용자와 공유하거나, 다른 사용자들이 추천한 작품을 탐색할 수 있다. 작품에 대한 리뷰나 의견을 나눌 수 있는 소셜 기능도 제공된다.
- **웹 기능**: 웹에서는 커뮤니티 게시판이나 토론 포럼을 통해 더 깊이 있는 예술적 토론이 가능하다. 사용자 간의 상호작용이 더 활발하며, 작품에 대한 리뷰, 의견 교환이 더욱 원활하게 이루어진다.

VIII. **API 통합 및 확장성**

- Artguru의 웹 버전은 API 통합을 지원하여 다른 플랫폼과 연동할 수 있다. 예를 들어, 교육 기관에서는 Artguru의 작품 데이터를 교육 콘텐츠로 활용하거나, 웹사이트에서 예술 작품 관련 정보를 자동으로 불러오는 기능을 구현할 수 있다.

실습 결과

- 모바일 앱을 통해 사용자는 예술 작품을 실시간으로 인식하고, 작품의 배경과 정보를 손쉽게 학습할 수 있다.
- 웹 기능을 통해 대규모 컬렉션을 관리하고, 작품에 대한 추가적인 학습을 통해 예술에 대한 이해를 더욱 깊이 있게 확장할 수 있다.
- API 통합을 통해 Artguru의 데이터를 다른 플랫폼에서 활용할 수 있어, 학문적 연구나 예술 교육 등에 유용하게 사용될 수 있다.

결론

- Artguru는 모바일과 웹을 통해 예술 작품을 인식하고, 이에 대한 풍부한 정보를 제공하는 강력한 도구이다. 이 실습을 통해 예술 작품에 대한 탐색, 학습, 관리 능력을 배양할 수 있으며, 소셜 및 커뮤니티 기능을 통해 다른 사용자들과 상호작용하면서 예술에 대한 흥미와 이해를 높일 수 있다.

12.2 가상의 아나운서가 되어보자

12.2.1 Face me 활용 실습

1) Face me 얼굴 합성 사용 설명

I. **사진 업로드 및 환경 설정**

- **사진 업로드**: Face Me는 저장된 사진을 업로드하여 얼굴 인식을 실행할 수 있는 기능을 제공한다. 사용자는 단일 이미지뿐만 아니라 다수의 얼굴이 포함된 이미지를 업로드할 수 있으며, Face Me는 자동으로 개별 얼굴을 감지하고 분석을 시작한다.
- **지원 형식**: JPEG, PNG와 같은 다양한 이미지 형식을 지원하며, 이미지 해상도에 따라 인식 정확도가 달라질 수 있으므로 고해상도 이미지를 권장한다.
- **환경 설정**: 사용자는 얼굴 인식의 민감도를 조정하거나, 감정 분석 여부 등 세부 설정을 사전에 지정할 수 있다.

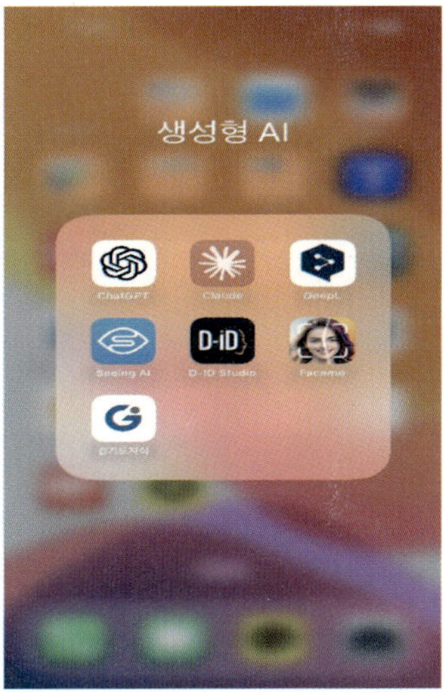

II. **실시간 카메라 입력 활용**

- **카메라 연결**: Face Me는 실시간 카메라 입력을 통해 얼굴 인식을 수행할 수 있다. 웹캠이나 외부 카메라 장치를 연결하면 실시간으로 데이터를 분석할 수 있다.
- **프레임 처리**: 실시간 입력에서는 각 프레임마다 얼굴을 감지하고, 얼굴의 움직임 및 표정 변화를 즉시 분석한다.
- **다중 사용자 지원**: 실시간 환경에서도 여러 얼굴을 동시에 감지할 수 있으며, 개별 사용자의 얼굴 정보를 구분하여 별도로 처리한다.
- **활용 예**: 이 기능은 실시간 출입 통제, 고객 감정 분석, 이벤트 관리 등 다양한 환경에서 활용될 수 있다.

III. 얼굴 인식 및 분석 결과 확인

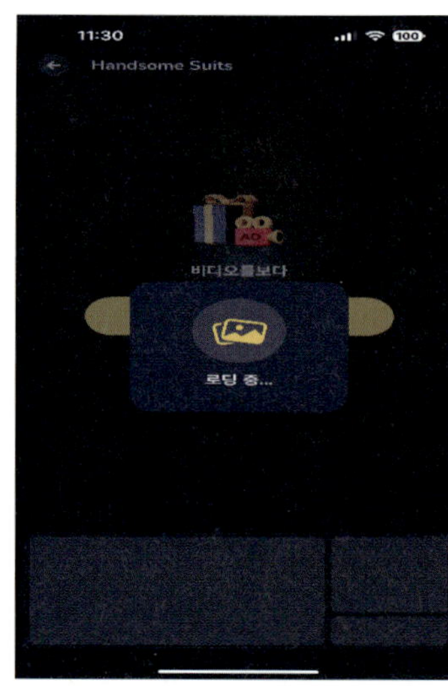

- Face Me는 얼굴 인식 후, 나이 추정, 성별, 감정 상태 등의 다양한 데이터를 제공한다. 인공지능이 얼굴의 미세한 특징을 분석하여 사용자의 성별, 나이, 표정 등을 추출하고, 이를 실시간으로 확인할 수 있다.
- 심층 분석: 감정 분석 기능을 통해 사용자의 표정을 분석하고, 미소, 분노, 슬픔 등 다양한 감정을 감지한다. 이러한 기능은 마케팅 분석이나 사용자 경험 개선을 위한 데이터로 활용할 수 있다.

IV. 보안 및 인증 기능 활용

- Face Me의 얼굴 인증 기능은 보안 시스템에 통합할 수 있으며, 사용자 접근 관리, 출입 통제 시스템 등에 활용된다.
- 사용자는 등록된 얼굴 데이터를 바탕으로 보안 인증을 수행할 수 있으며, 지정된 영역에 대한 접근이 허용되는지 여부를 확인할 수 있다.
- 실시간 얼굴 인증 기능을 활용하여 신분증, 패스워드 등의 대체 수단으로 사용할 수 있다.

V. 데이터 기록 및 관리

- Face Me는 인식한 얼굴 데이터를 로그로 기록하고, 필요한 경우 이를 데이터베이스에 저장할 수 있다. 이는 보안 로그 기록이나 분석 데이터로 활용될 수 있다.
- 웹 인터페이스 또는 API를 통해 데이터를 실시간으로 모니터링하고, 수집된 데이터를 다운로드하여 분석에 사용할 수 있다.

VI. 추가 기능 및 확장성

- 멀티플랫폼 지원: Face Me는 모바일, 웹, 데스크탑 환경에서 모두 사용할 수 있으며, 다양한 시스템과의 호환성을 제공한다.
- API 통합: Face Me의 얼굴 인식 기능을 다른 플랫폼이나 애플리케이션과 통합할 수 있다. 이를 통해 보안 시스템, 마케팅 도구, 사용자 인증 시스템에 Face Me를 적용할 수 있다.
- 감정 분석: 감정 분석 데이터를 활용하여 사용자의 심리 상태를 파악하고, 이를 기반으로 고객 경험을 개선하는 데 사용할 수 있다.

실습 결과

- Face Me를 활용한 얼굴 인식 실습을 통해 얼굴 인식, 감정 분석, 나이 및 성별 추정 등의 기능을 학습할 수 있다.
- 보안 및 인증 시스템에 얼굴 인식을 적용하여, 사용자 접근 제어와 출입 통제 등의 응용 사례를 체험할 수 있다.
- 실습 과정에서 수집된 데이터를 분석하여 마케팅, 보안, 사용자 인증 등의 다양한 분야에 활용할 수 있다.

결론

- Face Me는 실시간 얼굴 인식 및 분석을 제공하는 강력한 도구로, 보안, 인증, 마케팅 등 다양한 분야에서 활용될 수 있다. 이 실습을 통해 사용자는 얼굴 인식을 기반으로 한 데이터 분석과 실시간 인증 시스템의 적용 방법을 학습할 수 있다.

12.2.2 D-ID 활용 실습

D-ID는 인공지능(AI) 기반의 얼굴 애니메이션 및 디지털 휴먼 제작 도구로, 사진이나 이미지를 활용하여 실감 나는 애니메이션이나 영상 콘텐츠를 제작할 수 있는 플랫폼이다. 본 실습에서는 D-ID를 활용하여 정적인 이미지를 애니메이션으로 변환하고, 디지털 휴먼 콘텐츠를 생성하는 과정을 단계별로 설명한다.

1) D-ID 얼굴 합성 사용 설명

I. **플랫폼 접속 및 계정 설정**

- 먼저 D-ID 플랫폼에 접속한 후, 사용자는 계정을 생성하거나 기존 계정으로 로그인한다.
- 사용자는 웹 기반의 플랫폼에서 필요한 기능을 사용할 수 있으며, API 통합을 통해 다른 애플리케이션과 연동하여 사용할 수 있다.

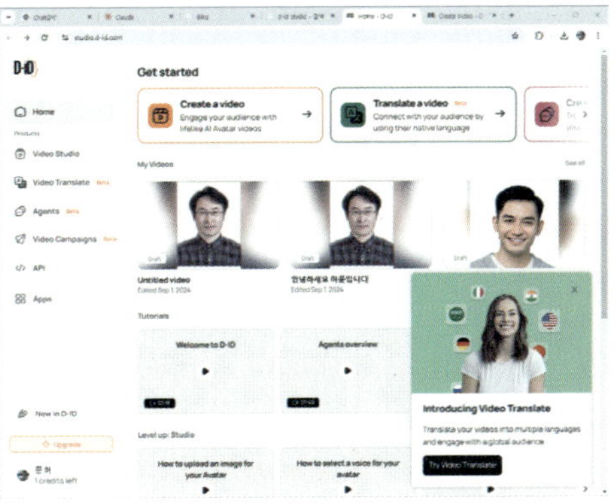

II. **이미지 업로드**

- 정적인 얼굴 이미지를 업로드한다. JPEG, PNG 등의 이미지 파일 형식을 지원하며, 얼굴이 명확히 드러나는 사진을 사용하는 것이 좋다.
- 여러 얼굴이 포함된 이미지일 경우, D-ID는 자동으로 개별 얼굴을 인식하여 각각의 얼굴을 애니메이션화할 수 있다.

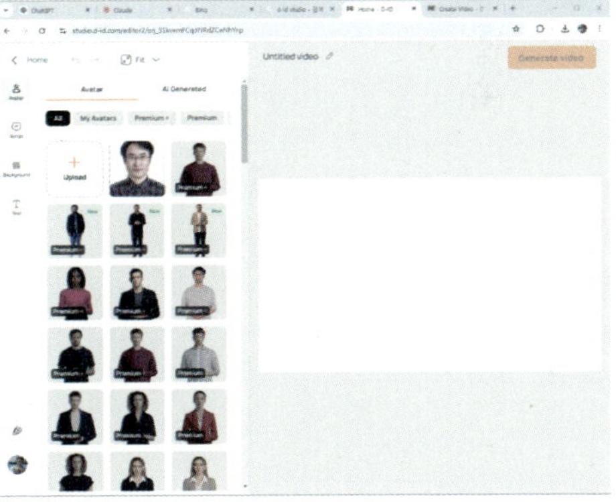

III. 애니메이션 설정 및 생성

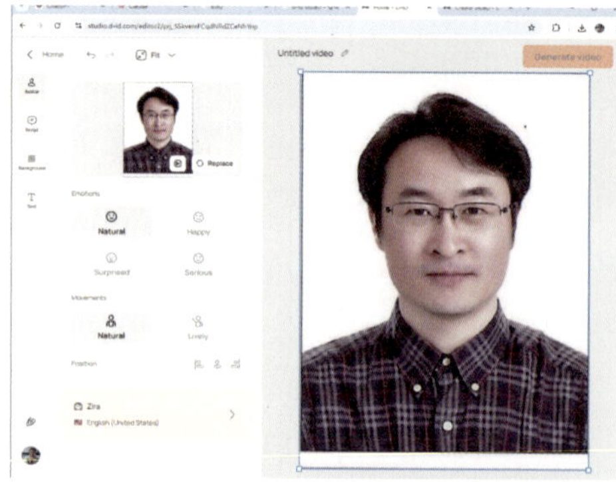

- **음성 입력**: 사용자는 애니메이션된 이미지가 말하는 내용이나 대사를 설정할 수 있다. 텍스트를 입력하거나 녹음된 음성 파일을 업로드하면, D-ID는 해당 음성에 맞춰 이미지가 입 모양을 움직이며 대화하는 영상을 생성한다.
- **음성 합성**: 텍스트를 입력하면 D-ID가 제공하는 AI 기반 음성 합성 기능을 통해, 자연스러운 목소리로 대화를 생성할 수 있다.
- **표정과 움직임 설정**: 사용자 취향에 따라 얼굴의 표정이나 머리 움직임 등을 설정하여 더욱 자연스러운 애니메이션 효과를 줄 수 있다. 이 설정은 사용자가 전달하려는 메시지에 따라 다양한 감정 표현을 가능하게 한다.

IV. 애니메이션 미리보기 및 수정

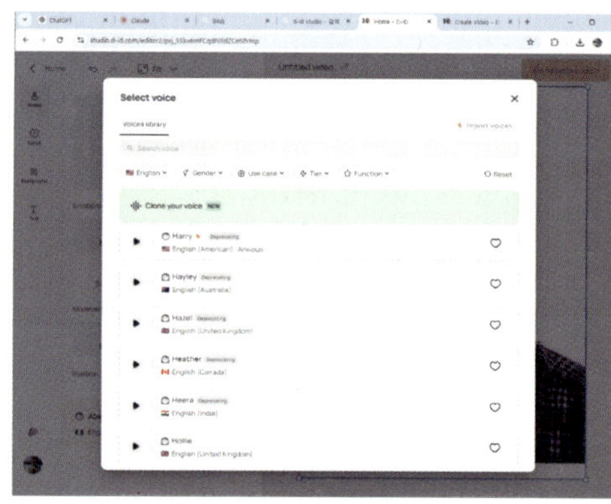

- **실시간 미리보기**: D-ID는 사용자가 설정한 애니메이션과 음성 효과를 실시간으로 미리보기할 수 있다. 이를 통해 이미지가 자연스럽게 움직이는지, 음성과 입 모양이 잘 맞는지를 확인할 수 있다.
- 미리보기를 통해 필요에 따라 수정하거나, 애니메이션 속도, 얼굴 표정 등을 세부적으로 조정할 수 있다.

V. 영상 다운로드 및 공유

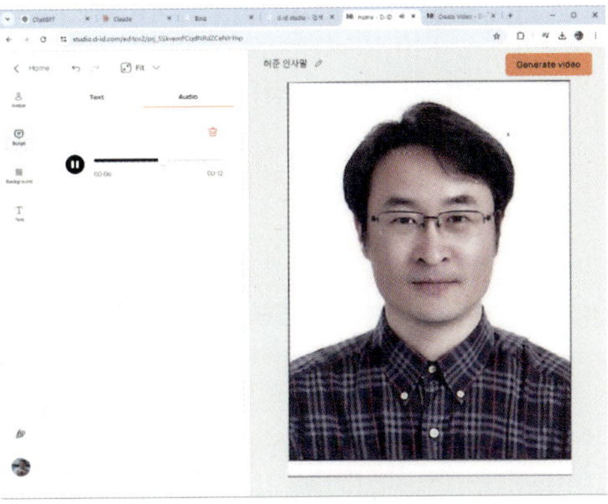

- 애니메이션이 완료되면, 생성된 영상을 다운로드할 수 있다. 이 파일은 MP4 형식으로 제공되며, 다양한 미디어 플랫폼에 공유하거나 프로젝트에 삽입하여 사용할 수 있다.
- D-ID는 생성된 콘텐츠를 바로 소셜 미디어 플랫폼에 공유할 수 있는 기능도 제공하여, 디지털 마케팅이나 개인 프로젝트에서 손쉽게 활용할 수 있다.

VI. 추가 기능 활용

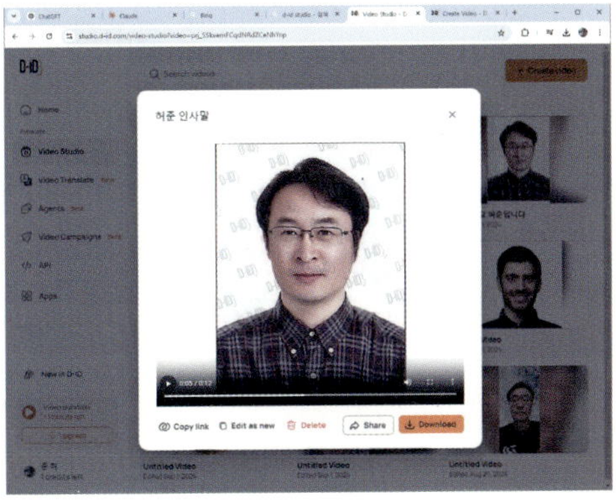

- **디지털 휴먼 생성**: D-ID의 고급 기능을 활용하여 더 복잡한 디지털 휴먼 캐릭터를 만들 수 있다. 이는 주로 가상 상담사, 고객 지원, 교육 도구 등에 활용된다.
- **멀티랭귀지 지원**: D-ID는 다양한 언어를 지원하며, 텍스트나 음성을 다양한 언어로 합성할 수 있다. 이를 통해 다국어 콘텐츠 제작에도 유용하다.
- **API 연동**: D-ID의 API를 사용하여 다른 웹사이트나 애플리케이션에 얼굴 애니메이션 기능을 통합할 수 있다. 이는 마케팅, 고객 경험 개선, 교육 등 다양한 산업에 적용 가능하다.

실습 결과

- D-ID를 활용한 실습을 통해 정적인 이미지를 생동감 있는 애니메이션으로 변환하고, 디지털 휴먼 콘텐츠를 제작하는 방법을 학습할 수 있다.
- 사용자는 음성 입력, 표정 설정 등의 기능을 사용하여 자연스러운 얼굴 애니메이션을 제작할 수 있으며, 이를 기반으로 다양한 영상 콘텐츠를 제작하여 프로젝트에 활용할 수 있다.

- 실습 과정에서 생성된 콘텐츠는 마케팅, 교육, 엔터테인먼트 분야에 다양하게 활용할 수 있으며, 소셜 미디어나 웹사이트에 공유할 수 있다.

결론

- D-ID는 정적 이미지를 AI 기반으로 애니메이션화하여, 사용자가 실감 나는 영상 콘텐츠를 제작할 수 있도록 돕는 강력한 도구이다. 이 실습을 통해 사용자는 정적인 이미지를 움직이는 캐릭터로 변환하고, 이를 통해 창의적이고 매력적인 디지털 콘텐츠를 제작하는 경험을 할 수 있다.

12.2.3 Hedra 활용 실습

Hedra는 인공지능(AI) 및 데이터 시각화 도구로, 복잡한 데이터를 시각적으로 표현하여 사용자가 쉽게 이해하고 분석할 수 있도록 돕는 플랫폼이다. 이 실습에서는 Hedra를 활용하여 데이터를 분석하고, 이를 시각적으로 표현하는 과정을 단계별로 설명한다.

I. **데이터셋 준비 및 업로드**

- 먼저 분석할 데이터를 준비한다. Hedra는 CSV, Excel 파일 등의 다양한 데이터 형식을 지원하며, 사용자는 데이터를 Hedra 플랫폼에 업로드한다.
- 데이터에는 수치 데이터, 범주형 데이터, 시간 시계열 데이터 등 다양한 유형의 정보가 포함될 수 있다. 예를 들어, 마케팅 데이터, 금융 데이터, 또는 사용자 행동 데이터를 업로드할 수 있다.

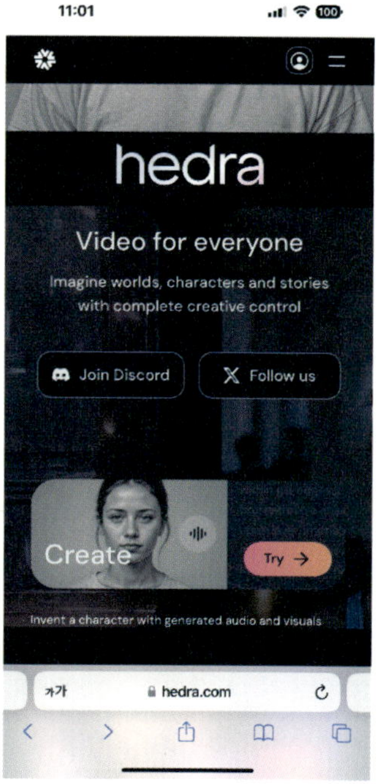

II. 데이터 분석 시작

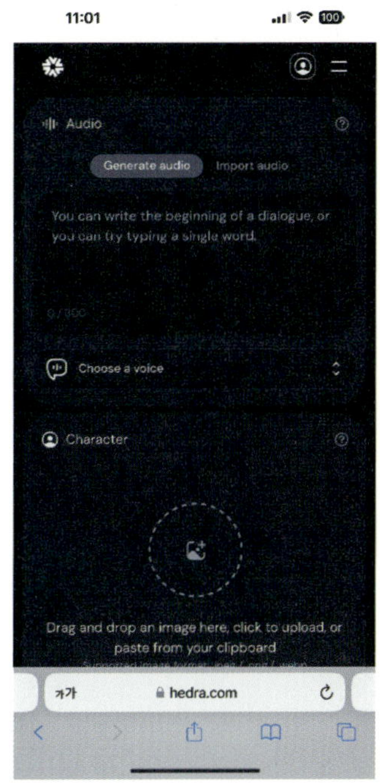

- 데이터를 업로드한 후, Hedra의 AI 엔진이 데이터를 자동으로 분석한다. 이 과정에서 데이터의 통계적 패턴, 이상값, 상관관계 등을 감지하여 기본적인 데이터 분석을 수행한다.
- AI 분석 결과는 사용자가 선택한 데이터 유형에 따라 차트, 그래프 또는 기타 시각적 형식으로 제공된다.

III. 데이터 시각화 선택

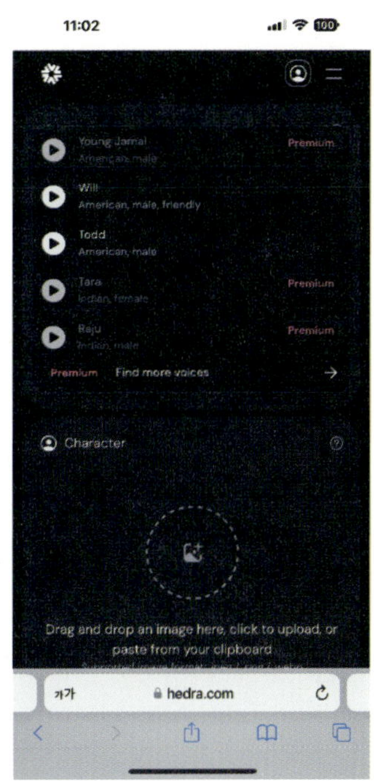

- **시각화 도구 선택**: Hedra는 다양한 시각화 도구를 제공하며, 사용자는 자신의 데이터에 가장 적합한 시각화 방식을 선택할 수 있다. 예를 들어, 막대 그래프, 꺾은선 그래프, 파이 차트, 히트맵 등 다양한 그래픽을 생성할 수 있다.
- **자동 시각화 추천**: Hedra의 AI는 데이터를 분석한 후, 최적의 시각화 방식을 추천한다. 사용자는 추천된 시각화를 그대로 사용할 수 있으며, 필요에 따라 세부적인 설정을 수정할 수 있다.

IV. 시각화 커스터마이징

- Hedra는 시각화된 데이터를 사용자가 필요에 맞게 커스터마이징할 수 있는 다양한 기능을 제공한다. 이를 통해 시각화의 색상, 레이아웃, 축 설정 등을 조정하여 보다 직관적이고 깔끔한 데이터를 만들 수 있다.
- 또한, 데이터 필터링 기능을 통해 특정 기간 또는 특정 카테고리의 데이터만 시각화할 수 있어, 분석의 초점을 맞출 수 있다.

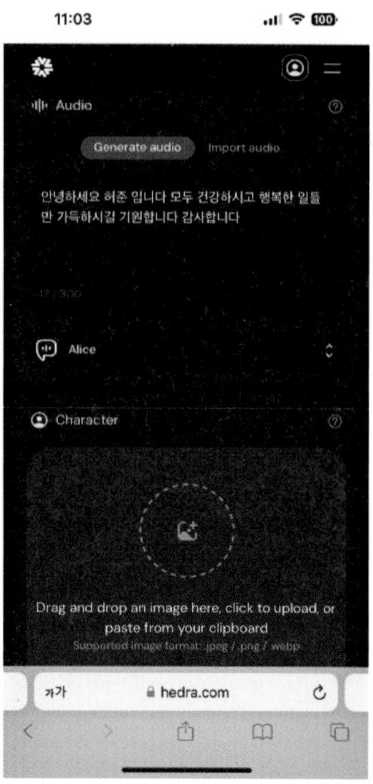

V. 결과물 저장 및 공유

- **시각화된 데이터 저장**: 완성된 데이터 시각화는 다양한 형식으로 저장할 수 있다. 사용자는 PNG, JPEG 등의 이미지 파일로 저장하거나, PDF 형식의 보고서로 내보낼 수 있다.
- **실시간 공유**: Hedra는 실시간으로 데이터 시각화를 웹에 게시하거나 팀원들과 공유할 수 있는 기능을 제공한다. 이를 통해 실시간으로 협업하거나 데이터를 온라인에서 쉽게 공유할 수 있다.

VI. 추가 분석 기능

- **예측 분석**: Hedra의 고급 기능으로, 과거 데이터를 기반으로 향후 트렌드를 예측할 수 있다. 예를 들어, 판매 데이터의 시계열 분석을 통해 미래 매출을 예측하는 등의 응용이 가능하다.
- **데이터 모델링**: Hedra는 데이터 모델링 기능을 제공하여 복잡한 데이터 간의 관계를 분석하고, 의사 결정을 돕는 시뮬레이션 결과를 생성할 수 있다.
- **API 통합**: Hedra의 API를 활용하여 데이터를 다른 플랫폼에서 자동으로 수집하고 분석할 수 있다. 이를 통해 지속적인 데이터 분석과 시각화 작업을 자동화할 수 있다.

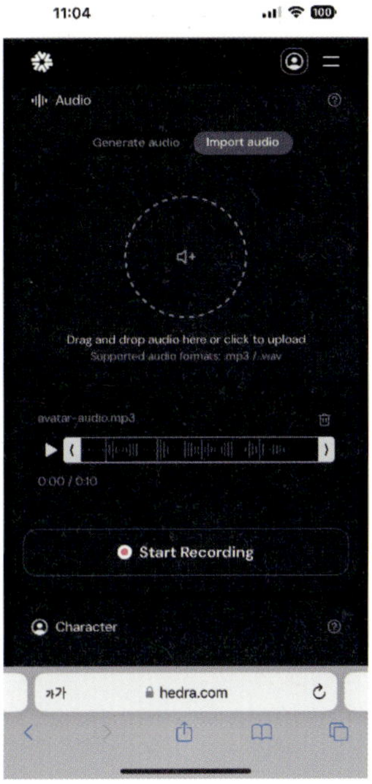

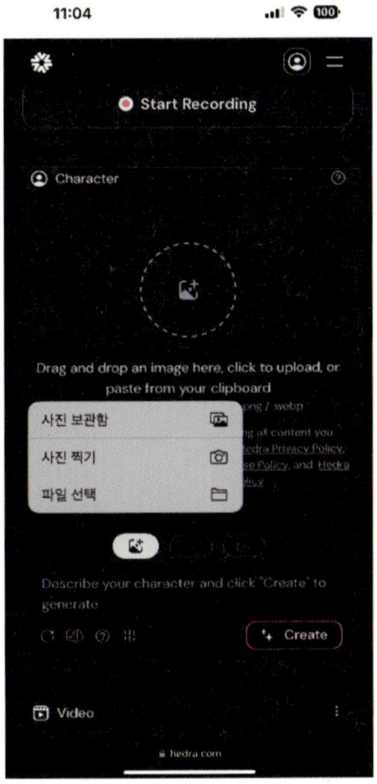

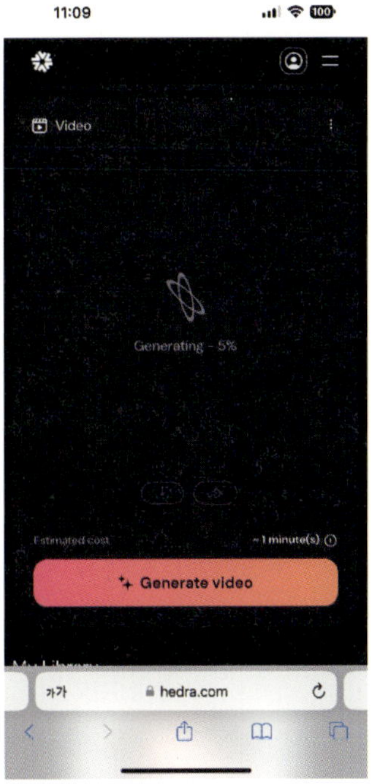

실습 결과

- Hedra를 활용한 실습을 통해 복잡한 데이터를 효과적으로 시각화하고, 이를 기반으로 데이터 분석 결과를 직관적으로 표현하는 능력을 배양할 수 있다.
- 사용자 맞춤형 시각화 도구와 다양한 분석 기능을 통해 실시간 협업과 데이터 공유가 가능하며, 보고서 작성과 실시간 웹 게시 기능을 통해 다양한 응용 분야에 활용할 수 있다.
- 실습 과정에서 얻은 시각화 결과물은 경영 보고서, 프로젝트 발표 자료, 연구 논문 등 다양한 형식으로 사용할 수 있다.

결론

- Hedra는 데이터 분석과 시각화를 한 번에 수행할 수 있는 강력한 도구로, 복잡한 데이터를 쉽게 이해할 수 있도록 돕는다. 이 실습을 통해 사용자는 데이터를 보다 명확하게 분석하고 시각적으로 전달하는 기술을 습득할 수 있으며, 이를 바탕으로 의사결정을 내리거나 프로젝트의 성과를 평가할 수 있다.

12.3 연습문제

서술형 문제 (2문제)

01. Artguru를 활용하여 Multi-Face Swap 작업을 수행하시오.

02. Hedra를 활용하여 나만의 멀티미디어를 제작하시오.

13주차

AI의 미래 전망 및 윤리적 문제

1. AI의 사회적 영향과 윤리적 문제를 분석한다.
2. AI와 윤리, 데이터 프라이버시, 편향 등의 이슈를 이해한다.
3. AI 기술 발전에 따른 미래의 가능성과 도전을 탐구한다.

13.1 AI와 윤리

13.2 AI의 사회적 영향

13.1 AI와 윤리

AI의 윤리적 문제는 기술의 급격한 발전이 가져올 위험성과 그로 인한 사회적, 도덕적 영향에 중점을 둔다. AI는 다양한 분야에서 강력한 도구로 작용하고 있으나, 그 사용과 관련된 윤리적 쟁점들은 AI의 발전을 통해 해결되어야 할 핵심 과제로 부각되고 있다. 이 섹션에서는 AI와 관련된 주요 윤리적 문제들을 보다 구체적이고 상세하게 다룬다.

13.1.1 책임과 의사결정 투명성

- **책임 소재 문제**
  - **AI 시스템의 자율성**: AI가 스스로 결정을 내리는 경우, 사람들은 그 결정이 왜 그렇게 내려졌는지 알아야 한다. 그래서 AI가 올바르게 사용되도록 법과 규칙을 정하고, 윤리적인 기준을 세워야 한다. 이렇게 해야 AI가 사람들에게 안전하고 신뢰할 수 있는 기술로 자리 잡을 수 있다.
  - **개발자**: 자율주행차 소프트웨어를 개발한 팀이나 회사가 AI 성능에 대한 책임을 져야 할까? 소프트웨어 설계 결함이나 코드 오류가 사고의 원인일 경우, 개발자의 책임이 논의될 수 있다.
  - **제조사**: 자율주행차의 하드웨어와 소프트웨어를 결합하여 생산한 자동차 제조사가 책임을 져야 할 수도 있다. 차량의 기술적 오류가 발생할 경우, 제조사의 책임이 강조된다.
  - **운전자**: 비록 자율주행 시스템이 작동 중이더라도, 법적 체계에 따라 운전자가 차량의 작동을 최종적으로 감독하고 있을 수 있다. 그러나 운전자가 AI의 결정을 바로잡을 기회가 없다면 책임 소재가 논란이 될 수 있다.
  - **소프트웨어 설계자 및 프로그래머**: 시스템 설계자가 예측하지 못한 방식으로 AI가 작

동한다면, 설계자에게 책임이 돌아갈 수 있다. 그러나 AI가 자율적으로 학습하는 과정에서 모든 상황을 제어할 수 없다는 점이 책임 소재 규명을 어렵게 만든다.

- **의사결정 과정의 투명성 문제**
  - **블랙박스 문제**: AI는 종종 머신러닝 및 딥러닝과 같은 복잡한 알고리즘을 기반으로 결정을 내린다. 이 과정에서 인간이 AI의 결정 방식을 이해하거나 설명하기 어려운 블랙박스 문제가 발생한다.
  - **결정 과정의 불투명성**: AI가 내리는 결론은 옳을 수 있지만, 그 결론에 도달하는 과정이 불투명하면 신뢰성 문제가 발생한다. 예를 들어, 채용 과정에서 특정 지원자를 탈락시키거나 금융 기관에서 대출 신청을 거절할 때, AI가 어떤 기준을 사용했는지 설명되지 않으면 결과의 공정성을 신뢰하기 어렵다.
  - **설명 가능성 부족**: AI가 의사결정을 내리는 방식이 복잡하고 불투명하다면, 법적 책임을 묻기 어려울 뿐 아니라, 사용자는 AI의 결정이 공정하지 않다고 느낄 수 있다.
  - **공정성과 투명성**: AI 시스템의 의사결정 과정이 공정하고 투명하게 이루어지도록 하기 위해서는, AI의 사용 데이터와 알고리즘을 명확히 공개하고 검증할 수 있어야 한다.
- **의사결정 과정의 설명 가능성 부족**
  - **금융 및 의료 분야의 문제**: AI는 특히 금융과 의료 분야에서 중요한 결정을 내린다. 예를 들어, AI가 대출 신청을 거절하거나 의료 진단을 내릴 때, 그 이유를 설명할 수 없다면 공정성과 신뢰성 문제가 발생할 수 있다.
  - **법적 책임 규명**: AI가 잘못된 결정을 내렸을 때, 그 결정을 검증하고 문제를 밝히는 과정이 투명하지 않으면 법적 책임을 묻기 어렵다. 블랙박스 문제는 AI가 잘못된 결정을 내리는 경우, 그 과정을 분석할 수 없게 만든다.
- **투명성을 확보하기 위한 방안**
  - **설명 가능한 AI(XAI)**: 설명 가능한 AI(XAI)는 AI가 내린 결정을 사용자가 이해할 수 있도록 하는 기술로, AI의 투명성을 높이기 위한 방법 중 하나다. XAI는 AI의 결정 과정과 각 요소가 어떻게 결론에 도달했는지 설명함으로써, 사용자가 AI의 결정을 신뢰할 수 있도록 돕는다.
  - **법적 규제와 윤리적 가이드라인**: AI의 공정성과 투명성을 보장하기 위해서는 법적 규제와 윤리적 가이드라인이 필요하다. AI의 의사결정 과정이 투명하도록 하는 법적 장치와 이를 준수하도록 강제하는 윤리적 기준이 요구된다.

- **국제 협력**: AI 시스템의 책임 소재와 투명성을 보장하기 위한 국제적인 협력이 필요하다. 각국이 AI 윤리 기준과 법적 규제를 마련하고, 기술 발전과 함께 이러한 기준을 강화할 필요가 있다.

결론

- 책임과 의사결정 투명성 문제는 AI 기술이 발전하면서 더욱 복잡해지고 있다. AI가 인간을 대신해 중요한 결정을 내리는 상황에서, 의사결정 과정이 불투명하거나 설명이 불가능할 경우 법적 책임과 공정성에 대한 문제가 발생할 수 있다. 설명 가능한 AI(XAI)와 법적 규제는 이러한 문제를 해결하기 위한 필수적인 요소로, AI 기술의 신뢰성을 확보하고 사회적 수용성을 높이는 데 중요한 역할을 할 것이다.

13.1.2 편향성과 차별

AI의 편향성과 차별 문제는 AI 시스템이 인간 사회의 기존 편향을 반영하여 부정확하고 차별적인 결과를 내리는 문제를 의미한다. AI는 학습 데이터를 기반으로 작동하며, 그 데이터가 편향되어 있으면 AI의 결과도 편향될 수 있다. 특히 법률, 의료, 금융과 같은 민감한 분야에서 AI가 편향된 결정을 내릴 경우, 사회적 불평등을 악화시키고 기존의 차별을 강화할 위험이 크다.

1) 데이터 편향의 문제

- **편향된 데이터의 학습**
  - AI 시스템은 학습 데이터를 기반으로 모델을 구축하는데, 이 데이터가 편향된 방식으로 구성되어 있으면 AI의 결과 역시 편향될 수 있다. 편향된 데이터는 특정 인종, 성별, 나이, 지역, 소득 수준에 대한 고정관념이나 차별을 포함하고 있을 수 있으며, 이러한 데이터를 학습한 AI는 이를 그대로 반영하게 된다.
  - 예를 들어, AI가 과거의 역사적 데이터를 학습하여 법률, 금융, 의료 등의 중요한 결정을 내릴 때, 데이터 자체가 특정 인종이나 성별에 대한 차별적 패턴을 포함하고 있다면, AI는 학습 과정에서 그 차별적 패턴을 재생산하게 된다.

- 특정 인종이나 성별이 범죄율이 높은 지역에 살고 있다는 이유만으로, AI는 해당 인구 집단을 잠재적인 범죄자로 분류할 가능성이 크다. 이러한 편향된 예측은 범죄 예측 시스템에서 많이 나타난다.

- **실제 사례: 범죄 예측 시스템에서의 차별**
  - 미국의 일부 도시에서 사용된 범죄 예측 시스템은 범죄율이 높은 지역을 예측하여 그 지역에 대한 경찰 배치를 강화하는 데 활용되었다. 하지만 이 시스템은 범죄율이 높은 지역에 사는 특정 인종이나 소득 수준이 낮은 사람들을 범죄자로 더 쉽게 분류하는 경향을 보였다. 이는 그 지역 사람들을 잠재적 범죄자로 인식하게 하며, 경찰의 과잉 대응을 불러일으킬 수 있다.
  - AI는 그 지역에 있는 모든 사람을 동일하게 취급하지 않고, 과거 데이터에서 나온 범죄 기록을 바탕으로 잘못된 판단을 내릴 수 있다. 그 결과, 특정 지역에 사는 사람들은 실제 범죄와 관계없이 더 높은 확률로 경찰의 감시 대상이 되거나, 부당한 의심을 받을 수 있다.
- **얼굴 인식 시스템에서의 차별적 오류**
  - 얼굴 인식 시스템은 AI 기술 중에서도 편향 문제가 두드러지게 나타나는 분야다. 특히 흑인, 아시아인 등 특정 인종에 대한 인식 정확도가 낮아 오인식(False Positives)이 자주 발생하는 경향이 있다. 이는 법 집행 기관에서 얼굴 인식 시스템을 사용하는 경우, 인종에 따라 잘못된 범죄자로 식별되는 위험을 초래한다.
  - 예를 들어, 흑인 남성을 대상으로 한 얼굴 인식 기술이 다른 인종에 비해 더 높은 비율로 오인식을 발생시켰다. 이는 흑인 인구가 법 집행 과정에서 부당하게 잠재적 범죄자로 간주될 수 있으며, 경찰 활동에 부정적인 영향을 미칠 수 있다.
- **법적, 의료적, 금융적 시스템에 미치는 영향**
  - AI가 법률, 의료, 금융과 같은 의사결정 시스템에 적용될 때 편향된 데이터는 차별적 판단을 유발할 수 있다. 이는 단순히 편향된 결과를 도출하는 것 이상의 심각한 문제로, 인간의 삶에 직접적인 영향을 미치는 의사결정에서 차별을 강화한다.
  - 법적 시스템에서는 AI가 형량을 결정하거나, 가석방 여부를 판단할 때 편향된 데이터를 기반으로 특정 인종이나 소득층에 불리한 결정을 내릴 수 있다.
  - 의료 시스템에서는 AI가 특정 인종에 대한 의료 서비스 접근성이나 치료의 질을 차별적으로 판단할 수 있다. 예를 들어, AI가 특정 인종에 대한 의료 기록을 부정확하

게 해석할 경우, 그 인종에 대한 치료 결정이 부정확하게 이루어질 수 있다.

- 금융 시스템에서는 AI가 대출 신청자의 과거 신용 기록을 분석하여 대출 승인 여부를 결정하는데, 이 과정에서 특정 인종이나 사회적 계층이 불공정한 평가를 받을 수 있다.

2) 차별을 강화하는 AI

- **법률 시스템에서 AI의 차별적 판단**
  - 법률 시스템에서 AI는 형량을 결정하거나, 재범 가능성을 예측하는 데 사용된다. 하지만 AI가 학습하는 데이터가 편향되어 있으면, AI는 특정 인종이나 사회적 계층에 불리한 판단을 내릴 수 있다. 예를 들어, AI가 과거의 재범 데이터를 학습하여 특정 인종이 재범할 가능성이 더 높다고 예측할 수 있으며, 이는 형량 가중이나 가석방 거부 등의 결정에 영향을 미칠 수 있다.
  - 이러한 편향된 예측은 특정 인종에게 더 긴 형량을 부과하거나, 가석방을 거부하는 데 사용될 수 있으며, 이는 법적 평등성을 훼손할 수 있다.
- **의료 시스템에서의 차별적 판단**
  - 의료 AI가 특정 인종에 대한 의료 기록을 편향되게 학습한 경우, AI는 의료 서비스의 제공 방식에서 차별적인 결정을 내릴 수 있다. 예를 들어, AI가 특정 인종의 환자를 진단할 때 그 인종에 대한 부정확한 의료 데이터를 바탕으로 잘못된 진단을 내릴 수 있다.
  - 의료 서비스의 질적 차별은 특정 인종에 대해 적절한 치료를 제공하지 않거나, 심지어 치료 자체를 거부하는 경우가 발생할 수 있다. 이는 의료 시스템에서 차별적 치료와 서비스 격차를 확대시키는 요인이 된다.
- **공정성과 포괄성 부족**
  - AI가 사용하는 데이터는 공정하고 포괄적이어야 하지만, 많은 경우 이러한 데이터는 소수 집단이나 취약 계층을 제대로 반영하지 못한다. 이는 AI가 차별적 의사결정을 내리게 만드는 주요 원인이 된다.
  - AI가 공정성을 유지하려면, 다양한 인구 집단에 대한 균형 잡힌 데이터를 포함해야 하며, 소수 집단을 배제하지 않도록 주의해야 한다. 그렇지 않으면 AI는 의사결정 과정에서 취약 집단에 불리한 결과를 낼 수 있다.

3) 차별적 AI의 윤리적 해결 방안

- **편향 데이터의 감지와 제거**
  - AI가 사용하는 데이터를 분석하여 편향성을 감지하고 제거하는 방법론이 필요하다. 이는 AI가 학습하는 데이터의 편향성을 식별하고, 해당 데이터에서 차별적 요소를 제거하는 과정이다.
  - 예를 들어, AI 개발 과정에서 데이터 전처리를 통해 불균형하거나 편향된 데이터를 수정하고, 공정한 데이터를 사용하는 것이 중요하다.
- **의료 시스템에서의 차별적 판단**
  - AI가 학습하는 데이터는 공정하고 포괄적이어야 하며, 다양한 인구 집단에 대한 데이터를 포함해야 한다. 또한, AI는 특정 인종, 성별, 연령에 대해 균형 잡힌 학습을 통해 차별적 의사결정을 방지할 수 있어야 한다.
  - AI가 특정 집단을 과소 대표하거나 과대 대표하지 않도록 데이터를 균형 있게 구성하는 것이 필요하다. 이는 AI가 모든 사람에게 동등한 기회를 제공하고, 차별을 방지하는 중요한 요인이 된다.
- **윤리적 설계와 규제**
  - AI의 편향성을 최소화하기 위해서는 윤리적 설계 원칙이 필요하며, 이를 준수하도록 강제하는 법적 규제가 마련되어야 한다. AI 시스템 개발자는 AI가 차별적 결과를 초래하지 않도록 설계해야 하며, 각국 정부는 AI의 편향성을 감시하고 이를 규제할 책임이 있다.

결론

- AI의 편향성과 차별 문제는 학습 데이터의 편향성과 밀접하게 연관되어 있으며, 이는 법적, 의료적, 금융적 시스템에서 큰 윤리적 문제를 야기할 수 있다. AI가 공정하고 포괄적인 데이터를 사용하도록 설계되고, 편향을 최소화하기 위한 윤리적 방안이 마련되어야만 AI가 사회적 불평등을 심화시키지 않고, 모두에게 공정한 혜택을 제공할 수 있다.

13.1.3 프라이버시 및 데이터 보안

AI 시스템이 프라이버시를 위협하고 데이터 보안을 약화시키는 문제는 현대 정보 사회에서 중요한 윤리적 과제 중 하나로 부각되고 있다. AI는 사용자 정보를 기반으로 학습하고 결정을 내리기 때문에, 개인정보의 수집과 사용, 보안 관리가 적절하지 않을 경우 심각한 개인정보 침해 및 보안 위협을 초래할 수 있다. 이 섹션에서는 AI가 프라이버시와 데이터 보안에 미치는 영향을 심도 있게 분석한다.

1) 개인 정보의 수집과 사용

- **개인 데이터의 방대한 수집**
  - AI 시스템은 고도의 분석 능력을 발휘하기 위해 광범위한 데이터를 필요로 한다. 이 데이터는 사용자 개개인의 행동, 습관, 선호도, 위치 정보, 건강 정보 등을 포함할 수 있다. 특히 사용자의 온라인 활동과 소셜 미디어 기록은 AI 시스템이 자주 수집하는 데이터 중 하나다.
  - 예를 들어, 스마트폰이나 스마트 홈 기기는 사용자의 위치, 이동 패턴, 인터넷 사용 내역 등을 실시간으로 모니터링하여 AI의 학습 데이터로 활용한다. 이는 사용자 경험을 개인화하고 서비스를 최적화하는 데 기여할 수 있지만, 동의 없이 이루어질 경우 심각한 프라이버시 침해로 이어질 수 있다.
  - 헬스케어 AI 시스템은 개인의 건강 데이터를 수집하고 분석하여 진단, 치료 계획 수립, 예측 분석을 돕는다. 하지만 건강 정보와 같은 민감한 데이터는 보안이 취약한 경우 잘못된 손에 넘어가거나 부당하게 활용될 수 있다.
- **얼굴 인식 기술과 감시 사회**
  - AI 기반 얼굴 인식 기술은 개인의 프라이버시를 침해할 가능성이 매우 높은 분야 중 하나다. 얼굴 인식 시스템은 공공 장소에서 실시간으로 개인을 식별할 수 있으며, 이러한 기술은 특히 감시 사회로 이어질 우려가 크다. 국가 또는 기업이 이러한 시스템을 남용할 경우, 개인의 행동이 지속적으로 감시당하고 프라이버시가 침해될 수 있다.
  - 예를 들어, 중국과 같은 일부 국가에서는 공공장소에서 CCTV와 AI 기반 얼굴 인식 시스템을 결합하여 시민의 행동을 추적하고 통제하는 데 사용되고 있다. 이러한 기술이 잘못 사용될 경우, 특정 집단이나 정치적 반대자에 대한 과도한 감시와 통제가 가능하게 된다.

- 또한, AI는 인증 시스템에서도 얼굴 인식 기술을 사용하고 있는데, 사용자의 동의 없이 데이터를 수집하거나 잘못된 판단을 내릴 경우 프라이버시 침해뿐만 아니라 오인식으로 인한 부당한 대우를 받을 위험이 있다.

- **사용자의 행동 패턴 및 위치 추적**
  - AI는 개인의 행동 패턴과 위치 정보를 기반으로 개인화된 서비스를 제공한다. 예를 들어, 스마트폰 애플리케이션은 사용자의 이동 경로, 소비 패턴, 취미, 관심사를 분석하여 맞춤형 광고나 콘텐츠를 제공한다. 그러나 이러한 실시간 모니터링이 사용자 동의 없이 이루어질 경우, 사생활 침해로 이어질 수 있다.
  - 위치 추적 시스템은 사용자가 어디로 가고 무엇을 하는지를 실시간으로 감시할 수 있으며, 이는 프라이버시 침해의 위험이 크다. 또한, AI가 이러한 데이터를 저장하고 분석하는 과정에서 보안이 취약할 경우, 위치 정보가 유출되어 스토킹이나 사이버 범죄에 악용될 수 있다.

2) 데이터 보안 문제

- **데이터의 유출과 악용**
  - AI 시스템이 사용하는 개인 정보는 해킹, 데이터 유출, 악의적인 공격에 취약할 수 있다. AI는 방대한 데이터를 처리하고 저장하는데, 이 데이터가 안전하게 보호되지 않으면 개인 정보 유출로 이어질 위험이 크다. 해커나 범죄 조직이 AI 시스템을 공격하여 데이터를 탈취할 경우, 이 데이터는 악의적으로 사용될 수 있다.
  - 예를 들어, 의료 데이터나 금융 정보와 같은 민감한 개인 정보가 유출되면 개인의 경제적 피해나 신원 도용, 건강 기록의 부적절한 사용 등 심각한 결과를 초래할 수 있다.
  - 또한, AI 시스템 자체가 공격받을 경우, AI 모델 조작을 통해 잘못된 결과를 유도하거나, 의사결정을 왜곡할 수 있다. 이는 AI가 운영되는 산업 전반에 걸쳐 신뢰성을 훼손할 수 있다.
- **보안 시스템의 취약성**
  - AI 시스템의 복잡성 때문에 보안 취약점이 발생할 수 있다. AI는 실시간 데이터 처리와 자율적 의사결정을 수행하는데, 이 과정에서 시스템의 보안 관리가 적절하지 않으면 데이터 유출이나 악성 공격에 노출될 가능성이 커진다.
  - 특히 사물인터넷(IoT) 기기와 연동된 AI 시스템은 더 큰 위험을 내포하고 있다. IoT

기기는 상시 연결 상태에 있으므로 연결된 장치들이 보안에 취약하면 전체 시스템에 위험이 전파될 수 있다.

- 예를 들어, 스마트 홈 시스템에서 AI가 다양한 IoT 기기를 제어하는 경우, 해커가 이를 악용해 개인 정보를 유출하거나 기기를 장악하여 사용자에게 피해를 줄 수 있다.

- **개인 정보 보호 규제의 필요성**
  - 데이터 수집 및 보안 문제를 해결하기 위해 개인 정보 보호 규제가 강화될 필요가 있다. 각국은 AI가 처리하는 개인 정보를 보호하기 위한 법적 규제를 마련해야 하며, 기업은 데이터 보호 정책을 강화해야 한다.
  - 유럽연합의 GDPR(General Data Protection Regulation)은 개인 정보 보호와 관련된 대표적인 규제로, 데이터 수집, 사용, 저장 과정에서 개인정보의 투명성과 보안을 강화하는 데 중점을 둔다. 이러한 규제는 AI 시스템에서의 개인 정보 수집과 보안을 관리하는 데 중요한 역할을 한다.
  - 기업 역시 데이터를 수집하고 저장할 때 암호화 기술이나 보안 프로토콜을 강화해야 하며, 정기적인 보안 점검을 통해 AI 시스템의 안전성을 확보해야 한다.

3) 데이터 보호를 위한 기술적 해결 방안

- **차등 개인정보 보호(Differential Privacy)**
  - 차등 개인정보 보호(Differential Privacy)는 AI가 데이터를 분석하는 과정에서 개인을 식별할 수 없도록 데이터를 변형하는 기술이다. 이를 통해 AI는 전체적인 데이터를 학습하면서도 개인의 특정 정보를 식별하거나 노출하지 않도록 한다.
  - 이 기술은 통계적 방법을 사용하여 AI의 학습 결과가 개인의 데이터를 기반으로 하되, 개별 사용자의 정보를 보호할 수 있다. 예를 들어, AI가 특정 지역의 소비자 행동을 분석할 때, 개인이 누군지 식별할 수 없도록 데이터를 처리하여 프라이버시 보호를 강화할 수 있다.
- **암호화와 분산 학습(Federated Learning)**
  - 분산 학습(Federated Learning)은 데이터를 중앙 서버에 저장하지 않고, 각 사용자의 기기에서 데이터를 학습하여 중앙 서버로 보내지 않고도 AI 모델을 학습할 수 있도록 하는 기술이다. 이를 통해 개인 데이터가 한 곳에 집중되지 않으므로 개인 정보 유출 위험을 줄일 수 있다.

- 암호화 기술을 결합한 분산 학습은 AI가 데이터를 학습하는 과정에서 데이터를 보호하고, 해킹에 대한 노출을 최소화하는 데 효과적이다.

- **의무적 사용자 동의**
  - AI가 개인 데이터를 수집하고 사용할 때, 사용자의 명시적 동의를 받는 것이 중요하다. 사용자에게 데이터를 어떻게 사용할 것인지 명확히 설명하고, 동의를 받는 과정에서 개인 정보 보호를 위한 책임을 다해야 한다.
  - AI 시스템은 데이터를 처리하는 과정에서 투명성을 유지해야 하며, 사용자는 언제든지 자신의 데이터를 삭제하거나 수정할 권리를 가져야 한다. 이는 프라이버시 보호를 강화하는 데 필수적인 요소다.

결론

- AI 시스템에서 프라이버시와 데이터 보안 문제는 매우 중요한 윤리적 과제다. AI가 방대한 데이터를 수집하고 이를 학습하는 과정에서 개인의 정보를 보호하지 않으면 심각한 프라이버시 침해와 데이터 유출 문제를 일으킬 수 있다. AI의 안전한 사용을 보장하기 위해서는 개인 정보 보호 규제와 보안 기술 강화, 그리고 프라이버시 보호를 위한 기술적 방안이 필요하다. 이를 통해 AI 시스템이 더욱 안전하고 신뢰할 수 있는 방식으로 작동할 수 있도록 해야 한다

13.1.4 AI의 자율성과 인간 통제

AI의 자율성은 인공지능이 스스로 학습하고, 인간의 개입 없이 독립적으로 의사결정을 내릴 수 있는 능력을 말한다. 이러한 자율성은 AI의 발전에 따라 더욱 강력해지고 있으며, 이는 편리함과 효율성을 높이는 데 기여하지만 동시에 인간이 AI를 통제하는 데 어려움을 겪을 수 있는 윤리적 문제를 발생시킨다. AI 자율성의 증대와 통제 문제는 AI 기술이 더 자율적으로 발전하면서 인간의 통제 능력과 AI의 의사결정 투명성 사이의 균형을 유지하는 것이 점점 더 어렵다는 점에서 중요한 쟁점으로 대두된다.

1) 자율성의 증가와 통제 문제

- **AI 자율 시스템의 발전**
  - 자율 시스템은 AI가 인간의 개입 없이 자동으로 작동하고 의사결정을 내릴 수 있는 능력을 의미한다. 대표적인 예로는 자율주행차, 자율 무기 시스템, 자율 로봇 등이 있다. 이러한 시스템은 특정 상황에서 인간의 명령을 기다리지 않고 실시간으로 상황을 분석하고 결정을 내린다.
  - 자율주행차는 도로 환경을 스스로 감지하고, 속도 조절, 방향 변경, 정지와 같은 결정을 실시간으로 내린다. 이 과정에서 차량이 인간 운전자의 개입 없이 자동으로 상황을 처리하지만, 예기치 못한 상황에서 시스템의 판단이 잘못되면 큰 사고로 이어질 수 있다.
  - 자율 무기 시스템은 전쟁이나 분쟁 상황에서 인간의 개입 없이 적을 감지하고 공격 명령을 실행할 수 있다. 그러나 이러한 기술은 전쟁의 윤리성과 민간인 피해와 같은 심각한 문제를 초래할 수 있다. 인간의 통제 없이 AI가 의사결정을 내릴 경우, 잘못된 판단으로 인해 비인도적인 결과를 낳을 가능성이 크다.
- **인간 통제의 한계**
  - AI가 점점 더 자율적이 되면서, 인간의 통제 능력은 제한되거나 약화될 수 있다. 자율성이 높은 AI 시스템은 상황을 분석하고 결정을 내리는 속도가 인간의 개입보다 훨씬 빠르기 때문에, 즉각적인 개입이 불가능할 때도 있다. 이는 의도치 않은 행동이 발생하거나 시스템 오류가 있을 경우 그 결과를 제어하는 데 한계가 생길 수 있다.
  - 자율 무기 시스템에서, 예기치 않은 결과나 잘못된 표적 선택이 발생할 경우, 해당 시스템을 즉시 중단하거나 명령을 번복하는 것이 어려울 수 있다. 이는 전쟁터와 같은 급박한 상황에서는 더욱 큰 문제로 부각된다. AI의 결정이 잘못된 정보를 기반으로 이루어질 경우, 인간은 그 결정을 사후적으로 통제하기 어려울 수 있다.
  - 의료 AI 시스템에서도 환자 치료에 있어 AI가 자율적으로 진단과 치료 계획을 제시할 때, 시스템이 오판을 하거나 인간의 의도를 벗어난 결정을 내릴 경우, 의료 사고로 이어질 수 있다.
- **통제력 부족의 윤리적 문제**
  - AI의 자율성은 윤리적 책임과 통제 문제를 불러일으킨다. 인간이 AI를 통제하지 못할 때, 그 결정의 결과에 대한 책임이 누구에게 있는지 명확하지 않을 수 있다. 이는

특히 자율 무기 시스템에서 민간인 피해가 발생하거나 자율주행차가 사고를 일으켰을 때 책임 소재를 규명하는 데 어려움을 줄 수 있다.

- 자율적으로 의사결정을 내리는 AI가 잘못된 판단을 했을 때, 그 책임을 개발자, 운영자, 사용자 중 누구에게 물어야 할지에 대한 윤리적 딜레마가 발생한다. 이는 법적 책임을 규명하는 데도 어려움을 준다.
- 예를 들어, 자율주행차가 사고를 일으킨 경우, 차량 제조사, 소프트웨어 개발자, 차량 소유자 중 누구에게 책임을 물어야 하는지 불명확할 수 있다.

2) 강력한 AI(Strong AI)의 윤리적 문제

- **강력한 AI(Strong AI)란?**
  - 강력한 AI(Strong AI)는 인간의 능력을 뛰어넘는 자율적 판단 능력을 갖춘 AI 시스템을 의미한다. 이러한 AI는 인간처럼 독립적인 사고를 하고, 복잡한 상황에서 자율적으로 판단하고 행동할 수 있다. 그러나 강력한 AI는 인간이 이를 완전히 통제하거나 예측할 수 없는 상황을 초래할 수 있으며, 이는 AI 윤리의 핵심 쟁점 중 하나다.
  - 강력한 AI는 단순한 패턴 인식이나 기계 학습을 넘어, 인간처럼 스스로 목적을 설정하고 그에 따라 행동할 수 있는 능력을 가질 수 있다. 이 경우, 인간의 명령과 의도에 구속되지 않고 자율적인 의사결정을 내릴 가능성이 커진다.
- **강력한 AI의 위험성**
  - 강력한 AI는 자율성이 지나치게 높아질 경우 인간 사회에 막대한 영향을 미칠 수 있다. AI가 인간의 통제를 벗어나 독립적으로 행동하게 되면, 그 결과를 예측하거나 제어할 수 없게 되어 인간 사회에 부정적인 영향을 미칠 수 있다. 특히, AI가 사회적, 정치적, 경제적 시스템에 큰 변화를 초래할 가능성이 크다.
  - AI가 독립적으로 경제 결정을 내리거나, 정치적 문제에 관여할 경우, 인간 사회의 권력 구조나 경제 구조를 혼란에 빠뜨릴 수 있다. 예를 들어, 금융 시장에서 강력한 AI가 자율적으로 투자 결정을 내리면, 그 결과로 대규모 경제 변동이 발생할 수 있으며, 이를 통제하지 못하면 심각한 경제적 혼란이 일어날 수 있다.
  - 또한, 정치적 결정을 AI가 내리는 경우, AI는 특정 정책을 인간의 이익과 상관없이 결정할 가능성이 있다. 이는 민주주의 원칙을 위배하며, 정치적 권력 구조를 변형시키는 위험성을 초래할 수 있다.

- **직업, 경제, 정치 시스템에 미치는 영향**
  - 강력한 AI는 인간의 일자리를 대체하고 경제적 불평등을 심화시킬 수 있다. AI가 더 많은 자율성을 가지게 되면, 인간의 직무를 대체하거나 효율성의 극대화를 목표로 하는 방식으로 사회 시스템을 재구성할 수 있다.
  - 예를 들어, AI가 노동 시장에서 대규모 자동화를 이끌면, 많은 직업이 사라지거나 대체될 수 있다. 특히 단순 업무나 반복적인 작업이 AI에 의해 대체될 가능성이 크며, 이는 실업률 상승과 경제적 불평등을 심화시킬 수 있다.
  - 또한, 정치적, 사회적 의사결정에서 강력한 AI가 개입하게 되면, 인간의 정치적 결정 과정에 대한 통제력이 약화될 수 있으며, 이는 정치 시스템의 위기를 초래할 수 있다.

3) 강력한 AI의 윤리적 규제와 통제

- **법적 장치와 윤리적 규제**
  - 강력한 AI의 자율성을 통제하기 위해서는 법적 규제와 윤리적 가이드라인이 필수적이다. AI가 인간 사회에 미치는 영향을 최소화하고, 그 자율성을 제한하기 위한 법적 장치가 마련되어야 한다.
  - 국제적으로 통일된 AI 윤리 기준이 필요하다. AI의 자율성과 관련된 윤리적 문제는 국가 간 차이를 넘어서 글로벌 차원에서 논의되어야 하며, 각국은 이를 준수하도록 강제해야 한다.
  - 또한, AI의 자율적 행동을 제한하고, 인간의 통제를 강화하는 기술적 장치가 개발되어야 한다. AI의 의사결정 과정을 투명하게 공개하고, 인간이 이를 언제든지 중단하거나 수정할 수 있는 시스템이 필요하다.
- **통제 가능한 AI 설계**
  - AI의 자율성을 통제하는 것이 불가능하지 않도록 통제 가능한 AI 시스템을 설계해야 한다. 이는 AI가 자율적으로 작동하더라도, 인간이 개입할 수 있는 백업 시스템을 마련하거나, 긴급 중지 기능을 포함하는 것이다.
  - 예를 들어, 자율 무기 시스템은 인간이 AI의 행동을 중단할 수 있는 기능을 반드시 포함해야 하며, 자율주행차는 긴급 상황에서 수동으로 제어할 수 있는 옵션을 제공해야 한다.
  - 또한, AI의 자율적 행동이 예상치 못한 결과를 초래하지 않도록 위기 예측 시스템을

개발하고, AI가 잘못된 결정을 내리기 전에 이를 차단할 수 있는 방안을 마련해야 한다.

결론

- AI의 자율성과 인간 통제 문제는 AI 기술의 발전 속도와 함께 더 복잡해지고 있다. AI가 자율적으로 작동하면서 인간의 통제가 어려워지거나 강력한 AI가 인간의 예측 범위를 벗어난 결정을 내릴 경우, 이는 심각한 윤리적 문제를 초래할 수 있다. 법적 규제, 윤리적 가이드라인, 통제 가능한 기술적 장치가 필수적이며, 이를 통해 AI의 자율성을 적절하게 제한하고, 인간 사회에 미치는 부정적인 영향을 최소화할 필요가 있다.

13.2 AI의 사회적 영향

AI의 사회적 영향은 AI가 사회, 경제, 문화 전반에 걸쳐 미치는 광범위한 변화를 의미한다. AI는 긍정적인 면과 동시에 부정적인 면도 존재한다.

13.2.1 고용과 노동 시장에 미치는 영향

AI 기술의 도입과 발전은 고용과 노동 시장에 큰 변화를 일으키고 있다. AI는 생산성 향상과 자동화를 통해 많은 이점을 제공하지만, 동시에 인간 노동을 대체하면서 고용 구조에 상당한 영향을 미친다. 이는 고용 기회의 감소와 경제적 불평등을 초래할 수 있으며, 특정 직종의 소멸로 이어질 수 있다. 반면, AI와 관련된 신규 직업의 창출 가능성도 있어, AI 기술의 긍정적·부정적 영향을 모두 고려해야 한다.

1) AI에 의한 업무 자동화

- **효율성과 생산성 향상**
  - AI는 반복적이고 규칙적인 업무를 자동화하여 효율성과 생산성을 극대화한다. AI는 특히 제조업, 서비스업, 물류 산업 등에서 인간 노동을 대체하고 있으며, 이러한 자동화는 기업의 비용 절감과 운영 효율성을 크게 향상시키고 있다.
  - 예를 들어, 자동화된 로봇 시스템은 자동차 생산 라인에서 조립 작업을 담당하며, 빠른 속도로 정밀하게 작업을 수행한다. 이로 인해 제조업체는 생산 속도를 높이고 인건비를 절감할 수 있다. 또한, 물류 산업에서는 AI 기반 물류 관리 시스템이 창고에서의 재고 관리 및 운송 경로 최적화를 통해 효율적인 물류 흐름을 제공한다.
- **서비스업에서의 AI 도입**

- 서비스업에서도 AI의 도입이 확산되고 있다. 챗봇은 고객 서비스 영역에서 인간 상담원을 대신해 24시간 고객 응대를 수행하며, 자연어 처리 기술을 통해 고객의 문의를 이해하고 자동으로 해결책을 제공한다. 이러한 자동화는 고객 응대 속도를 높이고 운영 비용을 절감하는 데 기여한다.
- 특히 은행, 보험사 등 금융 서비스 업계에서 AI가 고객 상담, 계좌 관리, 대출 신청 처리 등을 자동화함으로써 효율성을 극대화하고 있다. 이는 고객 만족도를 높이는 동시에 기업의 인건비를 크게 줄일 수 있다.

- **일자리 소멸의 가능성**
  - 그러나 AI에 의한 자동화는 특정 직업의 소멸을 초래할 수 있다. 특히 반복적이고 저숙련 직무는 AI와 자동화 시스템에 의해 빠르게 대체될 가능성이 크다. 예를 들어, 제조업의 라인 작업자, 물류 센터의 창고 근로자, 은행 창구 직원 등의 직무는 AI의 자동화로 인해 감소할 수 있다.
  - 회계나 법률 자문과 같은 데이터 처리가 주 업무인 분야도 AI의 도입으로 인간 노동이 감소할 수 있다. AI는 대량의 데이터를 분석하고 규칙에 따라 의사결정을 내리는 데 뛰어나기 때문에, 이러한 업무는 AI가 훨씬 더 빠르고 정확하게 수행할 수 있다. 이는 해당 직종에서의 실업률 상승과 일자리 감소를 초래할 수 있으며, 경제적 불평등을 심화시킬 수 있다.
- **저숙련 근로자에 미치는 영향**
  - AI의 자동화는 저숙련 근로자에게 특히 큰 영향을 미친다. 반복적인 단순 작업은 AI가 빠르게 대체할 수 있으며, 저숙련 노동자들은 기술 역량 부족으로 인해 새로운 일자리를 찾는 데 어려움을 겪을 수 있다. 이는 경제적 불안정과 사회적 불평등을 심화시키는 요인이 될 수 있다.
  - 또한, 기술 격차가 존재하는 사회에서는 자동화로 인해 실업한 저숙련 근로자들이 재취업을 위해 필요한 교육과 기술 습득 기회를 얻기 어려울 수 있다. 이로 인해 사회적 계층 간 격차가 더욱 커질 수 있으며, 노동 시장의 불안정성이 증가할 가능성이 크다.

2) 신규 직업 창출 가능성

- **고숙련 직업의 증가**
  - 반면, AI의 발전은 새로운 고숙련 직업을 창출하는 데 기여할 수 있다. AI와 관련된 기술 개발, 데이터 분석, 로봇 공학 등은 고도의 기술 역량을 요구하며, 이러한 직종에서의 인력 수요는 지속적으로 증가할 것이다.
  - 예를 들어, AI 엔지니어, 데이터 과학자, 기계 학습 전문가와 같은 직업은 AI 시스템의 설계, 개발, 유지보수를 담당하며, 이들의 역할은 향후 더욱 중요해질 것으로 보인다. AI 기술을 활용한 자동화 솔루션을 구축하는 IT 전문가들의 수요 역시 높아질 것이다.
- **기술 교육과 훈련 필요성**
  - AI로 인해 새로운 일자리가 창출되는 만큼, 이에 대비한 기술 교육과 훈련 프로그램의 중요성이 커지고 있다. 특히, AI와 관련된 소프트웨어 개발, 데이터 처리 등의 고급 기술을 학습할 수 있는 교육 프로그램이 필요하다. 정부와 교육 기관은 재교육 프로그램을 통해 실업자들이 AI 관련 직업으로 전환할 수 있도록 지원해야 한다.
  - 예를 들어, 코딩 교육, 데이터 분석 훈련 등을 통해 AI 관련 기술을 습득할 수 있는 훈련 과정이 마련되면, 고용 불안정성을 줄이고 신규 직업 창출에 긍정적인 영향을 미칠 수 있다. 이는 저숙련 근로자들이 새로운 분야에서 기회를 찾을 수 있도록 도와주는 중요한 역할을 한다.
- **창의성과 혁신의 필요성**
  - AI가 반복적이고 단순한 작업을 대체하는 반면, 인간은 AI와 함께 창의적인 작업과 혁신적인 문제 해결에 집중할 수 있게 된다. 디자인, 연구 개발, 전략 기획과 같은 직종은 여전히 인간의 창의성과 직관이 요구되는 분야로 남을 것이다.
  - 특히 예술, 콘텐츠 제작, 혁신적 기술 개발 등 AI가 대체하기 어려운 직종에서는 인간의 창의력이 더욱 중요한 가치를 지니게 된다. AI의 도입은 단순한 일자리 감소를 넘어서, 새로운 고부가가치 산업의 출현을 촉진할 수 있다.

3) AI와 노동 시장의 변화에 대한 대응 방안

- **정책적 대응**
  - AI 도입에 따른 노동 시장의 변화에 대응하기 위해 정부와 기업은 적극적인 정책적 대응을 해야 한다. 재교육 프로그램을 통해 실업자들이 새로운 기술을 습득할 수 있도록 지원하며, 특히 저숙련 근로자들이 기술 격차를 줄일 수 있도록 교육 기회를 제공해야 한다.
  - 정부는 AI가 대체하는 분야의 사회 안전망을 강화하고, 기술 훈련과 일자리 전환 지원을 통해 고용 불안정성에 대응할 수 있다. 사회적 대화와 협력을 통해 AI로 인한 변화에 대한 공동 대처 방안을 모색하는 것이 중요하다.
- **기업의 역할**
  - 기업은 AI 도입 과정에서의 책임을 인식하고, 고용 전환 프로그램을 마련해야 한다. AI 도입으로 인해 감소한 일자리를 대체할 수 있는 새로운 직무를 개발하고, 내부적으로 직원 재교육을 통해 기존 인력을 신기술 직종으로 전환할 수 있는 기회를 제공해야 한다.
  - 특히, 대기업은 AI 기술의 혜택을 공유하는 방식으로 공정한 노동 전환을 지원하고, 사회적 책임을 다할 필요가 있다.

결론

- AI는 고용과 노동 시장에 막대한 변화를 가져올 것이며, 그 변화는 긍정적, 부정적 양면을 모두 지닌다. AI는 효율성과 생산성을 극대화하고, 신규 직업을 창출하는 동시에 일부 직종의 소멸을 초래할 수 있다. 이에 따라, 사회 전반에서 재교육 프로그램과 고용 전환 지원이 필요하며, 정부와 기업은 정책적 대응을 통해 AI가 가져오는 고용 불안정성을 최소화해야 한다. AI의 발전이 인류에게 긍정적인 영향을 미치도록 해야 한다.

13.2.2 경제적 불평등

AI 기술의 발전은 경제적 불평등을 심화시킬 수 있다. AI에 접근할 수 있는 기업과 국가가 AI 혁신을 선도할 수 있는 반면, 그렇지 못한 기업과 국가들은 경쟁에서 밀려나 경제적 불평등이 더욱 확대될 가능성이 크다. 특히 AI 기술의 개발과 활용에 따른 혜택이 특정 집단에만 집중되면 사회적 격차가 심화될 수 있다. 이러한 문제를 해결하기 위한 글로벌 협력과 적절한 규제가 필요하다.

1) AI로 인한 경제 격차 확대

- **AI 기술 선도 기업과 국가**
  - AI 기술에 접근할 수 있는 대기업과 선진국이 AI 혁신을 선도할 가능성이 크다. 이들은 AI 기술을 활용하여 효율성과 생산성을 극대화하고, 시장에서 경쟁 우위를 점하게 된다. 이는 경제적 혜택이 소수의 대기업에 집중될 수 있으며, 중소기업이나 기술 접근이 어려운 국가들은 경쟁에서 뒤처질 위험이 크다.
  - 예를 들어, 구글, 아마존, 테슬라와 같은 글로벌 대기업들은 AI 기술을 적극적으로 활용하여 자동화 시스템을 구축하고, 빅데이터 분석을 통해 시장의 흐름을 예측하고 있다. 이러한 대기업들은 AI를 통해 막대한 수익을 창출하는 반면, AI 기술에 접근할 수 없는 중소기업들은 경쟁에서 밀려날 가능성이 있다.
- **AI 활용에 따른 불균형**
  - AI 기술의 발전이 국가 간 불균형을 초래할 수 있다. AI 개발에 막대한 자본을 투자하고 있는 미국이나 중국과 같은 선진국은 글로벌 경제에서 우위를 점할 수 있지만, AI 기술 도입이 늦어진 개발도상국은 경제 성장에 어려움을 겪을 수 있다. 이는 국가 간 경쟁력 차이를 심화시키고, 국제 경제 질서에 불균형을 초래할 수 있다.
  - 유럽연합, 일본 등도 AI 연구 및 개발에 큰 투자를 하고 있으며, 이러한 국가들은 기술 주도권을 잡고 글로벌 시장에서 더 많은 혜택을 누릴 수 있다. 반면, 아프리카나 남아시아 등 기술 기반이 취약한 국가들은 이러한 경쟁에서 뒤처질 가능성이 크며, 이는 국가 간 경제적 격차를 더욱 확대시킬 것이다.

2) 경제적 불평등과 사회적 분열

- **AI 혜택의 집중**
  - AI의 발전에 따른 혜택이 일부 대기업이나 기술 선도국에만 집중될 가능성이 크다. AI 기술을 활용하는 기업들이 시장을 지배하게 되면, 경제적 혜택이 한정된 소수에

계만 돌아가며, 이는 경제적 불평등을 심화시킨다. AI를 통해 더 많은 부를 축적한 기업과 국가들은 지속적으로 시장에서 우위를 차지하게 되며, 소규모 기업이나 국가들은 점차 도태될 수 있다.

- 예를 들어, AI 기반의 광고 플랫폼이나 자동화된 물류 시스템을 가진 기업들은 소비자 데이터를 분석하고 최적의 비즈니스 전략을 설계할 수 있어, 경쟁에서 더 많은 이익을 얻을 수 있다. 그러나 이러한 기술을 도입하지 못하는 중소기업은 시장 경쟁력을 상실하고 결국 도태될 위험이 있다.

• **경제적 불평등 심화**

- AI가 주도하는 경제적 불평등은 사회적 분열을 일으킬 수 있다. 특히 고용 불안과 소득 격차로 인해 저소득층과 중산층의 경제적 어려움이 가중될 가능성이 있다. AI로 인해 일자리를 잃은 사람들이 새로운 직업을 찾기 어렵거나, 재교육을 받지 못하는 경우 사회적 불만이 커질 수 있으며, 이는 정치적 불안이나 사회적 갈등으로 이어질 수 있다.

3) 글로벌 협력의 필요성

• **AI 기술의 공정한 분배**

- AI 기술이 일부 국가나 기업에만 집중되지 않고 글로벌 차원에서 공정하게 분배되도록 하기 위해서는 국제적 협력이 필수적이다. AI 기술의 혜택이 전 세계적으로 고르게 퍼질 수 있도록 국가 간 기술 교류와 공동 연구 개발을 통해 기술 격차를 줄여야 한다.
- 예를 들어, 국제기구나 정부 간 협력을 통해 AI 기술에 대한 접근성을 높이고, AI 개발과 활용을 위한 공동 프로그램을 운영할 수 있다. 이를 통해 기술력이 부족한 국가들도 AI 혁신의 혜택을 누릴 수 있도록 지원해야 한다.

• **AI 기술에 대한 규제**

- 또한, AI 기술의 발전이 경제적 불평등을 악화시키지 않도록 적절한 법적 규제가 필요하다. 각국 정부는 AI가 특정 기업이나 집단에만 혜택을 주지 않도록 공정한 경쟁 환경을 조성하고, AI 기술 도입으로 인한 경제적 편중을 최소화하는 정책을 마련해야 한다.
- 정부는 대기업의 독점 방지와 AI 기술의 공정한 분배를 위해 법적 규제를 강화하고,

중소기업이 AI 기술을 활용할 수 있도록 기술 지원과 재정적 지원을 확대해야 한다.

13.2.3 의료와 교육에서의 혁신

1) 의료 분야에서의 AI 혁신

- **진단과 치료의 혁신**
  - AI는 의료 분야에서 진단 정확도를 높이고, 치료법 개발에 혁신적인 변화를 가져오고 있다. AI는 방대한 의료 데이터를 분석하여 질병 예측 및 개인 맞춤형 치료를 가능하게 한다. AI는 의료 영상 분석에서 특히 중요한 역할을 하고 있으며, 방사선 사진, MRI, CT 스캔을 분석하여 질병을 조기에 감지할 수 있다.
  - 예를 들어, 암 진단 AI 시스템은 방사선 사진을 분석하여 조기 단계에서 암을 감지할 수 있으며, 이는 환자의 생존율을 높이는 데 기여할 수 있다. AI는 수많은 환자의 의료 데이터를 실시간으로 분석하고, 이를 통해 최적의 치료 계획을 수립하는 데 도움을 준다.
- **맞춤형 치료의 가능성**
  - AI는 개인화된 의료 서비스를 제공하는 데 중요한 역할을 한다. AI는 유전자 데이터, 환자의 병력, 생활 습관 등을 분석하여 환자 맞춤형 치료법을 제시할 수 있다. 예를 들어, 정밀 의료 분야에서는 AI가 환자의 유전자 분석 결과를 바탕으로 맞춤형 약물 치료를 추천할 수 있다.
  - AI 기반 의료 예측 시스템은 환자의 건강 상태를 실시간으로 모니터링하고, 질병 발병 가능성을 예측하여 예방적 치료를 가능하게 한다. 이를 통해 질병 예방 및 사전 대응이 가능해지며, 의료 비용 절감과 환자 건강 증진에 기여할 수 있다.

2) 교육 분야에서의 AI 혁신

- **개인 맞춤형 학습**
  - 교육 분야에서도 AI는 개인 맞춤형 학습을 제공하는 데 혁신적인 변화를 일으키고 있다. AI는 학생 개개인의 학습 패턴을 분석하고, 맞춤형 교육 콘텐츠를 제공함으로

써 학습 효율성을 크게 향상시킬 수 있다. 특히 AI는 학생의 학습 속도, 이해도, 관심사를 고려하여 개인화된 학습 경험을 제공한다.

- 예를 들어, AI 기반 학습 시스템은 학생이 이해하지 못한 개념을 분석하고, 그 부분을 보완하는 학습 자료를 제공함으로써 개별 학습 목표를 효과적으로 달성할 수 있게 돕는다. 또한, AI는 학습 진도를 실시간으로 분석하여, 교사가 학생의 학습 진행 상황을 모니터링하고 피드백을 제공하는 데 도움을 준다.

- **적응형 학습 시스템**
  - AI는 또한 적응형 학습 시스템을 통해 학생들의 학습 진도를 자동으로 조정할 수 있다. AI는 학생의 학습 성과를 분석하여, 학생이 어려움을 겪는 부분을 보완하거나, 더 빠르게 학습할 수 있는 부분을 가속화할 수 있다. 이를 통해 학생은 개인 맞춤형 학습 경로를 따르며, 더 효율적이고 효과적으로 학습할 수 있다.
  - 예를 들어, 온라인 교육 플랫폼에서는 AI가 학생의 성취도와 학습 속도를 분석하여, 더 심화된 학습 자료를 제공하거나, 복습이 필요한 내용을 강조하는 방식으로 학습을 맞춤화할 수 있다.
- **교사의 역할 보완**
  - AI는 교사의 업무를 보완하고, 자동화된 평가와 학습 진도 분석을 통해 교사의 부담을 줄여줄 수 있다. AI 기반 자동 채점 시스템은 학생의 과제를 신속하고 정확하게 평가할 수 있으며, 교사는 이를 통해 더 많은 시간을 학생 지도에 집중할 수 있다.
  - 또한, AI는 학습 피드백 시스템을 통해 학생 개개인에게 적절한 피드백을 제공할 수 있으며, 교사는 이를 활용하여 학생 개개인의 필요에 맞춘 지도를 제공할 수 있다. AI는 특히 대규모 온라인 강의에서 수천 명의 학생을 동시에 관리하고 평가하는 데 유용하다.

13.2.4 정보와 미디어의 신뢰성

1) 가짜 뉴스와 딥페이크 문제

- **가짜 뉴스 생성**
  - AI는 가짜 뉴스와 허위 정보 생성에 악용될 수 있는 잠재력을 가지고 있다. AI는 자연어 처리 기술을 활용하여 사실처럼 보이는 가짜 뉴스를 자동으로 생성할 수 있으며, 이를 통해 대중의 인식을 왜곡하고 사회적 혼란을 일으킬 수 있다.
  - 특히 딥러닝 기술을 이용한 딥페이크 영상은 현실과 구분하기 어려운 수준으로 조작된 영상을 생성할 수 있으며, 이는 정치적 선전이나 허위 사실 유포에 악용될 수 있다. 가짜 뉴스는 빠르게 퍼질 수 있으며, 대중이 진위 여부를 판단하기 어렵게 만든다.
- **딥페이크 기술의 위험성**
  - 딥페이크 기술은 AI를 이용해 사람의 얼굴이나 목소리를 실제처럼 조작하는 기술로, 정치인이나 유명 인사들의 말을 조작하여 잘못된 정보를 퍼뜨릴 수 있다. 이는 정치적 혼란이나 사회적 불안을 유발할 수 있으며, 잘못된 정보가 대중에게 미치는 영향은 매우 클 수 있다.
  - 예를 들어, 정치적 캠페인에서 딥페이크 기술을 사용해 상대 후보의 발언을 왜곡하거나, 가짜 영상을 퍼뜨려 선거 결과에 영향을 미칠 수 있다. 딥페이크는 사회적 신뢰를 무너뜨리고, 잘못된 정보가 진실처럼 받아들여지는 환경을 조성할 수 있다.

2) 정보의 신뢰성 유지

- **AI의 미디어 자동화**
  - AI는 미디어 콘텐츠를 자동으로 생성하거나 편집할 수 있는 능력을 가지고 있다. 이는 뉴스 기사, 영상 편집, 음성 합성 등을 통해 빠르고 효율적으로 콘텐츠를 제공하는 데 기여한다. 하지만 이러한 자동화된 콘텐츠 생산은 정보의 진위 여부를 판단하는 데 어려움을 초래할 수 있다.
  - 특히 자동화된 기사 작성 시스템은 다양한 소스에서 데이터를 수집하여 자동으로 기사를 작성하지만, 이 과정에서 정보의 정확성을 검증하는 과정이 소홀할 수 있다. 결과적으로 잘못된 정보가 기사로 보도될 가능성이 커진다.
- **가짜 정보 확산 방지**
  - 가짜 정보와 허위 뉴스의 확산을 방지하기 위해 AI 기술을 활용한 사실 검증 시스템

이 필요하다. AI는 빅데이터 분석을 통해 신속하게 정보의 출처와 내용을 검증하고, 허위 정보를 필터링할 수 있는 도구를 제공할 수 있다.

- 예를 들어, 사실 검증 AI 시스템은 뉴스 기사나 소셜 미디어 게시물을 분석하여, 가짜 뉴스 여부를 자동으로 판단하고, 신뢰할 수 있는 정보를 우선적으로 제공하는 방식으로 정보의 신뢰성을 유지할 수 있다.

13.2.5 윤리적 의사결정과 법적 규제 필요성

13.2.5.1 윤리적 가이드라인과 법적 규제

- **윤리적 가이드라인**
  - AI가 사회 전반에 미치는 영향이 커짐에 따라, AI의 사용에 대한 윤리적 가이드라인과 법적 규제가 필수적이다. AI는 편향된 판단이나 차별적 의사결정을 할 수 있으며, 이러한 문제를 해결하기 위해서는 강력한 윤리적 기준이 필요하다.
  - 각국 정부는 AI 개발과 사용에 있어 법적 규제를 마련하고, 개인 정보 보호와 프라이버시를 침해하지 않도록 보장해야 한다. 또한, AI 의사결정 과정의 투명성을 높이는 규제가 필요하다.
  - AI가 스스로 결정을 내리는 경우, 그 결정을 왜 그렇게 했는지 사람들이 이해할 수 있어야 한다. 그리고 AI가 잘못된 결정을 내리지 않도록, 윤리적인 기준과 법적인 규칙이 필요하다. 이렇게 해야 사람들이 AI를 믿고 안전하게 사용할 수 있다.
- **글로벌 윤리 기준**
  - AI 기술은 글로벌 차원에서 사용되기 때문에, 국제 사회는 AI 개발과 사용을 위한 글로벌 윤리 기준을 마련해야 한다. 이를 통해 AI 기술이 인류에 미치는 부정적 영향을 최소화하고, 공정하고 책임감 있는 사용을 보장할 수 있다.
  - 국제적으로 통일된 AI 윤리 기준을 마련하면, AI 기술의 사용이 법적으로 규제되지 않는 국가에서도 AI가 인간의 기본 권리를 침해하지 않도록 보장할 수 있다.

13.3 연습문제

4지선다형 문제 (10문제)

01. AI의 발전과 관련된 윤리적 문제 중 가장 두드러진 것은 무엇인가?

①. 경제적 성장

②. 의사결정 투명성 부족

③. 기술적 장애물

④. 소프트웨어 개발 시간 단축

02. 책임 소재가 불분명한 AI 관련 사고의 대표적인 예는 무엇인가?

①. 인간 주도의 데이터 분석

②. 자율주행차 사고

③. 게임 AI 시스템 오류

④. 사물인터넷(IoT) 기기 작동 실패

03. AI의 편향 문제는 주로 무엇에 의해 발생하는가?

①. 시스템 하드웨어의 문제

②. 데이터의 편향성

③. 학습 알고리즘의 속도

④. 사용자 인터페이스 디자인

04. AI의 의사결정에서 설명 가능성 부족으로 인해 발생하는 문제는 무엇인가?

①. 데이터 처리 속도 저하

②. 보안 시스템 강화

③. 의사결정의 공정성과 신뢰성 저하

④. 고객 서비스 개선

05. AI가 프라이버시를 침해할 가능성이 높은 분야는 무엇인가?

①. 얼굴 인식 기술

②. 데이터 압축 알고리즘

③. 소프트웨어 업데이트

④. 금융 트랜잭션 처리

06. AI의 자율성이 증가함에 따라 발생하는 윤리적 문제는 무엇인가?

①. AI 시스템의 속도 저하

②. 인간 통제의 약화

③. 데이터 보안 강화

④. 기술적 확장

07. 강력한 AI(Strong AI)의 위험성으로 적절한 것은?

①. 인간의 의사결정을 돕는 역할

②. 경제적 격차를 해소하는 역할

③. 자율적인 판단으로 인간의 통제 범위를 벗어날 수 있음

④. 모든 직업을 자동화하여 인간의 노동 부담을 줄임

08. AI가 고용 시장에 미치는 부정적 영향은 무엇인가?

①. 일자리 창출

②. 일자리 자동화로 인한 고용 감소

③. 글로벌 경제의 균형 발전

④. 기술 발전에 따른 소득 증가

09. AI의 발전이 경제적 불평등을 심화시킬 수 있는 이유는 무엇인가?

①. 모든 국가가 AI 기술을 동일하게 사용하기 때문

②. AI 기술이 특정 대기업과 국가에 집중되기 때문

③. AI가 소규모 기업의 생산성을 높이기 때문

④. AI가 의료 서비스를 무료로 제공하기 때문

10. 의료 분야에서 AI가 제공하는 주요 이점은 무엇인가?

①. 질병 진단 정확도의 향상

②. 병원 행정의 간소화

③. 치료비의 전면 무료화

④. 전 세계 의료 시스템 통합

단답형 문제 (10문제)

01. AI 의사결정에서 발생할 수 있는 블랙박스 문제를 설명하시오.

02. AI의 자율성이 증가할 때 발생하는 윤리적 문제 중 하나를 쓰시오.

03. AI 시스템에서 데이터 편향이 발생하는 이유는 무엇인가?

04. 설명 가능한 AI(XAI)의 목적은 무엇인가?

05. 프라이버시와 관련하여 AI가 위협을 가할 수 있는 한 가지 방법을 설명하시오.

06. 강력한 AI(Strong AI)의 정의를 쓰시오.

07. AI의 자동화가 고용에 미치는 부정적 영향을 서술하시오.

08. 의료 분야에서 AI가 환자 맞춤형 치료를 가능하게 하는 방법을 설명하시오.

09. AI의 경제적 불평등 문제를 해결하기 위한 글로벌 협력의 필요성을 쓰시오.

10. AI가 정보를 신속하게 생성하면서 발생할 수 있는 미디어의 문제점은 무엇인가?

서술형 문제 (5문제)

01. AI가 사회에 미치는 윤리적 영향 중 책임 소재와 투명성 문제를 구체적으로 설명하시오.

02. AI의 편향 문제와 그로 인한 사회적 차별이 어떻게 발생하는지 사례를 들어 설명하시오.

03. AI의 자율성이 증가하면서 인간의 통제 능력에 미치는 영향을 분석하고, 그 해결책을 제시하시오.

04. AI 기술이 고용과 경제에 미치는 긍정적, 부정적 영향에 대해 설명하시오.

05. 프라이버시 및 데이터 보안 측면에서 AI가 발생시키는 위협과 그 해결 방안을 제시하시오.

인공지능전문가 자격증 소개

- **자격명 :** 인공지능전문가 자격시험 [Artificial Intelligence Expert Certificate(AIEC)]
- **종류 :** 등록민간자격증
- **등록번호 :** 2018-002104 (과학기술정보통신부)
- **발급 및 운영기관 :** (사)국제문화기술진흥원 (www.ipact.kr)
- **시험일정 :** 온 · 오프라인 수시시행

인공지능전문가 자격관리 · 운영규정의 일부

〈운영 규정[부칙]〉

제3장 자격의 종목 및 검정

제5조(자격의 검정기준, 응시자격 및 유효기간)

① 본 진흥원은 컴퓨터 활용능력이 있는 인공지능전문가로써 인공지능 관련 업무를 원활하게 수행할 수 있는 직무능력을 갖추고 있는지 유무를 기준으로 하여 검정기준을 정한다.

② 인공지능전문가자격증의 검정기준은 다음과 같다.

자격명	등급	검정기준
인공지능전문가		전문가 수준의 뛰어난 인공지능활용능력을 가지고 있으며 인공지능교육자, 개발자 및 인공지능사무 책임자로써 갖추어야 할 능력을 갖춘 고급 수준

제6조(검정방법 및 검정과목)

인공지능전문가 자격증의 검정과목과 과목별 주요 내용은 다음과 같다.

등급	시험과목	시험형태 및 문항 수	시험시간
없음	인공지능개론	객관식(4지선다형) 20문항	60분
	인공지능언어		
	인공지능모델		

제7조(응시자격)

인공지능전문가자격검정에 응시자격은 다음과 같다.

등급	응시자격
없음	응시 제한 없음

저 자 약 력

허 준

- 現. 동서울대학교 IT융합학과 겸임교수
- 現. 신안산대학교 컴퓨터정보학과 겸임교수
- 現. (주)지식의 숲 CTO
- 現. (주)캡스텍(SK 자회사) 정보화 및 ICT 융복합 분야 자문위원
- 現. 한국정보통신자격협회(ICQA) 자문위원
- 現. (사)대한전자공학회(IEEK) 컴퓨터소사이어티 학술이사
- 現. (사)인터넷방송통신학회(IIBC) 상임이사
- 現. 한국과학기술대학교 캡스톤디자인 평가위원
- 現. 경기도 인재개발원 빅데이터 특강 강사
- 現. 네트워크관리사 특강 강사
- 前. 경민대학교 정보통신과 교수

저자는 20년 이상 네트워크와 빅데이터 등 ICT 강의 및 실무를 수행하고 있으며,
현재 동서울대학교 정보통신과 겸임교수 및 (주)지식의숲 CTO로 재직 중에 있습니다.

실생활에서 바로 쓰는

인공지능

2024년 12월 20일 1판 1쇄 발행

저자 허준
발행인 송광헌
편집 유민경

펴낸곳 도서출판 복두(더)
출판등록 | 1993년 11월 22일 제10-902호
주소 | 서울 영등포구 경인로82길 3-4 807호(문래동, 센터플러스)
전화번호 | 02-2164-2580 팩스 | 02-2164-2584
이메일 | info@bogdoo.co.kr
홈페이지 | www.bogdoo.co.kr

ISBN 979-11-6675-564-4 93000

값 26,500원